موسوعة

القادة السياسيين

"عرب وأجانب"

إعداد:

عبدالفتاح أبو عيشة

دار أسامة
للنشر والتوزيع

الناشر

دار أسامة للنشر والتوزيع

الأردن – عمان

هاتف: ٤٦٣٣٣٠٤ – تلفاكس : ٤٦٤٧٤٤٧

ص.ب : ١٤١٧٨١

حقوق الطبع محفوظة للناشر

الطبعة الأولى

٢٠٠٣م

رقم الإيداع لدى دائرة

المكتبة الوطنية

(١١٥٥ /٥/ ٢٠٠٢)

٩٢٣.١

أبو عيشة، عبد الفتاح   أبو

موسوعة القادة السياسيين/ عبد الفتاح أبو عيشة. ـ عمان:

دار أسامة، ٢٠٠٢.

( ) ص.

ر.إ : ١١٥٥/٥/ ٢٠٠٢ .

الواصفات: / القيادة السياسية/ السياسيون// التراجم//الملـوك

والحكام// الموسوعات.

❖تم إعداد بيانات الفهرسة والتصنيف الأولية من قبل دائرة المكتبة الوطنية

المقدمة

بين يدي القاري القارئ موسوعة ضمت أهم الشخصيات القيادية السياسية من (ملوك ورؤساء). ممن كان لهم دورا بارزا في ترك بصماتهم السياسية على الساحة الدولية في القرن العشرين.

وقد حرصنا أن نوجز التعريف بالشخصية القيادية السياسية. وبأهم أعماله طيلة فترة حكمه، وذكر أهم المناصب التي ارتقاها قبل الوصول إلى سدة الحكم. معززا ذلك بالسنوات وبدقة علمية ولم تقدم آراءنا الخاصة إلا ما ندر. غير أننا ذكرنا آراء المؤرخين أو ما أوضحته الحقائق بعدهم.

وهذا العمل ليس عملية إحصائية لجمع رجال الدولة من (ملوك ورؤساء) العالم في القرن العشرين. وإنما على أشهر (الملوك والرؤساء) الذين لهم أثر بارز في السياستين الداخلية والخارجية من جهة. وعلى الصعيدين الإقليمي والدولي من جهة أخرى.

وهناك حالات نادرة ذكر فيها شخصيات سياسية ليس لها منصب الملك أو رئيس الجمهورية. وذلك لدورهم القيادي في السياسة الداخلية والخارجية. بحسب دساتير دولتهم التي تنيط بقيادة البلاد إلى منصب رئيس الوزراء أو المستشارية كما هو الحال لتشرتشل ونستون (بريطانيا)، وادينـاور، كـونراد (ألمانيا).

وقد اعتمدنا في مصادرنا حول هذا الموضوع على أهم المصادر وهي (المذكرات الشخصية) التي نشرت حول الملوك والرؤساء. حيث أوجزوا فيها أهم أعمالهم على الصعيدين الـداخلي والخارجي. بالإضافة إلى ذلك اعتمادنا على أشهر الموسوعات العالمية منها (الموسوعة البريطانية الجديدة). The New

٣

وموسوعة الكتاب العالمي التي تنشرها الولايات المتحدة .Encyclopedia Britania
الأمريكية تحت عنوان The World Book Encyclopedia.

وكذلك على مجموعة من الكتب العامة التي اختصت بتاريخ الدول والعالم.

أرجو من اللـه تعالى أن تؤدي هذه الموسوعة دورا تثقيفيا للقراء. لكونها تسلط الضوء عـلى أهم الشخصيات القيادية التي ساهمت في رسم الخريطة السياسية للعالم. وأن تسهم في رفد المكتبـة العربية ومن اللـه تعالى نستمد العون والتوفيق.

المؤلف

رئيس جمهورية السودان (سابقا)، والقائد الأعلى للقوات المسلحة ورئيس الوزراء ووزير الدفاع. ولد من قبيلة (الثايقية) (شرقي السودان)، التحق بقسم الهندسة في كلية غرودن في الخرطوم عام ١٩١٤م، ثم بالكلية الحربية وعمل مهندسا عسكريا في إحدى الكتب السودانية في الجيش المصري (١٩١٨-١٩٢٥م). ولما تكونت قوة الدفاع السودانية نقل إليها عام ١٩٢٥م. تدرج في الوظائف العسكرية وعين في أركان حرب سلاح الهجانة ١٩٤٨م أصبح كبير ضباط أركان حرب قيادة الدفاع السودانية عام ١٩٥٢م وكان أول سوداني يشغل هذه الوظيفة.

وفي عام ١٩٥٨م تولى إبراهيم عبود الحكم في السودان إثر انقلاب عسكري بعد أن خاضت الأحزاب السياسية أزمات لم تستطع أن تتحملها حكومة عبد الله خليل رئيس الوزراء آنذاك. وبدأ الحكم العسكري الأول في السودان.

كان السودان يواجه أزمة اقتصادية أيضا، فقد أخفقت حكومة الأحزاب في بيع القطن السوداني الذي تراكم لعدة أعوام، وساءت حالة البلاد الاقتصادية. كذلك كانت حكومة عبد الله خليل تجري اتصالات مع الحكومة الأمريكية بشأن قبول المعونة. ولكن الحزب الاتحادي الديموقراطي كان يعارض قبول المعونة الأمريكية. وبعد أن أعلن الفريق إبراهيم عبود تولية الحكم صرح بأنه أنهى الجفوة المفتعلة بين مصر والسودان. كما أعلن قبوله للمعونة الأمريكية والاعتراف بالصين الشعبية.

وكان هناك خلاف بين مصر والسودان خلال فترة حكم عبد الله خليل القصيرة بسبب منطقة حلايب. وبسبب اقتسام مياه النيل وذلك في عام ١٩٥٨م.

وظهرت بوادر الانفراج بين الدولتين الشقيقتين بوصول إبراهيم عبود إلى الحكم وإعلانه عـن سياسته وقد توصل الجانبان إلى اتفاقية التزاما بها.

وفي السياسة الخارجية كان الفريق إبراهيم عبود من أوائـل الحكـام الذيـن اعترفـوا بالصـين الشعبية. وأظهرت سياسته تلك التزامه بمبدأ عدم الانحياز. وبالرغم من اعـتراف الفريـق عبـود بالصين الشعبية إلا أن ذلك لم يؤثر على علاقات حكومته بالحكومة الأمريكية وفي عهد الـرئيس الأمريكـي جـون كنيدي تلقى الفريق إبراهيم عبود دعوة لزيادة الولايات المتحـدة، وسـاد المحادثـات جـو ودي انتهـى بموافقة الرئيس الأمريكي كنيدي على زيادة إسهام أمريكا في مشروع الطرق السودانية.

عمدت حكومة الفريق عبود إلى زيادة عدد المدارس بمختلـف مسـتوياتها وشـجعت التعليـم الأهلي. واهتمت بمكتبات المدارس وإثرائها بالمؤلفات في جميع المراحل.

وفي الحقل الزراعي بدا العمل لإعداد مساحات واسعة للزراعة المروية وعـرف هـذا المشروع بمشروع (المناقل)، كما بدأ العمل في سدي الرصيص وخشم القرية وتضاعفت مساحة الأرض المزروعـة في البلاد.

لقد جرت عدة محاولات لانقلابات عسكرية في أيامه، فاستطاع التغلب على الموقـف، وألغـى البرلمان وقضى على نشاط الأحزاب السياسية ومنح المجالس المحلية بعض السـلطة وحريـة العمـل، وفي أعقاب انتفاضة شعبية في تشرين الأول ١٩٦٤م انتقل الحكم من المجلس الأعلى للقوات المسـلحة إلى حكومة مدنية. وبقي إبراهيم رئيسا للدولة عدة أيام، ثم أرغم على التخلي عن سلطاته.

مؤسس تركيا الحديثة. وأول رئيس جمهورية لها، قاد المقاومة السياسية والعسكرية ضد معاهدة سيفر (١٠ آب ١٩٢٠م) والتي تضمنت بنودا سلخت بموجبها عن تركيا أراض واسعة ووضعت قيودا شديدة على سيادتها. وتمكن من طرد القوات اليونانية من الأراضي التركية التي كانت قد احتلتها في أعقاب الحرب العالمية الأولى. ألغى الخلافة العثمانية وأدخل الحروف اللاتينية في اللغة التركية لقبته الجمعية الوطنية (أتاتورك) أي أبو الأتراك.

ولد مصطفى كمال في مدينة سالونيك والده علي رضا بك الذي كان يعمل في دائرة الجمارك في ميناء سالونيك. ثم انتقل إلى تجارة الأخشاب. أنجز مصطفى كمال دراسته الابتدائية في أفضل المدارس التركية. لكن بعد موت والده اضطر للعمل في الزراعة لمدة عامين عاد بعدها إلى الدراسة الثانوية. لكنه تعرض للضرب من أستاذه، فأقسم على عدم العودة إلى هذه المدرسة. دخل المدرسة الحربية وبرع في الرياضيات فأحبه أستاذ هذه المادة وكان يدعى أيضا مصطفى، فلقبه مصطفى كمال للتفرقة بين الأستاذ والتلميذ. وصل إلى رتبة ملازم ثان وهو ما زال في العشرين من عمره. وفي استنبول أشيع أن مؤامرة تدبر ضد السلطان، فقبضت السلطات على الضباط المتحمسين ومن بينهم مصطفى كمال ونفتهم إلى أبعد مكان من الإمبراطورية العثمانية. وبدأ منذ ذلك الوقت أعماله العسكرية السرية. فاشترك في عدة معارك خصوصا بعد إعلان الدستور ١٩١١م واستبدل السلطان عبد الحميد بالسلطان وحيد الدين. ومع بداية الحرب العالمية الأولى أسندت قيادة إحدى الفرق إلى مصطفى كمال. فبدا اسمه ينتشر في أنحاء تركيا مقرونا بإنجازاته الحربية وآرائه الثورية ونقمته على

السياسيين، فانعقدت الآمال عليه حتى أن وزير الحربية أنور باشا خاف منه على مركزه. فرقي إلى رتبة جنرال وهو ما زال في الثلاثين من عمره.

وفي ٦ كانون الثاني ١٩١٦م حقق نصرا على الحلفاء في الدردنيل (وكان غزو الدردنيل قد بدأ في شباط ١٩١٥م) فاضطرهم على الانسحاب، ومع هذا النصر بدأت زعامته الفعلية مع انفجار الفرح التركي. وقد أضحى زعيم تركيا الذي حقق لها الانتصار بعد ذل الهزيمة الساحقة في الدروب الأوروبية.

وفي ٨ تموز ١٩١٩م أقيل من جميع مهماته بسبب معارضته سياسة السلطان، فما كان منه إلا أن بدأ ينظم القوى الوطنية المدنية والعسكرية. وفي ٥ آب ١٩١٩م أعلن بدء حركة المقاومة مستفيدا من كونه بطلا من أبطال الحرب. فجابه سياسة السلطان الاستسلامية. ورغبات الحلفاء والهجوم اليوناني. فيما انتخب مصطفى كمال رئيسا للجنة تنفيذية تسلمت القيادة السياسية للبلد. وكان ذلك يوم ٢٣ نيسان ١٩٢٠م. ومنذ ذلك التاريخ أصبح مصطفى كمال سيد البلاد، لكنه لم يتمكن من أن يتسلم الحكم علانية. وبالشكل الذي عاد وأنفرد به في ٥ آب ١٩٢١م أي بعد ما بات واضحا منذ توقيع معاهدة سيفر (آب ١٩٢٠م) ومنذ التقدم الذي حققه اليونانيون في الأراضي التركية. إن الأمور لم تعد تحتمل أي تراخ.

وما أن منح السلطات الاستثنائية في آب ١٩٢١م حتى زاد مصطفى كمال من تحركه الذي أوصله إلى ذروة الشعبية في تشرين الأول من ذلك العام. حين تمكنت قوات عصمت باشا من دحر الجيش اليوناني في مدينة إينونو. وكان هذا الجيش (مدفوعا من الحلفاء الذين أرادوا أن يقاوموا به الانبعاثة التي حدثت في تركيا من جراء سيطرة مصطفى كمال وجماعته على السلطة) قد حققت العديد من الانتصارات. بحيث بدا أنه بات في طريقه للوصل إلى أنقرة.

لكن عصمت باشا الذي سيحمل في ما بعد اسم عصمت اينونو (تيمنا بالمعركة المظفرة التي خاضها في انيونو) وضع حدا لتحركات اليونانيين وسحقهم قبل اجتيازهم نهر شكرية. وعلى أثر ذلك الانتصار الكبير صار في وسع مصطفى كمال الذي قد أصبح سيد تركيا من دون منازع أن يرفض ما فرضه الحلفاء من تقسيم لبلده خلال مؤتمر سيفر.

اعترفت الدول الأوروبية بحكومة مصطفى كمال ورفع أعضاء المجلس القومي مصطفى كمال إلى رتبة (فيلد مارشال)، وأضافوا إلى اسمه لقب (الغازي). وأول معاهدة أبرمت بين أنقرة وفرنسا كانت في تشرين الأول ١٩٢١م وكانت الأولى التي تبرم بين دولة أوروبية وحكومة انبعثت عن طريق الثورة. دخل أزمير، بعد أن أتى الحريق عليها في ٩ أيلول ١٩٢٢م وبعد يومين دخل أنقرة دخول الأبطال حيث تجمع مئات ألوف الأتراك لاستقباله، فيما كانت القوات اليونانية المهزومة تنسحب إلى داخل اليونان ملقية مسؤولية الهزيمة على القيادات السياسية. وخاصة على الملك قسطنطين الذي بدأ جنرالات الجيش الحلفاء اليوناني يطالبونه بالتنازل عن العرش. فاستجاب لهم وترك العرش في أواخر الشهر نفسه أيلول ١٩٢٢م لابنه جورج الثاني.

انتخب مصطفى كمال رئيسا للجمهورية في ٣٠ تشرين الأول ١٩٢٣م وهو المنصب الذي ظل يشغله حتى وفاته في ١٠ تشرين الثاني ١٩٣٨م، فطلب من المجلس المصادقة على إلغاء الخلافة ونفي أعضاء الأسرة السلطانية إلى خارج البلاد. ثم أسرع في تنفيذ برنامج الإصلاح الداخلي المستوحى من النظم الغربية. اتصف حكم مصطفى كمال في السنوات الأولى للجمهورية بالإجراءات الشديدة لتحديث البلاد وتخليصها من الوصاية الاقتصادية الأجنبية. وبالاستناد إلى الحزب الوحيد الحاكم الموالي له، فرض دستورا أعطى السلطة عمليا لرئيس الجمهورية ٣٠ نيسان ١٩٢٤م فحكم حكما دكتاتوريا وأخذ بالمبدأ العلماني وألغى

٩

المحاكم الشرعية والتعليم الديني، وجعل القانون المدني يقوم على أصول التشريعات الأوروبية بدل من الشريعة الإسلامية. وألغى مادة في الدستور تنص على أن الإسلام هو دين الدولة. وأوعز بتعميم الزي الغربي والتقويم الميلادي تشرين الثاني ١٩٢٥م. ووافق المجلس الوطني على هذه القرارات وجرى نشرها في البلاد بوساطة الفروع المحلية لحزب الشعب الجمهوري.

كان مصطفى كمال بالغ الصرامة في تنفيذ أحكامه ولا سيما بعد أن أثارت عليه توجهاته العلمانية والغربية أزمة عنيفة. وردود فعل انتقادية في بعض الأوساط المقربة منه. ولكنه قمعها وأخمدها بقسوة حين حكم بالموت على بعض زملائه السابقين من أعضاء وجمعية الاتحاد والترقي ١٩٢٤م. وبعد أن مرت الأزمة انهمك في عملية التتريك بتأميم الشركات الأجنبية والمصرف العثماني الذي كان عنوان النفوذ الأوروبي. وعمل على تحسين الزراعة والصناعة والمواصلات وأنشأ المصارف الوطنية وبموجب تعديل الدستور عام ١٩٣٢م. نالت المرأة المساواة الكاملة في الحقوق السياسية مع الرجل. ودخلت مجال العمل كما صدر قانون حزيران ١٩٣٤م بشأن نسبة الأسرة فأضيفت النسبة إلى الاسم الشخصي الذي كان يقتصر على اسم الفرد واسم أبيه. وكان ذلك وسيلة إلى تتريك الأسماء وكانت كثرتها الساحقة أسماء عربية. كما تجعل عطلة نهاية الأسبوع يوم الأحد بحجة أن تركيا عازمة على توطيد صلاتها بالعالم الغربي. كان مصطفى كمال شخصية عسكرية بارزة، وقد اتصف حكمه بالفردية والاستبداد وكبت الحريات. مع أنه كان في مطلع شبابه من أنصار الحرية. توفي في استنبول بعد أن نجح في استعادة مركز تركيا الدولي وأبرم معاهدات صداقة مع الاتحاد السوفيتي (سابقا) واستعادة قارص واردهان. ووقع من اليونان ورومانيا ويوغسلافيا (الوفاق البلقاني) في شباط ١٩٣٤م، وارتبط بعلاقات صداقة مع بريطانيا وفرنسا.

أول رئيس للجمهورية الجزائرية المستقلة، والده ووالدته من المغرب جاء إلى الجزائر هربا من ثأر عائلي، واستقر في بلده مغنية (على بعد ٣ كلم من الحدود المغربية- الجزائرية)، حيث ولد أحمد بن بلة وتلقى تعليمه الابتدائي ثم تابع تعليمه الثانوي في تلمسان.

انتسب إلى حزب الشعب وهو في السادسة عشرة من عمره، ثم التحق بالخدمة العسكرة الإجبارية (في الجيش الفرنسي) وشارك في معركة مونتي كاسينو في إطار الوحدات المجندة من أبناء شمالي أفريقيا. على أثر مجزرة سطيف ١٩٤٥م التحق بالمنظمة السرية التابعة لحزب الشعب وأصبح مسؤولا عنها ١٩٤٩م. وشارك في عمليات عسكرية ضد المصالح الفرنسية واعتقل في عام ١٩٥٠م وفر من السجن في عام ١٩٥٢م وفي أجواء أحداث تونس والمغرب التقى بوضياف ومحساس في باريس فقرر الثلاثة إطلاق الثورة أما جبهة التحرير الوطني فولدت في آخر اجتماع عقدة في سويسرا مع بوضياف وديدونس مراد في عام ١٩٥٤م.

قضى بن بلة نحو ربع قرن بين سجن واعتقال وإقامة جبرية ونفي جبري ونفي اختياري. وذلك منذ عام ١٩٤٩م مرورا باعتقال السلطة الفرنسية له ولرفاق له عقب إعلانهم جبهة التحرير والثورة.وانتهاء بإطاحته من رئاسة الجمهورية على أثر الحركة الانقلابية التي قادها هواري بومدين، في عام ١٩٦٥م.

وفي كل مرة كان يستطيع أن ينشط سياسيا كان يقدم على ذلك بزيارة إلى الخارج بعقد تحالف أو باتخاذ موقف ولكن كثيرا ما كان يبدل الرأي أو الموقف. خاصة في الفترة الأخيرة التي بدأت في ١٩٨٨م مع المد الإسلامي

الأصولي في الجزائر. وفي موقف له بعد عودته إلى الجزائر (تموز ١٩٩٦م) من منفاه الاختياري إلى التفاوض مع جبهة الإنقاذ الإسلامية (بأنه يجب عدم إقصاء أي حزب له ثقله، والحوار يجب أن يتم بين الجميع). وإعلانه عدم اتفاقه مع النظام على الإصلاحات الدستورية وأن إجراء انتخابات نزيهة وسليمة ذات مصداقية هو الباب الوحيد أمام الجزائر لوضع حد لأعمال العنف.

عسكري مهيب وسياسي ورئيس الجمهورية العراقية (من ١٧ تموز ١٩٦٨م إلى ٧ تموز ١٩٧٩م) ونائب الأمين العام لحزب البعث العربي الاشتراكي.

ولد في تكريت وتخرج في دار المعلمين ١٩٣٢م ودخل الكلية العسكرية العراقية ١٩٣٨م. كان عضوا في تنظيم الضباط الأحرار، وشارك في ثورة ١٤ تموز ١٩٥٨م التي أطاحت بالملكية. قدم سريا للمحاكمة أمام محكمة المهداوي بتهمة الأعداد لإسقاط الفريق عبد الكريم قاسم. فأحيل على التقاعـد ووضع تحت المراقبة. تفرغ للعمل السياسي السري وأصبح قبل ثورة ٨ شباط ١٩٦٣م عضوا في القيادة القطرية لحزب البعث ليصبح على أثر هذه الثورة رئيسا للوزراء. لكن انقلاب ١٨ تشـرين الثاني الـذي قاده عبد السلام عارف أبعده عن رئاسة الحكومة وأسند إليـه منصب نائب رئيس الجمهورية لكنه رفض هذا المنصب.

وفي ليلة ٥-٤ أيلول ١٩٦٥م شنت السلطة حملة ضد البعثيين بتهمة الإعداد لقلب نظام الحكم. ووافق الآلاف منهم وكان البكر في مقدمتهم. بعد خروجه من السجن رفض عرضا للمشاركة في الحكم من قبل عبد الرحمن عارف الذي خلف أخاه في رئاسة الجمهورية. قاد التظاهرات التي شهدتها بغداد في أعقاب حرب ٥ حزيران ١٩٦٧م وأشرف بصفته أمين سر القيادة القطرية للبعث على التخطيط لثورة ١٧ تموز ١٩٦٨م وانتخبه مجلس قيادتها رئيسا للجمهورية. وتولى مهمة تشكيل الـوزارة الجديدة والقيادة العامة للقوات المسلحة.

أولى البكر المسألة الكردية اهتماما كبيرا، وأعلن في ١١ آذار ١٩٧٠ عـن توصـل مجلـس قيـادة الثورة إلى حل للمشكلة الكردية يتضمن إعطاء الحكم الذاتي للمنطقة الشمالية (المنطقة الكردية)، لكن تنفيذ بيان آذار اصطدم ببعض

العقبات الناجمة عن قيام مصطفى البرزاني بتقديم مطالب تعجيزية وإعلان التمرد المسلح عام ١٩٧٢م، وقد طبق البكر العمل العسكري والعمل السياسي ضد التمرد بشكل متناسق فصمد العراق عسكريا في وجه التمرد والقوى الخارجية التي وقفت إلى جانبه، واستطاعت الدبلوماسية العراقية عقد مصالحة عراقية إيرانية في آذار ١٩٧٥م أدت إلى قطع الإمدادات الإيرانية الحيوية عن العصاة الأكراد وأحدثت انهيارا مفاجئا في صفوفهم انتهى إلى استسلام وفرار البرزاني إلى إيران.

وعلى صعيد رص الصف الداخلي أعلن البكر ميثاق عمل وطني لتحقيق ائتلاف القوى والعناصر الوطنية والقومية والتقدمية في ١٥ تشرين الثاني ١٩٧١م. وأدى ذلك إلى تشكيل جبهة وطنية في ٢٢ تموز ١٩٧٣م ضمن حزب البعث العربي الاشتراكي والفئات الديموقراطية الكردية والقوميين المستقلين وفي أول حزيران ١٩٧٢م أعلن البكر تأميم النفط بعد مفاوضات مع شركات النفط. وقد نتج عن ذلك وعن مجمل السياسة الاقتصادية قفزات كبيرة في مستوى الدخل الفردي.

على الصعيد العربي زار الرئيس البكر ليبيا والجزائر (حزيران ١٩٧٠م) وحضر ـ اجتماعات رؤساء دول المواجهة في طرابلس وأجرى محادثات سياسية مع الرئيس الجزائري وعندما اندلعت حرب تشرين ١٩٧٣م تصدر البكر جهود العراق لإرسال قوات رئيسية من الجيش العراقي للمشاركة في القتال بأقصى سرعة وفي ظل ظروف عسكرية صعبة. أعلن في خطاب رئيسي ألقاه في ١٧ تموز ١٩٧٥م استعداد العراق لإرسال كل الجيش إلى جبهة القتال ضد الكيان الصهيوني ودعا إلى التوجه نحو المعركة كشرط لقيام الجبهة الشمالية.

على أثر اتفاقيات كامب دافيد بادر حزب البعث في العراق إلى الدعوة لمؤتمر قمة عربي وإلى تقارب سوري عراقي وحدودي بهدف الحفاظ على

تماسك الصف العربي ومعارضة التسويات الاستسلامية. وقد ترأس البكر مؤتمر قمة بغداد (تشرين الثاني ١٩٧٨م) وساهم بشكل بارز في اتجاهه كما عرف عنه حماسه للوحدة مع سوريا ووقع ميثاق العمل القومي الوحدوي ٢٦ تشرين الأول ١٩٧٨م.

أما على الصعيد الخارجي فقد ساند العراق في عهد الرئيس البكر حركات التحرر في العالم الثالث. وانفتح على شعوب أفريقيا وآسيا. وعقد معاهدة صداقة وتعاون مع الاتحاد السوفياتي (سابقا). في نيسان ١٩٧٢م. وصمد في وجه اعتداءات إيران مدة طويلة مما ساهم في إقناع إيران بالعدول عن سياستها هذه والتوصل إلى اتفاقية الجزائر عام ١٩٧٥م كما زار بلغاريا وبولندا في حزيران ١٩٧٣م.

سياسي وأول رئيس حكومة لجمهورية ألمانيا الاتحادية وأحد كبار رجالاتها تسلم إدارة مقدرات بلاده بعد أن خرجت ألمانيا النازية من الحرب العالمية الثانية مدمرة. فقد استسلمت الدولة الألمانية لدلو الحلفاء في ٨ أيار ١٩٤٥م ووقعت ألمانيا الممزقة في قبضة الدول الحليفة التي بدأت بتنفيذ خطة للانتقال من وضع الحرب والانتقام إلى مرحلة جديدة من تنظيم ألمانيا لتحويلها من دولة معادية محاربة إلى بلاد محتلة بمساعدة حكومة حليفة. وكان اديناور هو الرجل الذي وقع عليه الاختيار لإدارة دفة السياسة الألمانية فما بعد الحرب فاستطاع أن ينتقل من الدور التنفيذي الذي كلفه القيام به قادة الحلفاء المتنصرين إلى دور رجل الدولة الذي استطاع ما بين ١٩٤٥-١٩٦٧م أن ينهض ببلاده المحتلة والمقسمة وأن يعيد لها كثيرا من الاعتبار والاحترام في مختلف الميادين الاقتصادية والسياسية والعلمية.

بعد أن اختير لمنصب المستشار (أي رئيس الحكومة) في جمهورية ألمانيا الاتحادية تمكن وسط عواصف سياسية أحيانا من الاحتفاظ بهذا المنصب حتى عام ١٩٦٣م في حين احتفظ برئاسة الحزب الديموقراطي المسيحي الذي أضحى أكبر تجمع سياسي في ألمانيا الاتحادية حتى عام ١٩٦٦م. وظل محتفظا بمقعده في المجلس النيابي الاتحادي في بون حتى وفاته وهو في الحادية والتسعين من عمره. ولد كونراد اديناور في مدينة (كولن) في ٥ كانون الثاني عام ١٨٧٦م وكان أبوه موظفا صغيرا لدى الحكومة. وبعد أن عمل موظفا في أحد المصارف في سن مبكرة تابع دراسته الجامعية ونال إجازة في القانون. التحق بمكتب المحامي كوزن الذي كان رئيسا لكتلة السوط (حزب الوسط الكاثوليكي) في المجلس البلدي في المدينة. عين مساعدا للعمدة عام ١٩٠٦م ثم

انتخب لمنصب العمدة عام ١٩١٧م وظل في منصبه حتى عام ١٩٢٣م بعد أن خاض معارك انتخابية حادة عام ١٩٢٩م.

وقد اكتسب اديناور في موقعه الذي شغله سنوات طويلة خبرة عميقة في الإدارة وأحاط به أنصار كثيرون من الموظفين الذين يدينون له بالولاء والاحترام. وكانت شخصية اديناور أكثر تأثرا بمنطقة الراين وتقاليدها الثقافية والاجتماعية. وتكونت لديه قناعة تولدت من التجارب المريرة لمرحلة ما بعد الحرب العالمية الأولى. بضرورة وضع حد للنزاع والحروب ما بين ألمانيا وجيرانها. ومن هذا المنطلق كان اديناور في مقدمة رجال السياسة الأوربيين لما بعد الحرب. إلى جانب روبير شومان وزير خارجية فرنسا ودوغاسبري وزير خارجية إيطاليا في العمل المشترك من أجل تشييد أواصر التعاون الأوروبي.

بدأ اديناور نشاطه على الصعيد القومي بعد انتهاء الحرب العالمية الأولى مباشرة. فقد عين رئيسا لمجلس الدولة في بروسيا واختير عضوا في اللجنة الإدارية لحزب الوسط. وقد عمل من موقعه الرسمي هذا على مقاومة تقدم الحركة النازية. وعندما وصل ادولف هتلر إلى السلطة طرده من منصبه عمدة كولن.

عاش اديناور بين عامي ١٩٣٣م و١٩٤٥م بعيدا عن الأضواء وتعرض للتهديد مرات عدة، واعتقل مرتين عدة أيام. مرة بعد (ليلة المدى الطويلة) التي وقعت في ٣٠ حزيران ١٩٣٤م. ومرة أخرى بعد محاولة اغتيال هتلر في ٢٠ تموز ١٩٤٤م على الرغم من أنه لم يقم بدور فعال في المؤامرة. وفي آذار ١٩٤٥م وكان عندئذ في التاسعة والستين من عمره دعته السلطات العسكرية الأمريكية للعودة إلى منصبه لمدينة كولن لكن القائد البريطاني المسؤول عن الإدارة العسكرية والمدنية عزله في تشرين الأول من العام نفسه لعدم أهليته الإدارية وطرده من المدينة وحرمه من ممارسة أي نشاط سياسي. لكن الحظر رفع عنه بعدئذ. ومنذ ذلك الوقت ارتبط تطور السياسة الداخلية والخارجية الألمانية ما عبد الحرب باسم كونراد اديناور. فتولى زعامة أكبر تجمع سياسي

في البلاد (الحزب الديموقراطي المسيحي). وانتخب رئيسا للمجلس النيابي التأسيسي ـ لوضع دستور جديد للبلاد وتسلم دفة الحكم عندما ترأس أول حكومة لجمهورية ألمانيا الاتحادية التي أسست بتأييد الحلفاء الغربيين على أراضي مناطق الاحتلال الأمريكية والبريطانية والفرنسية عام ١٩٤٩م. واحتفظ بمنصب المستشار أربعة عشر عاما متواصلة حتى عام ١٩٦٣م.

استطاع اديناور في أثناء قيادته للحكومة الألمانية الاتحادية وبهيمنته على وزارة الخارجية حتى عام ١٩٥٥م وما بعده أن يرسي قواعد علاقات وثيقة بينه وبين كبار رجال الدولة في الغرب وكان أهم إنجازاته الدبلوماسية إرساء قواعد المصالحة بين ألمانيا وفرنسا باتصالاته مع رئيس الحكومة الفرنسية بيير منديس فرانس دغي موليه. ولكن هذه السياسة بلغت ذروتها عام ١٩٥٧م بتوقيع معاهدة روما مع دول الحلفاء. ثم اللقاء مع الرئيس الفرنسي الجنرال شارل ديغول في ١٤ أيلول ١٩٥٨م وفتح صفحة جديدة في العلاقات بين البلدين الأوربيين اللذين تنافسهما ونزاعهما سببا في اندلاع حربين عالميتين في القرن العشرين الميلادي. ووضعت خطوط السياسة الجديدة بين البلدين في المعاهدة الفرنسية الألمانية التي وقعت عام ١٩٦٣م. إلا أن موقع اديناور أخذ يهتز في عام ١٩٥٩م بمواجهة بعض الأحداث وأمام بعض المواقف. منها إخفاقه في الوصول إلى رئاسة جمهورية ألمانيا الاتحادية خلفا لأول رئيس لها تيودور هيس. ومع أنه استطاع كسب تأييد الرئيس الأمريكي ايزينهاور فإن علاقاته مع الرئيس الأمريكي الديموقراطي جون كنيدي لم تكن حسنة.

وتمسك اديناور بالسلطة على الرغم من تقدمه في السن ولم يفسح المجال لنائبه وخلفه لودفيغ ايرهاردان بتسلم منصبه إلا بعد أزمة سياسية داخلية. ولكن انتقال السلطة في ألمانيا الاتحادية في حياة اديناور بالطرق الدستورية وفي إطار التنافس السياسي أدى إلى تعزيز الديموقراطية في ألمانيا وأرسى فيها قواعد الاستقرار بعد الحرب.

عسكري وسياسي ورئيس جمهورية غواتيمالا، شارك في عام ١٩٤٥م في الحركة الشعبية التي نجحت في إقصاء تحالف كبار ملاكي الأراضي وكبريات الشركات الأمريكية عن السلطة، انتخب في عام ١٩٥٢م رئيسا للجمهورية، وعمل على تطور الإصلاح الزراعي، فحول زراعة البن إلى التعاونيات، وأمـم الأراضي غير المزروعة التي تمتلكها الشركة الأمريكية الشهيرة "يونايتد فروت"، والبالغة ١٥ ألف هكتـار، فحقق نجاحا اقتصاديا خاصة من حيث زيادة الإنتاج.

في عام ١٩٥٤م تشكل جيش مـن المهـاجرين الغـواتيماليـن في الهنـدوراس، بـدعم مـن عملـاء أمريكيين وخاصة من الشركة الأمريكية "يونايتد فروت" ودخـل البـلاد وأطاحـت بحكـم أربنـز ووضـع مكانه كارلوس كاستيلو الذي سارع وأعاد الأراضي المؤممة إلى الشركة المذكورة. وعاشت البـلاد مـدة ١٢ سنة في أجواء من الفراغ السياسي والاضطرابات حتى انتخاب خوليو سيراز، أما ارينيـز فقـد فـر إلى المكسيك، ومنها انتقل إلى الأوروغواي وكوبا ليعود إلى المكسيك ثانية فيمكث هناك حتى وفاته.

رئيس جمهورية الفيلبين، وقد فاز بهذا المنصب في مواجهة مرشح الحزب الحاكم المدعوم من الرئيس السابق فيدل راموس، ومواجهة عشرة منافسين آخرين. وكان استرادا مرشح تحالف "القتال من أجل رفعة الجماهير الفيليبينية". وقد حقق استرادا انتصارا كاسحا وبفارق ٦,٤ مليون صوت على أقرب منافسيه مرشح حزب لاكاس الحاكم السيناتور خوسيه دي فينيسيا في انتخابات عام ١٩٩٨م.

لقبه الفيليبيون بـ "إيراب من أجل الفقراء"، وذلك لانحيازه القوي إلى جانب الفقراء، وقفت ضد الكنيسة، ومجتمع رجال المال والأعـمال، والنخب الحزبيـة والسياسية والعسـكرية، إذ رأت فيـه شخصية لا تنتمي إلى مجتمعاتها العاجية.

ولد جوزيف استرادا في بلدة توندر الملاصقة لمانيلا وسط عائلة ثرية نسبيا، وكان والده طبيبا من ذوي الأملاك، يدرس في جامعتي الفيلبين وشيكاغو. ومن هنا كان إصرار الأب أن يتلقى الابن تعليما متقدما يوازي تعليمه هو. ونجح في إلحاق ابنه بمعهـد مابوا للتكنولوجيا بعد تخرجه مـن الثانوية. واستطاع الأخير أن يصل إلى السنة الدراسية الثالثة في المعد المذكور، إلا أن عشقه للسينما كان أقوى فترك دراسته الجامعية لتخوض تجربة التمثيل سنوات عـدة، وقـد قـام بتمثيـل عـدد كبير مـن الأفـلام الناجحة، الأمر الذي أكسبه نجومية وشعبية في أوساط الشعب.

وحينما تولى استرادا عمادة بلدة سان خوان الواقعة ضـمن حدود مـانيلا الكبرى بـين عـامي ١٩٦٩م، ١٩٨٦م، فتح أبوابه أمام الفقراء لتقبل شكاويهم، كما أنه ضغط على الدولة لفتح العديد مـن المدارس، ولتعبيد الكثير من الطرقات في

سان خوان وما حولها. كما أنه كان أول من فكر في بناء الأسواق التجارية الشاملة، وأول من أدخل الكمبيوتر في إدارة أعمال محافظته. وتعرض للاعتقال مرتين على يد سلطة الأحكام العرفية التي فرضها ماركوس قبل أن يحسن علاقاته مع هذا الأخير وينضم إلى حزبه "حزب المجتمع الجديد".

في عام ١٩٨٧م خاض الانتخابات النيابية كمعارض، ونجح في الوصول إلى البرلمان كإحدى شخصيتين معارضتين وحيدتين إلى جانب الجنرال توان بونسيه أنزيمي (وزير الدفاع في عهد ماركوس). وفي البرلمان عرف عنه حماسته الشديدة لتبني القضايا الوطنية. فعارض مسألة تغيير بنود الدستور الخاصة بمنح الرئيس الجمهورية الحق في الترشيح لفترتين رئاسيتين متتاليتين، وكذلك مسألة الوجود الأمريكي على أرض بلاده.

وبين عامي ١٩٩٢م و١٩٩٥م ترأس استرادا لجنة حكومية لمحاربة الجريمة التي تفشت كثيرا خلال حكم كوري اكونيو. علما أنه كان يشغل منصب نائب رئيس الجمهورية (فيدل راموس)، إذ كان قد فاز بهذا المنصب في انتخابات عام ١٩٩٢م الرئاسية. ولكن ليس على لائحة راموس وإنما على لائحة منافسه الرئاسي إدواردو كوبوانغو.

سياسي ورجـل دولـة ورئيس التشيلي (١٩٧٠-١٩٧٣م)، ولـد في مدينـة فالباريز والتشيلية ١٩٠٨م. من أب محام درس في تاكنا فالديفيا وفالباريزو وأصبح طبيا وأقام في سانتياغو. بدأ نشاطه السياسي وانتخب نائب رئيس اتحاد الطلاب. من أكثر الموضوعات التي شغلت نشاطاته السياسية في الفترة الأولى. نضاله ضد البؤس في مدن الصفيح التي تلف العاصمة سانتياغو.

كان أحد مؤسسي الحزب الاشتراكي في عام ١٩٣٣م سجن مرتين واضطر إلى ترك الدراسة في الجامعة والعمل كطبيب أسنان مساعد ثم كطبيب في أحد الدور لرعاية المختلين عقليا. وفي عام ١٩٣٨ انتخب نائبا. وقاد الحملـة الانتخابيـة الرئاسيـة لمصلحة المرشح سيردا اغيري أول رئيس عـن الجبهـة الشعبية في التشيلي. وفي عام ١٩٤٢م دخل الحكومة وزيرا للصحة وحاكما لصندوق الضمان العمالي. وفي عام ١٩٤٥م انتخب سيناتورا ثم نائب رئيس مجلس الشيوخ. ترشح ثلاث مرات لرئاسـة الجمهوري منها في عام ١٩٦٤ حيث كان مرشحا بصفته رئيس (الجبهة الثورية للعمل الشعبي) ضد منافسه (الذي نجح) إدوارد وفراي (ديموقراطي مسيحي) وفي المرة الرابعة فاز بالرئاسة في ٤ أيلول ١٩٧٠م ضد جـورج الليسندري (سياسي محافظ).

وفي ٤ تشرين الأول ١٩٧٠م صدق البرلمان على انتخابه وفي ٤ تشرين الثاني خلف رسميا ادوارد وفراي وأقام في القصر الرئاسي (لامونيدا). واجهتـه أوضاع اقتصاديـة صعبة ومعقـدة فجابهها بتسريع الإصلاح الزراعي الذي كان فراي قد باشر فيه. وتأميم صناعة النحاس ومحاولة زيادة القدرة الشرائية لدى التشيلين. وفي آذار ١٩٧١ حصل حزبه على ٤٩,٧٥% من أصوات المقترعين لكنه في ٢٠ تموز من السنة نفسها فقدت حكومته الأغلبية في

المجلسين (النواب والشيوخ). فعرفت التشيلي عامين من الاضطرابات التي أجبرت اللندي على إجراء تعديلات وتبديلات وزارية عديدة حتى اضطر في تشرين الأول ١٩٧٢م على توزير عسكريين في حكومته.

وفي آذار ١٩٧٣م نال حزبه (الوحدة الشعبية) ٤٣٫٩% من الأصوات لكن كان على اللندي أن يواجه اضطرابات خطيرة في أجواء تضخم هائل (٢٥٠% في العالم الواحد). ووسط ضغوطات من حركة اليسار الثوري من جهة، ومن الحركة الفاشية من جهة ثانية. وفي ٧ أيلول ١٩٧٣م أعلن عن استعداده لإجراء استفتاء شعبي عام حول سياسته لكن بعد أربعة أيام في ١١ أيلول فوجئ بانقلاب عسكري عليه بقيادة قائد الجيش وعضو الحكومة منذ ٢٥ آب ١٩٧٣م، اغستو بينوشيه اوغارتا، وأثناء هجوم الانقلابيين على القصر الرئاسي لاقى اللندي مصرعه فأعلن الانقلابيون أنه انتحر في حين رجحت الأنباء العالمية أنه قتل وهو يقاوم. وفي يده الرشاش الذي كان قد أهداه إياه الرئيس الكوبي فيدل كاسترو.

رئيس الجمهورية اللبنانية بعد اغتيال الرئيس رينيه معوض، ولد في زحلة عـام ١٩٢٦م، درس في زحلة وبيروت ويحمل بكالوريوس في التجارة وترأس في العام ١٩٥٩م مجلس إدارة تعاونيـات مـزارع الشمندر واتحاد التعاونيات الزراعية في البقاع.

ترشح للانتخابات النيابية في دورة ١٩٦٨م ولم ينجح، وحالفه الحظ عام ١٩٧٢م عندما انتخب على لائحة جوزف سكاف، وقع في ١٣ آذار ١٩٧٦م على العريضة النيابية التي طالبت باستقالة الـرئيس سليمان فرنجية.

انتخب رئيسا للجمهورية بعد اغتيال الرئيس رينيه معوض. فقد اجتمـع مجلـس النـواب، في ٢٤ تشرين الثاني ١٩٨٩م بحضور ٥٣ نائبا، وحصل على ٤٧ صوتا، تألفـت أول حكومـة فـي عهـده برئاسـة الرئيس سليم الحصن التي أنهت التمرد الذي يقوده الجنرال ميشال عـون. وقامـت الـوزارة الثانيـة بحل المليشيات قبل أن يؤلف حكومة ثالثة برئاسة رشيد الصـلح. أجـرت أول انتخابـات فـي عـام ١٩٩٢م بعد انقطاع دام ٢٠ عاما بسبب الحرب اللبنانية بعد ذلك تولى رئاسة الحكومة رفيق الحريري.

والرئيس إلياس الهراوي هو الرئيس الثاني بعد بشارة الخوري الذي جدد لـه مجلـس النـواب فترة رئاسته لمدة ثلاث سنوات، وذلك في تاريخ ١٩٩٥/٥/١٩م في عهده انتهت الحـرب الأهليـة اللبنانيـة، بعد اتفاق الطائف، وأرسى علاقات وطيدة مع سوريا، وفي خلال زيارته لهـا فـي ١٩٩١/٥/٢٢م، وقـع عـلى معاهدة الأخوة والتعاون والتنسيق التي عززت علاقة لبنان بسوريا.

الرئيس اللبناني الحالي سار على خطى والده العسكري بامتياز اللواء جميل لحود. أحد مؤسسي الجيش اللبناني، فدخل المدرسة الحربية. في عام ١٩٥٦م وعمره عشرون سنة. ليكون ضابطا في سلاح البحرية. ولكنه بعد ٤٣ سنة من ذلك التاريخ نجح في تحقيق ما حالت الظروف السياسية دون نجاح أبيه فيه. الذي كان رشح نفسه لرئاسة الجمهورية في عام ١٩٧٠م، ثم انسحب عشية الانتخاب. فوصل هو إلى سدة الرئاسة بإجماع أصوات النواب الحاضرين ١١٨ في ١٩٩٨/١١/١٥م.

ولأنه كان ضابطا وفي البحرية، وبسبب تربيته العسكرية فقد ظل إميل لحود بعيدا نسبيا عن مجريات الحياة السياسية ومناوراتها، وحتى عن انعكاسات الصراع السياسي داخل المؤسسة العسكرية برغم أنه ينتسب إلى عائلة سياسية.

وبسبب حياديته ونزاهته اختير مديرا للأفراد في قيادة الجيش ثم رئيسا للغرفة العسكرية لوزير الدفاع في عام ١٩٨٣م ولكنه تخلى عن كل شيء وحتى عن (عسكريته) في ١٤ آذار ١٩٨٩م. مع اندفاع قائد الجيش السابق العماد ميشال عون الذي كان عينه أمين الجميل رئيسا لحكومة مؤقتة تملأ الفراغ الدستوري الناجم عن خلو مقعد الرئاسة بعدما أنهى ولايته بغير أن يوفر جوا سياسيا وأمنيا لانتخاب رئيس بعده (في صيف ١٩٨٨م)، في مغامرته المدمرة التي أعطاها اسم (حرب التحرير).

وعند انتخاب رينيه معوض رئيسا للجمهورية. في ضوء نتائج مؤتمر الطائف للوفاق الوطني. استدعي إميل لحود ليكون المرشح الأوفر حظا لقيادة الجيش. وقبل أن يتم تعيينه رسميا وقعت جريمة اغتيال رينيه معوض وانتخب إلياس الهراوي رئيسا. في ظرف شديد الاستثنائية بخطورته، فأقر تعيين لحود

٢٥

قائدا للجيش الذي سيكون عليه مواجهة أوضاع صعبة تعذر الخروج منها إلا بعد (حروب) داخل الطوائف ذاتها. وبعد خلع ميشال عون الـذي كـان قـد تمـترس في القصر ـ الجمهـوري. بتدخل عسكري سوري مباشرة ومشاركة رمزية من طرف الجيش اللبناني الذي كان قيد إعادة بناؤه. أبعد إميل لحود قائد الجيش عن السياسة. لكنه وضع في المقابل عقيدة للجيش معتبرا فيها الصهيوني عـدوا وطنيـا وقوميا. وسوريا أخا شقيقا ورفيق سلاح.

مدد له مجلس النواب كقائد للجيش بعد ما بلغ سن التقاعد، كمـا مـدد لـرئيس الجمهوريـة إلياس الهراوي في عام ١٩٩٥م لثلاث سنوات إضافية وبسبب نجاحه في توحيد الجيش وتصحيح موقعـه السياسي إضافة إلى ما اشتهر عنه مـن نظافـة الكـف والبعـد عـن الطائفيـة. فقـد أخـذ النـاس يزكـون ترشيحه لرئاسة الجمهورية. وهكذا فقد انتخبه مجلس النواب رئيسـا بـإجماع أصوات الحـاضرين مـن أعضائه ١١٨ في ١٥ تشرين الثاني ١٩٩٨م.

رئيس جمهوريـة مصر ـ العربيـة مـن عـام ١٩٧٠م إلى عـام ١٩٨١م. ولـد في ٢٥ كـانون الأول ١٩١٨م في مصر السفلى في عائلة تنتمي إلى طبقة الفلاحين البسطاء، دخـل المدرسـة الحربيـة وتخرج برتبة ضابط عام ١٩٣٨م. ولما الحـق لأول مـرة بحاميـة إحـدى المـدن تعـرف عـلى جـمال عبد النـاصر ومجموعة من الضباط الذين سيعرفون فيما بعد بالضباط الأحرار.

وعندما وقعت الحرب العالميـة الثانيـة رأى السـادات في النازيـة حليفـا ممكنـا للـتخلص مـن المحتل الإنكليزي وعقد العزم على التعاون مع الألمان لهذه الغاية. فألقي القبض عليـه في تشريـن الأول عـام ١٩٤٢م بتهمة التجسس لصالح قـوات المحـور. ومـا أن أطلـق سراحـه حتى أعيـد توقيفـه في عـام ١٩٤٥م. وسجن مدة ثلاثة أعوام لتورطه في محاولة اغتيال رئيس حزب الوفد مصطفى نحاس باشا.

طرد السادات عام ١٩٤٨م من الجيش ثم أعيد إليه عام ١٩٥٠م، وفي ٢٣ تمـوز ١٩٥٢م اشـترك في الثورة التي أطاحت بالملك فاروق، وعين السادات بعد ذلك ناطقا بلسان مجلس الثورة. وكان حـاضرا في عام ١٩٥٤م في المحكمة العسكرية التي حكمت بالإعـدام عـلى سـتة مـن الإخوان المسـلمين الـذين تورطوا في محاولة اغتيال الرئيس جمال عبد الناصر في الإسكندرية. وعين السـادات عـام ١٩٥٧م أمينـا عاما ثم رئيسا لحـزب الاتحـاد الـوطني. الحـزب الوحيد في مصـر ـ حينها، وانتخب عـام ١٩٦٠م رئيسـا للجمعية الوطنية المصرية ثم نائبا للرئيس عامي ١٩٦٤م و١٩٦٩م.

وعند وفاة الرئيس جمال عبد الناصر في ٢٨ أيلول ١٩٧٠م عينت الجمعية الوطنية السـادات خلفا للرئيس المتوفى وتبنى هذا الاختبار ٩٠% من

المقترعين في الاستفتاء الذي تلا التعيين. وقام بإعلان عن خطة اقتصادية تهدف إلى مضاعفة الدخل الوطني المصري خلال عشرة أعوام.

وسمحت مؤامرة دبرها نائب الرئيس علي صبري عام ١٩٧١م بتخليص البلاد دون ما اصطدامات من الهيمنة السوفيتية الضاغطة فقد حكم على علي صبري، بعدما أوقف برفقة ستة وزراء بالإعدام (خفف السادات هذه العقوبة إلى الحبس مدى الحياة). وأبلغ السادات في شهر تموز ١٩٧٢م اللجنة المركزية للاتحاد الاشتراكي العربي أن جميع المستشارين والخبراء السوفييت الذين وصل عددهم حتى ١٥٠٠٠ قد تلقوا الأمر بمغادرة البلاد. وإن القواعد السوفيتية قد أخضعت للمراقبة المصرية.

قام المصريون والسوريون في ٦ تشرين الأول عام ١٩٧٣م بهجوم على قوات الكيان الصهيوني. فاستطاعت القوات المصرية في اليوم نفسه اجتياز القناة واحتلال خط (برليف) المحصن ونجحت القوات السورية في الشمال في فتح ثغرة على عمق خمسة كيلومترات في منطقة جبهة الجولان غير أن قوات العدو الصهيوني استطاعت في ١٢ تشرين الأول الوصول إلى جبهة الجولان وتخطت حدود هذه المنطقة.

والتأم مجلس الأمن بعد معارك عدة بين المتحاربين في ٢٢ تشرين الأول وأصدر قراره الرقم ٣٨٨ الذي يطلب فيه المتحاربين وفق القتال والجلوس إلى طاولة المفاوضات. ودعا السيد فالدهيم أمين الأمم المتحدة العام إلى مؤتمر برئاسة وزيري الشؤون الخارجية الأمريكي والسوفيتي كيسنجر وغروميكو. فانعقد المؤتمر في جنيف في ٢١ كانون الأول ١٩٧٣م بمشاركة الوفود المصرية والأردنية وفي غياب السوريين. وبما أن الكيان الصهيوني أعلن منذ البدء لن يقبل بالعودة إلى حدود عام ١٩٦٧م فيما صرح العرب بأنهم لن يقبلوا بتسوية

حول الأراضي المحتلة دون أن يحل المؤتمر بعد ذلك وفرضت الاتفاقات الضرورية على أرض المعركة بفضل نشاط وزير الخارجية الأمريكي كيسنجر.

وفي النصف الثاني من تشرين الثاني ١٩٧٧م اتصل السادات ببيغن (رئيس الوزراء الإسرائيلي) أثر مسعى من الرومانيين وأعلن في التاسع من تشرين الثاني أنه مستعد لزيارة الكيان الصهيوني.وفي ١٩ تشرين الثاني وصل السادات إلى الكيان الصهيوني وقد رفضت الدول العربية هذا التصرف واجتمعت خمس منها (ليبيا، سوريا، العراق، الجزائر، اليمن الجنوبية) بالإضافة إلى منظمة التحرير الفلسطينية في طرابلس ١-٤ كانون الأول لإنشاء جبهة ضد تصرف السادات.

وتقابل السادات وبيغن ثانية في أيلول من عام ١٩٧٨م في كامب ديفيد في الولايات المتحدة بحضور الرئيس كارتر وقد توصلا إلى التوقيع على اتفاقات كامب ديفيد. وقد جاء رد العرب على هذه المعاهدة المنفصلة باجتماع لوزراء خارجية دول الجامعة العربية في بغداد. وتقرر سحب السفراء العرب من مصر وقطع العلاقات الدبلوماسية معها. وتعليق عضويتها في الجامعة العربية التي انتقل مركزها إلى تونس.

شجع السادات في البداية الحركات الإسلامية على ضرب المد الناصري إلا أن هذه الحركات ما لبثت أن انقلبت عليه واغتالته في ٦ تشرين الأول ١٩٨١م في أثناء استعراض عسكري.

رئيس جمهورية فنلندا ولد في مدينة فيبورغ، ودرس علم التربية وعمل معلما، ولم يكن في سيرته حتى ١٩٥٩م، ما يوحي بأنه شخص غير عادي. في عام ١٩٦٠م ألتحق بالمعهد السويدي للتكنولوجيا في كراتشي (باكستان)، وعلم فيه لثلاث سنوات. وعندما عاد في باكستان عين مسؤولا عن قسم التعاون الدولي في منتدى الدراسات الدولية والمعونات الخارجية في هلسنكي. وفي عام ١٩٦٥م التحق بوزارة الخارجية وتدرج فيها بين مناصب عديدة كانت متخصصة دائما بمجال التعاون والمساعدات الخارجية. وفي مطلع السبعينات عين سفيرا، وخدم في عدة بلدان أفريقية (تنزانيا، زامبيا، الصومال، موزمبيق) وفي ١٩٧١ أصبح وزيرا للخارجية. لكنه لم يستمر سوى عام واحد.

وفي عام ١٩٧٧م التحق اهتيساري بالأمم المتحدة كمندوب للسكرتير العام كورت فالدهايم في ناميبيا. وفي عام ١٩٨٢م أصبح مساعدا له، وفي عام ١٩٨٧م اختاره السكرتير العام خافير بيرنيز ديكويار مساعدا له للشؤون الإدارية والاقتصادية والمالية. وفي عام ١٩٨٩م أصبح مفوضا للأمين العام في ناميبيا.

وفي عام ١٩٩٢م اختاره المؤتمر الدولي حول يوغسلافيا رئيسا للجنة العمل الدولي التي انبثقت عنه وكان مقرها في جنيف. وفي هذه المهمة بالذات دخل معمعة الصراعات العرقية في البلقان. ومع أنه لم يستطع إنجاز شيء ذي أهمية آنذاك. بيد أنه لعب دورا مهما في معالجة بعض المشاكل الإنسانية الناجمة عن الحرب. ونال ثقة الأطراف المتصارعة وثقة الأطراف الدولية على حد سواء.

في عام ١٩٩٣م رشحه حزبه (الاشتراكي الديموقراطي) لرئاسة الجمهورية وتفاوتت تفوقات الساسة والإعلاميين له بين مؤيد بشدة نظرا إلى خبراته وصفاته ومعارضة بشدة للأسباب نفسها، إذ ركز المعارضون له على أنه خبير عالمي بالقضايا الدولية، ولكنه محدود الخبرة بمشاكل وظروف فنلندا إلى الحد الذي يجعله غير مؤهل لرئاستها. بل إن البعض اعتبره "مواطنا أجنبيا"، أو ممثلا للأمم المتحدة في فنلندا. لكن أهتيساري فاز في الانتخابات واستلم الرئاسة في آذار ١٩٩٤م ولمدة ستة أعوام. وقد حكم بالتفاهم مع حكومة اشتراكية تستند إلى غالبية برلمانية، تجددت للمرة الثانية ولايته بالانتخابات التي جرت في ربيع ١٩٩٩م.

ويذكر أن أهتيساري حاصل على درجة الدكتوراه في علم التربية في جامعة أوليد بورغ الفنلندية، وحاز على ست شهادات دكتوراه فخرية من جامعات في الولايات المتحدة والأرجنتين وتايلاند وفنلندا، وعلى جائزة السلام الفنلندية. وهو أيضا عضو في الكثير من الهيئات والمنظمات والمعاهد الفنلندية والدولية. ولا زال مستشارا لمؤسسات كبيرة جدا خيرية واقتصادية وعلمية في بلاده وغير بلاده.

تفاني أهتيساري في خدمة السلام العالمي، واعتبر مواطنا عالميا وناشطا كونيا بامتياز، استطاع دائما كسب ثقة الأطراف التي يعمل أو يتعامل معها في مهامه، وذلك بفضل مزاياه، نجح في الكثير من المهام التي تكلف بها في أفريقيا والبلقان وفي أمريكا اللاتينية أو آسيا. وحاز على تقدير الجميع إلى حد أن ناميبيا منحته جنسيتها واعتبرته مواطنا من مواطنيها جراء دوره الكبير في خدمة استقلالها وتحررها.

رجل دولة نيكاراجوا أنتخب رئيسا لحكومة نيكاراجوا خلال الفترة ما بين عامي ١٩٧٩م و١٩٩٠م. ولد في بلدة لاليبرتاد ١٩٤٥م واسمه الكامل دانيال خوسيه اورتيجاسافيدرا. في عام ١٩٦٠م أصبح أورتيجا زعيما فدائيا للمعارضة الساندينيسينية ضد حكومة سوموزا.

وقد سجنته هذه الحكومة من عام ١٩٦٧م حتى عام ١٩٧٤م. وبعد أن أطلق سراحه أبعد إلى كوبا حيث تلقى التدريب العسكرية، وفي عام ١٩٧٩م كان زعيما للحكومة الثورية عندما أطاح حزبه – جبهة الساندينيستا للتحرير الوطني- بحكومة اناستازيو سوموزا دبيل.

أنتخب أورتيجا رئيسا لنيكارجوا عام ١٩٨٤م وانتهت ولايته الرئاسية في عام ١٩٩٠م عندما هزمته في الانتخابات الرئاسية فيوليتا باريوس دي شامورو. وهي زعيمة ائتلاف كانت تعارض الحكم الساندينبستي.

اهتمت الحكومة النيكاراجوية تحت قيادة اورتيجا بالحالة الصحية في المناطق الريفية، وبنيت العديد من المدارس الجديدة. وقلصت من الأمية، كما فرضت إشرافها على العديد من المرافق الاقتصادية وشددت من المراقبة على الصحف وقيدت الحريات المدنية لمعارضتها السياسيين. وقد وجه منتقدو أورتيجا ومن بينهم الحكومة الأمريكية الاتهام إليه بأنه أقام حكومة شيوعية مستبدة.

وفي عام ١٩٨١م شن معارضو حكومة أورتيجا من أهالي نيكاراجوا ويعرفون باسم (الكونترا) حرب عصابات ضد الحكومة. وفي عام ١٩٨٨م سعى اورتيجا إلى التفاوض وصولا إلى وقف لإطلاق النار بين حكومته وجماعة الكونترا. وقد تأثرت قيادة أورتيجا لبلاده إلى حد كبير بعلاقتها مع الولايات المتحدة. فقد كانت الولايات المتحدة إلى ما قبل مجيء حزب الساندينيستا إلى

السلطة- الشريك التجاري الأول لنيكاراجوا، وقد ناهضت الولايات المتحدة قيادة اورتيجا. وقامت بتقليص حجم التجارة إلى حد كبير مع نيكاراجوا، وبتزويد المعارضين بالدعم المادي، وقد ناضل اورتيجا من أجل تحسين اقتصاد بلده الذي أرهقه الحظر التجاري الأمريكي، والحرب ضد الكونترا والنفقات الحكومية العالية على الصحة والتعليم.

سياسي ورجل دولي تركي، ولد في بلدة ماليتيا في جنوب شرقي تركيا ١٩٢٧م، والـده كـان أمـام مسجد القرية وأستاذ الدين ثم تحول بعد تحديث تركيا إلى أستاذ مدرسة تابعة للدولـة، وانضـم لاحقـا إلى بنك الزراعة التركي التابع للقطاع العام. والدته أيضا كانت معلمة مدرسة.

تخرج اوزال في جامعة استنبول التقنية في عـام ١٩٥٠م بشهادة مهنـدس كهربـائي، انضـم إلى شركة الكهرباء في الفترة وذهب إلى الولايات المتحدة في عام ١٩٥٢م حيث درس الهندسة والاقتصاد. بعد عودته إلى تركيا في عام ١٩٥٣م خدم في محطة الطاقة الكهربائية الهايدروليكيـة. وخـلال فـترة عملـه في الشركة. عمل أستاذا متعاقدا في جامعة الشرق الأوسط التقنية في أنقرة.

عقب انقلاب عـام ١٩٦٠م العسكرية التحـق بمجموعـة مـن (الشبان التكنـوقراط) طرحـت مشروع تحديث الإدارة وتطوير الاقتصاد تعرف على رئيس حزب العدالة سليمان ديميريل الـذي كـان رئيسه خلال عمله في منظمة التصميم العام. وعندما أصبح ديميريل رئيسا للوزراء في عام ١٩٦٥م اختـار اوزال مستشارا خاصة للشؤون التقنية ثم عينه بعد سنتين مسؤولا عن هيئة التخطيط في حكومتـه. في عام ١٩٧٠م قام ديميريل بتعويم اللـيرة التركية ووضع خطة لتطوير الاقتصاد وكـان أوزال أحـد أهـم المساعدين المستشارين له، وعندما وقع انقلاب ١٩٧١م العسكري غادر أوزال تركيا إلى واشـنطن وعمـل في البنك الدولي لمدة سنتين. عاد بعدها إلى تركيا ليشغل منصب مدير عام في إحـدى شركات المقـاولات الكبرى.

في عـام ١٩٧٧م قطع أولى خطواتـه العمليـة في الشـأن السياسي الـوطني العـام. فترشـح في الانتخابات النيابة في منطقة ازمير عن حزب (الاتحاد

الإسلامي القومي)، وفور عودة دميريل إلى السلطة في نهاية عـام ١٩٧٩م علـى رأس حكومـة أقلية تبوأ اوزال موقعا مميزا في صياغة مقررات السياسة الاقتصادية وعانت تركيا في تلك الفـترة فـوضى اقتصادية نتيجة الغلاء والتضخم وسلسلة فضائح مالية وجرائم قتل وسرقات الأمر الذي أدى إلى انقلاب عسكري جديد في ١٢ أيلول ١٩٨٠م لكن قائد الانقلاب الجنرال كنعان طلب من اوزال مواصلة برنامجـه كمساعد لرئيس الوزراء للشؤون الاقتصادية لكنه لم يلبث إن استقال من منصبه الجديد في تموز ١٩٨٢م أثر فضيحة مالية هزت البلاد.

وفي أيار ١٩٨٣م أسس تورغوت اوزال حزب (الوطن الأم) وتزعمه ونجح في حزبه في كسـب غالبية محدودة من مقاعد البرلمان في انتخابات عام ١٩٨٣م، فأصبح رئيسا للوزراء، وأشرف علـى تنظيم المرحلـة الانتقاليـة مـن الحكـم العسكري إلى عـودة الديموقراطيـة وفي انتخابات عـام ١٩٨٧م البرلمانية نجح في كسب غالبية كبيرة وترأس للمرة الثانية الحكومة التركية.

انتخب في عام ١٩٨٩م رئيسا للجمهورية ودخل في تنافس على صلاحيات الرئاسة مـع رئيس الحكومة سليمان دميرك الذي فاز حزبه في انتخابات ١٩٩١م وكانت التعايش بين الرجلين اوزال رئيس الجمهورية ودميريل كرئيس الوزراء صعبا بسبب تدخل رئيس الجمهورية في شؤون الحكومة.

وفي ١٧ نيسان ١٩٩٣م توفي اوزال نتيجة أزمة قلبية مفاجئة وكان ذلك قبل يـومين فأنهى جولة قام بها على خمس دول في آسيا الوسطى واستغرقت نحو أسبوعين.

الرئيس الرابع والثلاثون للولايات المتحدة (١٩٥٢-١٩٦١م) ولد في دينيسون بولاية تكساس، وتخرج في الأكاديمية العسكرية في ويست بوينت، بنيويورك عام ١٩١٥م، وتخرج عام ١٩٢٦م بمرتبة الشرف الأولى في مدرسة القيادة والأركان العامة التابعة للجيش الأمريكي في فورت ليغينوبرت بولاية كنساس. وبعد سبع سنوات من ذلك أصبح مساعدا لرئيس هيئة الأركان في ذلك الوقت -الجنرال دوجلاس ماك آرثر- ثم رقي إلى رتبة عميد عام ١٩٤١م وبعد دخول الولايات المتحدة في الحرب العالمية الثانية التحق ايزنهاور بفرقة خطة الحرب في واشنطن.

بعد ترقيته مرة أخرى أصبح قائدا عاما للقوات المسلحة الأمريكية في أوروبا، وفي عام ١٩٤٢م تمت ترقيته إلى رتبة فريق، وقام بصفته قائدا لقوات الحلفاء بالتخطيط لاجتياح شمالي أفريقيا، وبعد ترقيته مرة أخرى إلى رتبة جنرال بأربعة أنجم (هي أعلى مرتبة) قام ايزنهاور بالتخطيط لاجتياح إيطاليا عام ١٩٤٣م وفي عام ١٩٤٥م حل محل الجنرال جورج مارشال رئيسا لهيئة أركان الجيش. وفي عام ١٩٤٨م تقاعد مؤقتا عن الخدمة الفعلية، ولكنه شغل عام ١٩٤٥م وظيفة القائد الأعلى للقوات الأوروبية لحلف شمال الأطلسي (الناتو).

دخل ايزنهاور معترك السياسية بسبب الخلافات التي نشبت داخل الحزب الجمهوري حول اشتراك الولايات المتحدة في الحرب الكورية. وفي الانتخابات العامة التي جرت عام ١٩٥٢م ألحق ايزنهاور ورتشارد نيكسون الهزيمة بالديموقراطيين.

خلال ولايته الأولى سعى إيزنهاور إلى خفض الإنفاق الحكومي وتم تنظيم القوات المسلحة بتقليل عدد القوات التقليدية وزيادة الأسلحة النووية. كما

شهدت إدارته الأولى نهاية حقبة في التاريخ الأمريكي هي حقبة ماك آرثر التي تميزت بالحملة على الشيوعين.

وفي السياسة الخارجية أكد ايزنهاور على التعاون الوثيق مع حلفاء الولايات المتحدة الأمريكية، وفي عام ١٩٥٣م زار كوريا للمساعدة في إنهاء الحرب، لكنه فشل في إحراز نتائج سريعة، ورفض ايزنهاور عدة دعوات لاستعمال الأسلحة النووية لحل الأزمات الدولية. ودخل عام ١٩٥٦م مع نيكسون في الحملة الانتخابية ضد الديمقراطيين حيث أعيد مع نيكسون إلى الحكم مرة أخرى.

خلال ولايته الثانية كان ايزنهاور يفضل نهاية مدروسة ومنظمة للتفرقة العنصرية ضد الملونين الأمريكيين. كما أنه أجاز الإنفاق الحكومي للحاق بالسوفييت في مجال تقنية الفضاء، وفي عام ١٩٥٧م اقترح سياسة وافق عليها الكونجرس عرفت بـ (مبدأ ايزنهاور). ترك ايزنهاور الحكم في عام ١٩٦١م وتلاه جون كنيدي من الحزب الديموقراطي.

عسكري ورئيس جمهورية باكستان، بدأ حياتـه العمليـة ملتحقـا بـالجيش الهنـدي البريطانـي، تخرج من كلية سان هرسـت العسكريـة الملكيـة البريطانيـة عـام ١٩٢٨م، رئيس أركـان حـرب الجيش الباكستاني في ١٩٥١م وصل إلى السلطة في ٧ تشرين ١٩٥٨ عبر انقلاب أعده الجنرال إسكندر ميرزا الـذي كان رئيسا للجمهورية. فإذا به يحل البرلمان في ٧ تشرين الأول ويعطي السلطات كافة للجنرال أيوب خان قبل أن يتنازل له عن السلطة نهائيا. فيصبح أيوب خان الحاكم المطلق لبلد كان يعاني من الـداخل من كل ضروب الفساد والفوضى وكان في الخارج مطالبا في تزعم الجناح المؤيد للغرب في وسط آسيا.

خلال السنوات الأولى من حكمه تمكن أيوب خـان مـن محاربـة الفسـاد وتقويـة مؤسسـات الدولة وتحديث التعليم بنجاح كبير وحتى آخر أيام حكمه ظل على علاقة جيدة مع الغرب.

الحرب الهندية -الباكستانية التي بدأت في عام ١٩٦٥م وأسفرت في نهاية المطاف عن انفصال باكستان الشرقية وإعلانها دولة باسم بنغلادش في ربيع عـام ١٩٧١م، قضت عليـه سياسيا فـأجبر عـلى الاستقالة في ٢٥ آذار ١٩٦٩م ليحل محلـه الجنرال يحيى خان الـذي أعلـن الأحكـام العرفيـة وتحمـل مـا تبقى من الهزيمة.

رجل دولة وسياسي سوفياتي، انتسب إلى الحزب الشيوعي عام ١٩٣١م مساعد خروتشوف عام ١٩٣٧م المفوض السياسي في فبروتروفسك حيث تألق عسكريا خلال الحرب العالمية الثانية. سكرتير أول الحزب في جمهورية مولدافيا (١٩٥١-١٩٥٣م). وبعد تعيينه أمينا عاما للحزب الشيوعي السوفيتي أصبح كوسيغن رئيسا للحكومة، وميكويان رئيسا لمجلس رئاسة الدولة حتى عام ١٩٦٦م ثم خلفه في هذا المنصب بودغورني وبذلك عاد الاتحاد السوفيتي (السابق) إلى القيادة الجماعية من جديد. لكن سرعان ما انفرد بريجنيف بالسلطة عندما جمع في يده الأمانة العامة للحزب ورئاسة الدولة ١٩٧٧م.

لم يؤد رحيل خروتشوف إلى تغيرات جذرية في الخيارات السياسية والاقتصادية. ومع ذلك عرف الاتحاد السوفيتي (السابق) في عهد بريجنيف بعض التحولات. ففي المجال الاقتصادي استأنف العمل بالخطط الخمسية. وبدأ تطبيق الإصلاحات التي نادى بها لبرمان في المصانع (إدخال مفهوم الربح في إدارة المنشآت الصناعية وإجبارها على تنظيم برنامجها الإنتاجي تبعا لطلبات زبائنها والتسيير الذاتي). ثم في المجال الزراعي. وأعطت هذه السياسة نتائج مرضية نسبيا وبعد سنوات من التردد ساعدا استخدام الحوافز المادية، وتحسين تقنيات الإدارة وتحديد الأسعار بربطها بسعر الكلفة الحقيقية للإنتاج على الحصول على نتائج مؤكدة مع الخطة الخمسية الثامنة ١٩٦٦-١٩٧٠م والتاسعة ١٩٧١-١٩٧٥م وازداد إنتاج الأدوات الاستهلاكية موازيا إيقاع إنتاج الصناعة الثقيلة.

وفي الميدان الأيديولوجي تعزز في عهد بريجنيف العمل بالواقعية الاشتراكية في الوقت تزايدت فيه معارضة بداءا من عام ١٩٧٠م.

وفي مجال السياسة الخارجية حقـق الانفراج الـدولي تقـدما مهـما بـدءا مـن عـام ١٩٦٥م فتحسنت العلاقات السوفيتية الأميركية ولا سيما بعـد معاهـدات ١٩٧٢م الخاصة بالحـد مـن الأسلحة النووية وتوقعت حرب فيتنام. كما تحسنت العلاقات السوفيتية مع ألمانيا الاتحادية ١٩٧٠م في حـين توترت العلاقات مع دول المعسكر الاشتراكي بسبب استمرار الاتحاد السوفيتي (السابق) في سياسـة الحفاظ على وحدة العالم الاشتراكي وفقا للمعايير التي حـددها بنفسه، واستمر الاتحاد السوفيتي (السابق) ببسط نفوذه في أفريقيا وأمريكا اللاتينيـة. وفي تـدعيم موقفه في الشـرق الأوسط وتأييـده للبلدان العربية في مواجهة الكيان الصهيوني. ومنذ كـانون الأول ١٩٧٩م تـدخل عسـكريا في أفغانسـتان بهدف مساعدة الحكومة الماركسية فيها والحفاظ على السلطة.

اتسم حكم بريجنيف بالجمود والمحافظة ومقاومة كل تجديد، وتمثـل ذلك باستقرار الأطـر نفسها في أجهزة الحكم. والتمسك بالتخطيط الاقتصادي مـع الرغبـة في تقريـب شـروط معيشية لأبنـاء الأرياف من أبناء المدن عـن طريـق تطوير (المـدن في الأريـاف)، وكذلك مواصـلة الأهـداف السياسية الخارجية نفسها.

رئيس الجمهورية العربية السورية منذ عام ٢٠٠٠م، وهو ابن الرئيس الراحـل حـافظ الأسـد، بعد انتهاء دراسته في مدرسة "اللائيك" التي تعد واحدة من أهم مدارس العاصـمة، انتقـل بشـار الأسـد إلى جامعة دمشق ليدرس الطب. وبعد ما أتم اختصاصه في "مستشـفى تشـرين العسـكري" في دمشـق بين ١٩٨٨م و١٩٩٢م انتقل إلى لندن حيث اضطر، بعد أقل من سنتين إلى قطع دراسته هنـاك والعـودة إلى سوريا إثر وفاة شقيقه باسل الأسد، وبسرعة أتخذ قراره الانتقال إلى العمل السياسي من دون حاجـة إلى "وقت طويل للتفكير".

فبدأ عمليا بإعلان الحرب على الفساد وملاحظة القائمين عليه ومحاسبتهم، وشكل فريق عمـل متكاملا يتقلى شكاوي المواطنين، وفريق عمـل آخـر يقـوم بمتابعـة تنفيـذ الحـل. تابـع دورة "الضبـاط الأركان" في كلية المدرعات في حمص، وتخرج في تشرين الثاني ١٩٩٤م برتبـة "رائـد أركـان" في أول تمـوز ١٩٩٧م وبعد أن أمضى ثلاث سنوات برتبة رائد رفع إلى رتبـة مقـدم ركـن "وصـار عـلى قمـة تجربـة المهندسين القياديين نظرا إلى تفوقه في دورة أركان الحرب الأخـيرة وتقديمـه أول بحـث عمـلي وعلمـي أكاديمي في الجيش العربي السوري ونال عليه درجة مئة في المئة "وكان الرئيس الدكتور بشـار الأسـد قـد أنهى في نيسان ١٩٧٧م دورة أركان في "الأكادمية العسكرية العليا" استمرت نحو سنتين، انتخب لرئاسـة الجمهورية بعد وفاة والده الرئيس حافظ الأسد.

أحد أصغر رؤساء الجمهورية المنتخبين من قبل مجالس شرعية فعلية، إنه القائد الميليشوي الذي انتقل من صفوف المقاومة اللبنانية إلى سدة الرئاسة الأولى.

ولد بشير الجميل في العاشر من شهر تشرين الثاني عام ١٩٤٧م في بيروت ومسقط رأسه بلدة بكفيا بالمتن اللبناني. والده الشيخ بيير الجميل. مؤسس حزب الكتائب اللبنانية. وانضوى صغيرا في مصلحة الطلاب التابعة لحزب الكتائب اللبنانية. وغدا عضوا في مصلحة المعلمين بالحزب بعدما عمل مدرسا متقاعدا لمادة التربية المدنية للصفوف التكميلية والثانوية في المدرسة اللبنانية الحديثة بين ١٩٦٨م و١٩٧٠م. حاز عام ١٩٧١م إجازة في الحقوق والعلوم السياسية من جامعة القديس يوسف في بيروت. وأتقن العربية والفرنسية والإنكليزية.

اشترك في مؤتمر مخصص للبحث في بعض قضايا القانون الدولي الذي عقد عام ١٩٧٢م في إحدى جامعات ولاية دالاس الأمريكية. وأمضى شهرين في واشنطن عاد بعدها إلى لبنان وبدأ ممارسة مهنة المحاماة متخذا لنفسه مكتبا في شارع الحمراء في بيروت.

ترك المحاماة أثر حادثة ١٣ نيسان عام ١٩٧٥م والتحق بصفوف المقاومة اللبنانية مقاتلا على جبهات مختلفة في مواجهة القوى الفلسطينية والمنظمات اليسارية المساندة لها. وخلف قائد قوى حزب الكتائب اللبنانية وليم حاوي بعد وفاته في الثالث عشر من تموز عام ١٩٧٦م خلال معركة تل الزعتر، وأصبح رئيسا للمجلس الحزبي الكتائبي فرئيسا لمجلس قيادة (القوات اللبنانية) في الثلاثين من آب من العام نفسه.

قام في السابع من تموز عام ١٩٧٩م بحركة عسكرية دموية هدفت إلى توحيد بندقية المقاومة اللبنانية، حيث دمجت الفرق العسكرية التابعة لحزب الكتائب اللبنانية والوطنيين الأحرار وحراس الأرز، والتنظيم، تحت لواء مجلس قيادة (القوات اللبنانية) وغدا بشير مطلع عام ١٩٨١م عضو (الجبهة اللبنانية) التي كان يرأسها كميل شمعون.

وعندما اجتاحت القوات الصهيونية لبنان في الخامس من حزيران عام ١٩٨٢م ووصلت بيروت تم انتخاب بشير الجميل رئيسا للجمهورية اللبنانية في الثالث والعشرين من شهر آب فاعتبر انتخابه تكريسا لانتصار ما عرف بالقضية اللبنانية. بيد أن الرابع عشر من أيلول التالي شهد انفجارا طال بيت الكتائب اللبنانية في منطقة الأشرفية حصن الرئيس المنتخب المنيع أودى بحياته وبحياة عدد كبير من رفاقه، وقد خلفه شقيقه آمين على سدة الرئاسة الأولى.

شاه إيران منذ ١٢ كانون الأول ١٩٢٥م، حيث قام في هذا اليوم بتتويج نفسه مقتحما بـذلك حكم سلالة جديدة على إيران. وتمثلت في شخصين وهما: رضا خان نفسه، وابنه محمد رضا بهلوي.

يوم توج رضا خان نفسه كان معروفا كرجل عسكري لامع وخاصة منـذ أن دخـل في عـام ١٩٢١م على رأس رجاله إلى طهران عبر انقلاب عسكري جعل منه رجل إيـران القـوي. وكانـت الحـرب العالمية الأولى والصراع مع تركيا العثمانية قد أرهقا إيران وجعلاها لقمة سائغة أمام المطامع البريطانية. إضافة إلى بدء الحديث عن وجود النفط بكميات كبيرة في المنطقة بما فيها فارس. ففرضت بريطانيا في إطار كل هذه الظروف وفي سياق تغلغلها في المنطقة ومنذ عام ١٩١٩ م على إيران معاهدة حماية تؤمن للندن الهيمنة الإدارية والعسكرية على البلد. وعلى الفـور قامـت ثورة مسلحـة في تبريز حيث أعلن الثوار قيام جمهورية على النمط السوفياتي. فوجد حكام طهران في ذلك الحين أن هذه الثورة تتيح لهـم التقارب مع موسكو للتصدي للمطامع البريطانية.

فقررت بريطانيا أن تتحرك بسرعة ووجدت في العسكري رضا بهلوي مـا يـؤمن مصـالحها. فانطلق هذا من منطقة قزوين على رأس ٢٥٠٠ مـن رجالـه وسـار نحـو طهـران التـي دخلهـا مـن دون مقاومة ٢١ شباط ١٩٢١م وأبقى على أحمد ميرزا شاهـا علـى عرشـه وفرض حكمـا دكتاتوريـا، ومـا أن هدأت الأوضاع وأحس رضا شاه أن الأمور استقرت على ما يحلو له حتى خلع أحمد ميرزا ونصب نفسه شاها مكانه ١٢ كانون الأول ١٩٢٥م. وبدا يفكر بإقامة جمهورية علمانية علـى غـرار مـا كـان قـد بـدا يحدث في تركيا حيث أثارت تجربة مصطفى كمال إعجابه، لكن رجال الدين تمكنوا مـن دفعـه للـتخلي عن فكرته.

تميز حكم رضا شاه باستخدام القوة لتوطيد سلطته، كما تميز بنزعة الحكم المطلق وقمع الأقليات ورجال الدين ومنع الأحزاب السياسية ومطاردة قادتها وفي الوقت نفسه اتباع وتيره متسارعة في تحديث شامل. وقد اعتمد في حكمه على الجيش.

وما أن حقق الألمان النازيون أولى انتصاراتهم عند بداية الحرب العالمية الثانية حتى بدا رضا شاه بالتقرب منهم رغم أنه كان قد أعلن حياد إيران في الحرب. وعندما احتل الحلفاء إيران في عام ١٩٤١م أرغموه على الاستقالة والتنازل لابنه محمد رضا شاه الذي كان في الثانية والعشرين من عمره، مات في منفاه في جوهانسبرغ (جنوب أفريقيا) في ٢٦ تموز ١٩٤٤م.

شاه إيران المخلوع وابن رضا شاه خلف والده عندما استقال هذا الأخير في عام ١٩٤١م تحت ضغط الحلفاء الذين كانوا قد احتلوا البلاد في الحرب العالمية الثانية. وبعد تولي محمد رضا للعرش سمح للحلفاء بتركيز قواتهم في إيران وبإرسال الإمدادات إلى الاتحاد السوفيتي (سابقا) عبر إيران.

عارض تأميم النفط الذي أقدم عليه رئيس الوزراء الإيراني محمد صادق في مطلع الخمسينات من القرن العشرين الميلادي فطرده مصدق من البلاد، لكنه سرعان ما عاد بدعم (وكالة الاستخبارات المركزية الأمريكية) والعمل الذي قام به الجنرال الأميركي شوارزكوف (والد الجنرال شوارزكوف الذي اشتهر خلال حرب الخليج الثانية ١٩٩٠-١٩٩١م) ومنذ عودته لم يكف الشاه عن ضرب المعارضة السياسية والدينية مستخدما العنف والتعذيب الممثلة بجهاز استخبارات (السافاك).

في الستينات من القرن العشرين الميلادي بدأ الشاه برنامجا لتوزيع الأراضي على بعض الفلاحين. كما أنه استخدم جزءا من عائدات النفط الإيراني لبرنامج التنمية الاجتماعية والاقتصادية وتوسع في البرامج المعنية بمحو الأمية. وشيد الكثير من المدارس والمطارات والطرق والسكك الحديدية. وعزز أجهزته الأمنية والعسكرية بمساعدة الولايات المتحدة الأمريكية، فبلغت إيران في عهده من القوة العسكرية ما دفع إلى الحدث عن أنها أصبحت رابع قوة عسكرية في العالم. وتميزت سياسته أيضا بعلاقات واقعية وطيدة مع الكيان الصهيوني، وببعض الاعتدال الذي كان يبديه تجاه الدول العربية وقضاياها.

كان الشاه يسيطر على الحكومة بالرغم من وجود برلمان ومجلس وزراء. وقد أثارت سلطاته الواسعة معارضه كبيرة وخاصة من الطلبة والمثقفين

والزعماء الدينين، والعمال الصناعيين، فاتهمه منتقدوه بحرمانهم من حرية التعبير والحقوق الأخرى وباستخدام الشرطة السرية والقوة العسكرية لإسكات معارضيه.

تعلق بمظاهر (العظمة الفارسية) التي عمل على إضفائها على شخصه وعائلته وبلاده. وقد تجلى ذلك أكثر ما تجلى في احتفالات المدينة التاريخية (برسيبوليس) التي دعا إليها ملوك ورؤساء العالم وانفق عليها أموالا طائلة. وفي احتفالات تتويج نفسه شاهنشاها (ملك الملوك) في ٢٦ تشرين الأول ١٩٦٧م التي بدت استفزازا حقيقيا لمشاعر الشعب فنظر إليها الكثيرون على أنها بداية القطيعة الحقيقة بين الشاه والشعب. فالشاه في تلك الاحتفالات لم يتفوه بكلمة واحدة عن تاريخ إيران الإسلامي مكتفيا بتاريخها الفارسي.

أطاحت حكمه في مطلع عام ١٩٧٩م ثورة إسلامية شعبية عارمة أجبرته على الهرب إلى الخارج. فقصد الولايات المتحدة التي سرعان ما أفهمته حكومتها أنه (غير مرغوب به) فانتقل إلى بنما ثم انتقل إلى مصر في آذار عام ١٩٨٠م حيث توفي هناك.

سياسي أفريقي رئيس جمهورية ساحل العاج منذ عام ١٩٦٠م حتى وفاته في عام ١٩٩٣م لقب بـ (حكيم أفريقيا)، ينتمي إلى قبيلة باولي أكبر القبائل انتشارا أو نفوذا في البلاد. وقد نصب زعيما لها في سن مبكرة ٥ سنوات وكان معتنقا إحدى المعتقدات الإحيائية. اعتنق الكاثوليكية وهو في الثالثة عشرة من عمره. ولد في ياموسوكرو درس الطب في مدرسة الطب الفرنسية في داكار، وامتهنه لمدة ١٥ سنة بعد تخرجه انصرف إلى السياسية فألف نقابة العمال الزراعيين في عام ١٩٤٤م لتحسين زيادة إنتاج البن والكاكاو، ثم أسس الحزب الديموقراطي لساحل العاج في عام ١٩٤٥م. في عام ١٩٥٦م انتخب عمدة مدينة ابيدجان (عاصمة ساحل العاج آنذاك)، وفي السنة التالية حضر دورة الجمعية العامة لهيئة الأمم المتحدة مطالبا بالمساواة في الحقوق والواجبات بين الإفريقيين وشعوب الدول الأخرى.

أنتخب ممثلا لساحل العاج في الجمعية الوطنية الفرنسية في باريس حتى عام ١٩٥٩م حيث عين وزيرا في وزارة غي موليه الفرنسية. ثم رئيسا لوزراء ساحل العاج في أول أيار من العام نفسه وفي ٦ آب ١٩٦٠م حصلت بلاده على الاستقلال التام، وفي ٢٧ تشرين الثاني ١٩٦٠م انتخب أول رئيس للجمهورية. عمل على قيام وحدة اقتصادية بين ساحل العاج وفولتا العليا (أصبح اسمها بوركينافاسو) والنيجر وداهومي (بنين). تميز حكمه الذي امتد نحو ثلاثة عقود ونصف العقد بتقربه الشديد من السياسة الفرنسية (يأتي اسمه في مقدمة السياسيين الفرنكوفونين) وبالاستقرار الخالي إلى حد كبير من العنف الذي عرفته أكثر البلدان الأفريقية. تحول وداعه (توفي عام ١٩٩٣م) إلى تظاهره شعبية وأفريقية ودولية تكريما لـ (حكيم أفريقيا) وسارت في شوارع ابيدجان مئات ألوف المشيعين، فيها غصت كاتدرائية (سيده السلام) في ياموسوكرو بالآلاف بتقدمهم الرئيس الفرنسي فرنسوا ميتران و٢٤ رئيسا أفريقيا.

ملك بلجيكا، اسمه بودوان ألبير ليوبولد اكسيل ماري غوستاف، الابن الثاني للملك ليوبولد الثالث. وخلفه عام ١٩٥١م ولد في قصر ستيفنبرغ قرب بروكسل. اضطر عام ١٩٤٠م على أثر الاحتلال الألماني لبلجيكا للهرب إلى فرنسا. ومنها إلى إسبانيا ثم ما لبث أن عاد إلى بلجيكا ليعيش في عزلة تامة مع أفراد العائلة المالكة.

في عام ١٩٤٤م قرر هتلر نفي العائلة إلى ألمانيا، حيث بقي بودوان رهن الإقامة الجبرية حتى أيار ١٩٤٥م، حيث حررته فرقة من الجيش الأمريكي عارض أكثر السياسيين البلجيكيين عودة ليوبولد الثالث اتهموه بالتخاذل والخيانة بسبب هربه كما شكلت محكمة برلمانية قضت بحرمان الأمير شارل شقيق بودوان وحصر ولاية العهد في الأخير. وفي عام ١٩٥٠ جرى استفتاء شعبي حول موضوع استمرار الحكم الملكي. ففاز الملكيون بنسبة ٥٧,٦٨% وعارضه اليساريون بشدة.

استقال ليوبولد الثالث تموز ١٩٥١م ليخلفه بودوان في ١٩٥٩م. أعلن بودوان في خطاب تاريخي قرار الحكومة منح الكونغو استقلالها. عرف عنه حبه بلاده، وقد أرغمه ذلك على التوازن بينهما (الفلامند والوالون) في كل شيء حتى أنه كان يلقي خطاب العرش باللغتين معا، يقرأ الفقرة بالفرنسية ثم يعيد قراءتها بالفلامندية. وكان نادرا ما يستخدم سلطاته.

الــرئيس الحــادي والأربعــين للولايــات المتحــدة (١٩٨٩-١٩٩٣م)، ولــد في ملتــون بولايــة ماساشوسيتس. وتخرج في أكاديمية فيليبس عام ١٩٤٢م وخدم طيارا محاربا في الأسطول خـلال الحـرب العالمية الثانية (١٩٣٩-١٩٤٥م). وبعد الحرب التحق بوش بجامعـة يـل ثم انتقـل إلى تكسـاس وبـدأ العمل بنجاح في صناعة النفط هنـاك. انتخب عضوا في مجلس النـواب الأمريكي عـام ١٩٦٦م، وأعيد انتخابه مرة أخرى عام ١٩٦٨م وخلال عامي ١٩٦٤م و١٩٧٠م نجح في الحصـول عـلى مقعـد في مجلـس النواب.

عين عام ١٩٧٠م مندوبا للولايات المتحـدة في الأمـم المتحـدة، تـرأس في عـامي ١٩٧٦م ١٩٧٧م وكالة الاستخبارات المركزية الأمريكية، وفي عام ١٩٨٠م انتخب نائبا للرئيس رونالد ريغان، أعيد انتخابـه عـام ١٩٨٤م وفي عام ١٩٨٨م فاز بوش في الانتخابات العامة مع نائبه المرشح السيناتور دان كويل.

وفي السياسة الداخلية شنت الحكومة الأمريكية الحرب عـلى المخدرات عـام ١٩٨٩م وأجاز بـوش الزيـادات في الضرائب عـام ١٩٩٠م، وفي الشـؤون الخارجيـة وقـع بـوش مـع الرئيس السـوفيتي جورباتشوف في عـام ١٩٩٠م اتفاقية لتدمير عدد كبير من الدبابات والأسلحة النووية في أوروبا. وفي عـام ١٩٩١م وقع الرئيسان معاهدة خفض الأسلحة الاستراتيجية ستارت.

وكذلك قام الرئيس بوش في عام ١٩٨٩م بإرسال القوات الأمريكية لغزو بنما لحمايـة المصالح الأمريكية هنـاك والإطاحة برئيس بنما الجنرال مانويل نوربيجا، وقام أيضا بإرسال القوات الأمريكيـة إلى الخليج العربي في آب عام ١٩٩٠م. ودامت حرب الخليج الثانية من ١٧ كـانون الأول إلى ٢٨ شباط عام ١٩٩١م.

رئيس دولة أفريقيا الوسطى (١٩٦٦-١٩٧٦م)، تطوع في الجيش الفرنسي عام ١٩٣٩م تدرج في المناصب التالية: رئيس أركان حرب ١٩٦٣م، كولونيل ١٩٦٥م جنرال ١٩٦٧م، سكرتير عام ورئيس حركة التطور الاجتماعي لأفريقيا السوداء. رئيس الجمهورية ورئيس الحكومة ووزير الدفاع وحامل الأختام (كانون الثاني ١٩٦٦م). ووزير الداخلية والأعلام ١٩٦٨م وزير الزراعة والري ١٩٧٠م. أعلن أفريقيا الوسطى إمبراطورية وعين نفسه إمبراطورا في كانون الأول ١٩٧٦م. وفي عام ١٩٧٩م أحاطه الرئيس السابق داكو دافيد الذي أعاد البلاد إلى (جمهورية أفريقيا الوسطى).

وفي أول أيلول ١٩٩٣م وفي أجواء انتخابات عامة ورئاسية أعلنت الحكومة أنها أفرجت عن الرئيس السابق جان بيدل بوكاسا المحتجز في سجن عسكري منذ عام ١٩٨٦م، بعد اتهامه بالاختلاس والتواطؤ في ارتكاب جرائم قتل. وذكر البيان أن الإفراج عن بوكاسا جاء في مناسبة الاحتفال بالذكرى الثانية عشرة لتولي أندره كولنغبا منصب الرئاسة.

والمعلوم أن بوكاسا، بعد إحاطته في عام ١٩٧٩م صدر عليه حكم بالإعدام حوله الرئيس كولنغيا إلى عقوبة السجن لـ ٢٠ عاما. ثم أطلق سراحه بعد سبعة أعوام، وفور إطلاق سراحه قال أنه مستعد للعودة إلى العمل السياسي (إذا طلب منه الشعب ذلك) وكذلك اعتبر بوكاسا مسؤولا عن مذبحة تعرض لها ٢٠٠ طالب مدرسة احتجوا على إلزامهم بشراء ثياب مدرسية من مصنع تابع لزوجته.

ولد في مونتبوديف عام ١٩١١م، وتوفي في باريس عام ١٩٧٤م حائز على إجازة تعليمية، عمل في بنك روتشيلد وأصبح مديره العام بـين عـامي ١٩٥٦م، ١٩٦٢م، رئيس حكومـة الجـنرال ديغـول مـن حزيران ١٩٥٨م إلى كانون الثاني ١٩٥٩م.

عين رئيسا للوزراء خلفا لميشال دويريه في ١٤ نيسان ١٩٦٢م قدم استقالة حكومته في تشرين الأول ١٩٦٢م بعد تصويت الجمعية الوطنيـة علـى مـذكرة بتوجيـه اللـوم إلى حكومتـه، فحـل الجـنرال ديغول الجمعية الوطنية ودعا إلى انتخابات جديدة حققـت فـوزا لأنصـاره وأبقـى بومبيدو عـلى رأس الحكومة.

وأثناء أحداث أيار ١٩٦٨م وقعت حكومة بومبيدو مع الاتحادات النقابية الرئيسية في البـلاد اتفاقيات غرونيل، وبعد الفوز السـاحق الـذي حققـه الـديغوليون في انتخابات حزيران ١٩٦٨م وضـع بومبيدو في احتياطي الجمهورية بحسب التعبير الذي استعمله ديغول وصل محله كوف جومورفيل.

وفي تموز ١٩٦٨م وبعد تخلي ديغول عن الحكم انتخب بومبيدو في الدورة الثانيـة (وكان نائبـا عن مقاطعة كانتال) أي في ١٥ حزيران ١٩٦٩م رئيسا للجمهورية بنيلـه ١١ مليـون صـوتا ضـد نحـو ٨ ملايين نالها منافسه إلا أن بوهير أكمل نهج ديغول في السياسة الخارجيـة والداخليـة، واختلـف بعـض الشيء مع رئيس حكومته جاك شابان دلماس ١٩٦٩-١٩٧٢م حول مشروع المجتمع الجـدي وخلـف بيـار مسمير هذا الأخير على رأس الحكومة ١٩٧٢-١٩٧٤م.

وتميزت رئاسة بومبيدو بنجاح الاستفتاء الـذي أجـراه حـول التصـديق عـلى معاهـدة دخـول بريطانيا إلى المجموعة الاقتصادية الأوروبية (نيسـان ١٩٧٢م) وبإنمـاء تحديث الصـناعة الفرنسـية كـما يتصاعد التململ الاجتماعي بدءا من عام

١٩٧٢م الذي ترجم بتقدم اليسار في انتخابات آذار ١٩٧٣م التشريعية توفي بمبيدو قبل انتهاء ولايته، وكان قد أصيب بمرض نادر هو مرض (والدنستورم) الـذي هـو نـوع مـن التخـثر الـذي يصيب الكريات الحمراء.

الملك بو-يي (١٩٠٦-١٩٦٧م)

آخر ملوك الصين (المنشورين) ولد في بكين والده الأمير تشوون. خلف جده الإمبراطور كوانغ سيو على العرش وهو في الثالث من عمره أي في ٢ كانون الأول ١٩٠٨م وعندما أعلنت الجمهورية في أول كانون الثاني ١٩١٢م. قدمت لونغ يو أرملة جده والوصية عليه في ١٢ شباط من العام نفسه الاستقالة باسم جده المتوفى. وهكذا انتهت سلالة (المنشورين) التي حكمت أقدم إمبراطورية في العالم. وكان بو-يي آخر ممثليها.

أقام بو-يي في المدينة المحرمة يتقاضى معاشا ويحتفظ بلقبه الإمبراطوري وفي الأول من تموز ١٩١٧م. حاولت مجموعة من السياسيين بعث إمبراطورية منشوريا من جديد. فأجلست بو-يي على عرشها. لكنه خلع بعد ١٢ يوما. طرده الجنرال فونغ يور سيانغ عن المدينة المحرمة فانتقل إلى اليابان في عام ١٩٢٨م. وبعد هجوم اليابانيين على مدينة موكدن ١٨ أيلول ١٩٣١م حاولوا طمأنته بالقول بأنه لا مطمع لهم في منشوريا سوى إقامة دولة مستقلة جديدة يكون هو إمبراطورها، ذهب بو-يي إلى جنوبي منشوريا ووافق على الجلوس على العرش شرط أن يؤسس فيها نظاما ملكيا في أقل من عام. وفي سنة ١٩٣٤م أصبح إمبراطورا، وانحصر ـ دوره في مراسيم الاحتفالات وكانت تظهر أهمية (دولته) (منشوريا) الاستراتيجية بقدر ما كان يزود اليابان بالمواد الأولية التي يحتاجها.

وعندما استسلمت اليابان في ١٥ آب ١٩٤٥م أعلن بوزي تخليه عن العرش. وحاول السفر إلى اليابان فرفضته الفرق السوفيتية ونقلته إلى الاتحاد السوفياتي (سابقا). حيث قضى ـ خمس سنوات في السجن. كما أدين كمجرم حرب في طوكيو في عام ١٩٤٦م إعادة السوفيت إلى الصين الشعبية في عام

۱۹۵۰م فسجن من جديد في خاربين. ودعي للاعتراف بأخطائه أثناء محاكمة مجرمي الحرب اليابانيين. وبأنه لم يكن يملك أي سلطة أثناء حكمه، وبأن اليابانيين وحدهم حكموا بلاده.

صدر عفو بحقه في عام ۱۹۵۹م فعاد إلى بكين ليعمل في حديقة النباتات ثم في لجنة الأبحاث التاريخية (بعد أن عمل فترة في المكتبة الوطنية السياسية) ثم أصبح عضو اللجنة الوطنية للمؤتمر الاستشاري للشعب الصيني. توفي بمرض السرطان في عام ۱۹۶۷م.

مارشال ورجل دولة فرنسي، ولد في كوشي ١٨٥٦م، وتوفي في بور جوانفيل في ١٩٥١م. كان برتبة جنرال في آب ١٩١٤م، وشارك في معارك المارن أيلول ١٩١٤م ومعارك أرتوا أيار ١٩١٥م وشامبانيا أيلول ١٩١٥م، قبل أن يستدعى للدفاع عن قروان شباط ١٩١٦م، تولى منصب قائد للجيش الفرنسي ١٥ أيار ١٩١٧م، وهو المنصب الذي احتفظ به حتى نهاية الحرب، أمسك قيادة الجيش الفرنسي بيد من جديد، أعطي لقب "مارشال فرنسا" في ١٩ تشرين الثاني ١٩١٨م.

بعد الحرب العالمية الأولى احتل عدة مناصب في القيادة العسكرية العليا، وكلف بتسوية الأوضاع في الريف المغربي ١٩٢٥م ثورة عبد الكريم الخطابي، وفي عام ١٩٣٤م أصبح وزير الحربية، عين سفيرا لفرنسا في إسبانيا عام ١٩٣٩م اعتبر الحرب العالمية الثانية حربا خاسرة، فعارض رينو الذي كان يريد استمرار الحرب بنقلها إلى مختلف المستعمرات الفرنسية، وأصبح هو رئيسا للمجلس في بوردو. وفي ١٦-١٧ حزيران ١٩٤٠م طلب الهدنة مع ألمانيا، وفي ١٠ تموز ١٩٤٠م أتخذ منفيشي مقرا لحكومته، وفي ١٠ تموز ١٩٤٠م وضعت المؤسسات الدستورية جميع السلطات بين يديه، وفي اليوم التالي ١١ تموز صدر قانون دستوري جعل منه رئيسا للدولة الفرنسية، وعين لافال laval نائبا للرئيس، وبعده دارلان Darlan. أوجز أهدافه السياسية بحماية مصالح فرنسا المهزومة في الحرب قدر الإمكان، وإعادة نهضتها الأخلاقية والمعنوية وإعادة استقلالها في إطار "أوروبا الجديدة" تسيطر عليها ألمانيا. فأقام مع الأخيرة علاقات تعاون، وفي تشرين الثاني ١٩٤٢م أبى أثناء إنزال الحلفاء في شمال أفريقيا خيب قراره جميع الذين كانوا يأملون بأنه سيستفيد من الفرصة ويغادر

فرنسا إلى الجزائر لينضم هناك إلى الحلفاء، وسيأمر جميع القطعات الحربية في طولون الالتحاق به ويضع فرنسا إلى جانب الحلفاء، مستفيدا من انتهاك ألمانيا للهدنة التي سبق ووقعها معها. لكن بيتان رفض مغادرة فرنسا ثم جاء غزو الألمان للمنطقة الحرة لتبقى له السلطة الاسمية فقط، فأخذ يتبنى جميع القرارات والإجراءات الألمانية، وانتهج سياسة التعاون مع الألمان إلى أقصى حد، وارتضى بالقوانين العنصرية، ووافق على إنشاء ميليشيا وبتنفيذ أحكام الإعدام بحق بعض الرهائن.

وفي عام ١٩٤٤م حمله الألمان وأتوا به إلى مدينة سيغمارينجن الألمانية حيث عرض عليه هناك أن يدير "لجنة حكومية" فرنسية تكمل عمل حكومة فيشي- (١٩٤٤-١٩٤٥م). ومن هناك تمكن من الفرار إلى سويسرا، وبعدها رجع إلى فرنسا ليمثل أمام المحكمة العليا ٢٥ نيسان ١٩٤٥م التي حكمت عليه بالإعدام في آب ١٩٤٥م، وجرى تخفيف الحكم إلى السجن المؤبد.

سياسي ورجل دولة أرجنتيني، عقيد في الجيش ١٩٤٠م اشترك في حزيران ١٩٤٣م بانقلاب عسكري استلم بعده عدة مناصب سياسية في وزارة الدفاع والعمل. ثم أصبح نائبا لرئيس الجمهورية، اعتقل في تشرين الأول عام ١٩٤٥م. إلا أن النقابات والمعدمين قاموا بانتفاضه بقيادة ايفاديورات (التي أصبحت زوجته) تمكنوا على أثرها من تحريره. انتخب رئيسا للجمهورية ١٩٤٦م وتميزت سياسته بالسعي لتحقيق العدالة الاجتماعية وحماية العمال وتبني النظام الاقتصادي الموجه واتخاذ موقف ثالث بين الرأسمالية والشيوعية.

أعيد انتخابه بعد تعديل الدستور ١٩٥١م. وزع رجاله في كل المناصب وأقام حكما بوليسيا. صادر الأملاك الكبيرة ووزع الأراضي وأمم المصرف المركزي والخطوط الحديدية والتجارة الخارجية وخفض العملة ودفع الديون الخارجية. رسم خطة خمسية للتصنيع وشجع الزراعة. خارجيا التزم الحياد ونادى باتحاد فدرالي بين دول أمريكا اللاتينية والتقارب مع إسبانيا. انفجر صراعه مع الكنيسة عندما أباح الطلاق وقرر فصل الدين عن الدولة. كما حرم من الكنسية لطرده أسقف بوينس ايرس. اصطدم كذلك بالجيش الذي أجبره في النهاية على الاستقالة (أيلول ١٩٥٥م) لصالح الجنرال لوفاري، وعلى اللجوء إلى نكاراغوا وفنزويلا والدومنيك وأخيرا إسبانيا، أسس أنصاره في الداخل الحركة الوطنية من أجل العدالة (أيار ١٩٦٨م). عاد في نهاية ١٩٧٢ من منفاه وأعلن أنه لن يرشح نفسه للانتخابات بل سيرشح أحد أنصاره الذي نجح في انتخابات الرئاسة ١٩٧٣م ثم ما لبث هذا الأخير أن استقال ليفتح المجال أمام بيرون ليرشح نفسه لرئاسة الجمهورية. وفي ١٢ تشرين الأول ١٩٧٣م عاد خوان بيرون مجددا رئيسا للجمهورية حتى تاريخ وفاته (تموز ١٩٧٤م). وقد خلفته في هذا المنصب ماريا استيلا بيرون التي كان قد عينها نائبة له.

الرئيس بينوشيه، اغستلو

عسكري سياسي ورئيس المجلس العسكري الذي حكم التشيلي دكتاتوريا عقب انقلاب أيلـول ١٩٧٣م العسكري حتى انتخاب الرئيس ايلوين، لكنه بقي قائدا للجيش وحددت مـدة بقائه في هـذا المنصب حتى آذار ١٩٩٧م، عائلة بينوشيه من أصل فرنسي هـاجرت مـن منطقـة بريتانيا الفرنسـية في القرن الثامن عشر.

عسكري كلاسيكي معجب بالدكتاتور الإسباني فرنكو ويتخذه مثلا يحتـذى. تـرك السـلطة بطريقة مشابهة إلى حد كبير لطريقة فرنكو في تركه للسلطة في إسبانيا، اختار فرانكو قبل موته أن يعيد (الحق إلى نصابه) بإعادة الملك خوان كارلوس إلى العرش الإسباني.

اختار بينوشيه في عام ١٩٨٨م أن يطرح منصبه كرئيس للبلاد على استفتاء شـعبي، والحـال أن بينوشيه (كان فريدا في نوعه في ذلك الاختيار في بلد أميركي لاتيني أو لعله كان انطلاقـا مـن المعلومـات الخاطئة أو البالغة التي ينقلها إليه معاونوه. يعتقد أن الاستفتاء سوف يكون لصالحه فالاعتداد بالنفس والوثوق بأن التشيلين سوف يواصلون مدى حياتهم الاعتراف لـه بالفضل في تخليصـهم مـن الماركسـية. كان من سمات بينوشيه ومن هنا كان أول من يومها كان من فوجئ بالاستفتاء يأتي لغير صالحه، وبصعوبة بالغة قبل يومها خوض اللعبة حتى نهايتها فتنحى أمام انتخابات شعبية جاءت بالرئيس ايلوين إلى الحكم.

بقي قائدا للجيش لكنه كان يرى معاونيه يتساقطون واحد بعد الآخر، وبعضهم يسجن بـتهم تصل أحيانا إلى حد ارتكاب المجاز إبان انقلاب عام ١٩٧٣م بعده، على رأسهم الجنرال كونتريراس رئيس الشرطة السرية (السياسية) في التشيلي في عهد بينوشيه الذي اتهمته واشنطن بالوقوف وراء

اغتيال أولارندو لوتيليـة وزيـر الخارجيـة التشـيلية في عهـد اللنـدي، والـذي اغتالـه رجـال كونتريراس في واشنطن عام ١٩٧٦م.

وفي عام ١٩٩٥م وقبل عامين من انتهاء المـدة المحـدودة لشـغله منصـب قائـد الجيـش عـاد بينوشيه إلى الأضواء مع عودة الحديث عن إمكانية قيام انقلاب عسكري في التشيلي. بسبب أن المنحنى الديمقراطي الذي عاد مجددا من خلال الـرئيس ايلـوين وبعـده الـرئيس ادوارد دو فراري. بـدا يغيظ العسـكر فـزار بينوشيه الـرئيس فـراي (في تشريـن الثـاني ١٩٩٥) وقـال لـه (أرجـو مـنكم ألا تجبـروا العسكريين على القيام بانقلاب عسكري). لكـن حـدث الانقـلاب سرعـان مـا عـاد واختفـى مـن أجـواء التشيلي كما من وسائل الإعلام العالمية.

رئيس الولايات المتحدة الأمريكية ما بين عامي ١٩٥٣-١٩٤٥م أصبح رئيسا خلال حقبة عصيبة في التاريخ الأمريكي، إذا انتخب نائبا للرئيس عام ١٩٤٤م ولم يمض على وجوده بالمنصب سوى ٨٣ يوما فقط. عندما مات الرئيس فرانكلين روزفلت في عام ١٩٤٥م ورحى الحرب العالمية الثانية ما زالت دائرة أثناء الأسابيع القليلة الأولى مـن إدارة ترومـان انتصر- الحلفـاء في أوروبـا فاصـدر قرارا خطيرا يقضي- باستعمال القنبلة الذرية ضد اليابان من أجل إنهاء الحرب العالمية الثانية.

ولد ترومان مدينة لامار في ميسور بالولايات المتحدة، وأكمل ترومـان دراسـته في كلية إدارة الأعمال في مدينة تكساس في ميسوري، وعمل بعدد من الوظائف الكتابية هناك. وانتقل إلى جراندفيو بولاية ميسوري عام ١٩٠٦م حيث اشتغل مع والده في مزرعة الأسرة.

في عام ١٩١٨م أي خلال الحرب العالمية الأولى عمل ترومان ضابطا في سلاح المدفعية بفرنسـا، وفي عام ١٩١٩م فور انتهاء الحـرب اسـتثمر ترومـان مدخراتـه في مسـتودع للملابـس الرجاليـة بمدينة كنساس، إلا أن أعماله تعرضت للخسارة خلال فترة الكساد الحاد الذي بدأ عام ١٩٢١م.

فشل ترومان في العمل التجاري فعزم على البحث عن مسار في مجال السياسة. فـاز في عـدة انتخابات لمنصب قاضي البلدية. وكان ذلك في العشرينـات وأوائـل الثلاثينـات مـن القرن العشرين الميلادي. وقد حظي ترومان بسمعة وطنية لم تمخضت عنه تحريات اللجنة حيث اختير في عام ١٩٤١م رئيسا لجنة في مجلس النواب للتحقيق في نفقات الدفاع. وأصبحت لجنة ترومان

مجموعة معروفة لكشفها التبديد وعدم الكفاءة الأمر الذي ساعد الحكومة على توفيره ١٥ بليون دولار أمريكي مما أدى إلى تقدم الإنتاج الحربي.

وفي عام ١٩٤٤م رشحه الحزب الديموقراطي لمنصب نائب الرئيس تجاوبا مع الرئيس فرانكلين روزفلت الذي قرر خوض الانتخابات لدورة رئاسية جديدة، واستطاع روزفلت وترومان أن يهزما خصميهما من الجمهوريين بكل بساطة. وكان أحدهما عمدة نيويورك توماس أي ديوي والآخر عمدة اوهايو دون وبريكر.

وعندما مات روزفلت في ١٢ نيسان ١٩٤٥م خلفه ترومان على الرئاسة وفي تلك الفترة انتصرـ الحلفاء على ألمانيا وكانوا يستعدون لاجتياح اليابان، وفي ٢٥ نيسان انعقد أول مؤتمر للأمم المتحدة في سان فرانسيسكو في كاليفورنيا بالولايات المتحدة، وفي السابع من أيار استسلمت ألمانيا.

وفي تموز سافر ترومان إلى بوتسدام بألمانيا للقاء رئيس وزراء المملكة المتحدة ونستون تشرتشل ورئيس الاتحاد السوفيتي (سابقا) جوزيف ستالين، وبينما كان في بوتسدام تلقى الرئيس إشارة تقول أن العلماء الأمريكيين قد جربوا قنبلة ذرية بنجاح ولأول مرة وأثناء عودته أصدر ترومان أمرا للطيارين بإلقاء قنبلة ذرية على اليابان، وأسقطت القنبلة الأولى على هيروشيما في ١٦ آب. وبعد ثلاثة أيام سقطت القنبلة الثانية على نجازاكي واستسلمت اليابان بشكل رسمي في ٢ أيلول ١٩٤٥م.

وبعد انتهاء الحرب العالمية الثانية بقليل قام الشيوعيون بمساندة الاتحاد السوفيتي (السابق) للاستيلاء على الحكم في بعض دول أوروبا الشرقية. وأعلن ترومان عام ١٩٤٧م من سياسته وتتلخص في مقاومة التوسع الشيوعي. واستطاعت سياسة ترومان أن تؤمن المعونة الأمريكية لجميع الدول التي تقاوم الشيوعية. وقام وزير الخارجية جورج سي مارشال عام ١٩٤٧م بالعمل على

توسيع سياسة ترومان، وتقدم المشروع باقتراح لضم الأمم التي أضرت بها الحروب في أوروبا إلى برنامج التعاون المشترك لتحسين الوضع الاقتصادي عن طريق منح الولايات المتحدة، وقد رفضت الدول الشيوعية البرنامج إلا أن ١٨ دولة أخرى قبلت به.

وفي انتخابات عام ١٩٤٨م أعاد الحزب الديموقراطي ترشيح ترومان واختار النائب البين وباركلي من كنتاكي مرشحا لمنصب نائب الرئيس. كما أعاد الجمهوريون ترشيح ديوي للرئاسة واختاروا المحافظ ايرل وارين من كاليفورنيا مرشحا مرافقا، تصور الرأي العام أن الفوز سيحالف ديوي وبأغلبية ساحقة نظرا لتفكك الديمقراطيين وعدم وحدتهم، وأدار ترومان حملة سياسية ضارية وسافر خلالها آلاف الكيلومترات بلا انقطاع أثناء حملته حيث ألقى ٣٥٠ خطابا أمام الجماهير. وفي أكبر المعارك السياسية في تاريخ الولايات المتحدة هزم ترومان ديوي.

وخلال الفترة الرئاسية الثانية ١٩٤٩-١٩٥٣م اقترح ترومان برنامجا واسعا للإصلاح الداخلي. أطلق عليه اسم (الصفقة العادلة) ومن عناصر البرنامج:

١. تشريع الحقوق المدينة.

٢. رفع الحظر عن الاتحادات العمالية.

٣. برنامج زراعي جديد لرفع العائد وخفض الأسعار للمستهلكين.

٤. العون الفيدرالي للتعليم.

٥. برنامج فيدرالي للإسكان.

٦. زيادات في برنامج الأمن الاجتماعي.

وانضم الديموقراطيين الجنوبيين إلى الجمهوريين المحافظين للتصدي لمعظم اقتراحات الرئيس.

وفي عام ١٩٤٩م وقعت كندا وفرنسا والمملكة المتحدة والولايات المتحدة الأمريكية وثماني دول أخرى على معاهدة شمال الأطلسي مشكلة بذلك منظمة حلف شمال الأطلسي،وقد اتفق على أن أي عدوان على أي عضو يعتبر عدوانا على الجميع وانضمت بلاد أخرى إلى حلف الناتو فيما بعد.

وفي عام ١٩٥٠م عندما قامت قوات شيوعية من كوريا الشمالية بغزو كوريا الجنوبية طالبت الأمم المتحدة بانسحاب كوريا الشمالية وفي الوقت نفسه أعلن ترومان بأنه أرسل طائرات وسفنا من الولايات المتحدة لمساعدة كوريا الجنوبية. وقد وافقت الأمم المتحدة على إرسال قوات من الدول الأخرى إلى كوريا الجنوبية. وأمر ترومان القوات البرية بالتوجه إلى كوريا الجنوبية في ٣٠ حزيران عام ١٩٥٠م. قاد اللواء دوجلاس ماك آرثر قوات الأمم المتحدة في كوريا، واستطاعت قواته أن تدخل كوريا جميعها تحت قيادة الأمم المتحدة. وفي وقت لاحق من ذلك الشهر انضمت قوات الصين الشيوعية إلى كوريا الشمالية. وكان ماك آرثر يرغب في القيام بهجوم على القواعد الصينية في منشوريا إلا أن ترومان كان يرى بأن يقتصر ميدان القتال على كوريا. ولم يسمح بتوسيع نطاق الحرب تجنبا لنشوب حرب عالمية محتملة. وقد أدلى ماك آرثر بعدة تصريحات عامة انتقد فيها هذه السياسة. وفي نيسان ١٩٥١م أقال الرئيس ترومان ماك آرثر فأثار بذلك غضب الشعب الأمريكي بأسره.

ترك ترومان الرئاسة في عام ١٩٥٣م وتقاعد في منزله بمنطقة إندبنداس في ميسوري بالولايات المتحدة، ونشر مجلدين يحويان مذكراته خلال عامي ١٩٥٥و ١٩٥٦م، ثم واصل نشاطه السياسي مع الحزب الديموقراطي، وفي أواخر عام ١٩٧٢م مرض ترومان ومات في مدينة كنساس بولاية ميسوري.

رجل دولة روماني، انضم إلى الحزب الشيوعي في عام ١٩٣٦م وبعد هزيمـة رومانيـا المؤيـدة للفاشية في شهر آب ١٩٤٤م أخذ تشاوشيسكو يبـز بسرعة في النظام الجديد بعـد أن حظـي بـدعم الجيش السوفيتي وأصبح في عام ١٩٦٥م السكرتير العام للحزب. وسعى إلى الاستقلال عن موسكو، وبعد عامين أصبح رئيسا للدولة. واتبع سياسة ماوتسي تونغ بعد زيارته إلى بكين وكوريا الشـمالية في عـام ١٩٧١م.

تحولت (ثورته الثقافية المصغرة) إلى نوع من العبادة لشخصه سرعان ما تناست مـع السنـين بدرجة غير معقولة. ثم انتقلت العدوى إلى زوجته ألينا، وقد حاول الغرب التقـرب إلى تشاوشيكو عـلى أمل أن تقوم رومانيا بشق وحدة حلف وارسو (السابق)، وفي عـام ١٩٧٨م قـام تشاوشيسكو بزيـارة رسمية إلى الولايات المتحدة أعقبها فيض من المساعدات والقروض الغربية.

حاول بالتفاهم مع الولايات المتحدة القيام بدور خاص في القضية الفلسطينية، فأقام علاقـات قوية مع بعض الأنظمة العربية وبعض قادة منظمة (فتح) الفلسطينية، وكان من مؤيـدي إقامة دولة فلسطينية في الضفة الغربية وغزة.

وفي منتصف الثمانينات من القرن العشرين الميلادي واجهت رومانيا أزمة ديون حـادة، ومـع نهاية عام ١٩٨٩م كان الشعب الروماني يعاني من أزمة اقتصادية خانقة وأخذ سخطه واستياءء٥. إلا أن تشاوشيسكو أعيد انتخابه كزعيم لرومانيـا في تشرين الثاني مـن عـام ١٩٨٩م وأعقبها مبـاشرة إلى مسيرات شعبية لتأييد نظام حكمه غير أن ذهوله وعـدم تصـديقه لاحتجاجـات شعبه حـددت نهايتـه، حيث تم القبض عليه وأعدم مع زوجته يوم عيد الميلاد عام ١٩٨٩م.

أحد أشهر القادة السياسيين في تاريخ العالم، وقد وصل إلى ذروة شهرته عندما كان رئيسا لوزراء بريطانيا أثناء الحرب العالمية الثانية. وقد طلب من أبناء وطنه بذل الدماء والعرق في كفاحهم من أجل المحافظة على حريتهم، كما عرف تشرتشل بكونه خطيبا مفوها ومؤلفا ورساما وجنديا ومراسلا حربيا.

ولد تشرتشل في قصر بلنهايم في اكسفورد شاير، وهو الابن الأكبر للورد راندولف تشرتشل (١٨٤٩-١٨٩٥م) من أم أمريكية، تخرج في كلية هارو عام ١٨٩٥ برتبة ملازم ثان، وعمل ضابطا في الجيش في الهند وفي أواخر حملة بريطانية على السودان وذلك في معركة أم درمان (كرري). وعندما عاد إلى إنكلترا ألف كتابا حول الحملة السودانية تحت عنوان (حرب النهر) سنة ١٨٩٩. واستقال من الجيش في تلك السنة ليخوض غمار حملة انتخابية لعضوية مجلس العموم إلى جانب المحافظين في أولدهام. لكنه فشل لأن أهل تلك المنطقة كانوا من مؤيدي حزب العمال. وفي نفس السنة اندلعت حرب البوير في جنوب أفريقيا بين البريطانيين والهولنديين فعمل مراسلا حربيا.

عاد تشرتشل إلى إنكلترا في عام ١٩٠٠م لمزاولة السياسة وقد رحبت به أولدهام ترحيب الأبطال. وتم انتخابه عضوا في مجلس العموم، وسرعان ما بدأ بالانتقاد العلني وبشدة لكثير من السياسيين والسياسات التي كان يتبعها حزب المحافظين، وفي عام ١٩٠٤م انشق عن حزبه تماما. وترك مقعده مع الحزب.

عين تشرتشل قائدا للبحرية عام ١٩١١م وكان نمو الجيش الألماني وقوة ألمانيا البحرية قد أقنعت رئيس الوزراء هربت اسكويث بضرورة تقوية الأسطول البريطاني على يد قائد قوي مثل تشرتشل الذي كان من بين القلائل الذين كانوا يعتقدون بحتمية الحرب مع ألمانيا. فقام بتطوير الأسطول البريطاني وأعد وسائل

الدفاع ضد الغواصات. وأنشأ للمرة الأولى قوة جوية تابعة للأسطول. وفي سنة ١٩١٥م شجع تشرتشل على الهجوم على الدردنيل وشبه جزيرة غاليبولي التركين لتفح الطريق لإيصال الإمدادات إلى روسيا عن طريق البحر الأسود. غير أن تلك الحملة تحولت إلى كارثة تحمل تشرتشل مسئوليتها فاستقال من البحرية بعد أن اعترف بفشله. والتحق بعد ذلك بالجيش البريطاني الذي كان يحارب في فرنسا برتبة رائد. ثم اختاره رئيس الوزراء لويد جورج وزيرا للذخائر والعتاد الحربي عام ١٩١٧م.

انتهت الحرب العالمية الأولى عام ١٩١٨م وعين تشرتشل وزيرا للحربية والطيران، وبصفته وزيرا للحربية أشرف على تسريح الرجال من الجيش البريطاني، ثم عينه لويد جورج وزيرا للمستعمرات عام ١٩٢١م وأمضى تشرتشل أوقات فراغه بين الحربين العالميتين الأولى والثانية في الرسم والكتابة.

اندلعت الحرب العالمية الثانية باجتياح الجيش الألماني لبولندا في ١ أيلول ١٩٣٩م. لقد بدأت الحرب التي يتنبأ بها تشرتشل بوضوح. فأعلنت كل من بريطانيا وفرنسا الحرب على ألمانيا في ٣ أيلول وتم تعين تشرتشل قائدا للبحرية البريطانية للمرة الثانية. وبسقوط وزارة تشمبرلين على أثر منافسة برلمانية عهد الملك جورج السادس برئاسة الوزراء إلى تشرتشل في ١٠أيار ١٩٤٠م. تميز تشرتشل بإدراك جيد للمسائل العسكرية. فقد رفض طلب الفرنسيين حول تزويدهم بعدد من الطائرات، مفضلا بقاءها للدفاع عن بريطانيا نفسها وطلب تدمير الأسطول الفرنسي- الموجود في الجزائر خشية وقوعه بأيدي الألمان وإلحاقه بأسطولهم الحربي.

التقى تشرتشل مع الرئيس السوفيتي جوزيف ستالين وكان الاتحاد السوفيتي (السابق) قد أعلن الحرب على ألمانيا على أثر اجتياح ألمانيا لروسيا. وكان ستالين قد طلب من تشرتشل أن تفتح بريطانيا جبهة ثانية في أوروبا

ولأجل التخفيف من الضغط الألماني على الجبهة السوفيتية. غير أن تشرتشل أوضـح لـه بـأن فتح الجبهة في ذلك الوقت سيؤدي إلى كارثة لعدم توفر الاستعداد الكافي لدى الحلفاء لتلك المهمة.

وعندما التقى تشرتشل مع روزفلت في الدار البيضاء في عام ١٩٤٣م أصدر بيانا جـاء فيـه أن الحلفاء لن يقبلوا بوقف الحرب إلا باستسلام دول المحور. ألمانيا وإيطاليا واليابان دون قيد أو شرط.

حدث أول لقاء بين تشرتشل وستالين وروزفلت في طهران في عام ١٩٤٣م واتفقوا خلالـه عـلى غزو فرنسا في الربيع التالي. كذلك التقى الثلاثة الكبار في يالطا بالاتحاد السوفيتي (السابق) واتفقوا على خطط احتلال ألمانيا بعد استسلامها. وقد توفي روزفلت بعد شهرين مـن هـذا المؤتمر. وأصبح ترومان رئيسا للولايات المتحدة.

استسلمت ألمانيا في ٧ أيار ١٩٤٥م، والتقى تشرتشل بستالين وترومان في بوتسدام لمناقشـة كيفية إدارة ألمانيا بعد الحرب. غير أن تشرتشل اضطر إلى الانسحاب من المؤتمر على أثر فشل حزبـه في الانتخابات التي جرت في ذلك الوقت.

احتل تشرتشل مقعدة في مجلس العموم كزعيم للمعارضة. وظل منشغلا بالسياسـة وإلقـاء المحاضرات والرسم، وفي سنة ١٩٤٨م أصدر المجلد الأول من مذكراته عن الحرب العالميـة الثانيـة. وقد أكمل المجلد السادس من هذا الكتاب سنة ١٩٥٣م.

عاد تشرتشل إلى رئاسة الوزراء عام ١٩٥١م، عـلى أثـر فـوز حـزب المحـافظين وكـان قـد بلـغ السابعة والسبعين من عمره، وأهتم كعادته بالسياسة الخارجية، ومنح لقب فارس من قبل الملكة عام ١٩٥٣م.

وفي أواخر تلك السنة حصل على جائزة نوبل في الآداب لبراعته في عرض الحـوادث التاريخيـة والسير الذاتية وتألقه في فن الخطابة، وقد تقاعد تشرتشل عن العمل في عام ١٩٥٥م.

وفي عام ١٩٦٣م منحه مجلس النواب الأمريكي لقب المـواطن الأمريكي الفخـري كـدليل عـلى تقدير الأمريكيين للرجل الذي بذل جهودا مضنية في سبيل الحرية. وقد بلغ نشاط تشرتشل نهايته عـام ١٩٦٤م فلم يشترك في انتخابات مجلس العموم التي جرت تلك السنة بعد ان ظل يحتفظ بعضـويته في المجلس مدة تقارب على ستين عاما من عام ١٩٠١م إلى عام ١٩٢٢م ومن عـام ١٩٢٤م إلى عـام ١٩٦٤م. أصيب تشرتشل بسكتة دماغية في عام ١٩٦٥م. توفي على أثرها وقد بلغ سن التسعين.

عسكري وسياسي بوليفي، تعرف وهو في الأرجنتين على التجربة البيروفية، درس في الكلية الحربية في بوليفيا قائد عام للقوات المسلحة. سفير في الأورغواي. ساعد الجنرال بارنثيوس على الاستيلاء على السلطة في عام ١٩٦٤م. شارك في قمع عمال المناجم عام ١٩٦٧م، وقتل ارتشوتشي- غيفارا. في عام ١٩٧٠م قام بانقلاب عسكري مضاد ضد حكم الجنرال ميراندا الذي كان قبل أشهر قد أطاح بحكم الجنرال كانديا، استولى توريس على الحكم، وأصبح الرئيس الثالث والثمانين بعد المائة لبوليفيا. وكان قد نجح باستمالة اتحاد النقابات البوليفية في دعمه للوصول إلى السلطة.

قام ببعض الإصلاحات خصوصا في مجال التأميم، وأطلق الحريات النقابية ونشر حقائق حول ما كان لا يزال سرا بخصوص بعض الجرائم والصفقات، وأطلق سراح المثقف الفرنسي- ريجيس دوبرية الذي كان رفيقا لتشي غيفارا.

لكنه لم يستطع إرضاء مطالب العمال الذين كانوا يقدمون تباعا حتى وصلوا إلى المطالبة (بتسليمهم لحماية حقوقهم)، ولا إرضاء القوى المحافظة في الجيش والشعب. حتى كان يوم ١٩ آب ١٩٧١م. حيث قام كبار العسكريين (بعد أن أعلن توريس عزمه على حل الجيش ومؤازرة الحركة الوطنية الثورية والفالانج الاشتراكية البوليفية) بانقلاب مسلح فلجأ توريس غونز اليس إلى بيونس ايرس حيث قاد المعارضة من هناك. واغتيل هناك في مطلع حزيران ١٩٧٦م.

أمير دولة الكويت، ولد في الكويت سنة ١٩٢٨م تلقى تعليمه في مدرسة المباركة ثم أكمل دروسه على أيدي أساتذة من ذوي الاختصاص.

كان أول منصب يتولاه هو نائب الحاكم في منطقة الأحمدي في سنة ١٩٤٩م، تولى أول منصب وزاري في كانون الثاني سنة ١٩٦٢م فصار وزيرا للمال والاقتصاد.

تسلم إمارة دولة الكويت في ١٩٧٧/١٢/٣١م وغادر الكويت في ١٩٩٠/٨/٢م عند دخول القوات العراقية للكويت وبعد تحرير بلاده اتخذ من مدينة الطائف مقرا له.

عاد إلى بلاده في ١٩٩١/٣/١٤م أصدر أمرا في ١٩٩٥/٥/١٦م يقضي بإعطاء المرأة الكويتية حقها في الانتخاب والترشيح للانتخابات البرلمانية.

سياسي ورجل دولة سوداني استولى على الحكم في عام ١٩٦٩م وأطيح به في عام ١٩٨٥م.

ولد جعفر النميري في أم درمان في أسرة برجوازية صغيرة، دخل الكلية الحربية في عام ١٩٥٠م لم يقم بنشاط يذكر خلال الحقبة الزمنية الحافلة بالأحداث التي سبقت إعلان استقلال السودان في عام ١٩٥٩م. وعندما نشبت الاضطرابات في جنوبي البلاد أرسل إلى هناك لمحاربة أنصار حركة (انيانيا) الانفصالية. وقد عززت هذه التجربة الحاسمة في حياته إعجابه الشديد بالزعيم المصري جمال عبد الناصر. شارك في تأسيس جماعة من (الضباط الأحرار) مستوحاة من المثال المصري.

اعتقل في عام ١٩٦٣م وأوفد إلى ألمانيا بعد خروجه من السجن ثم إلى الولايات المتحدة لمتابعة تحصيله العسكري. ولدى عودته إلى السودان في عام ١٩٦٦م تعاون مع جماعة من الضباط (التقدميين) المتحالفين مع الحزب الشيوعي السوداني لإحاطة نظام الحكم القائم. وفي أيار ١٩٦٩م نجح في الاستيلاء على السلطة وفي فرض نظام الحزب الواحد. حزب الاتحاد الاشتراكي السوداني، وفي العام التالي نجا من محاولة انقلابية نظمها ضده ضباط شيوعيون أي حلفاؤه بالأمس. ووطد سلطته بعد حمله قمع واسعة أعدم خلالها عددا كبيرا من الشيوعيين والنقابيين.

وفي عام ١٩٧٢م أنهى الحرب الانفصالية في الجنوب بعد أن وقع على اتفاقية اديس ابابا التي اعترفت للجنوبيين باستقلال ذاتي. تعرض لخمسة عشرة محاولة انقلابية. وكان في أعقاب كل محاولة يبادر إلى تعزيز سلطاته وهيمنته. فقد جمع بين رئاسة الجمهورية ورئاسة الحكومة ورئاسة الحزب الواحد. ووزارة

الدفاع وقيادة القوات المسلحة بل وصل إلى حد أنه ترأس وكالة الأنباء الوطنية ومارس رقابة مباشرة على نشاط مصرف بلاده المركزي، وبينما كانت صلاحياته تنمو وتتوسع كانت أوضاع السودان الاقتصادية تتردى وتتراجع حتى بات السودان يرزح تحت نير الديون الخارجية ويكابد من مجاعة مستعصية.

وفي عام ١٩٨٣م استبدل النميري القانون المدني بالشريعة الإسلامية، وقرب منه الإخوان المسلمين الذين غدا زعيمهم حسن الترابي مستشاره الأول كما اعتقل الصادق المهدي زعيم جماعة الأنصار وزج به في السجن. وقد أثارت هذه الإجراءات موجة من الاستياء، وأدت في ما أدت إليه إلى تجدد الاضطرابات في الجنوب الذي تتألف غالبية سكانه من المسيحيين ومن أتباع الديانات الأفريقية (الإحيائية).

وفي نيسان ١٩٨٥م وفيما كان النميري في زيارة للولايات المتحدة ولمصرـ أطيح به وتولى خلافته اللواء سوار الذهب. وكان السودان في عهد النميري قد غدا إحدى نقاط ارتكاز (قوات التدخل السريع) الأميركية في الخليج وفي تشاد. وجرت بعد إطاحته محاكمة سياسية لأقطاب نظامه كما اتهم هو نفسه بالتواطؤ في تهجير الفالاشا إلى الكيان الصهيوني، لقاء مبالغ طائلة من الولايات المتحدة والمنظمات الصهيونية العالمية.

ولد جمال عبد الناصر في ١٥ كانون الثاني عام ١٩١٨م في مقاطعة أسيوط مـن صعيد مصر ـ كان والده موظفا في البريد وينتهي إلى طبقة الفلاحين. حاز عام ١٩٣٤م على شهادة البكالوريا وشرع في دراسة الحقوق. اشترك عام ١٩٣٥م في المظاهرات التي عمت مصر ضد المستعمر الإنكليزي وضد الملك. ولما تسلم حزب الوفد السلطة عام ١٩٣٦م فتح أبواب المدرسة الحربية أمام أولاد الطبقـة البرجوازيـة الصغيرة فاستطاع عبر الناصر الانتساب إليها. وأصبح بعد ذلك ملازما وألحق للمرة الأولى بإحدى الحاميات القريبة من مسقط رأسه. وتعرف هناك على أنور السادات وبدا يفكر في إنشاء حركة الضباط الأحرار، وبعد أن قضى عدة أعوام مـن الخدمـة في الصعيد والسودان. أصبح عـام ١٩٤٣م أستاذا في المدرسة الحربية حيث لقي الإعجاب والتقدير من قبل تلامذته.

ووقعت عام ١٩٥١م مصادمات مسلحة بين آلاف الشبان المصريين -الذين كانوا قد تدربوا على يد الضباط الأحرار وحصلوا منهم على السلاح والعتاد- والمستعمر الإنكليزي وفي كانون الأول ١٩٥٢م أعلن الملك فاروق حالة الطوارئ في البلاد.

وكانت حركة الضباط الأحرار تضم بضع مئات من الضباط وتخضع للجنة تنفيذية مؤلفة مـن أربعة عشر عضوا ينتمي البعض منهم إلى الشيوعيين والإخوان المسلمين. يوحدهم كرههم للاستعمار والفساد الاجتماعي. وما أطل ٢٣ تموز من عام ١٩٥٢م حتى قامت الثورة التي يتزعمها هـؤلاء الضباط وأطاحت بالملك فاروق بعد ثلاثة أيام وأجبرته على اختيار المنفى. وقد لمع اسم الجنرال محمـد نجيـب والمقدمون جمال عبد الناصر وأنور السادات وزكريا محيي الدين والفمندان عبد الحكيم عامر.

وقام الجنرال نجيب بحل الدستور بعدما غدا رئيسا للـوزراء وأعلـن قيـام الجمهوريـة في ١٨ حزيران ١٩٥٣م، غير أن صراعا ما لبـث أن حـدث ضـمن مجلـس الثـورة بـين الجنرال نجيـب الليبـرالي والمقدم جمال عبد الناصر. وقد أدى هذا الصراع إلى تنحية نجيب ووضعه في الإقامـة الجبريـة. وناقـش عبد الناصر بعد أن غدا سيد البلاد الإنكليـز حول معاهـدة جديـدة وقعـت في ١٩ تشريـن الأول عـام ١٩٥٤م تعهدت إنكلترا بموجبها سحب قواتها من منطقة قناة السويس (٨٠ ألف رجل) في مهلة عشرين شهرا.

وحول عبد الناصر الاتجاه صوب الغرب من أجل التحالف مع بلدانه ففضل الولايات المتحدة التي لم يكن لها ماض استعماري لكنه رفض أن يجاريها في عدائها للاتحاد السوفيتي (السـابق). واشـترك عبد الناصر في تأسيس حركة الانحياز في نيسان من عام ١٩٥٥م في نبدنغ (أندونيسيا) حيـث دافـع عـن الحياد الإيجابي.

ولما رفضت الولايات المتحدة مده بالأسلحة، أتجـه صـوب الشـرق وبالتحديـد صـوب الاتحـاد السوفيتي وتشيسلوفاكيا، ثم جاء مشروع بناء سد أسوان، فقررت الولايـات المتحـدة الاهتمـام بهـذا المشروع الضخم الذي سيسمح بالتسوية الكاملة لمشكلة فيضانات النيل. ويمكـن مـن زراعـة ٨٠٠ ألـف هكتار وإنتاج ١٠ ملايين كيلووات ساعة من الطاقة الكهربائية. ويتيح للبـلاد مواجهـة ضروريـات عـدد سكانها المتزايد. إلا أن إنشاء السد كان يتطلب أموالا طائلة حوالي ١٥٠٠ مليون دولار منها ٤٠٠ مليون للمرحلة الأولى.

نجحت الولايات المتحدة في وضع مشروع تمويل يشترك فيه المصرف الدولي للإنشاء والتعمير والولايات المتحدة وإنكلترا. وإن قرض الحكومة الأمريكية، وإن لم يكن الأهم كان المفتاح لهذا التمويـل. إلا أن عبد الناصر دون أن يبدي استعجالا في القبول أظهر موقفا متحفظا. ورفض النقاش مع أثيوبيا

والسودان اللذان يشرفان على النيل الأعلى واللذين من الواجب أخذ موافقتهما لتحقيق المشروع. كما ضاعف اتصالاته بالسيد شيليف الذي حضر لمناقشة برنامج المساعدة السوفيتية وسرب ما مفاده أن السوفييت عرضوا عليه شروط تمويل أكثر ملاءمة، ثم ما لبث أن أعترف بحكومة الصين الشعبية. حتى أنه عندما طلب من سفيره في واشنطن إبلاغ موافقته على العرض الأمريكي. وصلته مذكرة بإلغاء هذا العرض ١٩٥٦-٧-١٩م وانسحبت إنكلترا بدورها ثم المصرف الدولي للإنشاء والتعمير في المشروع، بعد أيام قليلة.

لم يطق عبد الناصر هذا الإخفاق، وأراد الانتقام انتقاما مدويا فأعلن في ٢٣ تموز ١٩٥٦م، ذكرى الثورة تأميم الشركة العالمية لقناة السويس، وتخصيص مواردها لتمويل سد أسوان. إن هذا التدبير الذي توقعه بعضهم فاجأ الحكومات والرأي العام في فرنسا وإنكلترا وأغضبهما. واشتدت حدة الموقف مع التطور غير المجدي لمؤتمر مرتفقي القناة. وقد بلغت ذروتها عندما جمد حق النقض السوفيتي الشكوى المودعة في مجلس الأمن، ومنذ ذلك اليوم قويت حجة المطالبين بالتدخل المباشر في باريس أو في لندن.

وغدا نجم الرئيس المصري بعد تأميم شركة السويس مشعا في العالم العربي أجمع، وقد أدى ذلك في تشرين الأول ١٩٥٦م إلى انتخاب مجلس نيابي في الأردن بأغلبية ناصرية ساحقة. واشترك الأردن بعد أيام –في ٢٣ تشرين الأول- في التحالف مع جيرانه العرب الثلاثة. وتسلم الجنرال عبد الحكيم عامر القيادة لوجود جيش اتحادي عربي على حدود الضفة الغربية، على بعد ١٥ كيلومتر من تل أبيب. وكانت قد أعربت صراحة عن أن وضعا مشابها سيتسبب بتدخل عسكري من قبلها.

وفي ليلة ٢٩ و٣٠ تشرين الأول دخل الكيان الصهيوني سيناء، بعد هجوم مضلل على الحدود الأردنية. واحتل شبه الجزيرة بكاملها بعد ستة أيام، ثم

تدخل الإنكليز والفرنسيون من جهتهم بحسب خطة مدبرة، وكانت ذريعة هذا التدخل إنذار وجهوه، في ٣٠ تشرين الأول ١٩٥٦م إلى المصريين والكيان الصهيوني يقضي بأن يردوا قواتهم إلى مسافة ١٠ أميال من جهتي القناة. وإن يسمحوا باحتلال مؤقت لبور سعيد والإسماعيلية والسويس من قبل قوات فرنسية إنكليزية. ولما رفض المصريون هذا الإنذار بدأت القوات الجوية الفرنسية الإنكليزية. منذ ٣١ تشرين الأول بضرب الأهداف الجوية فاحتلت المدينة بسرعة وأنزلت قوات لها اتجهت شطر الإسماعيلية. لكنها تسلمت أمر بالتوقف في اليوم التالي. فقد رضخت الحكومتان الإنكليزية والفرنسية لأوامر منظمة الأمم المتحدة ولتهديدات أمريكا والاتحاد السوفيتي (السابق) المباشرة. وحلت بعد فترة قصيرة في ٢٢ كانون الأول قوة دولية. محل الفرنسيين والبريطانيين الذي أخلوا بور سعيد. وأظهر الصهاينة تصلبا أكبر إذا لم يسحبوا قواتهم من شرم الشيخ إلا في ١٤ آذار ١٩٥٧م.

جاءت نتائج هذا التدخل الفاشل رهيبة، فالقناة التي سدت بالسفن التي أغرقها المصريون، وبقيت غير صالحة للملاحة لعدة أشهر. وتقطعت الإمدادات النفطية لأوروبا بعدما أقدمت سوريا على نسف خطوط شركة النفط العراقية. وانهارت آخر نقاط الارتكاز الفرنسية والبريطانية في العالم العربي. فخلال مؤتمر رؤساء الدول والملوك العربي المنعقد في بيروت. بتاريخ ١٣ تشرين الثاني ١٩٥٦م، قطعت جميع الدول المشتركة علاقاتها مع فرنسا، ما عدا لبنان. وشهدت إنكلترا نقض معاهدة تشرين الأول ١٩٥٤م مع مصر، وخسرت نهائيا مراقبة السويس فقد شلت قاعدتها في المفرق وعمان، وأجبرها إلغاء المعاهدة الإنكليزية الأردنية. في شباط ١٩٥٧م على الجلاء عنها كما أبعدت مؤقتا عن حلف بغداد.

لم تستطع مصر حتى عام ١٩٥٦م وبالرغم من الحسنات التي كانت مراقبتها للجامعة العربية تؤمنها لها تغطية العجز الناتج من وضعها المنحرف واكتشافها المتأخر للعروبة. لكن التوازن العربي بعد مسألة السويس تغيرا شاملا. فقد بدت مصر ـ وعلى رأسها جمال عبد الناصر كمجسدة مخلصة للعروبة. وثبت انتصارها ميلها لأن تكون (الشقيقة الكبرى) بين الدول العربية. كما أن اضطراب شعوب الشرق أدى إلى تسريع خطى كانت تتحفز منذ أعوام. وتتطور في بطء حلول الوطنية الشعبية العربية الواحدة محل الوطنيات المختلفة. وقد قدم هذا التحول الهام إلى الرئيس عبد الناصر وسائل لقلب الأنظمة والسيطرة استخدمها بفن لا يضاهى.

ووصلت بعثة حكومية سورية إلى القاهرة. برئاسة شكري القوتلي في ٣١ كانون الثاني ١٩٥٨م للبحث في إنشاء جمهورية متحدة بين مصر وسوريا. وبعد ساعات قليلة من التشاور بين البلدين ثم الاتفاق على الوحدة. وأعلن الرئيسان في بلديهما بعد أربعة أيام عن مؤسسات الدولة الجديدة. وقد خضعت هذه المؤسسات في ٢١ شباط، إلى استفتاء وأخذ بها بشبه إجماع وأعلن جمال عبد الناصر في الوقت نفسه رئيسا على الجمهورية العربية المتحدة فأصدر في الخامس من آذار الدستور المؤقت لهذه الجمهورية.

وأجتيزت في الثامن من آذار مرحلة جديدة على طريق الاتحادات العربية، فقد وقع عبد الناصر والأمير سيف الإسلام بدر ميثاق الدول العربية المتحدة، أي الاتحاد بين الجمهورية العربية المتحدة واليمن.

وبدت الجمهورية العربية المتحدة منذ إنشائها تنظيما هشا، وقد أكد هذا الوضع منذ الأشهر الأولى وأتعبت التجربة السوريين، وتسبب الركود الاقتصادي ورحيل الأجانب وخطر صدور قانون زراعي في ظهور استياء زاد في حدته النقص المذهل في محصول الزروع. وحولت مبالغ هامة إلى لبنان. كما استقر

أخيرا قسم من المنفيين السوريين في بيروت حيث تفرغوا لقلب النظام مع زملائهم في المنفى.

واتخذ عبد الناصر في مطلع عام ١٩٦١م إجراءات اقتصادية قاسية تتعارض والتقليد السوري وميله، مراقبة القطع وتحديد الأسعار. تأميم القرض وكان السراج وزير الداخلية في الولاية الشمالية، قد طور لقمع بدايات الثورة نظام رعب بوليسيا وأنشأ في سجونه غرفا للتعذيب وارتأى المارشال عامر في أيلول ١٩٦١م أنه غدا من الضروري تلطيف الجو السياسي باتخاذ بعض التدابير الآيلة إلى إنقاذ الحريات الشخصية، لكن السراج هدد بالاستقالة، ولما رفض عبد الناصر مساندته اضطر الكولونيل إلى الانسحاب وأنهار الحجاز البوليسي الشنيع الذي أقامه السراج برحيل هذا الأخير. وقامت فرق متجمعة في قطنا بعد ذلك بيومين بدخول دمشق واحتلال المباني الحكومية والإذاعة لاغية مع ساعات الفجر الأولى ليوم ٢٨ أيلول ١٩٦١م الوحدة السورية المصرية.

لم يأمل مدير هذا الانقلاب أو لم يريدوا قطيعة نهائية مع مصر، إلا أن عملية خاطئة من عبد الناصر أجبر بموجبها ممثله المارشال عامر على العودة عن وعوده بالتحرير. أدت إلى تصلب عنيف من قبل السوريين فأعلن الجيش ولادة الوطن من جديد الجمهورية العربية السورية. وغادر المارشال في المساء نفسه بالطائرة إلى القاهرة حاملا نبأ الفاجعة إلى معلمه فأعلن الرئيس عبد الناصر في الخامس من تشرين الأول مظهرا مرة أخرى قدرته العجيبة على التأقلم بحسب الأوضاع الجديدة، إنه يقبل بالأمر الواقع، وقد اتخذت سوريا من جديد بعد أسابيع وبدون معارضة مصرية. مركزها في الجامعة العربية وفي منظمة الأمم المتحدة. لكن السوريين كانوا قد أنهوا بمرارة تجربة نقلهم من حلم الوحدة العربية إلى واقع السيطرة المصرية. وقد غادر المصريون أرض سوريا التي أعطت ذاتها في حماس واسترجعتها في غضب.

ولم يطل الوقت حتى تورط الرئيس عبد الناصر في قضية اليمن وجل ما في الأمر أن الإمام المسن أحمد توفي في نهاية شهر أيلول ١٩٦٢م في عاصمة بلاده، وعلى الرغم من زيارة هذا الأخير لموسكو عام ١٩٥٩م فقد حكم اليمن على طريقة أسلافه التي لم تتغير منذ أكثر من ألف عام.

ولم يعرف بالضبط كيف مات الإمام وذهب البعض إلى اتهام المصريين بتعجيل نهايته لاستعجالهم وصول ابنه الأمير بدر إلى العرش. لما لهذا الأخير من علاقات طيبة مع القاهرة وموسكو، إلا أنه وفي الأيام القليلة التي تلت وصول بدر إلى العرش وفي ٢٦ أيلول بالتحديد قامت ثلاث دبابات من الجيش اليمني بالتمركز أمام القصر الملكي وإحراقه. وعند ظهور الكولونيل عبد الله السلال ليعلن موت بدر وقيام الجمهورية في البلاد وقد سمى نفسه رئيسا عليها. كما أعلن السلال أنه ثوري على الطريقة المصرية، وجمع حوله الوزراء من الحركات الخفية المؤيدة للناصرية. ولم ينتظر الرئيس المصري أكثر من ذلك ليبعث إليه بتحيته الأخوية. ولكن حادثا مفاجئا وقع بعد أيام فالإمام بدر الذي لم يمت تحت أنقاض قصره كما ظن عاد إلى الظهور بين قبائله الأمينة من الزيديين، وأعلن في نيته معاقبة المستغلين.

وهكذا بدأ الصراع بين الجيش الجمهوري والقبائل الداعمة للشرعية التي يقودها الإمام بدر في الشمال، والأمير حسن خاله في الجنوب الشرقي، وكان في استطاعة بدر وحسن لولا تدخل عبد الناصر عسكريا لمساعدة محمية الجديد وقد وجها ١٠٠ ألف جبلي عازم ضد ٢٠ ألف جندي سيئ التدريب أن يعاودوا احتلال صنعاء في وقت قصير.

استخدم عبد الناصر أولا سلاح الطيران مستعملا لأول مرة طائرات توبولف ١٦ التي كانت تقصف انطلاقا من قواعدها المصرية القرى اليمنية ومحاصيلها. إلا أن هذا السلاح بدا غير كاف، واقتضى إرسال الفرق العسكرية

إلى أرض المعركة في حين كان الملك سعود والملك حسين يمدان الملكيين بالأسلحة والمال وببعض الاختصاصيين. ووصل المصريون كتيبة بعد كتيبة ثم لواء بعد لواء. وكانوا في شهر شباط قد أرسلوا ٣٠ ألف رجل دون أن يتوصلوا إلى نجاح حاسم وغدت الحرب غير شعبية في مصر ـ فالخسائر كانت جسيمة واليمنيون لا يوفرون الأسرى. والمصاريف هائلة والمغامرة بلا مخرج.

وقد عمل الأمريكيون على مساعدة الرئيس عبد الناصر فاعترفوا أولا بنظام السلاسل، كما فعل الاتحاد السوفيتي (السابق) والصين. ثم دعموا الخزينة المصرية ونجحوا بتدخل من في سفيرهم الورث بنكر، باعتماد بروتوكول في نيسان ١٩٦٣م تتعهد فيه العربية السعودية بوقف مساندتها الملكيين في حين يسحب فيه المصريون قواتهم من اليمن تدريجيا. وجاء هذا الاتفاق نصرا واضحا لعبد الناصر، فقد تركت له حرية سحب قواته بحسب تقديره للوضع وسمح له أو على الأقل كان بالإمكان أن يسمح له بالانسحاب في شرق من الوكر اليمني.

على الرغم من اتفاق نيسان ١٩٦٣م ووصول مراقبين من منظمة الأمم المتحدة عاودت المعارك مسيرها متفرقة أولا ثم على جميع الجبهات. وما لبثت حدة التوتر أن ارتفعت بين حامي الفريقين العربية السعودية ومصر ـ فقصف الطيران المصري مدينتين في العربية السعودية نجران وجيزان، كانت تمثلان قاعدة خلفية للقوات الملكية، واستمرت الحرب متنوعة على الرغم من إرسال مصر للإمدادات واستخدام طيرانها للغارات. حتى فقد السلال في بداية ١٩٦٥م السيطرة على الموقف وألفت حكومة مدنية برئاسة أحمد محمد نعمان، وجرى مؤتمر وفاق في شهر أيار بين الجمهوريين وقسم من الملكيين ـ لم يشترك الإمام بدرفيه ـ ووصل عبد الناصر في شهر آب إلى جدة ووقع مع الملك فيصل والفريقين اليمنيين اتفاقا ينص على وقف النار وانسحاب القوات المصرية في مهلة عشرة أشهر ابتداء من ٢٣ تشرين الثاني ١٩٦٥م. وإجراء استفتاء قبل ٢٣

تشرين الثاني ١٩٦٦م لتقرير نوع النظام في البلاد. احترم وقف النار والتأم مؤتمر حرر في ٢٣ تشرين الثاني ١٩٦٥م لكنه انفض بعد شهر من انعقاده وبعد التثبت من فشله واستأنف المعارك، فأعلن عبد الناصر "أن اتفاق جدة لم يحترم، سنبقى في اليمن الوقت اللازم، عشر سنوات، عشرين سنة!"

ولما أطل عام ١٩٦٧م كان العالم العربي يقف في وجه الكيان الصهيوني معزولا سياسيا ودبلوماسيا، منقسما إلى أبعد الحدود جيشاه الأساسيان معاقان الجيش المصري الذي عليه الحفاظ على ٥٠ ألف رجل وتموينهم في اليمن والجيش العراقي الذي عليه التأهب لمواجهة تمرد كردي لم يخمد.

ووضع جمال عبد الناصر في ١٧ أيار ١٩٦٧م الجيش المصري في حالة التأهب ثم طلب من أمين منظمة الأمم المتحدة العام سحب قوة التدخل التابعة للأمم المتحدة من غزة وشرم الشيخ. وأعلن في ٢٢ من الشهر نفسه إقفال خليج العقبة في وجه السفن الصهيونية وتلك التابعة لجنسيات أخرى. الناقلة معدات استراتيجية إلى الكيان الصهيوني. وقد غدا هذا الإقفال ممكنا مع سحب قوى منظمة الأمم المتحدة من شرم الشيخ. وبما أن إقفال خليج العقبة هو أحد ذرائع الحرب الثلاث التي أعلن عنها الصهاينة في وضوح -والذريعتان الأخريان هما التحويل الفعلي لروافد الأردن- ووجود جيش عربي مشترك على حدود الضفة الغربية- فإن شروط وقوع صدام مسلح اجتمعت ابتداء من ٢٢ أيار.

وتسبب قرار الرئيس المصري بقيام نشاط دبلوماسي كثيف خاصة في الأمم المتحدة اجتمع مجلس الأمن ودعا السيد تنت إلى الاعتدال. وكان الأمين العام ينهي مهمته بنجاح، لولا أن الملك حسين قصد القاهرة في ٣١ أيار حيث وقع على الفور اتفاقا دفاعيا مع مصر- وعاد في الغد إلى عمان برفقة أحمد الشقيري زعيم منظمة التحرير الفلسطينية، وأرسلت عناصر من الجيش المصري

إلى الأردن وغدا الوضع مشابها لما كان عليه في تشرين الأول ١٩٥٦م فقد أغلق عندئذ خليج العقبة ودخل الأردن في الحلف الثلاثي.

انتقل الكيان الصهيوني إلى الهجوم بعد خمسة أيام في ٢٩ تشرين الأول ١٩٥٦م وجاء تسلسل الأحداث عام ١٩٦٧م مماثلا، فبعد خمسة أيام من عقد اتفاق الدفاع الأردني المصري في الخامس من حزيران قام الكيان الصهيوني بالهجوم، محققا نصرا احتل من خلاله الضفة الغربية وغزة ووصل السويس كما احتل القنيطرة في سوريا وبعض أجزاء من الأردن.

وقدمت الجمعية العامة للأمم المتحدة في الوقت الذي تتابع فيه المناوشات العنيفة وحتى المعارك بين المصريين والقوات الصهيونية برهانا جديدا على عجزها. فبعد فشلها في التصويت على قرار نقلت مجمل المشاكل إلى مجلس الأمن، واعتمد هذا الأخير بالإجماع، في ٢٢ تشرين الثاني ١٩٦٧م القرار ٢٤٢ الذي طالب بانسحاب قوات الكيان الصهيوني من الأراضي المحتلة خلال النزاع الأخير. ووقف حالة الحرب والاعتراف بسيادة كل من دول المنطقة وسلامتها الوطنية واستقلالها، وحرية الملاحة في العقبة والسويس وحل عادل لمشكلة اللاجئتين وخلق مناطق منزوعة السلاح.

وكان رؤساء الدول العربية قد اجتمعوا في الخرطوم ابتداء من ٢٩ آب وتكلم الرئيس عبد الناصر والملك حسين بلغة الواقع التي استخدمها بورقيبة قبل عامين، وعرضا النتيجة التي لم يكن لهما الخيار. فمصر اجتاحتها انتفاضات الهزيمة، فتتالت الاتهامات والمؤامرات والدعاوي وأوقف عبد الناصر أحد أقدم رفاقه وأعزهم المارشال عبد الحكيم عامر، وغدت الدولة بعدما حرمت عائدات قناة السويس والسياحة. وسلبت نفط سيناء مهددة بأزمة اقتصادية حادة. ولم تعد تملك الوسائل العسكرية والمالية لمواجهة صدام جديد. وكان وضع الأردن أسوأ من ذلك إذ لم يعد يمتد إلا على الجزء شبه الصحراوي من أراضيه وقد تدفق

عليه ٢٠٠ ألف لاجئ جديد. لذا لم يتوان الرئيس عبد الناصر والملك حسين من النصح باعتماد قرار عاقل من مثل القرار الذي أوصى به المارشال تيتو أي أن تنصاع الدول العربية إلى قرار منظمة الأمم المتحدة الذي يضمن سلامة الحدود، وتقبل بحرية الملاحة في خليج العقبة مقابل تحرير الأراضي المحتلة.

وافق الجميع على لهجة المؤتمر المعتدلة ما عدا السوريين الذين انسحبوا منه والجزائريين، وطبعا الشقيري. وهكذا جاء البيان النهائي للمؤتمر مفاجئا إذ تضمن عدم الاعتراف بالكيان الصهيوني. ورفض أي تفاوض للسلم والتأكيد على حقوق الفلسطينيين في وطنهم. ويذكر أن عبد الناصر كان قد أعلن أنه المسؤول الأول عما عرف بالنكسة وتخلى عن الرئاسة لرفيقه زكريا محيي الدين. لكنه لم يلبث أن عاد عن استقالته، بطلب من الجماهير واختفى محيي الدين.

وشن عبد الناصر حرب الاستنزاف ابتداء من عام ١٩٦٨م بيد أن العالم العربي فجع بوفاته في ٢٨ أيلول ١٩٧٠م فشيعه المصريون وبقوا متذكرين أنه -على الرغم من سقطاته- استطاع أن يعيد إليهم كرامتهم وهويتهم.

والمعلوم أن عبد الناصر مثل دورا هاما على الصعيد الدولي، إذ شارك -في المجال الأفريقي، في مؤتمرات الدار البيضاء عام ١٩٦٢م وأديس ابابا عام ١٩٦٤م حيث وضع ميثاق الوحدة الأفريقية. كما أنه بعدما اشترك في مؤتمر بندنغ الشهير حضر مؤتمر بلغراد عام ١٩٦١م. ووقع اتفاقيات كثيرة اقتصادية وثقافية، مع بلدان حديثة العهد بالاستقلال، وسافر إلى الهند ويوغسلافيا والاتحاد السوفيتي (السابق).

مؤسس دولة باكستان الإسلامية، كان من قادة الهند في نضالها لنيل استقلالها. ويسمى قائدا أعظم ومؤسس الباكستان، قاد مطالب المسلمين للانفصال عن الأغلبية الهندوسية، وأصبح أول حاكم عام للباكستان عندما برزت أمة مستقلة ذات أغلبية مسلمة عام ١٩٤٧م.

ولد محمد علي جناح في كراتشي ١٨٧٦م وكان الابن الأكبر لعائلة تاجر ثري. أظهر ثراء حاد في ثقافته مما أهله للحصول على القبول للدراسة في جامعة بومبي وهو في السادسة عشرة من عمره، إلا أن والده اختار الالتحاق بالجامعة في المملكة المتحدة. وقد تزوج جناح زواجه الأول قبل سفره إلى لندن. وقد وصل جناح إلى لندن عام ١٨٩٢م ودرس القانون في لنكولنزإن وتأهل محاميا في المحاكم العليا وهو في بداية التاسعة عشرة من عمره.

توفيت زوجته وأمه وهو بعيد، عاد إلى كراتشي عام ١٨٩٦م واكتشف أن أعمال والده قد تدهورت بدرجة سيئة لا يستطع معها كسب عيشه. بدأ في ممارسة القانون في بومباي عام ١٨٩٧م واستمر في ذلك المجال مدة عشر سنوات تقريبا، وعمل نائبا لقاضي بومبي لمدة ستة أشهر أثناء تلك الفترة.

أصبح سياسيا بارزا في الفترة ما بين عامي ١٩٠٠م و١٩١٦م. وانضم إلى مجلس الشيوخ الوطني الهندي عام ١٩٠٦م وأصبح عضوا في المجلس التشريعي الإمبراطوري، كما عين رئيسا لفرع بومباي لاتحاد العالم الوطني الهندي.

انضم محمد علي جناح إلى العصبة الإسلامية عام ١٩١٣م وكان هذا التنظيم قد تأسس عام ١٩٠٦م بهدف حماية مصالح المسلمين حيث شعرت الرابطة بأن الهندوس الذين يمثلون أغلبية الشعب الهندي سوف يسيطرون على

الهند المستقلة، انضم جناح لهذه الرابطة على افتراض أنها سوف تلتزم مثل حزب المؤتمر الهندي بالقتال حتى استقلال الهند حيث لم يكن يأمل في تحسين وضع المسلمين تحت الحكم البريطاني. أصبح جناح قائدا للعصبة الإسلامية خلال ثلاثة أعوام من انضمامه إليها، وذاع صيته، وأصبح يعرف بسفير الوحدة الهندوسية المسلمة.

تزوج جناح مرة ثانية عام ١٩١٨م تبناي ابنة السيرادياشو بتيت وكان زواجا غير سعيد وتم الانفصال واعتمد جناح على أخته فاطمة لمرافقته ومساعدته بقية حياته.

تأثر تقدم جناح السياسي بعد ظهور المهاتما غاندي على المسرح السياسي الهندي، ورفض غاندي وسائل اعتراض جناح القانونية والدستورية، فقد كان يفضل العمل المباشر من خلال عدم التعاون والمقاطعة والأشكال الأخرى من العصيان المدني، وأدى اختلاف الرأي مع أساليب غاندي إلى استقالة جناح من حزب المؤتمر واتحاد الحكم المحلي عام ١٩١٠م. واعتمد بدلا من ذلك على العصبة الإسلامية لتعزيز التزامه بالقانون والنظام والوحدة الهندوسية-المسلمة.

ساءت العلاقات بين الهندوس والمسلمين وحاول جناح استعادة التكاتف بين المجموعتين،رفض جناح برنامجا يتكون من ١٤ نقطة لضمان حقوق الأقليات -خصوصا المسلمين- داخل نطاق الهيكل الفدرالي. ولكن اللجنة التي كان يرأسها جواهر لال نهرو رفضت منح المسلمين الامتيازات القليلة المساوية في المجالس التشريعية الإقليمية عام ١٩٢٨م.

اعتقد بعض المسلمين أن جناحا لم يكن حازما بدرجة كافية مما جعل إقليم النبجاب يعترض على قيادته وانشق لتكوين وحدة منفصلة، شعر جناح بالإحباط ولجأ إلى النفي الاختياري في لندن عام ١٩٣١م وبقي هناك حتى وقع حدثان جعلاه يعود إلى بلاده.

ففي عام ١٩٣٣م التمس لياقت علي خان من محمد علي جناح تولي قيادة المسلمين في الهند، فالمناخ السياسي قد تغير ويبدو أن الهنود سوف ينالون مشاركة أكبر في حياة بلادهم السياسية. عاد جناح إلى بلاده عام ١٩٣٤م وصدر الحكم بالموافقة على قانون الحكومة الهندية عام ١٩٣٥م. مؤكدا المشاركة الندية الكبرى في الحكومة، وفاز حزب مجلس الشيوخ بجميع مقاعد المؤتمر الهندي في ستة أقاليم في انتخابات عام ١٩٣٧م وعين بالتالي جميع حكوماتها من المؤتمر ورفض بعد ذلك الانضمام إلى العصبة الإسلامية في أي شكل من الائتلاف.

استغل جناح الفرصة لإثارة سخط الجمهور. وحول العصبة الإسلامية من جمعية للجدال ضعيفة المعنويات إلى حركة سياسية فعالة، وتبنت الحركة الجديدة قرارا عام ١٩٤٠م في لاهور ينادي بتكوين دولة مسلمة منفصلة عن الهند تسمى الباكتسان، وقد حارب الكونكرس هذا الاقتراح.

اعترف الإنكليز بأن الاستقلال أمر لا مفر منه بعد الحرب العالمية الثانية ١٩٣٩-١٩٤٥م. كان الإنكليز يرغبون في أن تبقى البلاد وحدة سياسية واحدة ولكنهم احتاجوا أيضا مساعدة المسلمين دعما لمجهودات الحرب. صمم جناح على إقامة الدولة المسلمة المنفصلة ولم يستسلم، ووافق معارضوه على مطالبه في نهاية الأمر، وولدت دولة الباكستان الجديدة في آب عام ١٩٤٧م وأصبح جناح أول حاكم عام لها. ولكنه توفي بعد أكثر من عام مجهدا من كثرة العمل.

كان ابن موتيلال وأول رئيس وزراء للهند، كان له تأثير استمر فترة طويلة على مؤسسات الوطن وطموحاته. أدى أيضا دورا رئيسا في الشؤون العالمية بوصفه أحد مؤسسي حركة عدم الانحياز.

ولد نهرو في مدينة الله أباد أرسله والده إلى هارو إحدى المدارس الإنجليزية البارزة ثم إلى جامعة كمبردج حيث نال درجة في العلوم، وعاد إلى الهند عام ١٩١٢م وشارك في النضال الوطني ضد الإنكليز، وفي عام ١٩٢٠م شارك في حركة العصيان المدني (عدم التعاون مع الإنكليز) وكانت هذه نقطة تحول في حياته من ناحيتين. فقد جعلته على اتصال بالمهاتما غاندي الذي ظل على صلة وثيقة به طوال حياته، وأعطاه الخبرة المباشرة حول مستويات الفقر والفاقة الموجودة في الهند. ومنذ ذلك الوقت كرس حياته كلها للنضال الوطني. سجنه البريطانيون في مناسبات عديدة رأس نهرو المؤتمر القومي الهندي في أعوام ١٩٢٩، ١٩٣٧، ١٩٤٦م وكذلك بعد الاستقلال.

أدى نهرو الدور الرئيسي في مفاوضات الاستقلال وجاء اختياره بالإجماع رئيسا للوزراء عام ١٩٤٧م تولى المنصب دون منافسة خطيرة حتى وفاته عام ١٩٦٤م وقاد حزب المؤتمر إلى النصر في ثلاثة انتخابات عامة متتالية. وبأفكار نهرو تبنت الهند دستورا رفض الديانة في الأمور المدنية. وتبنى الديموقراطية البرلمانية. كما اقتنع أيضا بأن الهند يمكن أن تتقدم اقتصاديا بتبني التخطيط الذي يمكن من الاستخدام الأمثل للعمل الحديث والتقنية الحديثة. وقد أشرفت لجنة التخطيط التي أسسها على سلسلة من الخطط الخمسية لمدة خمس سنوات، أنشئت خلالها صناعات الفولاذ الصناعات الثقيلة تحت سيطرة الدولة،

وكان نهرو مصمما على تحويل الهند إلى بلد اشتراكي، لكنه أصر أيضا على أن يتحقق ذلك من خلال عملية ديموقراطية.

وعلى النطاق العالمي عمل نهرو مع الرئيس المصري جمال عبد الناصر ورئيس يوغسلافيا -سابقا- جوزيف بروزتيتو والرئيس الأندونيسي أحمد سوكارو لتأسيس حركة عدم الانحياز. كما أسس نهرو أيضا علاقات ودية مع الاتحاد السوفيتي (السابق). وقد أدت هذه الحركة إلى بعض العداء مع الولايات المتحدة تجاه الهند. وسارت هذه العداوة إلى الأسوأ بسبب انحياز الولايات المتحدة إلى جانب باكستان، وفي البداية كان نهرو ينشد الصداقة والتعاون مع الصين. لكن عملاقي آسيا أصبحا بالتدريج يتنافسان على زعامة آسيا، وتطورت الخلافات على الحدود إلى حرب شاملة عام ١٩٦٢م انتهت الحرب بهزيمة الهند التي ألقت بظلالها على السنوات الأخيرة من حكم نهرو، وقد توفي بعد إضراب أيار ١٩٦٤م.

لم تدم كل أعمال نهرو وبصفة خاصة في المجال الاقتصادي، حيث اعتبرت الصناعات الكبيرة المملوكة للدولة عبئا على النمو، لكن أشد نقاده ضراوة يسلمون بأن الهند الحديثة مدينة لنهرو بحنكته وزعامته.

الرئيس جورباتشوف، ميخائيل

صار رئيسا للاتحاد السوفيتي (السابق) عام ١٩٨٥م. وكان يرأس حكومة البلاد الفيدرالية رئيسا لجمهوريات الاتحاد السوفيتي الاشتراكية (سابقا). وقد لفت النظر إليه بمحاولته إدخال تغيرات داخلية في بلاده، وفي علاقاتها مع الدول الأخرى.

ولد جورباتشوف في قرية برفولنوي بالقرب من مدينة ستافروبول عام ١٩٣١م لوالدين ريفيين يعملان في الزراعة. التحق بجامعة الدول في موسكو عام ١٩٥٠م وبالحزب الشيوعي عام ١٩٥٢م ثم تخرج عام ١٩٥٥م بدرجة في القانون، وبدأ عمله في تنظيم تابع للحزب الشيوعي في ستافروبول.

تدرج جورباتشوف في الوظائف حتى صار رئيسا للجنة الإقليمية للحزب الشيوعي في ستافروبول عام ١٩٧٠م ولفت انتباه بعض كبار القادة السوفييت بما فيهم يوري اندروبوف. وصار جورباتشوف عضوا في اللجنة المركزية للحزب الشيوعي عام ١٩٧١م وفي عام ١٩٧٨م تم استدعاه إلى موسكو وعين سكرتيرا للحزب للشؤون الزراعية.

في عام ١٩٨٠م نال العضوية الكاملة في المكتب السياسي، وهو الهيئة الرئيسية التي تضع سياسات الحزب الشيوعي السوفيتي، وفي عام ١٩٨٢م صار اندروبوف صديق جورباتشوف رئيسا للحزب الشيوعي. وكان رئيس الحزب في ذلك الوقت من أقوى القادة السوفييت. قام اندروبوف صديق جورباتشوف رئيسا للحزب الشيوعي. وكان رئيس الحزب في ذلك الوقت من أقوى القادة السوفييت. قام اندروبوف بترقية جورباتشوف، وعهد إليه بسياسة البلاد الاقتصادية. توفي اندروبوف عام ١٩٨٤م، وخلفه لوقت قصير قسطنطين شيرنينكو. وبعد وفاته في آذار عام ١٩٨٥م اختير جورباتشوف رئيسا للحزب.

تزامن اختيار جوريا تشوف عام ١٩٨٥م أمينا عاما للحزب الشيوعي مع تزايد المخاوف من استفحال أزمة النقص في المواد الغذائية التي أعلن عن بداياتها عام ١٩٨٠م، واستمرت مع تطبيق خطة زراعية جديدة من ١٩٨٢م وحتى ١٩٩٠م. كان هدفها الحد من استيراد الحبوب ولا سيما القمح من الولايات المتحدة. وعلى الرغم من لقاء جورباتشوف أربع مرات عام ١٩٨٧م مع الرئيس الأمريكي رونالدريغان. وانتهاجه خطة إصلاحيات جذرية وإطلاقه الحريات ونشر الديموقراطية بتطبيق سياسة الانفتاح وإعادة البناء فقد أخفق جورباتشوف في تحقيق أهدافه.

وواجه معارضة شديدة من بعض دول الكتلة الشرقية وأكثر أنصار الشيوعية محافظة داخل الاتحاد السوفيتي (السابق)، مع هذا فقد عقدت جلسة للبرلمان السوفيتي في عام ١٩٨٩م لأول مرة منذ عام ١٩١٨م كانت نتائجها في صالحه، إلا أنه واجه في عام ١٩٩٠م مشكلات اقتصادية حادة واضطرابات عرقية وقومية في الجمهوريات. زادت في حدة المصاعب الاقتصادية التي لم يعرف الاتحاد مثيلاتها من الحرب العالمية الثانية وأدت إلى ازدياد النقمة على جورباتشوف من اليمين واليسار على حد سواء.

وفي ١٩ آب عام ١٩٩١م عاشت البلاد انقلابا عسكريا تسلم فيه نائب الرئيس السلطة وعزيت هذه التدابير الاستثنائية إلى مرض جورباتشوف في منتجعه الصحي في القفقاس في الوقت الذي كان فيه جورباتشوف يستجم في القرم. وأعلن الانقلابيون تأليف حكومة خلاص لمدة ستة أشهر. لكن رئيس جمهورية روسيا الاتحادية بوريس يلتسن شجب الانقلاب وقاومه علانية ودعا إلى إضراب عام دعمه نحو ٥٠٬٠٠٠ متظاهر أمام البرلمان الروسي ونجح في مساعيه فاستسلم الانقلابيون بعد ثلاثة أيام وأعيد جورباتشوف رئيسا للدولة. وفي ٢٤ آب عام ١٩٩١م استقال جورباتشوف من رئاسة الحزب الشيوعي وأوصى

بحل اللجنة المركزية للحزب. وأعلنت جمهوريات الاتحاد السابقة استقلالها عن الاتحاد في شهري آب وأيلول من العام نفسه عدا تركمستان التي أعلنت استقلالها في ٢٧ تشرين الأول ١٩٩١م.

وجاءت الضربة القاصمة للحزب الشيوعي السوفيتي في ٢٩ آب ١٩٩١م حين صوت البرلمان السوفيتي على إيقاف جميع نشاطات الحزب وإغلاق مكاتبه. وبذل جورباتشوف محاولة لإحلال اتحاد سوفيتي جديد محل الاتحاد المنهار. فأعلن في الثاني من أيلول ١٩٩١م أن الأمة على شفير كارثة واقترح نقل جميع السلطات المركزية عليه وإلى رؤساء الجمهوريات العشر ومجلس تشريعي معين. ولكنه أخفق في مسعاه مرة أخرى وأقصى ـ عن مناصبه كلها. وآل الأمر إلى تفكك الاتحاد السوفيتي تماما وحل الحزب الشيوعي. ونشأت في مقابل ذلك ١٥ جمهورية مستقلة وعدد من الجمهوريات الصغيرة التي أعلنت استقلالها في شمالي القفقاس وما وراء القفقاس. وأعلن جورباتشوف بنفسه نهاية الاتحاد في خطاب تاريخي وجهه إلى شعوب الاتحاد السوفيتي في نهاية عام ١٩٩١م.

غادر جورباتشوف روسيا (إذ لم يعد هناك اتحاد سوفيتي) وأخذ ينتقل في العواصم الغربية التي هللت وأسبغت عليه الألقاب والهدايا وعينته محاضرا في السياسة والفكر السياسي في جامعاتها وكاتبا في صحفها.

وآخر مهمة له في الغرب تسميته رئيسا للصليب الأخضر الدولي الذي أعلن الصليب الأحمر الدولي من جنيف أنه تأسس بشكل رسمي في ٢٠ نيسان ١٩٩٣م. وأنه منظمة عالمية للتدخل في حال الكوارث البيئوية. وإن رئيس الاتحاد السوفيتي السابق ميخائيل جورباتشوف هو أول رئيس له، وتهدف المنظمة الجديدة إلى إقامة مراكز إغاثة وإرسال فرق للتدخل السريع (القبعات الخضر) في حال حدوث كوارث بيئية واختيرت جنيف مقرا لها.

رئيس الولايات المتحدة في الفترة ما بين عامي ١٩٦٣م و١٩٦٩م انتخب نائبا للرئيس عـام ١٩٦٠م وأصبح رئيسـا في عام ١٩٦٣م بعد اغتيال الرئيس جون كنيدي. ثم انتخب جونسون رئيسا لفترة كاملة عام ١٩٦٤م.

ولد جونسون بالقرب من ستونوول بتكساس، وتخرج في الجامعة عـام ١٩٣٠م وذهـب عـام ١٩٣١م إلى واشـنطن (العاصمة) وعمل سكرتير بالكونكرس ثم انتخب لمجلس النواب الأمريكي عام ١٩٣٧م. خـدم جونسـون في البحرية الأمريكيـة قائدا برتبة ملازم خلال الفترة من عام ١٩٤١-١٩٤٢م.

انتخب أيضا لمجلس الشيخ الأمريكي عام ١٩٤٨م وبعد سيطرة الحزب الديموقراطي عـلى مجلـس الشيوخ والنـواب عام ١٩٥٤م أصبح جونسون زعيم الأغلبية في السنة التالية. كان جونسون في منصبه هـذا كثيرا ما يوفق بين الـديموقراطيين والجمهوريين بالتخطيط الذكي والمقدرة على الإقناع. وعرف ذلك بمعاهدة إل.بي.جي.

تقدم جونسون للترشيح الرئاسي للحزب الديموقراطي عام ١٩٦٠م لكن الحزب رشح جـون كنيـدي وقبـل جونسون دعوة كنيدي لمنصب نائب الرئيس وهزم الديموقراطيون مرشح الجمهوريين ريتشارد نيكسون في انتخابات بفارق ضئيل. كـان لجونسون دورا أكثر فعالية في الحكومة من أي نائب رئيس سابق. وكان كنيدي يرسل جونسون كثيرا بوصفه ممثلا خاصا لـه إلى أماكن الاضطرابات في العالم في الحرب الباردة.

اغتيل كنيدي في عام ١٩٦٣م في دالاس بتكساس ثم نصب جونسون رئيسا، واقترح برنامجا لإيجاد وظائف جديـدة وبناء الاقتصاد، وافق الكونكس على البرنامج ووقع جونسون في عام ١٩٦٤م على قانون حقوق مدنية سمح فيه

للسود بكل المهن التي تخدم الجمهور وفتح فرصا متساوية للوظائف. استمر جونسون في سياسة الولايات المتحدة الخاصة بمساعدة فيتنام الجنوبية في حربها ضد الفيتكونج وهي قوات حرب عصابات تدعمها الحكومة الشيوعية في فيتنام الشمالية.

فاز جونسون بسهولة بفترة رئاسية كاملة، وفاز على منافسه الجمهوري باري إم جولد وتر بأغلبية كبيرة. وأصبح اتساع حرب فيتنام مشكلة جونسون الرئيسية فقد أمر جونسون بدخول أول قوات أمريكية مقاتلة إلى فيتنام الجنوبية. وبحلول عام ١٩٦٨م أصبح للولايات المتحدة بفيتنام الجنوبية أكثر من ٥٠٠,٠٠٠ جندي، وأصبح كثير من الأمريكيين يشكون في ادعاءات مسئولي الإدارة الأمريكية عن سير الحرب وهبطت شعبية جونسون الشخصية.

أعلن جونسون في ٣١ آذار عام ١٩٦٨م أنه لن يرشح نفسه لفترة انتخابات جديدة، وأوقف الضرب بالقنابل وهجمات الولايات المتحدة الأخرى ضد أراضي فيتنام الشمالية، وأدى ذلك إلى محادثات سلام بين حكومة الولايات المتحدة وفيتنام الشمالية وفيتنام الجنوبية ووفد من الفيتكونج عام ١٩٦٨م.

بعد نهاية فترة رئاسته في عام ١٩٦٩م اعتزل جونسون الحياة السياسية ومكث في مزرعته بتكساس، توفي عام ١٩٧٣م.

الرئيس جيسكار ديستان، فاليري

رئيس فرنسا ١٩٨١-١٩٧٤م، ولد في كوبلتس عام ١٩٢٦م في عائلة من الطبقة البورجوازية العليا. درس في كلية البوليتكنيك العالية وفي المعهد الوطني للإدارة، وهو معهد عال يخرج كبار موظفي الدولة. عين مفتشا للمالية ١٩٥٤م تم مدير مساعدا في مكتب رئيس الحكومة إدغار فور في السنة نفسها. انتخب نائبا في عام ١٩٥٦م عن دائرة بوي دور دوم. وهي الدائرة التي كان يمثلها جده لأمه جاك باردو. في ١٩٥٩م اختير سكرتيرا لوزارة المالية في حكومة بيناي ثم وزيرا للمالية في حكومتي دويريه وبومبيدو في عهد ديغول.

كان على رأس (الجمهوريين المستقلين) المتحالفين مع الأغلبية الديغولية في انتخابات ١٩٦٢م النيابية. ترك مهامه الوزارية في كانون الأول ١٩٦٥م ليتفرغ العمل على تقوية حزبه والابتعاد به شيئا فشيئا عن الديغولية حتى أنه اقترع بـ (لا) في الاستفتاء العام الذي جرى في نيسان ١٩٦٩م والذي تخلى ديغول على أثره عن الرئاسة.

وفي حزيران ١٩٦٩م عين وزيرا للمالية والاقتصاد في أول حكومة شكلت بعد انتخاب جورج بومبيدو رئيسا للجمهورية. رشح نفسه لانتخابات رئاسة الجمهورية في نيسان ١٩٧٤م، فنال في الدورة الأولى ٣٣% من مجموع الأصوات، مقابل ٤٣,٣% نالها فرنسوا ميتران و ١٤,٥% نالها جاك شابان دلما. وفاز بالدورة الثانية بـ ٥٠,٨% مقابل ٤٩,٢% لمنافسة فرنسوا ميتران. وكان شعاره الأساسي في المعركة الانتخابية (التغيير في الحكم بلا مخاطرة).

بدأ ولايته بتكليف جاك شيراك تشكيل أول حكومة، وكان أول مظهر لسياسته الخارجية اجتماعه بالرئيس الأمريكي جيرالد فورد في جزر المارتينيك. واستطاع ديستان خلاله أن ينتزع موافقة فورد على عقد اجتماع بين الدول

المنتجة للنفط والدول المستهلكة له لبحث أزمة الطاقة، ثم كان بعد هذا لقاؤه بالرئيس المصري أنور السادات الذي كان أول لقاء في نوعه في تاريخ فرنسا المعاصر والذي أسفر عن اعتراف فرنسا بحقوق شعب فلسطين كاساس لأية تسوية بين العرب والكيان الصهيوني. ثم سرعان ما اصطدم بالديغولين، ما دفع شيراك إلى الاستقالة ولكن دون الوصول إلى القطيعة النهائية معه.

انتهج فاليري جيسكار ديستان سياسة أوروبية نشطة من خلال تحالفه الوثيق مع ألمانيا الاتحادية (الغربية) وعمل على تقوية الروابط السياسية والاقتصادية مع الولايات المتحدة. وتبنى السياسة الأطلسية الذي كان ديغول قد تخلى عنها، وسلك إزاء القارة الأفريقية سياسة استعمارية. وحافظ في الصراع العربي مع الكيان الصهيوني، على الخط الديغولي، إلا أن علاقاته بالجزائر وليبيا قد تدهورت بسبب الصراع حول الصحراء الغربية وتشاد.

أبرز المناصب التي تولاها ديستان بعد انتهاء ولايته كان ترؤسه لجنة العلاقات الخارجية في الجمعية الوطنية الفرنسية. أما جهوده التي بذلها لتحويل حزبه حزب (الاتحاد من أجل الديموقراطية الفرنسية) إلى قوة وسط فاعلة وحقيقية فقد أصيب بفشل مزدوج فهي من ناحية لم تحل دون إلحاق هذا الحزب التام بحزب (التجمع من أجل الجمهورية) الذي يتزعمه جاك شيراك. كما أنها من ناحية ثانية لم يؤمن فوز مرشحه الان مادلين لرئاسة حزب (الاتحاد من أجل الديموقراطية الفرنسية) وفضل مندوبو الحزب في مؤتمر ليون (أوائل نيسان ١٩٩٦) اختيار فرنسوا ليونار، فكانت نهاية ديستان السياسية على يد الحزب الذي أسسه هو نفسه وترأسه حتى نيسان ١٩٩٦م.

رئيس الجمهورية العربية السورية والأمين العام لحزب البعث العربي الاشتراكي منذ عـام ١٩٧١م. رجـل دولـة بـارز وسياسي محنك، قاد الحركة التصحيحية في الحزب والدولة ليرسي في تاريخ سوريا الحديث دعائم عهد من الاستقرار والنهضة السياسية والاقتصادية والاجتماعية والثقافية بعد أن كانت الفوضى والانقلابات العسكرية تعصف بالبلاد منذ استقلالها في عام ١٩٤٥م.

ولد حافظ الأسد في السادس من تشرين الأول عام ١٩٣٠م في بلدة (القرداحة) ويعود أصل لقب الأسرة (الأسـد) إلى جده سليمان الذي عرف بجرأته وقوته البدنية. فأطلق عليه أقرانه لقب (الأسـد) وفي القرداحـة درس المرحلـة الابتدائيـة ثـم تابع تعليمه الإعدادي والثانوي في اللاذقية. وكان حافظ الأسد ينوي دراسة الطب والتخصص فيه بعد حصوله علـى الثانويـة العامة. لكنه عدل عن ذلك وتطوع منتسبا إلى الكلية العسكرية عام ١٩٥٢م، ثم اختار التخصص في الطيران فالتحق بعد ثلاثة أشهر بالكلية الجوية في حلب ليكون من دورة الطيارين الأولى التي تخرجت في سوريا بعد الاستقلال، وتخـرج طيـارا مقـاتلا برتبة ملازم في مطلع عام ١٩٥٥م، وكان الأول في دورته.

وفي العام ١٩٥٥م نفسه أوفد الأسد في بعثه عكسرية دراسية إلى مصـر للتـدريب علـى الطيـران النفـاث، ورفـع إلى رتبة ملازم أول طيار في مطلع تموز ١٩٥٦م وفي مطلع عام ١٩٥٨م أوفد الملازم الأول الطيار حافظ الأسد إلى الاتحاد السوفيتي (السابق) لاتباع دورة طيران ليلي، ثم رفع إلى رتبة نقيب طيار في الأول من كانون الثاني عام ١٩٥٩م.

وفي ظل الوحدة بين سوريا ومصر (الجمهورية العربية المتحدة) أوفد حافظ الأسـد مـرة أخرى إلى مصر في آذار ١٩٥٩م لإتباع دورة قائد سرب. وفي

تشرين الأول من العام نفسه ندب مع سرب للطيران الليلي إلى القاهرة. وبعد واقعة انفصال سورية عن مصر ـ في ٢٨ أيلول ١٩٦١م فرضت عليه السلطات المصرية الإقامة الجبرية، ثم زج في السجن هناك.

وبعد عودته إلى سوريه أبعد عن القوات المسلحة بقرار من حكومة الانفصال في ١٩٦١/١٢/٢م بسبب موافقة المناهضة له والمدافعة عن الوحدة. ونقل إلى إحدى الوزارات لكنه لم يلتحق بالعمل فعليا. وفي آذار ١٩٦٢م شارك في حركة الضباط الأحرار التي انطلقوا بها من مدينة حلب لإنهاء حكم الانفصال. وحين أخفقت هذه الحركة توجه الأسد إلى لبنان حيث ألقي القبض عليه وسلم إلى السلطات السورية التي زجت به مع عدد من رفاقه في سجن (المزة) بدمشق.

وبعد خروجه من السجن تابع مع رفاقه من الضباط في اللجنة العسكرية الإعداد لثورة الثامن من آذار، وبنجاحها عاد الأسد إلى القوات المسلحة برتبة رائد جوي. وتقديرا لدوره الكبير في الإعداد للثورة وإنجاحها عين عضوا في المجلس الوطني لقيادة الثورة. كما عين قائدا للواء الجوي السابع. فقائدا لقاعدة عمر صغر الجوية.

وفي عام ١٩٦٤م حصل على شهادة دورة أركان طيران وانتخب في مؤتمرات الحزب عضوا في القيادة القطرية ثم عضوا في القيادة القومية للحزب. وفي الثاني من كانون الأول عام ١٩٦٤م رفع إلى رتبة لواء جوي وعين قائدا للقوى الجوية والدفاع الجوي.

كانت ثورة الثامن من آذار ١٩٦٣م وقيادتها في حاجة إلى خبرة كافية. لذا فإن هذه التجربة أسفرت في البداية عن بعض الخلافات في وجهات النظر داخل الحزب. واتسعت هذه الخلافات تبعا للتفاوت العقلي والموضوعي بين الحزبين الذين كان قسم منهم يمثل القيادة المتطرفة واليسار المتسرع. وكان حافظ

الأسد يتابع بوادر تلك الأزمة، ويحاول تجنب البلاد عواقبها بالاحتكام إلى الحوار الموضوعي في المؤسسة الحزبية. إلى أن حسمت حركة ٢٣ شباط ١٩٦٦م تلك الخلافات. فوضعت سورية الحزب على الطريق السليم. وفي هذا التاريخ عين الأسد وزيرا للدفاع، ومن موقعه هذا سعى إلى تعزيز بناء القدرة العسكرية للقوات المسلحة السورية وتحديثها والتوجه إلى إعادة الوحدة مع مصر. وترسيخ العلاقات مع الدول العربية الأخرى.

وفي الخامس من حزيران ١٩٦٧م شن الكيان الصهيوني عدوانه المباغت على سورية ومصر ـ والأردن واحتلوا أراضي من الدول الثلاث. وكان من آثار هذا العدوان اشتداد الخلافات في القيادة الحزبية مما جعل الأسد موزعا بين حل الخلافات في الحزب. وبين السعي الحثيث لإزالة العدوان وتحرير ما احتل من الأراضي السورية بالأساليب السياسية في إطار المنظمات الدولية ومؤسساتها القانونية وبحرب الاستنزاف التي استمرت على الجبهة السورية عدة أشهر.

وفي الأوائل من تموز عام ١٩٦٨م رفع اللواء الجوي حافظ الأسد إلى رتبة الفريق الجوي، بدا مجددا العمل على إنجاز كل ما كان خطط له كوزير للدفاع. وفي السادس من تشرين الثاني عام ١٩٧٠م قاد حافظ الأسد الحركة التصحيحية ليضع حدا للخلافات التي وصلت إلى طريق مسدود ووضعت القيادة الحزبية والحزب في مأزق خطير.

وفي الواحد والعشرين من تشرين الثاني عام ١٩٧٠م تولى حافظ الأسد رئاسة مجلس الوزراء. بعدها انتخب رئيسا للجمهورية العربية السورية في الاستفتاء الشعبي العام الذي جرى في الثاني عشر من آذار ١٩٧١م. كما انتخب أمينا قطريا لحزب البعث العربي الاشتراكي في المؤتمر القطري الخامس يوم الرابع عشر من أيار ١٩٧١م. كما أعيد انتخابه رئيسا للجمهورية في الثاني

عشر من آذار ١٩٧٨م وفي الثاني عشر من آذار من ١٩٨٥م ثم في الثاني عشر من آذار ١٩٩٢م وفي الثاني عشر ـ من آذار ١٩٩٩م.

أدرك الرئيس الأسد بتجربته الطويلة وبتحليله السياسي عوامـل القوة والضعف في الـوطن العربي. وخلـص إلى أن (سبيل العرب إلى قوتهم ترتكز على وحدتهم). وبدا الأسد محاولة وضع شعار الوحدة موضع التنفيذ سواء في تجارب وحدوية أو في صيغة التضامن العربي التي ابتدأ بإزالة عوامل التوتر والقطيعة. وتنتهي بشـكل عـال مـن أشـكال التنسيق). وكانت الخطوة الأولى عمليا في ظل قيادته الشروع بإخراج سوريا من عزلتها بتوقيع الاتفاقيـة العسكريـة بـين سـوريا ومصـر ـ في ٢٦ تشرين الثاني عام ١٩٧٠م، أي بعد أيام قلائل من قيام الحركة التصحيحة. ثم المشاركة في إقامة اتحاد الجمهوريـات العربيـة مع مصر وليبيا.

وكانت حرب تشرين بقيادته عام ١٩٧٣م التحقيق العملي لهذا التضامن العربي، ونقطـة تحـول مـن مسـار تـاريخ الصراع العربي الصهيوني والخطوة المهمة في الانتقال بوعي الجماهير العربية مـن حـال الإحبـاط والتشتت إلى حـال التماسـك واستعادة الثقة بالذات العربية.

عمل الرئيس الأسد على بناء علاقات متينة بعدد من الدول الصديقة وفي مقدمتها الاتحاد السوفيتي (سابقا) الدول التي استقلت عنه، وكذلك بعدد من دول شرقي أوروبا، ودول أخرى في قارات أوروبا وأفريقيا وآسيا وأمريكا. واتسع بأفق العلاقات بالدول النامية في القارات الثلاث الأخيرة ولا سيما الدول الداعمة للحق العربي للأمـة العربيـة في المنظمات الدوليـة والإقليمية ومنظمة المؤتمر الإسلامي. وأسهم إسهاما فعالا في حركة دول عدم الانحياز وتنشيط فاعليتها في العلاقات الدولية. وسعى إلى الإفادة من هذه العلاقات في نصرة القضايا القومية، وفي صدارتها القضية الفلسطينية التي تمثل جوهر الصراع العربي الصهيوني.

وسعى الرئيس الأسد إلى الإسهام في ترسيخ الأمن والسلام في المجتمع الدولي وبذل كل جهد ممكن لاحتواء الأزمات والصراعات الإقليمية والدولية. ولدعم حركات التحرر ومن هنا جاءت مبادرته في اليونان عام ١٩٨٦م لعقد مؤتمر دولي لوضع تعريف للإرهاب الإجرامي وإرهاب الدول. والتفريق بينه وبين النضال الوطني من أجل التحرر من المعتدي. ودعا إلى الحد من سباق التسلح ونزع أسلحة الدمار الشامل. ولبناء نظام اقتصادي دولي يقوم على المنفعة المشتركة والمصالح المتوازية، وينهي مظاهر الهيمنة على الدول والشعوب.

توفي حافظ الأسد في دمشق في العاشر من حزيران عام ٢٠٠٠م وشيع جثمانه في موكب مهيب احتشد حوله الشعب السوري وحضره لفيف غفير من زعماء العالم. ودفن في القرداحه مسقط رأسه.

أول رئيس للجمهورية التونسية منذ الاستقلال وحتى بدء ولاية الرئيس الحالي زين العابدين بن علي الذي عزله في تشرين الثاني ١٩٨٧م. رغم أن بورقيبة كان قد انتخب رئيسا لمدى الحياة في عام ١٩٧٤م.

ولد في مدينة موناستير (المنستير) في عائلة متواضعة، فسجل رسميا أنه ولد في ١٩٠٣م لكن ثمة من يؤكد من معارفه أنه ولد قبل هذا التاريخ. تلقى العلم في تونس ثم في فرنسا حيث نال شهادته الثانوية وبعدها إجازة الحقوق من جامعة باريس. عاد إلى تونس في عام ١٩٢٧م ليمارس مهنة المحاماة وينشط في صفوف حزب الدستور قبل أن يؤسس مع مجموعة من شباب هذا الحزب (الحزب الدستوري الجديد) في عام ١٩٣٤م وأنتخب أمينا عاما له وأصبح هذا الحزب في ما بعد (الحزب الاشتراكي الدستوري).

أمضى بورقيبه ١١ عاما في السجون الفرنسية في فترة ١٩٣٤-١٩٥٥م بسبب نضاله من أجل استقلال تونس. وقد حددت الحكومة الفرنسية إقامته في الجنوب الفرنسي للحد من نشاطه، دعا إلى العصيان المدني فاعتقل من عام ١٩٣٨م إلى ١٩٤٣م حيث أفرجت عنه حكومة المارشال. فرحل إلى مصر ١٩٤٣-١٩٥٠م وأسس هناك مكتب المغرب العربي ثم عاد إلى فرنسا ليعتقل مرة أخرى في عام ١٩٥٢م وفي عام ١٩٥٤م اعترفت حكومة بيار منديس فرانس بالحكم الذاتي لتونس ودعت بورقيبه لتأليف حكومة جديدة فقبل بورقيبه الدعوة ونتيجة لذلك انشق عنه صالح بن يوسف الذي كان يطالب بالاستقلال التام لتونس معتبرا أن الحكم الذاتي خطوة إلى الوراء. واستطاع بورقيبه أن يتغلب على هذه الانشقاق وأبعد خصمه اللدود (صالح بن يوسف) الذي اغتيل في فرانكفورت في عام ١٩٦١م.

في ٢٠ آذار ١٩٥٦م نالت تونس استقلالها بالكامل، فأصبح بورقيبه رئيسا للمجلس الوطني فيها، ثم رئيسا لمجلس الوزراء، وفي ٢٥ تموز ١٩٥٧م. خلع بأي تونس وأعلنت الجمهورية وانتخب الحبيب بورقيبه رئيسا لها. فلقب نفسه (المجاهد الأكبر).

في فترة الزعامة القومية للرئيس المصري جمال عبد الناصر.انتهج بورقيبه سياسة معارضة له ومتقربة من الغرب وخاصة من فرنسا. ونادى بحل القضية الفلسطينية على مراحل.

بعد خلعه (بناء على نصيحة الأطباء) في عام ١٩٨٧م أنزوى في بيته في مدينة الموناستير (المنستير) واستمرت الحكومة تقدم له كل أنواع الرعاية، أعطى صوته، في الانتخابات الرئاسية التي جرت في نيسان ١٩٨٩م للرئيس بن علي وللائحة التجمع الدستوري.

من ملوك المغرب ولد في التاسع من تموز عام ١٩٢٩م في الرباط، وهو بكر ستة أولاد أنجبهم محمد الخامس، تلقى تنشئة مزدوجة الأولى عربية تقوم على التقليد والإسلام، والثانية غربية عصرية في ثانوية الرباط. وقد نال شهادة الدكتوراه في الحقوق من معهد الرباط. وكان في حينه تابعا لجامعة برده الفرنسية.

كان الحسن حاضرا عند لقاء والده الرئيس الأمريكي روزفلت في أنفا عام ١٩٤٣م. كما رافق والده إلى طنجة عام ١٩٤٧م للمطالبة بحقوق المغرب، وهو –وقد نفي مع والده إلى جزيرة كورسيكا في الحادي والعشرين من آب ١٩٥٣م فإلى مدغشقر أجرى مفاوضات في تشرين الثاني ١٩٥٥م أعادت والده إلى عرش المغرب.

عينه محمد الخامس رئيسا لأركان الجيش الملكي غداة الاستقلال في آذار ١٩٥٦م. قبل أن يغدو في العام التالي قائدا عاما للجيش عين في تموز وليا للعهد عام ١٩٥٧م. واستطاع إقناع والده بإقصاء عبد الله إبراهيم من الوزارة اليسارية التي كان يترأسها. فأصبح عام ١٩٦٠م نائبا لرئيس الوزراء ووزيرا للدفاع. وفي الواقع الحاكم الفعلي للمغرب حتى وفاة والده. فنصب ملكا على المغرب في السادس والعشرين من شباط ١٩٦١م وتولى العرش في الثالث من آذار من العام نفسه.

حافظ الحسن الثاني على النظام الرئاسي ضمن إطار الملكية الدستورية. وما أن ساورته الشكوك حول المعارضة اليسارية لحكمه. والمتمثلة أساسيا بالاتحاد الوطني للقوات الشعبية. حتى عمد إلى إصدار دستور جديد للمملكة عام ١٩٦٢م وإجراء انتخابات أنجحت أكثرية مؤيديه له.

وأعلنت السلطات المغربية في تموز ١٩٦٣م عن اكتشاف مؤامرة يسارية بقيادة الاتحاد الوطني للقوات الشعبية، فقضت على منظماته وألقى القبض على قيادته. قبل أن تأتي في عنف على انتفاضة الدار البيضاء في آذار ١٩٦٥م. وقد أفاد الحسن الثاني من المناسبة لإعلان حالة الطوارئ وحصر جميع السلطات بشخصه لحين إصداره عام ١٩٧٠م دستورا جديدا لم يحظ بتأييد المعارضة.

ونجا العاهل المغربي بشبه أعجوبة في العاشر من تموز عام ١٩٧١م وفيما كانت محاكمات مراكش ضد المعارضين جارية من محاولة انقلاب دموية استهدفت حياته ونظامه في قصر الصخيرات، كما حاول وزير داخليته ورئيس مخابراته الجنرال محمد أو فقير اغتياله في السادس عشر من الشهر التالي،عن طريق إسقاط طائرة البوينغ التي كان يستغلها، فنجا العاهل أيضا بأعجوبة، وتلت المحاولتين محاكمتان أعدم على أثرها عدد من العسكريين، فيما أعلن عن (انتحار) أوفقير.

ولم يجد العاهل المغربي بدا بعدما أخفق في جمع الحرس الوطني القديم حوله، من محاورة المعارضة وإشراكها في الحكم، فتقرب من الجميع، حتى من علي يعطه الأمين العام السابق للحزب الشيوعي المغربي الذي غدا يعرف باسم حزب التقدم والاشتراكية.

وأخذ الحسن الثاني يطالب بالجيوب الإسبانية في المغرب ويدعو إلى الاتحاد الوطني في هذا السبيل. وقد نجح في مسعاه ولا سيما إثر تنظيمه عام ١٩٧٥م (المسيرة الخضراء) شطر الصحراء الغربية التي جلا عنها الإسبانيون، فالتف حوله الشعب بأحزابه اليمينية واليسارية، وإن لم تتوقف الحملات ضد المعارضين لا سيما الجبهويين الذين حوكم بعض منهم عام ١٩٧٧م.

وأعلن الملك الحسن عن ضم كامل الصحراء الغربية إلى المغرب في صيف ١٩٧٩م إثر انسحاب موريتانيا من الجـزء الذي أعطي من الصحراء بموجب اتفاق مدريد. وتمكن على الرغم مـن النزاعات الحدودية بـين المغرب والجزائر بخصوص الصحراء. ونفقات بناء جدارات الحماية لجنوده فيها من هجمات البوليساريو. ودفع مصاريف هؤلاء وتجهيزاتهم. تمكـن مـن استيعاب القضية شيئا فشيئا لا سيما بعد قيام اتحاد المغرب العربي الذي جمع ليبيا وتونس والجزائر والمغرب وموريتانيـا في السابع عشر من شباط ١٩٨٩م.

اقترن الحسن الثاني بللا لطيفة عام ١٩٦١م وله خمسـة أولاد للا مـريم، محمـد السـادس (ملك المغرب الحـالي)، اللاأسماء، اللاحسناء، مولاي رشيد. وإذا كان الجيل الثاني جيل الحسن الثاني هو الجيل الموسع بعد الجيل الأول جيل محمـد الخامس وهو الجيل المنشئ، فإن الجيل الثالث جيل محمد السادس هو جيـل الإكـمال في مغرب ديموقراطي. تـوفي الحسـن الثاني في تموز ١٩٩٩م، وتولى ولده الحكم محمد السادس العرش من بعده.

سياسي ورجل دولة جيبوتي، ولد في العاصمة جيبوتي من عائلة صومالية تنتمي إلى قبائل العيسى. بدأ حياته السياسة منذ ١٩٥٠م بالدعوة إلى إبقاء بلاده تحت السيطرة الفرنسية، انضم إلى الحزب الديغولي ودعا أنصاره في ١٩٥٨ إلى التصويت إلى جانب البقاء مع فرنسا وذلك في الوقت الذي كان فيه خصمه محمود حربي. رئيس مجلس الإدارة الملكية آنذاك. يدعو إلى الاستقلال وقد كافأته السلطات الفرنسية على ذلك. خاصة بعد نجاح الاستفتاء حول إبقاء جيبوتي فرنسية. بأن عينته رئيسا لمجلس الإدارة المحلية مكان حربي في كانون الأول ١٩٥٨م، ولكنه استقال بعد ٤ أشهر مفضلا الإقامة في فرنسا حيث انتخب في ١٩٥٩م نائبا عن جيبوتي في الجمعية الوطنية الفرنسية. بعد أن كان في السنوات الستة الماضية يمثل بلاده في مجلس الشيوخ.

وقد أنشأ حسن غوليد، في عام ١٩٦٣م (الاتحاد الديموقراطي للعيسى) وهو تنظيم جيبوتي قبلي مرتبط تنظيما بالحزب الديغولي. وفي كانون الثاني ١٩٦٧م أصبح سكرتيرا سياسيا لحزب الحركة الشعبية الذي ما لبث أن منع في تموز من العام نفسه وفي آذار ١٩٧٢م. أسس حسن غوليد (الرابطة الشعبية الإفريقية) التي أصبحت تعرف في عام ١٩٧٥م بعد انضمام العديد من القوى السياسية إليها بـ (الرابطة الشعبية الأفريقية من أجل الاستقلال).

وكان علي عارف قد عينه في عام ١٩٦٣م وزيرا للتعليم في حكومته ولكنه استقال في عام ١٩٦٧م احتجاجا على سياسة رئيس الحكومة المحلية القبلية المنحازة باستمرار للعفر. وفي العالم نفس خطا خطوة استقلالية كبرى حين دعا إلى التصويت مع استقلال جيبوتي في الاستفتاء الذي نظمته السلطات الفرنسية. إلا أنه رغم ذلك ظل يفضل الحكم الذاتي على الاستقلال الكامل إذ أعلن في عام

١٩٧١م (أننا لا نرفض فرنسا بل ما نرفضه هو حكم علي عارف). ثم أضاف في عام ١٩٧٥م (إن هذا الاستقلال الذي سنحصل عليه نريده مع فرنسا لا ضدها). وكانت هذه المواقف المرنة مقدمة لإعادة العلاقات مع السلطات الفرنسية التي لم تعد تعترض على وصول غوليد إلى قمة السلطة بعد رحيلها.

وبالفعل فقد انتخب في عام ١٩٧٧م رئيسا لجمهورية جيبوتي وعمل على إقامة توازن دقيق بين العيسى ـ والعفـر في توزيع الحقائب الوزارية خوفا من أن تستغل أثيوبيا اضطرابات داخليـة لزعزعـة استقرار الجمهوريـة الناشئة وضمها إليهـا بحجة حماية العنصر ذوي الأصول الحبشية. أما خارجيا فقد انتهج الرئيس حسن غوليد سياسة موالية لفرنسا. والتـزم الحيـاد في النزاع الصومالي الأثيوبي، وأدخل بلاده إلى جامعة الدول العربية بعد أن منع المؤسسات الصهيونية من العمل في جيبوتي؟

في كانون الأول ١٩٩٥م أصيب غوليد بانهيار صحي (أثناء اجتماع قمـة للـدول الناطقـة بالفرنسية في دول بنـين) بسبب إصابته بمرض في الرئة. فقضى فترة علاج لثلاثة أشهر في فرنسا قبل عودته إلى البلاد في ٤ آذار ١٩٩٦م.

الرئيس حسني مبارك

رابع رئيس جمهورية في مصر منذ إلغاء النظام الملكي في عام ١٩٥٢م، مـن مواليـد ٤ أيـار ١٩٢٨م في قريـة كفـر المصيلحة محافظة المنوفية. تخرج من الكلية الحربية عام ١٩٤٩م ومـن كليـة الطـيران ١٩٥٢م. في عـام ١٩٦٧م عينـه الـرئيس جمال عبد الناصر مديرا لكلية الطيران وفي عام ١٩٦٩م عينه رئيسا لأركان حرب القوات الجوية المصرية.

قربه السادات منه بعد محاولة انقلاب ١٥ أيار ١٩٧١م ضد المعارضة بزعامة علي صبري وحسين الشـافعي. في ٢٣ نيسان ١٩٧٢م عين قائدا للقوات الجوية وفي عام ١٩٧٣م عين نائبا لوزير الحربية، رقـي إلى رتبـة فريـق في ١٩ شباط ١٩٧٤م وفي ١٥ نيسان ١٩٧٥م عين نائبا لرئيس الجمهورية خلفا لحسين الشافعي. ومديرا عاما لوكالة التصنيع الحربي المصري عضـو في الحزب الوطني الديمقراطي ونائب للرئيس في ١٦ آب ١٩٧٨م.

وفي ١٩٨١/١٠/١٣م انتخب رئيسا للجمهورية المصرية خلفـا للـرئيس أنـور السـادات بعـد اغتيالـه في ١٩٨١/١٠/٦م وأعيـد انتخابـه لولايـة ثانيـة في ١٩٨٧/١٠/٦م ثـم لولايـة ثالثـة في ١٩٩٣/١٠/١٢م ثـم لولايـة رابعـة في ١٩٩٩/٩/٢٥م، وفي ١٩٩٥/٦/٢٦م نجا من محاولة اغتيال في العاصمة الأثيوبية (اديس ابابا) وكان في طريقه لحضور افتتاح القمـة الأفريقيـة. ورد في أول أيار ١٩٩٧م على تصريحات المرشد العام للإخوان المسلمين الذي دعا إلى فرض الجزية عـلى الأقبـاط وإخـراجهم مـن الجيش. فقال: "إن الأقباط جزء أصيل من نسيج مصر الوطني، مواطنون شرفاء لهم ما لنا وعليهم ما علينا".

الملك الحسين بن طلال الهاشمي، ملك الأردن تولى العرش بعد تخلي والده طلال بن عبد الله عن العرش في عـام ١٩٥٣م بقي ملكا للأردن حتى وفاته في عام ١٩٩٩م.

ولد الملك حسين بعمان في الرابع عشر من تشرين الثاني عام ١٩٣٥م ونشأ برعاية جده الملك عبد الله، وكـان معـه في القدس عند اغتياله في العشرين من تموز ١٩٥١م. تلقى علومه ابتداء من سن الخامسة بالمدرسة الوطنية، وواصلها بمدرسة المطران والكلية الإسلامية بعمان. أخذ تعليمه الثانوي بكلية فكتوريا بالإسكندرية، والتحق بمدرسة هرو بإنكلترا عام ١٩٥١م.

تخلى له والده -الملك طلال- عن العرش لأسباب صحية فنودي به ملكا في الحادي عشر من آب عام ١٩٥٢م حيـث تلقى تعليمه العسكري.

وافق على مطلب الحركة الوطنية الأردنية بطرد غلوب باشا القائد البريطاني للجيش الأردني ١٩٥٥م، وتعيين سليمان النابلسي رئيسا للوزراء. والتقارب مع الرئيس المصري جمال عبد الناصر تم مـا لبـث أن اختلـف مـع هـذه الحركـة (في مطلـع ١٩٥٧م) معتمدا على ولاء الضباط والجنود والقبائل والعشائر.

وردا على قيام الوحدة السورية -المصرية عام ١٩٥٨م أقام مع ابن عمه الملك العراقي فيصل بـن غـازي (الاتحـاد العربي الهاشمي) بين الأردن والعراق في شباط ١٩٥٨م. إلا أن هذا الاتحاد أنهار مع انهيار النظام الملكي في العراق

صبيحة ثورة ١٤ تموز ١٩٥٨م. فطلب الملك حسين إنزال قوات بريطانية في الأردن. وتمكن من الثبات في وجه أحداث المنطقة غير المؤاتية لنظامه خصوصا منها في الجمهورية العربية المتحدة (سورية ومصر) ولبنان. ومع قرار جامعة الدول العربية إقامة منظمة التحرير الفلسطينية عكف الملك حسين على الحد من تأثيرها على مملكته المكونة من أغلبية فلسطينية. وقد نجح في ذلك إلى حد كبير. كما تمكن من الحيلولة دون اتخاذ الأردن قاعدة للعمل الفدائي بعد انطلاقته في مطلع عام ١٩٦٥م.

ومع تسارع أحداث ١٩٦٧م وإقدام الرئيس المصري جمال عبد الناصر على طلب سحب القوات الدولية المتمركزة على الحدود المصرية مع الكيان الصهيوني. وقع الملك حسين حلفا دفاعيا مع مصر ووضع قواته بإمرة القيادة العربية الموحدة وتصالح مع منظمة التحرير الفلسطينية. لكن نكسة حزيران ١٩٦٧م والاجتياح الصهيوني للضفة الغربية والقدس جعلا الملك يركز على مطالبته تطبيق قرار مجلس الأمن الدولي رقم ٢٤٢ لعام ١٩٦٧م. وعلى أثر تأجج العمل الفدائي الفلسطيني بعد نكسة ١٩٦٧م. وكسبه التأييد الشعبي العارم في أكثر الدول والبلدان العربية رأى الملك نفسه مدفوعا لمجابهته على أرض الأردن. ساعده في ذلك قبول الرئيس جمال عبد الناصر مشروع روجرز (وزير الخارجية الأميركية) الذي باعد بين عبد الناصر والمقاومة الفلسطينية إذ تمكن من ضرب المقاومة عسكريا، فانسحبت من عمان أولا. ثم من جرش في تموز ١٩٧١م وسيطر الملك حسين على الوضع الداخلي تماما وأعقب ذلك تجمع رجال المقاومة الفلسطينية في لبنان الذي سرعان ما أصبح الساحة التي تتحمل العبء الأكبر من القضية الفلسطينية البالغة التعقيد عسكريا وسياسيا.

شارك الملك حسين في حرب تشرين الأول –أكتوبر- ١٩٧٣م بإرساله لواء عسكريا إلى الجبهة السورية. وبعد الحرب عقد اتفاقيات تعاون مع دمشق

ووافق على مقررات مؤتمر الرباط بخصوص اعتبار منظمة التحرير الفلسطينية الممثل الوحيد للشعب الفلسطيني وعارض اتفاقيات كامب ديفيد ١٩٧٧م. وشارك في قمة بغداد وأيد قراراتها المعارضة لهذه الاتفاقيات. فحصل الأردن بموجبها على مساعدات عربية عوضته المساعدات الأمريكية. ووقف الملك بقوة إلى جانب العراق في الحرب العراقية الإيرانية واستضاف مؤتمر القمة العربي الحادي عشر الذي عقد في عمان والذي اتخذ قرارات مهمة لدعم العراق سياسيا في حرب الخليج الثانية ١٩٩١م.

لقد شهد حكمه سلسلة من الأزمات الاقتصادية والسياسية التي ترتبت على ست حروب شرق أوسطية شارك الأردن في ثلاث منها بشكل مباشرة. ونجا الملك حسين من محاولات عدة لاغتياله دبرتها قوى مختلفة. وكان الكيان الصهيوني وحالة عدم الاستقرار التحدي الأكبر للملك حسين إضافة إلى التحديات السياسية والاقتصادية التي ترتبت على استيعاب الأردن موجات من اللاجئين والنازحين الفلسطينيين بعد حربي ١٩٤٨-١٩٦٧م.

ومن المشهود للملك حسين حنكته السياسية، وأعطى دروسا عديدة للحكام العرب في الإدارة والثبات، وقدرته على التوازنات الداخلية والخارجية واعتداله وبساطته حتى قيل إنه من صنف الحكام (الحكماء).

حمد بن خليفة بن حمد بن عبد الله بـن قاسـم آل ثاني، أميـر دولـة قطر تلقـى دراسـته الابتدائيـة والإعداديـة والثانوية في مدارس قطر ثم التحق بكلية سان هيرست العسكرية بالمملكة المتحدة وتخرج منهـا عام ١٩٧١م. وانضـم إلى القوات المسلحة القطرية برتبة مقدم. ثم عين قائدا للكتيبة المتحركة الأولى التي أصبحت فيما بعـد كتيبة حمد المتحركة. رقي إلى رتبة لواء وعين قائدا عاما للقوات المسلحة القطرية. أدى دورا رئيسا في تطوير القوات المسلحة القطريـة وزيادة عدد أفرادها واستحدث وحدات جديدة وتجهيزها بالأسلحة الحديثة والاهتمام بتدريب الضباط والأفراد على أحـداث الأساليب العسكرية.

بويع وليا للعهد في عام ١٩٧٧م كما عين وزيرا للدفاع في نفس العام، وأوكلت إليه أيضا مسـئولية رئاسـة المجلس الأعلى للتخطيط الذي يعتبر بمثابة الركن الأساسي في بناء الدولة العصرية. وكان يتولى إدارة شئون البلاد خلال السـنوات الأخيرة. وقد شغل منصب رئيس المجلس الأعلى لرعاية الشباب منـذ إنشائه عـام ١٩٧٩م حتـى عـام ١٩٩١م. وقد أنشأ أول اتحاد رياضي عسكري حصل على عضوية الاتحاد الرياضي العسكري الدولي.

حصل على العديد من الأوسمة من دول عربية وأجنبية تقديرا لجهوده في تقوية العلاقات الثنائية مع تلك الـدول. فقد حصل على وسام عمان من سلطنة عمان عام ١٩٧٥م ووشاح النيل مـن مصرـ عـام ١٩٧٦م. ووسام الابن العظيم مـن إندونيسيا عام ١٩٧٧م ووسام فرانكودي ميراند من فنزويلا عام ١٩٧٧م. ووشاح القائد من وسام القديس ميشيل والقـديس جورج من بريطانيا عام ١٩٧٩م. ووسام جرانت أوفيسية دولا ليجيون نونوج من فرنسـا عـام ١٩٨٠م والوسام المحمـدي مـن المغرب عام ١٩٨١م، ووشاح الاستحقاق اللبناني من لبنان عام ١٩٨٦م. بويع أميرا لقطر عام ١٩٩٥م.

ملك مملكة البحرين، ولد في ٢٨ كانون الثاني ١٩٥٠م، تلقى تعليمه في البحرين ثم سافر إلى إنكلترا لتلقي اللغـة الإنكليزية. ولإتمام دروسه الثانوية في كمبردج. ثم في الولايات المتحدة حيث دخل الكلية الحربية في كنساس. تولى ولاية العهد في العام ١٩٦٤م.

عين رئيسا لدائرة الدفاع في الدولة عام ١٩٦٨م، ووزير الدولة لشئون الدفاع، ومؤسس جيش الـدفاع فيهـا، تسـلم مقاليد الحكم بعد وفاة والده الأمير عيسى ابن سـلمان آل خليفـة في ١٩٩٩/٣/٦م، لـه كتـاب بعنـوان "الضوء الأول" في شهر شباط ٢٠٠٢م أعلن على قيام الملكية في البحرين.

ولد في الرياض، تلقى تعليمه في المدارس القرآنية في المملكة، وعندما أصبح في الرابعة عشرة من عمره أرسله والده عبد العزيز إلى الصحراء ليمثل الدولة لدى قبائلها ويستمع إلى شكاويهم ومظالمهم. وتوليه مختلف قبائل المملكة ثقة فائقة. وقد ساعد والده في عدة مهمات خلال الكفاح من أجل توحيد البلاد، وأصبح حاكم الحجاز ١٩٣٢م، ثم وزيرا للداخلية ١٩٤٣م وكانت له اهتمامات بالزراعة. ترك خالد البلاد لأول مرة في ١٩٣٩م ليشارك مع أخيه فيصل في مؤتمر لندن حول فلسطين ثم اصطحبه الملك فيصل إلى الولايات المتحدة وإلى عدد من البلدان الأوروبية. ولكنه عاد إلى المملكة وفضل الاهتمام بأوضاع البدو، وتحديدا بمشاريع استصلاح الصحراء من خلال استخدام المياه الجوفية. وفي الرياض كرس وقته لأعمال الخير والإحسان. عين نائبا لرئيس مجلس الوزراء ووليا للعهد عام ١٩٦٢م. حيث نودي بفيصل ملكا أصبح خالد وليا للعهد، ثم ارتقى العرش بعد وفاة فيصل عام ١٩٧٥م، فاختار الملك خالد الأمير فهد وليا للعهد ونائبا أول لـرئيس مجلس الـوزراء ورئيسا للحرس الوطني.

انتهت خطة التنمية الخمسية الثانية في عهده وكانت قد ركزت على تنويع القاعدة الاقتصادية. كما عقد في عهده مؤتمر القمة الإسلامي التاريخي في الطائف ومكة عام ١٩٨١م وفي الـسنة نفسها وقع بالأحرف الأولى علـى تأسـيس مجلس التعاون الخليجي.

ألف الملك خالد وولي العهد فهد فريق عمل، وأنيطت بولي العهد الأعمال الإدارية وكانت حركتا التطور الصناعي والتربوي سائرتين قدما حين توفي الملك خالد في حزيران ١٩٨٢م، وكان أصيب أكثر من مرة بنوبة قلبية.

رجل دولة سوفيتي، حكم الاتحاد السوفيتي (السابق) من عام ١٩٥٣م إلى عام ١٩٦٤م. وتميز حكمه بالعداء الشديد للستالينية وبإرساء الدعائم الأولى لسياسة الانفراج الدولي والتعايش السلمي.

انتسب إلى الحزب الشيوعي ١٩١٨م وحارب في صفوف الحرس الأحمر أثناء الحرب الأهلية. عضو في مجلس السوفييت الأعلى ١٩٣٧م سكرتير أول للحزب في اوكرانيا. عضو في المكتب السياسي ١٩٣٩م، شارك في تنظيم الأنصار خلف الخطوط الألمانية. وساهم كمفوض سياسي في الجيش في الدفاع عن ستالينغراد. وفي عام ١٩٤٩م انتقل إلى موسكو.

بعد وفاة ستالين ٥ آذار ١٩٥٣م حرص قادة الاتحاد السوفييت (السابق) على العودة إلى نظام القيادة الجماعية. فعهد إلى خروتشوف بمنصب الأمين العام للحزب وإلى مالنكوف برئاسة الحكومة السوفيتية. لكن خروتشوف سرعان ما أقصى حلفاءه من الستالينين (مولوتوف) ومن ذوي النفوذ الخطرين (الماريشال جوكوف) وذي الميول الليبرالية السياسية والاقتصادية (مالنكوف) فعين الماريشال بولغانين رئيسا للحكومة ١٩٥٥م ثم أقصاه في عام ١٩٥٧م ليجمع في يده الأمانة العامة للحزب ورئاسة الحكومة وسيطر على الحياة السياسية في الاتحاد. وعمل خروتشوف على تحقيق التعسف البوليسي. وحاول القضاء على فساد الإدارة. ثم وجه ضربة قاضية إلى الستالينية حين تقدم بتقريره السري الشهير إلى المؤتمر العشرين للحزب ١٩٥٦م وكشف فيه فظائع حكم ستالين والأخطاء السياسية والتقنية التي اقترفها منذ عام ١٩٣٥م. وخلص التقرير إلى ضرورة العودة إلى مبادئ الديموقراطية اللينينة بكاملها.

استهل خروتشوف حكمة بسياسة اقتصادية أكثر ليبرالية مما في السابق وكان هدفها تحسين أوضاع المواطنين المادية وتمثلت بتخفيض أسعار المواد الغذائية والسلع المصنعة. ورفع الأجور الدنيا كما حاول حل مشكلة السكن في المدن وتخفيف الأعباء عن الفلاحين وتحسين أسعار منتجاتهم الزراعية، لكن إزالة الستالينية لم تطل مبدأي تشييع الأراضي والتخطيط الاقتصادي. وكان شعار الخطة السبعية (١٩٥٩-١٩٦٥م) (استدراك تأخر الاتحاد السوفيتي وتجاوز البلدان الرأسمالية المتقدمة). وركزت هذه الخطة على تطوير الأقاليم الشرقية. والصناعة الكيماوية والطاقة الحرارية والكهرباء ووسائل النقل. كذلك اتخذ خروتشوف سلسلة من الإصلاحات لتعزيز السلطات المحلية وتخفيف وصاية السلطة المركزية. إلا أن نتائج هذه السياسة كانت مخيبة للآمال فاضطر إلى التراجع عنها.

وأدت نتائج الإصلاحات في القطاع الزراعي إلى أزمة اقتصادية نجمت عن تقهقر الإنتاج الزراعي. وانخفاض عائدات المزارعين واستيائهم. وحمل خروتشوف مسؤولية ذلك كذلك أثار برنامج خروتشوف للتغير في الحياة السياسية والاجتماعية بهدف زيادة الاهتمام بحاجات المواطنين وتطلعاتهم وزيادة مشاركتهم في الحياة السياسية وتحسين العلاقات بين الشعوب التي يتكون منها الاتحاد السوفيتي (السابق) والقضاء على مراكز القوة التي تعرقل جهوده الإصلاحية أثار هذا البرنامج غضب مجموعة القادة التقليديين الذين كانوا مجرد أداة تنفيذية إلى إثارة عداء الحزب بكامله، وفي تشرين الأول ١٩٦٤م أجبر أعضاء مجلس الرئاسة خروتشوف على الاستقالة وعينوا ليونيد بريجنيف خلفا له.

وفي مجال السياسة الخارجية حرص خروتشوف على الحفاظ على ما حققه الاتحاد السوفيتي (السابق) من مكاسب في المستوى الدولي بعد الحرب

العالمية الثانية باقتسام العالم مع الولايات المتحدة. واستأنف العلاقات مع يوغسلافيا، وأقام حلف وارسو ١٩٥٥م مع دول الديموقراطيات الشعبية في أوروبا الشرقية باستثناء يوغسلافيا. وعارض إدخال إصلاحيات ليبرالية على النظام السياسي في دول المعسكر الاشتراكي. بالتفاوض حينا في بولنده وبالقوة حينا آخر في هنغاريا. ويبدو أن هذه الليبرالية كانت من أسباب حل الكوفترن (نيسان ١٩٥٦م) في حين أن خشية الاتحاد السوفيتي (السابق) من رغبة بكين في تبني سياسة المد الشيوعي الثوري، دفعت خروتشوف والولايات المتحدة الأمريكية إلى إنهاء الحرب الباردة وتبني سياسة التعايش السلمي ١٩٥٤م.

وفي وسط شباط ١٩٦٠م أبرم الاتحاد السوفيتي (السابق) معاهدة تجارية مع كوبا. ووقف إلى جانبها في أزمتها مع الولايات المتحدة ١٩٦٠م وأعلن عن استعداده للدفاع عنها. ولو اضطر إلى استخدام السلاح الذري. إذ اقتضى الأمر (أيلول ١٩٦٢م) وأكد عزمه هذا بإرسال سفن تحمل صواريخ سوفيتية إلى كوبا. مما أدى إلى تأزم في العلاقات بين الاتحاد السوفيتي (السابق) والولايات المتحدة كاد يؤدي إلى حرب ذرية بينهما لولا تراجع خروتشوف وإصداره الأوامر إلى السفن بالعودة إلى الاتحاد السوفيتي (السابق) من كوبا. وفي الوقت نفسه أخذت علاقات الاتحاد السوفيتي (السابق) تسوء مع الصين الشعبية بسبب الخلاف على عدد من النقاط تتعلق بالسياسة الداخلية في الصين ومعارضة الصين سياسة التعايش السلمي. وانتهى الأمر إلى القطيعة التامة بينهما ١٩٦٠م.

اعتكف خروتشوف في دارة ريفية حتى وفاته في ١١ أيلول ١٩٧١م وقد ظهرت في العالم الغربي قبل وفاته سيرة حياة ذاتية له ١٩٧٠م بعنوان (خروتشوف يتذكر).

الملك خوان كارلوس دوبوريون

ملك إسبانيا منذ عام ١٩٧٥م ولد في ورما، حفيد الملك ألفونس الثالث عشر الذي أقصي عـن العـرش الإسبانـي في ١٣ نيسان ١٩٣١م. وعلى الرغم من أن والده دون خوان هو الابن الأصغر لألفونس إلا أن العاهات الجسمانية اضطرت عميـه على عدم المطالبة بالعرش، وعلى حصر هذا الحق بوالده وبه من بعده.

بعد موت ألفونس الثالث عشر ١٩٤١م رفض الجنرال فرنكو تـرك السـلطة لـدون خـوان الـذي كان يطالب بالعرش رغم تأييده بالملكية. وقد أراد فرنكون أن يكون الوصي السياسي على خوان الذي كان يتلقى العلم في سويسرا.

وفي ١٨ كانون الثاني ١٩٥٥م عاد خوان كـارلوس إلى مدريـد، حيـث أمضى ـ خمـس سـنوات طالبـا في الأكاديميات العسكرية للأسلحة الثلاثة (الجوية، البحرية، البرية). وفي عام ١٩٦٢م تزوج من الأميرة صوفي شقيقة ملك اليونـان قسـطنطين، وفي ٢٢ تموز ١٩٦٩م عينه فرنكو خليفة له على أن يسترجع خوان كارلوس لقب ملك، وقد أراد فرنكو مـن وراء هـذا التعيـين الذي اعتبر تجاوز الحقوق دون خوان (والد خوان كارلوس) في العرش أن يظهر كمؤسس للملكية تنطلق منه شخصيا وليس من حق العائلة الملكية دوبوريون في العرش الإسباني. وقد هدد للوصول إلى هذا الهدف بتعيين ألفونسو دوبوريون دامبيـار، وهـو حفيد آخر للملك ألفونس الثالث عشر وزوج حفيده فرنكو، فاضطر خوان كارلوس لقبول العرش بهذا الشكل.

وفي تشرين الثاني ١٩٧٥م توفي فرانكو فخلفه خوان كارلوس تحت اسم الملك خـوان كـارلوس الأول، فبـاشر بانتهـاج سياسة مناقضة لسياسة فرانكو الاستبدادية، فسمح بحرية نشاط الأحزاب السياسية (ومنها الحزب الشيوعي

الإسباني) وطبق سياسة لامركزية في الحكم وأفرج عن المعتقلين السياسيين وانفتح على السوق الأوروبية المشتركة، فطالب بالانضمام إليها. واستمر على انتهاج الصداقة والتعاون مع العرب التي كان قد سبقه إليها فرنكو، وأنجز إكمال انسحاب إسبانيا من الصحراء الغربية.

سياسي ورجل دولة الباني درس الحقوق في فرنسا (جامعة مونبليه)، انتسب إلى الحزب الشيوعي الفرنسي- ونشر- عدة مقالات في صحيفة الأوماتبتة الفرنسية الشيوعية تحت أسماء مستعارة. سكرتير في السفارة الألبانية في بلجيكا. عاد إلى ألبانيا عام ١٩٣٦م حيث عمل مدرسا، وقف بصلابته في وجه الغزو الإيطالي لبلاده عام ١٩٣٩م لجأ إلى المقاومة السرية وحكم عليه بالإعدام غيابيا عام ١٩٤١م.

شارك في تأسيس الحزب الشيوعي الألباني وأصبح أمينه العام. وفي الوقت نفسه أسس جبهة التحرير الوطنية الألبانية التي قادت المقاومة ضد النازية والفاشية وأصبح المفوض السياسي الأول لجيش التحرير. قائدا على المقاومة ١٩٤٤م واللجنة نفسها تحولت إلى حكومة انتقالية برئاسة خوجا نفسه إضافة إلى وزارة الدفاع. بعد انتخابات عام ١٩٤٦م العامة أعلنت ألبانيا جمهورية شعبية. وكانت ألبانيا واقعة عمليا في تلك الأثناء تحت نفوذ الحزب الشيوعي اليوغسلافي. وكان خوجا معارضا لهذا النفوذ في حين كان دوجي الذي ينافسه على الزعامة محسوبا على اليوغسلاف.

وعندما انفجر الخلاف بين تيتور ستالين عام ١٩٤٨م استفاد أنور خوجا فوقف إلى جانب الاتحاد السوفيتي (السابق) واتهم خصمه دوجي بالتآمر مع يوغسلافيا وأعدمه ١٩٤٩م. واتبع ذلك بحملة تطهير واسعة طالت معظم معارضيه. وفي عام ١٩٥٤م تخلى خوجا عن رئاسة الحكومة لصديقه محمد شيخو الذي كان قد سلمه قبل ذلك وزارتي الدفاع والخارجية. واكتفى بمنصب السكرتير الأول للحزب الشيوعي. وهو في الواقع الموقع الرئيسي للسلطة. كان يفتخر دائما بتأييده للستالينية، لكن مع وفاة ستالين ١٩٥٣م

أخذ يبتعد تدريجيا عن السياسة السوفيتية مع استمرار تمجيده لستالين واتهام السياسة السوفيتية الجديدة (بالتحريضية) الجديدة.

وفي عام ١٩٦٠م وقف إلى جانب الصين وأعلن وسط أوروبية كاملة عزله أنه الوحيد في أوروبا الذي يبني نظاما اشتراكيا لينيا. لكنه ما لبث أن حاول كسر طوق العزلة من حوله فأقام علاقات جيدة مع رومانيا وحاول أن يعيد العلاقات الدبلوماسية مع يوغسلافيا واليونان في مطلع السبعينات من القرن العشرين الميلاد.

وبعد وفاة ماوتسي تونغ وانتهاج السياسة الصينية الجديدة سياسة مهادنة مع الولايات المتحدة، أخذ أنور خوجا يبتعد تدريجيا عن الصين لا بل يوجه الانتقادات العلنية إليها مما أدى إلى قطع المساعدات الصينية عنه وازدياد عزلة ألبانيا في الساحة الدولية. وأيد فيتنام في صراعها ضد الصين عام ١٩٧٩م وحاول أن يعوض المساعدة الصينية بالاتجاه نوعا ما نحو أوروبا الغربية، وقد رافق ذلك صراع داخلي دفع ثمنه الشيوعيون الألبان المؤيدون للصين.

سياسي ورئيس أفريقيا الوسطى تلقى دراسته في بانفي وتخرج في معهد المعلمين في برازافيل. وزير الزراعة والموارد المائية والغابات (١٩٥٧-١٩٥٨م) وزير الداخلية والاقتصاد والتجارة في حكومة أفريقيا الوسطى المؤقتة ١٩٥٨-١٩٥٩م. وفي آذار ١٩٥٩م أصبح داكو على أثر حادث الطائرة الذي أودى بحياة الرئيس بارتيمليمي بوغندا رئيسا للوزراء في جمهورية أفريقيا الوسطى. وكان داكو آنذاك أحد أقرب مساعدي الرئيس الراحل ومن أبرز مؤيديه داخل (حركة التطور الاجتماعي لأفريقيا السوداء). بالإضافة إلى علاقة القرابة الوثيقة التي كانت تربط به.

وفي نيسان عام ١٩٥٩م فازت حركة التطور الاجتماعي تحت قيادة داكو فوزا ساحقا في الانتخابات العامة، ما دفع بهذا الأخير إلى الاتجاه نحو تركيز السلطات بين يديه وتحويل النظام السياسي في أفريقيا الوسطى إلى نظام رئاسي شديد المركزية. وكان من نتيجة ذلك أن استقال في حزيران ١٩٦٠م آبيل غومبا، وزير العدل من منصبه وعمد إلى تأسيس (حركة التطور الديمقراطي في أفريقيا الوسطى) كحركة معارضة للنظام الجديد، وفي ١٢ آب ١٨٩٦م أصبحت أفريقيا الوسطى جمهورية مستقلة وفي ١٧ تشرين الثاني ١٩٦٠م انتخب داكو رئيسا للجمهورية المستقلة الجديدة، وما كاد داكو يستقر في الحكم حتى عمد (في كانون الأول ١٩٦٠م) إلى حل حركة التطور الديمقراطي ومنعها، واعتقال غومبا والكثيرين من المعارضين وإعلان نظام الحزب الواحد.

وفي السياسة الخارجية حاول داكو التوفيق بين علاقته الوثيقة بفرنسا من جهة، وبين اتجاهه لانتهاج سياسة عدم الانحياز من جهة ثانية. فأقام علاقات مع الصين الشعبية ما أثار نقمة جاك فوكار، المسؤول عن الشؤون الأفريقية في

قصر الاليزيه، وعمل على إطاحته، وبالفعل ففي كانون الأول عام ١٩٦٦م قاد الكولونيـل جـان بيـدي بوكاسا (وهوابن عم داكو ورئيس أركان الجيش سـابق في الجيـش الفرنسيـ) انقلابـا ضـده واعتقلـه، وبعـد ثلاثـة أعـوام مـن الانقلاب قرر بوكاسا عدم محاكمة داكو (نظر للمسؤوليات الجسيمة التي تحمـل أعبـاءهـا لسـنوات خلـت)، وفي عـام ١٩٧٦م عينه مستشارا شخصيا له، والواقع أن داك كان يعمل منذ ذلك الحين بالتنسيق مع السياسة الفرنسية التي وجدت أن بوكاسا رغم تفانيه في خدمة مصالحها يسبب لها من الإحراج أكثر مما يفيدها. ففي عـام ١٩٧٩م وأثنـاء غيـاب بوكاسـا خـارج البـلاد تدخلت فرنسا تدخلا مباشرا فأتت بداكو الذي كان موجودا في باريس على متن إحدى طائراتهـا العسـكرية، وسـلمته رئاسـة البلاد (أعلن داكو أنها جمهورية) وقد سار داكو منذ ذلك الحين على سياسة بوكاسا نفسها لجهة الموالاة التامة لفرنسا.

عسكري ورجل دولة أفغاني، استولى على السلطة إثر انقلاب عسكري قام بـه عـام ١٩٧٣م وأسـقط الملكيـة وإعـلان الحكم الجمهوري ثم سقط وقتل في انقلاب عام ١٩٧٨م.

حاكم إقليم قندها عام ١٩٣٢م بمرسوم أصدره عمه (كان هو من العائلة المالكة) الملك نادر شاه والد الملـك محمـد ظاهر شاة الذي اعتلى العرش عام ١٩٣٣م، وعندما بلغ محمد داود الثلاثـين مـن عمـره أصـبح قائـدا عامـا للقـوات المسـلحة المركزية ورئيسا لكل المدارس العسكرية في أفغانستان. وطوال ١٤ عاما تولى العديد من المناصب العسـكرية ووصـل إلى رتبـة فريق، كما شغل عدة مناصب دبلوماسية خلال تلك الفترة. وزير الدفاع عام ١٩٥٠م، رئيس الوزراء، ووزيـر الـدفاع والداخليـة عام ١٩٥٣م، وقع عام ١٩٥٥م أول اتفاقية بين أفغانستان والاتحاد السوفيتي لتقديم مساعدات ضخمة للتنميـة في بـلاده، وفي عام ١٩٦٣م سقطت حكومة داود تحت ضغط تردي الأحوال الاقتصادية في البلاد.

على أثر ذلك شكل الملك محمد ظاهر شاه أول حكومة أفغانية لم تضم بين أعضائها أيا مـن أفراد الأسرة المالكـة، وبعد عشر سنوات تموز ١٩٧٣م قاد داود انقلابا على الملكية بينما كان ابن عمه الملك محمد ظاهر شـاه في إيطاليـا وقـد نفـذ الانقلاب نحو أربعين ضابطا وعدد لا يزيد عن ٣٠٠ جندي، وتم دون إراقة دماء.

وأعلن داود إلغاء الملكية وتوليه رئاسة الحكومة إضافة إلى رئاسة الجمهورية، واحتفظ بـوزارتي الخارجيـة والـدفاع. ورغم إعلانه لأخذه بسياسة عدم الانحياز، فإنه ارتبط بعلاقات وثيقة مع الغرب، كما وطد اتصالاته بشكل خـاص مـع شـاه إيران، وفي عام ١٩٧٨م قامت مجموعة من الضباط الشيوعيين

بانقلاب على حكم داود، تميز بدمويته وأسفر عن مقتل محمد داود نفسه وعدد من أفراد أسرته وأنصاره وعين الانقلابيون نور محمد طرقي رئيسا جديدا للبلاد، الذي وصف بأنه ماركسي ـ وزعيم حزب "خلق" الأفغاني اليساري، وقد استقبل الانقلاب بالترحيب في أوساط الدول الاشتراكية، بينما اعتبرت الدولة الغربية والعربية ما حدث في أفغانستان خطوة رئيسية نحو زعزعة الاستقرار في منطقة الخليج وبادرة هجومية يقوم بها المعسكر الاشتراكي في طريق المجابهة مع الغرب.

رئيس فرنسا للفترة من ١٩٥٩م إلى ١٩٦٩م ولد في ليل عام ١٨٩٠م وتوفي في كولومبي-لي-دو-زيغلير عـام ١٩٧٠م في عائلة كاثوليكية متحررة ومثقفة. وانكب باكرا على قراءة باريس وبرغسون وبيفي. وظهر ميلـه إلى الحيـاة العسكرية. دخل مدرسة سان سير العسكرية وبعد تخرجه عين في الفوج الثالث والثلاثين في سلاح المدفعية الذي كان بإمرة الكولونيـل فيليـب بيتان أسر في دوومون ١٩١٦م، واعتقل في قلعة انغولشتادت بعد عدة محاولات فرار، بعد إخلاء سبيله شارك في حـرب بولنـدا ضد روسيا السوفياتية ١٩٢٠م ودرس التاريخ العسكري في سان سير وعين في هيئة أركان جيش الرين. وأصبح عضوا في الهيئة التي ترأسها بيتان الذي كان رئيس مجلس الحرب الأعلى ١٩٢٥م وقائد كتيبة القناصة في تريف ١٩٢٧م. ثـم عضـو هيئة الأركان الفرنسية في بيروت ١٩٢٩-١٩٣١م.

وقف إلى جانب قيام جيش مجهز بمحركات (مصفحات وغيرها) متفقا بذلك مع المفهوم الذي كان يدعو له الجنرال اتيان في فرنسا، والجنرال غودريان في ألمانيا. واللذين لم تلق نظريتهما أي تجاوب من القادة العسكرين في حينه، عـين شـارل ديغول قائدا لفرقة البوارج الرابعة في بداية الحرب العالميـة الثانية. فقـاد عـدة حمـلات مضـادة (مونتكـورني، ابـدفيل، أيـار ١٩٤٠م). ورقي إلى رتبة جنرال لواء (بصورة مؤقتة) استدعاه بول رينو (وزير الدفاع) وعينه معاون سكرتير الدفاع الـوطني في ٦ حزيران ١٩٤٠م حيث أظهر تصميمه على متابعة الحرب حتى ولو اضطرت الحكومة الخروج من الأراضي الفرنسية، وعقـد عدة لقاءات مع معارضي الهدنة التي قبل بها بيتان.

لجأ ديغول إلى لندن في ١٧ حزيران ١٩٤٠م أي بعد أن شكل بيتان حكومته، ومن هناك أذاع في اليوم التالي نداءه الشهير نداء ١٨ حزيران الذي يدعو فيه إلى متابعة القتال ضد قوات المحور وإلى جانب بريطانيا. ونظم بصورة تدريجية (قوات فرنسا الحرة) التي فشلت أول الأمر في داكار (أواخر أيلول ١٩٤٠م) لكنها توصلت إلى ربط النشاد وأفريقيا الاستوائية الفرنسية ومدغشقر وجزيرة ريونيون بـ (فرنسا الحرة) وألغت (مجلس الدفاع عن الإمبراطورية) (تشرين الأول ١٩٤٠م) وباهتمامها في الوقت نفسه بقيادة وتنظيم المقاومة الفرنسية في الداخل، وأدت جهود ديغول إلى إنشاء (المجلس الوطني للمقاومة) ١٩٤٣م وكان جان مولان أكثر المحرضين والعاملين على إنشائه.

لقي ديغول كل الدعم من ستالين، لكنه ما لبث أن وجد نفسه يواجه لا مبالاة الرئيس الأميركي به، فاستبعد (ومعه قوات فرنسا الحرة) عن المشاركة في إنزال الحلفاء في أفريقيا الشمالية حيث اعترفت القوات الإنكليزية والأميركية بالسلطة الفرنسية القائمة هناك، والتي كانت بقيادة الجنرال هنري جيرو الذي تعاون من الأساس مع الأميركيين والإنكليز ولكنه كان معاديا للجنرال ديغول ثم عاد وتحالف معه في (اللجنة الفرنسية للتحرير الوطني) التي تألفت في مدينة الجزائر (حزيران ١٩٤٣م) بعد مؤتمر كازا بلانكا (الدار البيضاء) وبعد لقاء ضم الرجلين ديغول وجيرو. وبدءا من تلك الأثناء حدد ديغول التوجه الجديد الذي سيعطيه للسياسة الاستعمارية. فنادى بالتنمية المستقلة وبإدخال سكان الأقاليم الفرنسية ما وراء البحار في إطار (الاتحاد الفرنسي). وصل إلى بايو بعد إنزال الحلفاء في النورماندي. ثم إلى باريس المحررة في آب ١٩٤٤م. حيث فرض نفسه زعيما سياسيا بتوصله إلى إقامة السلطة المركزية وتثبيت دعائمها، وحل الميليشيات الوطنية (الشيوعية) وإعادة تنظيم الجيش الفرنسي ليتسنى له المشاركة

في معارك التحرير المتواصلة إلى جانب الحلفاء. والقيام بحملة التطهير التي استهدفت المتعاونين مع المحتل الألماني.

اختارته الجمعية الوطنية التأسيسية كرئيس للحكومة المؤقتة للجمهورية (تشرين الثاني ١٩٤٥م) والاسم نفسه (الحكومة المؤقتة للجمهورية الفرنسية) كانت قد أطلقته على نفسها اللجنة الفرنسية للتحرير الوطني في الجزائر (أول حزيران ١٩٤٩م. وديغول الذي كان يخشى عودة مؤسسات الجمهورية الثالثة وممارساتها. تقدم بمشروع دستور جديد من حقه أن يقوي السلطة التنفيذية. لكن مشروعه اصطدم بمعارضة أنصار السلطة التشريعية (خاصة الاشتراكيين والشيوعيين) وأدى به هذا الخلاف إلى الاستقالة من وظائفه منذ كانون الثاني ١٩٤٦م. وبعيدا عن الحياة السياسية في باريس قام بعده رحلات في الاتحاد الفرنسي حيث أظهر معارضته الشديدة للجمهورية الرابعة، وأنشأ تجمع الشعب الفرنسي ١٩٤٧م.

وعندما كان الوضع يزداد خطورة في الجزائر والتوتر يتضاعف في الأوساط السياسية والعسكرية الفرنسية (مطلع ١٩٥٨م) عرفت فرنسا حملة سياسية كبرى تطالب بعودة شارل ديغول إلى السلطة وقد وقف إلى جانب هذه الحملة أنصار (الجزائر فرنسية). وبعد وقت قصير من انتفاضة ٣ أيار ١٩٥٨م في الجزائر ولي شارل ديغول رئاسة الحكومة الفرنسية (أول حزيران ١٩٥٨م) فبادر أول ما بادر إلى إصلاح المؤسسات ثم دعا إلى استفتاء عام على دستور جديد وجرى هذا الاستفتاء في ٢٨ أيلول ١٩٥٨م. وعلى أساسه قام نظام جديد تميز بكونه رئاسيا إذ أعطى رئيس الجمهورية صلاحيات قوية (المادة ١٦) وزادها قوة لجوء الرئيس إلى الاستفتاءات الشعبية. وقد أضعف هذا الأمر اللعبة البرلمانية بقدر ما زاد من السلطة التنفيذية وخاصة سلطة الرئيس.

وبعد فوز (الاتحاد من أجل الجمهورية) في الانتخابات التشريعية تشرين الثاني ١٩٥٨م انتخب شارل ديغول رئيسا للجمهورية الخامسة كانون الأول ١٩٥٨م وبدأ ممارسة مهماته في كانون الثاني ١٩٥٩م واختار ميشال دوبريه لتشكيل حكومته الأولى ١٩٥٩-١٩٦٢م حدود الخطوط العريضة لسياسته الداخلية بإعادة النهوض الاقتصادي وإصدار الفرنك الجديد. ولسياسته الاستعمارية بنمط شراكه جديدة مع أقاليم ما وراء البحار في إطار (المجموعة) ونشر السلام في الجزائر. ولسياسته الخارجية بإعادة إعطاء فرنسا دورها وهيبتها في العالم. لكن الصعوبة الأساسية التي اعترضت انطلاقة نظامه جاءت من الجزائر ومن حل معضلتها، فبعد أن قدم دعمه لفرنسيـ الجزائر بقوله في الجزائر العاصمة في ٤ حزيران ١٩٥٨م (لقد فهمتكم) وفي مدينة موستاغانم، في ٧ حزيران (لتحيا الجزائر فرنسية) عاد شارل ديغول ليعطي سياسته الجزائرية اتجاها جديدا أوصل البلدين إلى اتفاقيات إيفيان آذار ١٩٦٢م وإلى استقلال الجزائر وبعد قليل نجا ديغول من محاولة لاغتياله آب ١٩٦٢م نظمها الضابط جان باستيان رثيري الذي كان من أنصار الجزائر فرنسية والذي رفض الجنرال ديغول العفو عنه، فحكم عليه بالإعدام. ونفذ الحكم في ١ آذار عام ١٩٦٣م. وقبل أقل من سنة واحدة من محاولة الاغتيال هذه أي في نيسان ١٩٦١م. قام أربعة جنرالات فرنسيين في الجزائر هم -شال، زيلر، جوهو، وسالان بمحاولة انقلابية فاشلة ضد ديغول لإفشال سياسته وإبقاء الجزائر فرنسية، وانتهى بهم الأمر إلى الاستسلام للسلطات الفرنسية.

وبعد استقلال الجزائر تشكلت حكومة جديدة برئاسة جورج بومبيدو ١٩٦٢-١٩٦٨م اهتمت بالدرجة الأولى بجعل سياسة فرنسا سياسة مستقلة. ودعت إلى التقارب بين الشرق والغرب والمصالحة مع ألمانيا (معاهدة التعاون الفرنسية الألمانية في ١٩٦٣م) وانسحاب فرنسا من منظمة معاهدة شمالي

الأطلسي "الحلف الأطلسي" في ١٩٦٦م مع بقائها عضوا في التحالف وأخيرا خلف (قوة ضاربة) نووية.

كان ديغول نصيرا لأوروبا الموحدة اقتصاديا ومستبعدا في الوقت نفسه بريطانيا من الدخول في السوق المشتركة، وقد اتخذ على الصعيد الدولي مواقف مستقلة تماما عن طرفي الحرب الباردة. الولايات المتحدة والاتحاد السوفيتي (السابق) كالموقف من فيتنام والصين والشرق الأوسط حيث أدان الكيان الصهيوني في حرب الأيام الستة ١٩٦٧م. لكن هذه السياسة المستقلة المركزة على (عظمة فرنسا) لم تمر دون صعوبات اجتماعية واقتصادية ومالية. خاصة لجهة التضخم الذي بدأ منذ ١٩٦٢م كما كان على النظام الديغولي أن يواجه معارضه سياسية ونقابية وجدت تعبيرها الأول بمناسبة الانتخابات الرئاسية (بالاقتراع الشعبي العام) حيث وجد الجنرال ديغول نفسه يواجه وبالبالوتاج خصمه مرشح اليسار فرنسوا ميتران ١٩٦٥م قبل أن يعاد انتخابه لولاية جديدة.

وفي الانتخابات التشريعية ١٩٦٧م فقدت الأغلبية الديغولية أصواتا كثيرة ذهبت لمصلحة مرشحي اليسار. وأما التململ الاقتصادي والاجتماعي والثقافي في فرنسا فوجد ترجمة له في انتفاضة ثورة أيار ١٩٦٨م. الطلابية التي لم يتمكن ديغول من تعطيلها إلا في انتخابات تشريعية جديدة جرت في حزيران ١٩٦٨م وحضر لها بحملة انتخابية قوية ركز فيها على أخطار الفوضى والشيوعية التوتاليتارية. ومع ذلك أصبح النظام الديغولي مزعزع الأركان خاصة وأنه ما لبث أن أصيب بهزيمة في الاستفتاء حول المشروع المزدوج القاضي بـ (إعادة تنظيم الأقاليم الفرنسية) و(تغيير مجلس الشيوخ) ١٩٦٩م. إذ صوت ضده ٥٢,٥% فترك شارل ديغول الحكم بعد أن سيطر على الحياة السياسية الفرنسية زهاء ٣٠ عاما.

سياسي تركي ورئيس الجمهورية الحالي، درس الهندسة وعمل مديرا سابقا لهيئة الحياة التابعة للدولة، انتخب في عام ١٩٦٤م زعيما لحزب العدالة خلفا للجنرال جموموسبالا. في عام ١٩٦٥م شكل دميريل وزارة من أعضاء حزبه الذي فاز بـ ٢٤٠ مقعدا من أصل ٤٥٠ في انتخابات تشرين ١٩٦٥م. كانت سياسته قائمة على التركيز على معاداة الشيوعية. وامتازت سياسته الخارجية بالمرونة والوقوف إلى جانب العرب في صراعهم مع الكيان الصهيوني. استطاع أن يجدد مدة ولايته بعد انتخابات ١٩٦٩م ولكن وزارته استقالت في شباط ١٩٧٠م على أثر تصويت مجلس النواب ضد مشروع الميزانية الذي تقدم به. بيد أن الجمعية العمومية منحته الثقة وتلا ذلك اضطرابات استمرت طوال عام ١٩٧١م وفي آذار ١٩٧١م قدم دميريل استقالته على أثر الإنذار الذي وجهه إليه القادة العسكريين الذين اتهموه بدفع البلاد إلى الفوضى والاضطراب الاقتصادي. تمكن من إحراز عدد كبير من المقاعد البرلمانية في الانتخابات النيابية ١٩٧٧م مكنته من تشكيل حكومة ائتلافية محافظة على أثر فشل بولنت أجاويد من الاحتفاظ بثقة الأغلبية المطلقة في البرلمان. في أواخر عام ١٩٨١م أطاح انقلاب عسكري بالحكم المدني وأبعد دميريل عن كل مناصبه السياسية.

في المرة الأخيرة التي كان فيها دميريل رئيسا للوزراء وقبل أن أطاحه العسكر كان تورغوت اوزال يعمل في مكتبه مباشرة برتبة نائب وزير مستشارا يعتمد عليه ويوثق به للشؤون الاقتصادية. وكان اوزال قد خسر ـ في انتخابات ١٩٧٧م مرشحا عن (ضرب الإنقاذ الوطني) فترك السياسة وعاد إلى خدمة الدولة في مؤسسة التخطيط والبنك الدولي واتحاد أصحاب الأعمال المعدنية. قبل أن يضمه دميريل إلى مكتبه ويضع توقيعه معه في ٢٤ كانون الثاني ١٩٨٠م. على وثيقة لتنفيذ أجرأ برنامج لتحقيق إصلاحات اقتصادية شاملة لم يقدر لها في

النهاية أن تتحقق. وربما كان أحد الأسباب الثانوية للفشل انتماء ديميريل إلى المدرسة الرأسمالية القديمة. وانتساب اوزال إلى الرأسمالية التكنوقراطية الحديثة. وتباهى كل منهما أنه صاحب الدور الأول في بناء السدود. فشل البرنامج وتفاقمت الفوضى السياسية والاقتصادية في البلاد حتى قام الجيش بقيادة رئيس الأركان كنعان ايفرين بانقلاب ١٢ أيلول ١٩٨٠م، وحل البرلمان وحظر النشاط الحزبي والسياسي ووضع ديميريل وزعماء الأحزاب الأخرى في السجن. وكان ذلك ثالث انقلاب تشهده تركيا والثاني ضد رئيس الوزراء ديميريل.

شكل الانقلاب بداية نشاط سياسي لاوزال الذي تعاون مع العسكر ورأس الحكومة الأولى المنتخبة في عام ١٩٨٣م عندما أجريت انتخابات عامة أعادت الحكم إلى المدنيين. وفي عام ١٩٨٩م تسلم اوزال الرئاسة من ايفرين.

هكذا أصبح اوزال غريما لديميريل الذي منذ أن أصبح رئيسا للوزراء من جديد في عام ١٩٨٩م أخذ يسعى إلى أن يبعد اوزال عن السياسة ويقلص صلاحياته كرئيس للجمهورية ملتزم بالدستور. وبعد وفاة اوزال في عام ١٩٩٣م انتخب ديميريل رئيسا للجمهورية مكانه. قام ديميريل بزيارة الكيان الصهيوني في آذار ١٩٩٦م وشارك في اجتماع قمة شرم الشيخ. وخلال زيارته هذه وجه ديميريل انتقادات قوية إلى سوريا، معلنا قرار انقره بيع الكيان الصهيوني نحو ١٥٠ مليون متر مكعب من المياه. وخلال زيارة ديميريل هذه بدأت انقرة بتصريف كميات كبيرة من المياه إلى الأراضي السورية غمرت نحو أربعة آلاف هكتار من الأراضي الزراعية المتاخمة للحدود المشتركة. وجاء هذا العمل الذي اعتبر مؤشرا إلى تصعيد تركي في ملف العلاقات مع سوريا وخاصة في مسألة مياه الفرات. متزامنا مع اجتماع وزراء خارجية الدول العربية ١٢-١٤ آذار ١٩٩٦م للبحث في ملف مياه الفرات وقد طالب هؤلاء الوزراء تركيا بالدخول في مفاوضات ثلاثية مع العراق وسوريا لاقتسام مياه النهر. ووقف تصريف مياه ملوثة إلى سورية.

شيوعي صيني،ولد في غوانغان في مقاطعة سينشوان في جنوب غربي الصين، بعد أن أتم دراسته الابتدائية والثانوية غادر إلى فرنسا في إطار برنامج دراسي في عام ١٩٢٠م، وفي عام ١٩٢٤م أنضم إلى الحزب الشيوعي الصيني. في عام ١٩٢٧م عـاد إلى الصين وشارك في النظام السري. في عام ١٩٣١م انضم إلى ماوتسي تونغ في مجلس السوفيات في جيانغتسي- جنوب غربي البلاد. في عام ١٩٣٨م أصبح المفوض السياسي في الجيش الخامس الذي شارك بفاعلية في الحرب ضد اليابان ١٩٣٧-١٩٤٥م. في ١٩٤٥م أصبح عضوا في اللجنة المركزية للحزب الشيوعي الصيني، في عام ١٩٤٥ أصبح عضوا في اللجنة المركزية للحزب الشيوعي الصيني في عام ١٩٥٤م عين أمينا عاما للحزب وأصبح عضوا في المكتب السياسي عـام ١٩٥٥م تعرض للنقد والإبعاد أثناء الثورة الثقافية لاتهامه باختيار "طريق الرأسمالية".

في عام ١٩٧٣م استدعي إلى بكين ليستعيد منصبة كنائب لرئيس الوزراء، ويصبح رئيسا لهيئة أركان الجيش، وفي عام ١٩٧٤م ترأس الحكومة خلال مرض رئيس الوزراء شو إن لاي. وفي عام ١٩٧٩ قام برحلته التاريخية إلى الولايات المتحدة الأمريكية. وفي عام ١٩٨٩م أرسل الدبابات لصد الطلاب المتظاهرين في ساحة تياناتمن التي وقعت في إطارها مذبحة الطلاب. لكنه تمكن من تحسين صورة الصين في الخارج. وبقي حكما في الصراع على السلطة بين القيادة الصينية. في عـام ١٩٩٢م قـام بجولة في جنوبي البلاد لتسريع الإصلاحات الاقتصادية وفي شباط ١٩٩٤م كان آخر ظهور علني له عبر التلفزيـون بمناسبة رأس السنة القمرية قد بدت عليه علامات الوهن الشديد.

بعد ذلك أخذت الأنباء تتحدث عن لسان أطباء ومقربين من دينغ أنه لم يستطيع الكتابة ويكاد يكون أعمى، وتضاءل سمعه كثيرا وغدا غير قادر على الوقوف أو المشي ودخل في حالة غيبوبة. وأخذ الصينيون ينظرون بقلق إلى الكيفية التي ستؤول إليها الأمور من بعده، وهو الذي أخرج الصين من فوضى الثورة الثقافية، وحقق تحولات اقتصادية تاريخية ومهمة. وهذا القلق لم يخفف منه الواقع الرسمي لمشكلة خلافة دينغ، وهو اختيار جيانغ زيمن خلفا لدينغ ورئيسا للبلاد ابتداء من ١٩٨٩م، ومن ذلك الوقت حصل جيانغ على تسعة أنصاب في الحزب والجيش والحكومة.

توفي دينغ في ١٩ شباط ١٩٩٧م، وطلب في وصيته أن ينشر ـ رماده في البحر وأن يتم التبرع بقرنيتيه وأن تقدم أعضاؤه الداخلية للبحث العلمي.

أجمعت الكتابات التحليلة لحكم دينغ أنه انطلق بسرعة على عجلتين: الإصلاح والانفتاح. إصلاح النظام الداخلي بتحويله تدريجيا نحو الليبرالية المتكيفة مع الخصوصية الصينية الضاربة الجذور في التربة الكونفوشيوسية، والانفتاح الخارجي على اليابان والولايات المتحدة والغرب الرأسمالي عموما. وأعاد السلام الداخلي إلى البلاد وفك العزلة عنه وغسل "العار الوطني" بحصوله في ٢٦ أيلول ١٩٨٤م على الوعد بعودة هونغ كونغ إلى السيادة الصينية في آخر حزيران ١٩٩٧م. وقد سلك طريقا وسطا بين مختلف التيارات وخصوصا "المحافظين" المتمسكين بتركه الثورة المادية وسيطرة الحزب الواحد، وبين "الإصلاحيين" الذين أرادوا تعجيل الإصلاحات من طريق الليبرالية الرأسمالية. فساعدته سياسته التوفيقية هذه في بسط سلطته ولكنها لم تخل من الهزات كما حدث في عامي ١٩٨٦،١٩٨٩ في الانتفاضات الطلابية التي هزت "إمبراطورية الوسط" كما يقول الصينيون عن بلدهم.

الرئيس روزفلت، ثيودور (١٨٥٨-١٩١٩م)

رئيس الولايات المتحدة الأمريكية بين عامي ١٩٠١م و١٩٠٩م وقد اكتسب روزفلت شهرة واسعة بصفته رئيسا، واستخدم سلطته القيادية لمساعدة الولايات المتحدة الأمريكية في مجابهة العديد من التحديات في الداخل والخارج.

ولد روزفلت في مدينة نيويورك ١٨٥٨م وفي عام ١٨٩٧م عينه الرئيس وليم ماكنلي مساعدا لوزير البحرية. حيث عمل روزفلت على تقوية الحرية وفي عام ١٨٩٨م شارك روزفلت في الحرب الكوبية، مما أكسبه شهرة واسعة ساعدته على الفوز في انتخابات عام ١٨٩٨م حاكما لولاية نيويورك وأثناء توليه منصب حاكم ولاية نيويورك بدا روزفلت ما عرف بدبلوماسية العصا الغليظة التي استمرت فيما بعد خلال مدة رئاسته.

في عام ١٩٠٠م تقدم الرئيس ماكنلي لانتخابات الرئاسة واختار روزفلت لمنصب نائب الرئيس، وبعد ستة أشهر من انتخابه توفي الرئيس ماكنلي فأصبح روزفلت رئيسا للولايات المتحدة، وفي فترة رئاسته الأولى سعى روزفلت إلى تقليص سلطة مؤسسات الأعمال الضخمة. وفي عام ١٩٠٣م أنشأ الكونكرس-بناء على طلب روزفلت- وزارة التجارة والعمل، وفي مجلس السياسة الخارجية كان أبرز إنجازاته عقد اتفاقية بنما التي تعطي الولايات المتحدة حق استخدام شريط من الأرض حفرت عليه قناة بنما.

وفي فترة رئاسته الثانية ١٩٠٥-١٩٠٩م طالب روزفلت الكونكرس بإجازة التشريعات التي تمنع الانتهاكات في صناعة السكك الحديدية. كذلك أجاز الكونكرس قوانين لحماية الجمهور من الأطعمة والعقاقير الضارة.

وفي عام ١٩٠٥م ساعد روزفلت على إنهاء الحرب الروسية اليابانية، وفي عام ١٩٠٨م عقدت اليابان والولايات المتحدة الأمريكية اتفاقية روث

تاكاهيرا التي تعهد فيها البلدان بعدم السعي إلى إحراز مكاسب أخرى في منطقة المحيط الهادي.

ترك روزفلت الرئاسة عام ١٩٠٩م وكان يبدو أنه سوف يرشح للرئاسة مرة أخرى في انتخابات عام ١٩٢٠م لكنه توفي بمنزله في نيويورك عام ١٩١٩م.

الرئيس الوحيد للولايات المتحدة الأمريكية الذي انتخب أربع مرات، استمرت لمدة ١٢ عاما. وتوفي بعد ٨٣ يوما من انتخابه للمرة الرابعة.

أصبح روزفلت رئيسا في فترة قمة الكساد العظيم. وفي أول خطبة له بعد تنصيبه دعا إلى الإيمان بمستقبل أمريكا وأعلن بوضوح أن الشيء الوحيد الذي يجب أن تخافه هو الخوف نفسه وقد بدأت حقبة جديدة في التاريخ الأمريكي تحت قيادته، حيث أطلق على برنامجه اسم الصفقة الجديدة، وفرضت حكومته قيودا قوية على شركات الأعمال أكثر من أي وقت مضى.

ولد روزفلت في عام ١٨٨٢م في نيويورك بالولايات المتحدة الأمريكية، وكان الولد الوحيد لأبويه، وتعلم في مدرسة غرتون في غرتون، ماساش سيتس بالولايات المتحدة، وفي عام ١٩٠٠م التحق بجامعة هارفارد حيث درس التاريخ، وتخرج فيها عام ١٩٠٣م التحق بكلية الحقوق بجامعة كولومبيا عام ١٩٠٤م. وبعد تخرجه عمل محاميا لمدة ثلاث سنوات، لكنه لم يبد حماسا للعمل القانوني.

فاز روزفلت عام ١٩١٠م في انتخابات مجلس الشيوخ بولاية نيويورك حيث عرف بعد ذلك بأنه سياسي ماهر، وبعد اندلاع الحرب العالمية الأولى ودخول أمريكا الحرب، عمل روزفلت الذي كان مساعدا لوزير البحرية في عدة مشاريع حربية، وقام بجولة في ميادين الحرب الأوروبية، وقابل القادة العسكريين مما جعله شخصية قوية.

وفي عام ١٩٢٠م رشح مؤتمر الحزب الديموقراطي جيمس كوكس حاكم ولاية أوهايو لمنصب الرئيس روزفلت لمنصب نائب الرئيس ولكن المرشحين الجمهوريين هزماهما بسهولة. وفي عام ١٩٢١م أصيب روزفلت بشلل الأطفال واعتقد الجميع أن نشاطه السياسي قد انتهى. إلا أنه وبعد صراع مع المرض عاد

للحياة السياسية عام ١٩٢٤م قوبل روزفلت بحفاوة بالغة ولفت الانتباه إليه بوصفه قائدا ديموقراطيا لم يستسلم للمرض.

انتخب روزفلت حاكما لولاية نيويورك عام ١٩٢٨م نظرا للسياسات الجيدة التي طبقها. ثم أعيد انتخابه بأغلبية ساحقة عام ١٩٣٢م وفي السنة نفسها رشحه الحزب الديموقراطي لمنصب الرئيس، كما رشح جون نانسي جارنر حاكم ولاية تكساس لمنصب نائب الرئيس. فاز الاثنان بالانتخابات بأغلبية كبيرة وأصبح روزفلت رئيسا في ٤ آذار عام ١٩٣٣م وعمره ٥١ عاما.

عندما تولى روزفلت الرئاسة كان الكساد العظيم قد تفاقم إلى مستويات سيئة، فقدم روزفلت برنامجا للإصلاح سمي الصفقة الجديدة. ووصفه بأنه استخدام سلطة الحكومة بشكل منظم من المساعدة الذاتية لكل طبقات جماعات وأقسام البلاد. وفي مجال السياسة الخارجية كانت سياسته تجاه دول أمريكا اللاتينية سياسة حسن الجوار كما وصفها هو نفسه. وتتلخص تلك السياسة في إبداء حسن النية تجاه تلك الدول، واعترفت إدارته بالاتحاد السوفيتي (السابق) في عام ١٩٣٣م، وتبادل البلدان الممثلين الدبلوماسيين بعد ١٦ عاما من القطيعة.

في عام ١٩٣٦م أعيد انتخاب روزفلت رئيسا للولايات المتحدة للمرة الثانية. وفي عام ١٩٣٩م بدأت الحرب العالمية الثانية عندما غزت ألمانيا بولندا وكان رأى روزفلت أن انتصار دول الحوار سوف يهدد الديموقراطية في كل مكان في العالم. ولكن دعاة العزلة في الولايات المتحدة كان من رأيهم أن تبقى الولايات المتحدة بعيدة عن الحرب. كما أن الكونكرس أجاز قانون الحياد لعام ١٩٣٩م.

في عام ١٩٤٠م خالف الحزب الديموقراطي في كل السوابق ورشح روزفلت لولاية ثالثة، وفاز روزفلت بالانتخابات رئيسا للولايات المتحدة للمرة الثالثة. وفي عام ١٩٤١م أصدر روزفلت مع رئيس وزراء بريطانيا ونستون

تشرتشل إعلان الأطلسي وفي عام ١٩٤١م أعلن روزفلت أن جميع الناس يجب أن يتمتعوا بحرية التعبير وحرية العبادة، والتحرر من الحاجة والخوف. وسميت هذه الحقوق الأربعة الحريات الأربع.

أعلنت الولايات المتحدة الحرب على اليابان ١٩٤١م بعد أن هاجمت اليابان الأسطول الأمريكي الذي كان يرسو في ميناء بيل هاربور. وفي نفس العام أعلنت ألمانيا وإيطاليا الحرب على الولايات المتحدة فأعلنت الولايات المتحدة الحرب عليهما. بعد ذلك سافر روزفلت عدة مرات للالتقاء برؤساء الدول المتحالفة للتشاور معهم وتحديد الأهداف السياسية للحرب.

في عام ١٩٤٤م أجريت الانتخابات في الولايات المتحدة وفاز روزفلت ونائبه هاري ترومان بسهولة على منافسيهم الديموقراطيين، وبعد يومين من تنصيبه غادر روزفلت بلاده للاجتماع بتشرتشل وستالين في يالطا. حيث اتفقوا على الهجوم النهائي على ألمانيا وغير ذلك من القضايا.

في ٢٩ آذار ١٩٤٥م ذهب روزفلت إلى وورم سبرنجنر للاستجمام، وفي ١٢ نيسان أصيب بنزيف في الدماغ بينما كان يعمل في مكتبه، وتوفي في اليوم نفسه.

رئيس الولايات المتحدة في الفترة ما بين ١٩٨١م و١٩٨٩م ينتمي إلى الحزب الجمهوري انتخب أول مرة رئيسا عام ١٩٨٠م كان ريغان محبوبا شعبيا أعيد انتخابه بالأغلبية المطلقة للمرة الثانية عام ١٩٨٤م بعد هزيمة منافسه والترف مونديل المرشح الديموقراطي. ولد ريغان في مدينة تيمكبو بولاية إلينوي، عمل ريغان معلقا رياضيا في محطة إذاعة بعد تخرجه من كلية أيوركا في الينوي عام ١٩٣٢م وقع ريغان عقدا مؤقتا للعمل كممثل محترف مع إخوان وودنر عام ١٩٣٧م. وكان أول فيلم يظهر فيه حب أول في الهواء عام ١٩٣٧م. أثناء الحرب العالمية الثانية ١٩٣٩-١٩٤٥م أمضى ريغان وقته في إعداد الأفلام التثقيفية.

شغل ريغان أول وظيفة عامة سنة ١٩٦٦م حيث انتخب حاكما لولاية كاليفورنيا. وظل يشغلها حتى عام ١٩٧٥م وكان يقوم بنفسه برسم الخطوط العريضة للقرارات السياسية المهمة. لكنه كان يترك تنفيذ التفاصيل للآخرين. وفي عام ١٩٨٠م منح الحزب الجمهوري ثقته بسهولة لريغان كي يرشح نفسه لخوض معركة الرئاسة عن هذا الحزب. وبناء على رغبة ريغان فقد تم اختيار جورج بوش مندوب الولايات المتحدة الأمريكية السابق في الأمم المتحدة. ليكون نائبا للرئيس عن الحزب الجمهوري. وحين تولى ريغان الرئاسة كان عليه أن يواجه العديد من المشكلات الداخلية في بداية رئاسته، واستطاع ريغان في نهاية فترة رئاسته الأولى ان يخفض نسبة البطالة. وأعاد للاقتصاد القومي عافيته، أما في مجال الشؤون الخارجية فقد ناضل ريغان مع الكونكرس (مجلس النواب) من أجل برنامجه الدفاعي المبني على خطة تدعو إلى بناء قوة عسكرية ضخمة للولايات المتحدة الأمريكية.

وفي عهده جرت محادثات بين الولايات المتحدة والاتحاد السوفيتي (السابق) تدعو إلى الحد من إنتاج الأسلحة النووية. ولكن لم يكتب النجاح لتلك المحادثات. ولم يتوصل الطرفان إلى اتفاق كما أخذت الثورة في نيكاراغوا أو السلفادور جانبا كبيرا من اهتمامات ريغان بالشؤون الخارجية. فقد كانت كوبا والاتحاد السوفيتي (السابق) تمدان حكومة نيكاراغوا وثوار السلفادور بالسلاح. وكانت الولايات المتحدة الأمريكية تمد ثوار نيكاراغوا المعروفين باسم الكونترا والحكومة السلفادوريه بالمستشارين والأسلحة. وفي منتصف ثمانينات القرن العشرين عزز ريغان برنامجه الخاص بالحرب الدفاعية بالتوسع في برنامج المبادرة الدفاعية المعروفة باسم حرب النجوم. وهذا البرنامج يقضي بالتوسع في بناء المحطات الفضائية لإطلاق الصواريخ الدفاعية منها. وفي عام ١٩٨٧م زار ميخائيل جورباتشوف الزعيم السوفيتي (السابق) الولايات المتحدة ووقع مع الرئيس ريغان أثناء تلك الزيارة معاهدة تطالب الطرفين بتدمير ما لديهما من صواريخ نووية متوسطة المدى ٥٠٠-٥,٥٠٠كم تطلق من الأرض.

فقد ريغان وإدارته قدرا كبيرا من الهيبة والمكانة بسبب بيع الأسلحة الأمريكية لإيران واستخدام أرباح تلك الصفقة في مساعدة ثوار نيكاراغوا، وتم كلا الأمرين سرا بيع السلاح ومساعدة الثورة لكن سرعان ما افتضح أمرهما وعرفهما الشعب الأمريكي في عام ١٩٨٦م وقد حدث ذلك في الوقت الذي كانت للولايات المتحدة سياسة معلنة تقضي بمنع بيع الأسلحة لإيران. تم تحويل الأموال للكونترا في منتصف ثمانينات القرن العشرين الميلادي في نفس الوقت الذي كان الكونكرس يفرض فيه حظرا على المساعدات العسكرية للكونترا. وأدعى ريغان أنه لا يعلم شيئا عن تحويل تلك الأموال. وأجرى تحقيق في قضية إيران كونترا عام ١٩٨٧م. ودفع تقرير بشأن تلك القضية انتقد فيه ريغان بشدة، وبعد أن ترك ريغان منصب الرئاسة عاد إلى كاليفورنيا مرة ثانية عام ١٩٨٩م.

الشيخ زايد بن سلطان آل نهيان

رئيس دولة الإمارات العربية المتحدة، وحاكم إمارة أبو ظبي. ولـد في قصرـ الحصـن القائـم وسط مدينة أبو ظبي رابع أربعة رزق بهم الشيخ سلطان بن زايد الذي حكم إمارة أبو ظبي بين عامي ١٩٢٢م و١٩٢٦م، وكان ترتيبه الحادي عشر في سلسلة حكام آل نهيان، وقد عـرف عـن الشيخ سلطان قدرته على بسط السلام والنظام.

خلال السنوات الأولى من عمره بدأ الشيخ زايد في الإصلاح على شؤون الـدين وحفظ القـرآن الكريم. انتقل إلى مدينة العين حيث أمضى سنوات شبابه الأولى. وفي عام ١٩٤٩م تولى الشيخ زايد إدارة شؤونها. فلجأ إلى تنمية الزراعة وفي سنة ١٩٥٣م بـدأ الشيخ زايد يـتلمس طريقـه إلى العـالم الخـارجي بحذر فكانت رحلته الأولى إلى بريطانيا قبل أن يزور بعـدها الولايـات المتحـدة ولبنـان والعـراق ومصرـ وسوريا والهند وسويسرا وفرنسا وغيرها مـن الـدول فـزادت قناعتـه بمـدى حاجـة البـلاد إلى الإصـلاح والانفتاح والتطور وعبر عن تشوقه لتحقيق كل هذا بالكلمات التالية: "كانت أحلامـي كثيرة، وكنـت أحلم بأرضنا تواكب حضارة العالم الحديث ولكني لم أكن أستطيع أن أفعل شيئا كثيرا، ولم يكن بين يدي ما يحقق الأحلام ولكني كنت واثقا أن الأحلام سوف تتحقق في أحد الأيام".

وفي ٦ آب ١٩٦٦م تبوأ الشيخ زايد مقاليد الحكم في إمارة أبو ظبي (بعدما كان حاكما عـلى العين)، فأخذ على عاتقه الأخذ بسبيل النهوض بالبلاد، فبدأت أبو ظبـي تخطـو خطواتهـا الأولى في عـالم البناء المنظم بدءا من الإدارة الحكومية ومباشرة تنفيذ مئات المشاريع الإنمائية. فخـلال سـنوات قليلة قطعت إمارة أبو ظبي شوطا هائلا في كل مجالات التقدم وقد صب الاهتمام بصورة

خاصة بالتربية والتعليم. فقامت أول جامعة في الإمارات في عام ١٩٧٧م أي بعد سنوات من الاتحاد وقد بدأت فعلا نهضة علمية شاملة في الدولة. إذ كان هناك ٣٣ ألف طالب في عام ١٩٧١م، ووصل عددهم في عام ١٩٩٢م إلى نحو ٢٧٠ ألف طالب.

انتخب رئيسا لدولة الإمارات العربية المتحدة منذ تأسيسها في عام ١٩٧١م ولا يزال، ساهم ماليا في دعم المجهود الحربي العربي عام ١٩٧٣م وفي الفترة التي تلت حرب تشرين الأول. كما كان له موقف مشهود إزاء قطع النقط إبان هذه الحرب وبعدها. اتبع سياسة التنسيق مع المملكة العربية السعودية في القضايا النفطية السياسية. وله عدة مواقف مشهودة في خدمة القضية الفلسطينية ومساندة شعبها.

الملك زوغو الأول، أحمد (١٨٩٥-١٩٦١م)

سياسي ورجل دولة ألباني، من عائلة تبوأ أفرادها مناصب رفيعة في الإدارة العثمانية. كان يعرف أصلا باسم أحمد بك زوغو، كما كان يلقب باسم اسكندر بك الثالث. كان في الجيش العثماني الذي تركه ليشارك في صد هجمات العثمانيين على بلاده أثناء الحروب البلقانية ١٩١٢-١٩١٣م. وفي الحرب العالمية الأولى أنضم إلى الجيش الإمبراطوري النمساوي.

وبعد انتهاء الحرب عاد إلى ألبانيا ليتفرغ للسياسة، فتزعم حزب الشعب الإصلاحي ووزير داخلي ١٩٢٠م ووزير الحربية وقائد الجيش ١٩٢١م، قضى على ثورة القبائل ١٩٢٢م التي عادت وتأججت وتوسعت ١٩٢٤م فهرب ولجأ إلى يوغسلافيا التي وضعت بتصرفه قوة عسكرية استطاع بها العودة إلى تيرنا واسترجاع سلطته.

وفي عام ١٩٢٥م أعلن قيام جمهورية ألبانيا التي انتخب أول رئيس لها، ثم ما لبث أن حصر السلطات بين يديه مما مكنه من تنصيب نفسه ١٩٢٨م ملكا على البلاد، فانتهج سياسة داخلية إصلاحية على غرار الغرب شبيهة بسياسة اتاتورك في تركيا. وخارجيا عقد سلسلة من المعاهدات مع إيطاليا الفاشية تحولت ألبانيا بموجبها إلى منطقة نفوذ إيطالية، ورغم ذلك أمر موسوليني بغزو ألبانيا وتحويلها إلى محمية إيطالية عشية اندلاع الحرب العالمية الثانية. ففر زوغو إلى الخارج (اليونان وإنكلترا) ليقود المعارضة ضد الاحتلال الإيطالي لبلاده. آملا باستعادة السلطة مرة ثانية بعد انتهاء الحرب. إلا أن دوره في الخارج كان ثانويا، وأستأثر الحزب الشيوعي الألباني بقيادة المقاومة الداخلية مما أهل هذا الحزب ١٩٤٥م استلام السلطة في البلاد وإلغاء الملكية وإعلان ألبانيا جمهورية اشتراكية شعبية.

رئيس الجمهورية التونسية بدءا من عام ١٩٨٧م. ولد بحـمام سوسـة ١٩٣٦م وتلقـى تعليمـه الثانوي بالمعهد الثانية بسوسه، انخرط في صفوف الشبيبة الدستورية وقـام بـبعض النشاطات المعاديـة للاستعمار مما أدى إلى فصله من الدراسة في المعاهد التونسية. أرسل إلى فرنسا ضمن مجموعـة زملائه حيث التحق بمدرسة مختصة بمختلف الأسلحة بسان سير بفرنسا وأحرز شهادة هذه المؤسسة. كما نـال شهادات أخرى من مدرسة المدفعية بشالون سورمان (فرنسا) والمدرسة العليا للاستعلام والأمن. ومدرسة مدفعيـة الميـدان المضـادة للطائرات بالولايات المتحـدة. كـما أحـرز أيضـا شـهادة مهنـدس مخـتص في الإلكترونيات.

بدأ حياته المهنية ضابطا شابا بقيادة الأركان مشرفا على الأمن العسكري مـن عـام ١٩٥٨م إلى ١٩٧٤م. ثم عين بعد ذلك ملحقا عسكريا بالسفارة التونسية بالرباط. وفي عام ١٩٧٧م عـين مـديرا عامـا للأمن الوطني بعد فترة قصيرة قضاها بديوان وزير الدفاع الوطني. وفي عام ١٩٨٠م عين سفيرا للجمهورية التونسية بوارسو حيث عمل أربع سنوات، وفي عام ١٩٨٤م عين من جديد مـديرا عامـا للأمن الـوطني، وبعد تسعة أشهر من السنة نفسها سمي كاتب دولة للأمن الوطني، وارتقى في عام ١٩٨٥م إلى منصب وزير الأمن الوطني. ثم أصبح وزيرا للداخليـة عـام ١٩٨٦م وفي عـام ١٩٨٧م عـين وزيـر أول، واحتفظ بوزارة الداخلية وأصبح أمينا عاما للحزب الاشتراكي الدستوري.

واعتمادا على تقرير طبي عن صحة الرئيس الحبيب بورقيبة شهد فيـه بعض الأطبـاء بعجـزه التام عن ممارسة وظائفه، تولى زين العابدين بن علي منصب رئاسة الدولة في ١٩٧٨/١١/٧م.

وفي عام ١٩٨٨م تم صدور الميثاق الوطني وقد شدد هذا الميثاق على الهوية العربية والإسلامية لتونس، فكان البند الأول فيه هوية شعبنا عربية إسلامية متميزة تمتد جذورها في ماض بعيد حافل بالأمجاد"، وأشاد الميثاق بالمقابل (بالتحول النوعي الذي خلق ظروف القطيعة مع عهد الذبول والانحطاط ومهد للأجيال الحاضرة سبل مواكبة العصر والمعارف الحديثة). واقترن بالميثاق انفتاح نسبي على المعارضة الإسلامية الأصولية لفترة قصيرة قبل أن تتجدد المواجهة معها لتقود إلى ضربة قاصمة لها منذ ١٩٩١م.

وفي انتخابات ٢١ آذار ١٩٩٤م حصل الرئيس زين العابدين بن علي على ٩٩,٩٩% من أصوات الناخبين ليبدأ ولاية ثانية تمتد خمس سنوات. فيما حصل الحزب الحاكم (التجمع الدستوري الديمقراطي) على ٩٧,٧٣% من الأصوات ليسيطر على ١٤٤ مقعدا. أما المقاعد الـ ١٩ الإضافية فتوزعتها أربعة أحزاب معارضة ١٠ لحركة الديمقراطيين الاشتراكيين، و٤ لحركة التجديد الحزب الشيوعي سابقا، ٣ للاتحاد الديمقراطي الوحدوي، ومقعدان لحزب الوحدة الشعبية.

وفي ٢٦ تشرين الأول ١٩٩٥م وقع ابن علي ورئيس الوزراء الإسباني فبلببي غونزاليس (في القصر الجمهوري في تونس) معاهدة (صداقة وحسن جوار وتعاون) واعتبرت المعاهدة الأولى من نوعها بين تونس وبلد غربي. وجاءت تتويجا لزيارة بن علي لإسبانيا في ١٩٩١م. وزيارة الملك خوان كارلوس لتونس في عام ١٩٩٤م وتقدم إسبانيا إلى المرتبة الثالثة بين شركاء تونس الأوروبيين بعد فرنسا وإيطاليا.

سياسي ورئيس جمهورية بينن (١٩٦٨-١٩٦٩م)، وثامن رئيس دولة بعد إعلان الاستقلال في عام ١٩٦٠م في العاصمة بورتو نوفو. في ٢٢ أيار ١٩٥٩م، خاض المعركة الانتخابية على رأس حزب الشعب الداهومي (P.P.D) الذي أدى اندماجه بالحزب الجمهوري الداهومي إلى انبثاق حزب الداهوميين الوطنيين (P.M.D).

بعد سقوط الجمهورية الثالثة على يد المقدم ألفونس آلاي، أجرى العسكريون استفتاء شعبيا في آذار ١٩٦٨م لتحدي موعد الانتخابات فحصلوا على ٩٢,٥% من أصوات المقترعين وعينوا ٥ أيار موعدا لانتخابات الرئاسة، وبعد تعذر اختيار الرئيس بالانتخاب عين العسكريون إميل درلين زينسو الذي كان يشغل آنذاك منصب وزير الخارجية رئيسا للجمهورية حدا للفوضى، وهي المرة الثامنة بعد الاستقلال التي يعين فيها رئيس الجمهورية تعيينا. وقد وافق على استلام مقاليد الحكم لأن الداهومي كانت تجتاز مرحلة صعبة وتعاني الكثير من المشاكل الاقتصادية، ولأن أحد من السياسيين الداهوميين لم يحاول منذ عشرين سنة تأليف حكومة وحدة وطنية.

في ٢٧ تموز ١٩٦٨م أجرى زينسو استفتاء شعبي بشأن الحكم العسكري فجاءت نتيجة الاستفتاء لغير صالح العسكريين فحل المجلس العسكري فورا، وتشكلت حكومة جديدة مؤلفة من التكنوقراط الشباب تمثلت فيها كل القوى السياسية في البلاد، كما راعت التوازن الآني والإقليمي مراعاة دقيقة.

إلا أن الفئات الثورية من الشعب استمرت تعارض حكم زينسو بسبب ارتباطه الوثيق بفرنسا الدولة المستعمرة السابقة، وخاصة من قبل الطلبة الجامعيين وبعض رؤساء النقابات، وقد أدت هذه المعارضة إلى انتشار الفوضى

خاصة في مدارس بورتو نوفو العاصمة. أما النقابيون فقد طالبوا بزيادة الأجور في حين كانت البلاد تعاني من فقر مواردها المالية. كما أن الزعماء التقليديين الذي حرمهم المجلس العسكري من حق التشريع، عادوا إلى التحرك من جديد لقلب حكم زينسو والاستئثار بالسلطة، أطاح الجيش بحكمه في نيسان ١٩٦٩م وأصدر حكما غيابيا بإعدامه مما دفعه إلى اللجوء إلى فرنسا.

الرئيس سانشيز، فيدل هيرنانديز

أحد العسكريين الذين تعاقبوا على الحكم في السلفادور منذ ١٩٣١م أي منذ استيلاء الجنرال ماكسيميليانو هيرنانديز مارتينيز على السلطة لشدة بطشه وتعسفه. وبعد إبعاد هذا الأخير في ١٩٤٢م تعاقب على الحكم عسكريون راحوا ينشئون الأحزاب السياسية الضامنة لاستمرار سياستهم. في هـذه الأجواء جاء فيدل سانشيز إلى الحكم فانتهج سياسة معادية للشيوعية، ولكنـه في الوقـت نفسـه عمـل على إنماء الشعور القومي وقام بمحاولات إصلاح لتحسين حياة الفلاحين الفقراء.

وتميز حكمه بالحرب التي جرت في عام ١٩٦٩م ما بين السلفادور والهندوراس، والتـي أشـعل فتيلها خلاف على نتيجة مباراة في كرة القدم، إلا أن الأسباب الحقيقية قديمة ومتصلة بحروب ونزاعات سابقة بين البلدين. كانت آخرها الاتفاقات حول هجرة اليد العاملة السلفادورية إلى الهندوراس. إذ كان هناك نحو ٣٠٠ ألف عامل سلفادوري يعملون في الهندوراس التي تتميز بقلة سكانها واتساع أراضيها بعكس السلفادور المتميزة بأعلى كثافة سكانية في أميركا الوسطى. دامت الحرب مائة ساعة تغلبت فيها السلفادور على الهندوراس لكن تدخل منظمة الدول الأمريكية أوقف الحـرب دون أن يحل الخلافـات. أما الرئيس سانشيز فإنه أضاف نتيجة هذه الحرب رصيدا على مواقفه الوطنيـة. ففي انتخابـات رئاسـة الجمهورية في ١٩٧٢م فاز مرشحه الكولونيل ارنورو مولينا على خصمه خوسيه نابوليون ديوارت.

الرئيس ستالين، جوزف (١٨٧٩-١٩٥٣م)

زعيم شيوعي بارز حكم الاتحاد السوفيتي السابق حكما مطلقا مـن عـام ١٩٢٨م إلى عـام ١٩٥٣م، نشأ في ظل لينين واستلم قيادة الحزب والدولة من بعده، ففتك بمعارضه، ودعم أسـس الدولة السوفيتية وفق نظرية (الاشتراكية في بلد واحد) وقاد بـلاده نحو الانتصار في الحرب العالميـة الثانية. وتقاسم مناطق النفوذ في العالم مع الولايات المتحدة الأمريكية مـن خـلال مـؤتمر يالطا محـولا الاتحاد السوفيتي السابق إلى الدولة العظمى الثانية في العالم.

اسم ستالين اسم مستعار (لقب) يعني (الرجل الفولاذي) اتخذه لنفسه وعرف به. أمـا اسمـه الحقيقي: يوسف (جوزف) فيساريو نوفيتش دجو غاشيفيلي. ولد في مدينة غوري بجمهورية جورجيا في أسرة فقيرة إذ كان والده إسكافيا فقيرا، وكانت والدته متدينة تعمل منظفة للثياب. وكانت أمنيتها أن يصبح ابنها كاهنا. فألحقته بمعهد تفليس الديني، وسرعان ما طرد منه ١٨٩٩م بسبب آرائه ونشاطاته الثورية.

أنضم إلى حزب العمال الاشتراكي الـديموقراطي الـروسي، وقاد تحـت اسم كوبا الإضرابات والمظاهرات العثمانية في القوقاز، وشارك في نشاط (الألوية القتالية) التي استولت عـلى بعـض الأمـلاك لصالح الحزب. بعد انشقاق الحزب للمرة الأولى ١٩٠٣م بـين المنشـفيك والبلشـفيك. اتخذ جانب البلشفيك واستمر عليه، تعرض للنفي مرارا، وكتب عدة مقالات ليلفت إليه انتباه لينين، استمر منفيا في سيبريا في عام ١٩١٣م إلى ١٩١٧م (الثورة وسقوط النظام الملكي). عضو المكتب السياسي عشية هـذه الثورة. شأنه شأن تروتسكي، رغم الفارق في الـدور بينهما دور إنجاح الثورة إذ كـان تروتسكي يفوقه أهمية نظرية وممارسة.

عين مفوضا لشؤون القوميات وكلف بمهمات تنظيمية داخلية مكنته من بسط سيطرته على الجهاز الحزبي ومن الوصول إلى منصب الأمين العام للجنة المركزية ٣ نيسان ١٩٢٢م. وتنبه لينين لهذا الخطأ من مركزية الصلاحيات المعطاة لستالين لكن بعد فوات الأوان، فكتب في وصيته يقول: "إن الرفيق ستالين قد ركز في يديه قوة هائلة عندما أصبح أمينا عاما، ولست متأكدا من أنه يعرف كيف يستعمل هذه القوة بالحذر الكافي". وذهب لينين إلى أبعد من ذلك في ملحق وصيته، فنصح "بإزاحة ستالين عن هذا المنصب، وتعيين رجل مكانه". لكن ستالين نجح في إزاحة معارضيه عن طريقة الواحد أثر الآخر خصوصا تروتسكي الذي كان ألمع رجال الثورة والحزب والسلطة فكرا وتنظيما وممارسة بعد لينين مباشرة فنفاه عام ١٩٢٩م وأرسل من يغتاله في المكسيك عام ١٩٤٠م.

أقام دكتاتورية لا تعرف حتى التلميح بالرأي المخالف، فنظم بين عامي ١٩٣٤م و١٩٣٨م سلسلة محاكمات شهيرة عرفت بمحاكمات موسكو كانت ذريعتها اغتيال معاونه كيروف. وشمل كل المعارضين، فأعدم الكاتب والأديب والسياسي والشيوعي ... بتهم مختلفة. وعلى رأس هؤلاء القادة الذين سبق لهم وتعاونوا مع تروتسكي إبان الثورة ١٩١٧م وفي سنوات الحرب الأهلية اللاحقة حتى ولو كانوا قد تبرءوا (كما فعل البعض) من تروتسكي ووقفوا إلى جانبه (أي ستالين).

أجرى سياسة تصنيع شاملة قائمة على التخطيط المركزي الصارم. وفرض نظام التعاونيات وتمكن من تحديث البلاد في فترة وجيزة، ومع صعود النازية سعى ستالين إلى تأخير التصادم بها ما أمكن فوقع حلف هتلر ستالين الذي لم يدم أكثر من ٢٢ شهرا (٢٣ آب ١٩٣٩م -٢٢ حزيران ١٩٤١م)، فسمح للغزو الألماني لأجزاء واسعة من الاتحاد السوفيتي السابق، استمر الانهيار في المواقع السوفيتية حتى معركتي ستالينغراد (شتاء ١٩٤٢م) وكورسك (صيف

١٩٤٣م) الذي ضم الرئيس الأمريكي روزفلت ورئيس الـوزراء البريطاني تشرتشل وفي مـؤتمر يالطا ١٩٤٥م الذي ضم الزعماء الثلاثة ليعيدوا رسم خريطة العالم عـلى ضوء انهيـار النازية والفاشيـة والعسكرية اليابانية. وشارك في مؤتمر بوتسدام (٧-١٢ آب ١٩٤٥م). وخرج الاتحـاد السوفيتي السـابق بزعامة ستالين من الحرب قوة عسكرية عظمى رغم العشرين مليـون قتيـل سـوفيتي. وامتـدت شهرتـه فلقب بـ (أبي الشعوب) و(مهندس الشيوعية).

ومع بداية الحرب الباردة خرج الرئيس اليوغسلافي تيتو على السياسة الستالينية ١٩٤٧م وشن ستالين حملة تطهير دموية جديدة في صفوف الأحزاب الشيوعية في أوروبـا الشرقية. كمـا اتخـذ موقفـا مؤيدا من تقسيم فلسطين، وفي عهده امتلك الاتحاد السوفيتي عام ١٩٤٩م القنبلة الذرية محطما بذلك احتكار السلاح النووي، وفارضا نوعا من الاستقطاب الدولي الثنائي وتوازن الرعـب النـووي، تـوفي عـلى فراشه وهو في قمة مجده ١٩٥٣م، وبعيد قضائه على مؤامرة استهدفت حياته وقيل إن عدة أطباء يهود كانوا قد تورطوا فيها. وقد تبع ذلك حملة تطهير واسعة شمل العديد من الشيوعيين اليهود.

عسكري ورئيس دولة الباراغوي منذ عام ١٩٥٤م إلى ١٩٨٩م حيث أطاح به انقلاب عسكري قاده الجنرال اندرس رودريغز، منذ توليه السلطة بانقلاب عسكري انتهج نظاما سياسيا يمينيا متشددا. فعلق الحريات العامة وأعلن الأحكام العرفية، معاد للشيوعية فنال مساعدات مالية من الولايات المتحدة والبرازيل. مما مكنه من إجراء إصلاحات محدودة في الحقل الاقتصادي.

ولد في ٣ تشرين الثاني ١٩١٢م في مدينة اسنسيون لوالد ألماني الأصل كان مهاجرا في الباراغواي حيث تزوج من امرأة باراغويانية، تلقى تربية صارمة ووجهه والده نحو الجندية، في العشرين من عمره أصبح برتبة ملازم، شارك في حرب شاكسو ضد بوليفيا، عندما قام الجنرال مورينبغو بانقلاب عسكري وتسلم زمام السلطة في البلاد. ترقى سترونسر إلى رتبة كولونيل (كان نقيبا في نهاية حرب شاكو)، وعهد إليه قمع محاولة انقلاب قام بها بعض الضباط الليبراليين، فوقعت أثناءها حرب أهلية دامت ستة أشهر ظهر فيها سترونسر قسوة كبيرة.

أوجد محازبين عديدين له في صفوف حزب (كولورادو) المحافظ، فعاونوه على إطاحة النظام القائم، وأصبح رئيسا للبلاد. حل المجلس وأعلن الأحكام العرفية وسحق إضرابات ١٩٥٨ و١٩٥٩م وهجمات المقاومة في الأعوام ١٩٦٠ و١٩٦١ و١٩٦٥م وطهر الجيش من العناصر المناوئة له وحل الأحزاب، هرب في عهده أكثر من ٤٠ ألف من السكان ولجأوا إلى البلدان المجاورة خاصة الأرجنتين.

ساعدته الولايات المتحدة على تحقيق بعض الإنجازات الاقتصادية كجر المياه إلى العاصمة وشق ٤٥٠٠ كلم من الطرقات (لم يكن في

الباراغواي أكثر من ٥٠٠ كلم من الطرقات)، ووزع أراض على ٤٠ ألف عائلة وأنشأ محطات لتوليد الكهرباء. وأهم مشروع أنجزه بمساعدة البرازيل التي تعاظم نفوذها في البلاد حتى قيل أن الباراغواي أصبحت بمثابة (مستعمرة برازيلية). عدل الدستور بشكل يسمح له بتجديد ولايته قدر ما يشاء وكان يعاد انتخابه بنسبة تفوق ٨٠%. وكان يخصص نحو ثلث الميزانية للجيش حتى يأمن استمرار دعمه له ويتجنب انقلابا عسكريا عليه. وقد اعتاد الاتصال يوميا بالقيادة العسكرية ليتأكد من أن أحدا لا يدبر مؤامرة عليه.

سياسي لبناني ورئيس الجمهورية اللبنانية من عام ١٩٧٠م إلى ١٩٧٦م ولد في زغرتا مـن عائلـة مارونية. قاد أول معاركه السياسية عام ١٩٥٨م ضد سياسة كميل شمعون. دخل الحيـاة السياسـية لأول مرة سنة ١٩٥٠م عندما انسحب شقيقه حميد فرنجية (الذي كان وزيرا في عدة حكومات ومرشحا قويـا لرئاسة الجمهورية سنة ١٩٥٢م) بسبب مرضه. أنتخـب نائبـا باسـتمرار منـذ عـام ١٩٦٠م وشغل عـدة مناصب وزارية في حكومات صائب سلام ١٩٦٠م عبد اللـه البـاقي ١٩٦٨م، ورشيد كرامي ١٩٦٩-١٩٧٠م قبل أن ينتخب في آب ١٩٧٠م رئيسا للجمهورية بأغلبية صوت واحد خصمه الشهابي إلياس سركيس.

تميزت فترة حكمه بالاصطدام مع المقاومـة الفلسطينية، ومـع الحركـة الوطنيـة والتقدميـة اللبنانية وذلك عام ١٩٧٣م و١٩٧٥-١٩٧٦م. أسس جماعة من الميليشيا باسم جيش التحريـر الزغرتاوي عام ١٩٦٩م وكان عضوا في الجبهة الانعزالية التي فجرت أحداث لبنان ١٩٧٥-١٩٧٦م، ورفض الاسـتقالة من رئاسة الجمهورية بعد انفلات الأحداث وانهيار الجيش وسائر مؤسسات الدولة، رغم الطلب الـذي تقدم به مجلس النواب، إلا أنه في النهاية تخلى عن الرئاسة إلى الرئيس إلياس سركيس.

سياسي ورجل دولة ورئيس التشيلي ١٩٧٠-١٩٧٣م. ولد في مدينة فالباريثر التشيلية من أب محامي، درس في تاكنا فالديفيا وفالباريزو، وأصبح طبيبا وأقام في سانتياغو حيث بدا نشاطه السياسي وانتخب نائب رئيس اتحاد الطلاب. من أكثر الموضوعات التي شغلت نشاطه السياسي في الفترة الأولى، نضاله ضد البؤس في مناطق الصفيح التي تحيط العاصمة سانتياغو. كان أحد مؤسسي الحزب الاشتراكي في عام ١٩٣٣م سجن مرتين واضطر إلى ترك الدراسة في الجامعة والعمل كطبيب أسنان مساعد، ثم كطبيب في أحد الدور لرعاية المختلين عقليا، في عام ١٩٣٨م انتخب نائبا وقاد الحملة الانتخابية الرئاسية لمصلحة المرشح أغيري سيردا، أول رئيس عن الجبهة الشعبية في التشيلي. في عام ١٩٤٢م دخل الحكومة وزيرا للصحة وحاكما لصندوق الضمان العمالي، وفي عام ١٩٤٥م انتخب سيناتورا ثم نائب رئيس مجلس الشيوخ، ترشح ثلاث مرات لرئاسة الجمهورية منها ١٩٦٤م حيث كان مرشحا بصفته رئيس "اللجنة الثورية للعمل الشعبي" ضد منافسه -الذي نجح- إدوارد فراي. في المرة الرابعة فاز بالرئاسة في ١٤ أيلول ١٩٧٠م.

في ٢٤ تشرين الأول ١٩٧٠ صادق البرلمان على انتخابه، وفي ٤ تشرين الثاني خلف رسميا إدوارد قري وأقام في القصر الرئاسي. واجهته أوضاع اقتصادية صعبة ومعقدة، فجابهها بتسريع الإصلاح الزراعي الذي كان فراي قد باشر به، وبتأميم صناعة النحاس ومحاولة زيادة القدرة الشرائية لدى التشيلين. وفي آذار ١٩٧١م حصل حزبه على ٤٩,٧٥% من أصوات المقترعين، لكن في ٢٠ تموز من السنة نفسها فقدت حكومته الأغلبية من المجلسين (النواب، والشيوخ) فعرفت تشيلي عامين من الاضطرابات

والإضرابات التي أجبرت اللندي على إجراء تعديلات وتبديلات وزارية عديدة حتى اضطر في تشرين الأول ١٩٧٢م على توزير عسكريين في حكومته، في آذار ١٩٧٣م، نال حزبه (الوحدة الشعبية) ٤٣٫٩% من الأصوات، لكن كاد اللندي أن يواجه اضطرابات خطيرة في أجواء تضخم هائل ٢٥% في العام الواحد. ووسط ضغوطات من حركة اليسار الثورية من جهة، ومن الحركة الفاشية (وطن وحرية) من جهة ثانية. في ٧ أيلول ١٩٧٣م أعلن عن استعداده لإجراء استفتاء شعبي عام حول سياسته، لكن بعد أربعة أيام في ١١ أيلول فوجئ بانقلاب عسكري عليه بقيادة قائد الجيش وعضو الحكومة منذ ٢٥ آب ١٩٧٣م، أغستو بينوشيه أوغارتا، وأثناء هجوم الانقلابيين على القصر ـ الرئاسي لاقى اللندي مصرعه، فأعلن الانقلابيون أنه انتحر في حين رجحت الأنباء العالمية أنه قتل وهو يقاوم.

سياسي ورجل دولة وأديب سنغالي، صاحب نظرية (الزنوجية) ورئيس جمهورية السنغال من آب ١٩٦٠م إلى كانون الأول ١٩٨٠م يعني اسمه (الأسد الباسل الذي لا يهاب).

ولد في جول (السنغال) في عائلة تنتمي لقبيلة سيرير في إقليم السودان الجنوبي (مالي حاليا).

في السابعة من عمره دخل مدرسة البعثة الكاثوليكية بالقرب من جول، ثم التحق بمدرسة الليسيه في داكار، في ١٩٢٦م التحق بالتعليم الثانوي في مدرسة داكار العليا وأنهى هذه المرحلة في ١٩٢٨م. في ١٩٣٨م عين أستاذا للغة الفرنسية في ليسيه مارسلان برتيلو بالقرب من باريس حيث التقى سيزير الذي كان يعمل على إطلاق نظرية (الزنوجية).

وبعد أن أمضى عاما في الجبهة أثناء الحرب العالمية الثانية اعتقلته السلطات الألمانية ثم أطلقت سراحه في ١٩٤٢م فعاد إلى التدريس وبعد الحرب عين سنغور أستاذ اللغات والحضارات الأفريقية في المدرسة الوطنية الفرنسية لأقاليم ما وراء البحار. وفي ١٩٤٥م انتخب نائبا عن السنغال في الجمعية التأسيسية للجمهورية الفرنسية الرابعة، وشغل منصب أمين سر الدولة في حكومة اندحار فور (١٩٥٥-١٩٥٦م). أسس الاتحاد التقدمي السنغالي مع مامودوديا (محمود ضيا). في ١٩٥٧م أسس (المؤتمر الأفريقي) وفي استفتاء ١٩٥٨م استطاع بحكم منصبه أمينا عاما للاتحاد السنغالي التقدمي أن يقنع المواطنين بضرورة التصويت إلى جانب فرنسا. وفي ١٩٦٠م ترأس اتحاد مالي، وفي آب ١٩٦٠م انتخب رئيسا للجمهورية السنغالية واستمر في هذا المنصب حتى اعتزاله في ١٩٨٠م واعتبرت الأوساط الدولية اعتزاله سابقة وديموقراطية في الحياة السياسية الأفريقية.

اشتهر سنغور كمثقف وأديب وشاعر إلى جانب صفته السياسية، وفي ٧ نيسان ١٩٦٦م أقيم أول مهرجان عالمي للفنون الزنجية في داكار. تمكن فيه سنغور من أن يجمع من حوله عشرات من كبار المفكرين والكتاب والمثقفين الذين جاءوا من أنحاء العالم، لا سيما من الولايات المتحدة. وأثار المهرجان جدلا كشف الغطاء عن صراع ثقافي عميق يدور بين المتعاملين مع الشأن الأفريقي. تعامل ينادي بـ (الشخصية الأفريقية) ومثلها زعماء الدول والمناطق التي كانت خاضعة للاستعمار الإنكليزي. وتعامل ثاني ينادي بـ (الزنوجية) ومثلها مثقفون ومسؤولون ينتمون إلى بلدان كانت (أو كانت لا تزال) تخضع للاستعمار الفرنسي. ولم تمنع حمى النقاشات بين الانكلوفونين وبين الفرنكوفونين ذلك المهرجان الأول والفريد في نوعه الذي رعاه الرئيس والأديب سنغور من أن يلعب لاحقا دورا كبيرا في بعث العديد من الفنون الأفريقية. كما في تحريك الشخصية الأفريقية للبحث عن الجذور وعن الهوية (عن الزنوجية).

الرئيس سيكوتوري، أحمد (١٩٢٢-١٩٨٤م)

سياسي ورجل دولة أفريقي وأول رئيس لجمهورية غينيا، طبعت شخصيته المناضلة نقابيا وسياسيا تاريخ غينيا منذ سنوات ما بعد الحرب العالمية الثانية حتى وفاته في عـام ١٩٨٤م. ولـد أحمـد سيكوتوري في فاراناه عام ١٩٢٢م من عائلة مسلمة اشتغلت بالزراعة، وهو حفيد لجهـة أمـه سـاموري توري زعيم قبائل الماليتكي التي ظلت بقيادته. تقاوم الاستعمار الفرنسي طيلة ١٦ عاما في أواخـر القرن التاسع عشر. درس أحمد سيكو توري القرآن في مطلع حياته.

ثم انتقل إلى مدرسة فرنسية فنية في كوناكري وطرد منها بسبب إضراب للطلاب تولى تنظيمه وقيادته. فاضطر إلى إكمال دراسته بالمراسلة، ثم نجح في امتحان التقدم إلى وظيفته في وزارة البريد عـام ١٩٤١م. ثـم انتقـل إلى وزارة المالية في عـام ١٩٤٨م إلا أنـه طرد مـن وظيفتـه بسبب نشاطه النقـابي والسياسي إذ كان قد أسس في عـام ١٩٤٥م أولى نقابـة في غينيا وكانت نقابـة مـوظفي البـرق والبريد والهاتف التي ارتبطت آنذاك باتحاد الشغل الفرنسي.

في عام ١٩٤٦م أصبح سكرتيرا عاما لاتحاد نقابات غينيا، ثم انتخب عضوا في المؤتمر التأسيسي- لحزب التجمع الأفريقي الديموقراطي الذي كان يركز نشاطه في بلدان أفريقيا الفرنسية الغربية. ولكن سيكوتوري سرعان ما انفصل عن هذا الحرب. الذي كان أقطابه الآخرون وعلى رأسهم السنغالي ليوبولد سنغور وهو فويت بوانيي (ساحل العاج) ينادون بالتعاون مع فرنسا. وراح سيكوتوري يركز نشاطه في غينيا وحدها. وأطلق على حزبه اسم (الحزب الديموقراطي) ورفض الانضمام إلى الاتحاد الفرنسي مطلقا مقولته الشهيرة: "إننا نفضل الجوع مع الحرية على الرخاء مع العبودية".

انتخب مرارا نائبا عن كوناكري، إلا أن السلطات الفرنسية طعنت مرتين في قانونية انتخابه وأفشلته، وقد أدى ذلك إلى عكس النتيجة التي كانت يتوخاها الفرنسيون فارتفعت شعبية سيكوتوري، خاصة وأنه كان يتابع نضاله التقاربي إلى جانب نضاله السياسي. وتمكن في ١٩٥٣م من إنجاح إضراب عام كان قد دعا إليه واستمر ٧٣ يوما وأجبر الإدارة الاستعمارية على تطبيق قانون العمل في غينيا.

في عام ١٩٥٥م فاز برئاسة بلدية كوناكري، وفي السنة التالية انتخب نائبا في الجمعية الوطنية الفرنسية ممثلا عن غينيا. وفي ١٩٥٧م صدر قانون خاص بالمستعمرات (القانون المعروف بـ قانون غاستون دوفير) أتاح لسيكوتوري أن يصبح رئيس مجلس غينيا. وكان سيكوتوري ينتقد هذا القانون لأنه يؤدي إلى بلقنة أفريقيا التي تحتاج أكثر ما تحتاج إلى تجمعات كبرى هي وحدها القادرة على مواجهة البلدان الصناعية.

كان حزبه مع تصاعد نضاله ودوره ينمو نموا كبيرا في مناطق المالينكي. إلا أنه جوبه بمعارضة قوية في مناطق تسكنها قبائل أخرى خاصة مناطق فوتا وجالون المعروفة بنزعتها المحافظة. وقام سيكوتوري بزيارات إلى فرصوفيا وبراغ حيث اهتم بدراسة الحزبين الشيوعيين هناك. ولم يخف تأثره بالماركسيه، ولكن القومية بقيت محور تفكيره ومحرك نضاله وأهدافه. يقول (إن كل فكرة تنزع إلى تفكيك أفريقيا لمصلحة دول انعزالية أو جمهوريات إقليمية سنحاربها بكل ما أوتينا من قوة لأنها بنظرنا وريثة الاستعمار العامل على التجزئة). وفي ٢٨ أيلول ١٩٥٨م وحدها غينيا وبزعامة سيكوتوري بين الدول الأفريقية الفرنسية قال (لا) في الاستفتاء الذي أجراه الجنرال ديغول حول مشروع دستور يبقيها ضمن المجموعة الأفريقية الفرنسية. وبعد أقل من أسبوع أي في ٢ تشرين الأول ١٩٥٨م أعلن استقلالها الناجز، وكان الجنرال ديغول بعد

أن لاستقبال بحماس كبير في تاناناريف وبرزافيل، وابيدجان حيث قام بجولة كانت تهدف إلى إدخال إصلاحات وتعديلات على النظام الاستعماري. لاقى فتورا ظاهرا في كوناكري.

في ٢٥ آب ١٩٥٨م من قبل نحو ١٠٠ ألف مواطن غيني كانوا يهتفون لمستقبله أحمد سيكوتوري أكثر من هتافهم لرئيس الدولة الفرنسية وكانت المجابهة بين الرجلين حادة ومصيرية. سيكوتوري يطالب بالاستقلال الفوري وغير المشروط. وديغول لا يرى خيارا لغينيا غير الانضمام إلى النظام الذي تقترحه فرنسا لمستعمراتها ودون تحفظ. وإلا كانت القطيعة التامة وكان إيقاف كل مساعدة. وهذا ما حصل بالفعل نتيجة معارضة سيكوتوري اقترح ديغول فكان الزعيم الأفريقي الفرنكوفوني الوحيد الذي اتخذ هذا الموقف واستمر عليه مضطرا إلى بناء الدولة وكوادرها في ظروف بالغة الصعوبة.

فقد عنى الاستقلال بالنسبة إلى غينيا بزعامة سيكوتوري نضالا مستمرا ضد الأمبريالية، ورفضها للاستعمار الجديد وللبنى القديمة. كما أنه عنى مرحلة باتجاه قيام فدرالية أفريقية. إذ أن الرؤية الوحدوية التي كانت الدافع الفكري الأكبر لسيكوتوري كانت في أساس رفضه للتجزئة التي كانت تجري يفرضها المشروع الفرنسي على المستعمرات الفرنسية، من هنا كان ترحيبه عام ١٩٥٩م بالاتحاد مع غانا التي كان يتزعمها كوامي نكروما المعروف بدعوته لجامعة الدولة الأفريقية. لكن نظام (ومشروعه) سيكوتوري في غينيا بدأ يعاني من العزلة نتيجة تضافر جهود الاستعماريين في خلق المصاعب أمامه وخاصة نتيجة سقوط الزعماء الأفارقة (رفاق وأصدقاء سيكوتوري أمثال تكروما ١٩٦٦م الذي لجأ إلى كوناكري ومودياكيتا ١٩٦٨م فانكفأ نظام سيكوتوري على نفسه وأخذ يولي الأولوية لتدعيم جبهته الداخلية لمواجهة ما أسماه (المؤامرة المستمرة ضد الثورة).

رئيس جمهورية فنزويلا، انتخب في هـذا المنصب في ٦ كانون الأول ١٩٩٨م ضد منافسه المرشح المستقل وأستاذ الاقتصاد أنريكي سالاس الذي نال نسبة لا تتعدى ٣٩% على الرغم من انسحاب مرشحو الأحزاب التقليدية التي قررت دعم سالاس حتى لا يصل الكولونيل شابيز إلى مقعد الرئاسة. واستلم شابيز مهامه في ٢ شباط ١٩٩٩م.

التحق شابيز بالكلية العسكرية في عام ١٩٧١م لأنه رأى أن في ذلك أفضل سبيل ليصبح رياضيا محترفا. لكن وجوده في المؤسسة العسكرية بدلا مـن أن ينمـي قدراتـه البدنيـة نمـى ميولـه السياسية، فلمس مدى اتساع نطاق الفساد في فنزويلا وأعتبر أن أفضل سبيل للمكافحة أن يمضي بالسير إلى خطى سيمن بوليفار (المحرر التاريخي)، وأسس في سبيل هذا الهدف الحركة (البوليفارية الثورية) عام ١٩٨٢م. وقرر وضع معتقداته قيد التطبيق، فتزعم عـلى رأس مجموعـة مـن الوحدات العسكرية محاولة انقلابية فاشلة لقلب نظام الرئيس كارلوس أنريكو بيرفير عام ١٩٩٢م. فأعتقل وأودع السـجن حتى عام ١٩٩٤م حيث قرر الرئيس الرئيس رافائيل كالديرا إطلاق سراحه باعتبار أنه لم يعد يشكل أي خطر على الحياة السياسية العامة بعد أن جرد من رتبته العسكرية.

لكنه سرعان ما تبين أنه مثلما غذت المؤسسة العسكرية ميوله السياسية، فإن السـجن غـذى لديه ميولا تبشيرية، فبدا شابيز يجوب مناطق فنزويلا وأحياءها البائسة ملقيا خطابات مبسطة ومباشرة تدين الطبقة السياسية وتحملها مسؤولية الفرد. وعمل سنة ١٩٩٧م على تأسيس حركة أطلق عليها اسم "الحركة من أجـل الجمهورية الخامسة" التي انضمت إليها "الحركة مـن أجل الاشتراكية" و"حزب كل اليسار"، ونجحت في تكريس موقع سياسي لها في الانتخابات

التشريعية في تشرين الثاني ١٩٩٨م حيث فازت بحوالي ٣٠% من مقاعد البرلمان.

خلال حملته الانتخابية اتهمته القوى المحافظة بأنه شارك في حرب العصابات في كولومبيا، وأنه مرتبط بمهربي المخدرات، ويخضع لتأثير الزعيم الكندي فيدل كاسترو، ويفتقر إلى أية خبرة إدارية إذ لم يسبق له أن أدار أي منصب إداري.

لكن شابيز بعد أيام قليلة من انتخابه قام بجولة إلى عدد من الدول الأوروبية بدأها في إسبانيا التي تعتبر المعبر الرئيسي لأي مسؤول في أمريكا اللاتينية يحاول فتح حوار مع الاتحاد الأوروبي، ثم زار فرنسا وإيطاليا ثم كندا، مؤكدا على صورة الاعتدال، ومتقربا من جانب رجال المال والأعمال في بلاده الذين كانوا قد أيدوه في الانتخابات بعد إعلانه أنه سوف يطبق سياسة اقتصادية ليبرالية، وفي أواسط كانون الثاني ١٩٩٩م التقى وفدا من أعضاء الكونغرس الأمريكي وأوضح أمامه خطوطه العريضة للسياسة التي سوف يتبعها مؤكدا على أنه حليف للسياسة الأمريكية.

وعلى الصعيد الداخلي أكد عزمه على الإطاحة بالنظام الحزبي القائم (أهل الفساد) حيث أكد على الدعوة إلى استفتاء شعبي لتشكيل (جمعية تأسيسية) وطنية تضع أسسا لنظام سياسي جديد.

عسكري وسياسي وثالث رئيس للجمهورية الجزائرية، ولد في قرية صغيرة بالقرب من مدينة عنابة شرقي الجزائر ١٩٢٩م في عائلة فلاحين متواضعة الحال. انخرط في الجيش الفرنسي- وبقي فيه حتى عام ١٩٥٤م وفي مطلع عام ١٩٥٥م انضم إلى جبهة التحرير فتميز بشجاعته وتمرسه بحرب العصابات. قائدا لكتيبة ١٣ في ١٩٦٠م الشمالية على الحدود المغربية التي يديرها العقيد هواري بومدين، وقد بقي بن جديد إلى جانبه حتى حصول الجزائر على استقلالها عام ١٩٦٢م.

وعندما أنفجر الخلاف بين بن بله وبومدين من جهة وبين الحكومة المؤقتة برئاسة يوسف بن خده من جهة ثانية وقف الشاذلي بن جديد بصلابة إلى جانب الطرف الأول الذي كان يمثل آنذاك الشرعية للثورة، عينته القيادة الجديدة حاكما عسكريا لولاية قسنطينية ١٩٦٣م ثم عين حاكما عسكريا لولاية وهران ١٩٦٤م وفي عام ١٩٦٥م عندما وقع الخلاف بين بن بله وبومدين الذي قاد انقلابا استولى على الحكم. أيد بن جديد الحركة الانقلابية فعين عضوا في مجلس الثورة الذي كان الهيئة الفعلية التي تمسك بكامل السلطة في البلاد.

ظل الشاذلي بن جديد طيلة فترة حكم بومدين حاكما عسكريا لمنطقة وهران، وفي عام ١٩٦٩م رقي إلى رتبة عقيد، وعندما أصيب بومدين بالمرض عينه مجلس الثورة (كانون الأول ١٩٧٨م) ضابط ارتباط بين الجيش ومجلس الثورة، أي المسؤول الأول عن القوات المسلحة في الجزائر. ثم عين قبيل وفاة بومدين وزيرا للدفاع، وبعد وفاة بومدين رقته جبهة التحرير لمنصب رئاسة الجمهورية وفاز به في ٧ شباط ١٩٧٩م. أجبر على التنحي عن السلطة في الحادي عشر من كانون الثاني ١٩٩٢م لاعتباره متساهلا مع الأصوليين.

الرئيس شكري القوتلي (١٨٩١-١٩٦٧م)

سياسي سوري ورئيس جمهورية سابق، ولد بدمشق، تلقى علومه الابتدائية في مدرسة الأباء اللعازاريين والعلوم الثانوية في المدرسة الإعدادية والعالية في الكلية الشاهانية بالأستانة وتخرج منها يحمل الليسانس في العلوم السياسية.

عمل في صفوف شبيبة المنتدى الأدبي ثم أصبح عضوا في العربية الفتاة، أعتقل في الحرب العالمية الأولى مع المناضلين العرب، كلفه الملك فيصل عام ١٩٢٠ بتشكيل ولاية دمشق. غادر البلاد في أثناء الثورة السورية عام ١٩٢٥م إلى مصر والحجاز. أعفي عنه وعاد إلى دمشق حيث شارك في تشكيل الكتلة الوطنية، أشترك في المؤتمر العربي القومي الذي عقد بالقدس في كانون الأول ١٩٣١م ووقع الميثاق التاريخي.

أثناء وجود وفد المفاوضات من أجل المعاهدة في باريس تولى إدارة مكتب الكتلة الوطنية ودعايتها. انتخب نائبا عن دمشق في دورة ١٩٣٦م، وتولى بعدها في أول حكومة وطنية وزارتي المالية والدفاع. وعلى أثر دخول "الديغوليين" إلى سوريا في الحرب العالمية الثانية ووفاة الشيخ تاج الدين الحسني، رئيس الجمهورية بالتعيين قاد القوتلي معركة الانتخابات وفاز برئاسة الجمهورية، وفي رئاسته تم جلاء الفرنسيين عن سوريا. أعيد انتخابه رئيسا للجمهورية بعد تعديل الدستور. فأطاح به عام ١٩٤٩م انقلاب حسني الزعيم فلجأ إلى مصر. وأعيد انتخابه مرة ثالثة عام ١٩٥٦م. وتنازل عن منصبه لصالح الوحدة بين مصر وسوريا وانتخاب الرئيس جمال عبد الناصر رئيسا لها. وقد أطلق على شكري القوتلي نتيجة لذلك لقب "المواطن العربي الأول".

وزير خارجية الاتحاد السوفيتي سابقا، رئيس جمهورية جورجيا ١٩٩٦م في عام ١٩٧٢م أصبح شيفاردنادزه سكرتير الحزب الشيوعي الجورجي، وقد خلف في هذا المنصب مجا فانادزه. وفي عام ١٩٨٥م أصبح وزير خارجية الاتحاد السوفيتي، أي في العام نفسه الذي تولى فيه ميخائيل غورباتشوف سكرتارية اللجنـة المركزيـة للحـزب الشيوعي السـوفيتي، وأطلـق البيريسـترويكا (إعـادة البنـاء) والفلاسنوست (العلنية).

واستمر شيفاردنازه وزيرا للخارجية حتى استقالته في ٢٠ كانون الأول ١٩٩٠م، أي قبـل عـام وخمسة أيام من انهيار الاتحاد السوفيتي، وأنزل علمه على مبنى الكرملين، ورفع علم روسيا مكانه ٢٥ كانون الأول ١٩٩١م. وقال وهو يقدم استقالته في "مؤتمر نواب الشعب" أنه يفعل ذلك "احتجاجا على هجمة الدكتاتورية". وأعطي موقفه هذا تفسيرات كثيرة من أهمهما أنه كان يـدرك أن التخبط الـذي كان يعيش فيه الاتحاد السوفيتي سوف ينتهي إلى واحدة من نتيجتين: إما الانقلاب العسكري الذي يأتي بدكتاتور إلى السلطة، أو في أحسن الأحوال تحول غورباتشوف نفسه إلى دكتاتور تحت وطأة الضغوط الحزبية والعسكرية، وأما انهيار الاتحاد السوفيتي.

تعاون وهو وزير الخارجية السوفيتي إلى أقصى الحدود مع وزير الخارجية الأمريكي جيمس بيكر، وخاصة في موضوع حرب الخليج الثانية. فأصدر الـرجلان "البيـان الأمريكي-السوفيتي المشترك" الذي رعى الحملة الأمريكية والدولية على العراق، والذي سجل نهاية الحرب الباردة.

وفي ٧ آذار ١٩٩٢م من انهيار الاتحاد السوفيتي عاد شيفاردنازه إلى جورجيا، وبعد ثلاثة أيام انتخب رئيسا لمجلس الدولة في جورجيا.

الرئيس شيراك، جاك

رئيس فرنسا الحالي منذ عام ١٩٩٥م، ولد في باريس عام ١٩٣٢م وكان طفلا وحيدا لأب يعمل مدير لشركة في باريس. ويعود أصله الريفي إلى منطقة كوريز. دخل كأبناء طبقته الميسورة إلى الثانويات الكبرى في العاصمة الفرنسية ومنها إلى سامرسكول في جامعة هارفارد. ثم التحق بالمدرسة القومية للإدارة العليا ١٩٥٧-١٩٥٩م ليخرج بدبلوم في العلوم السياسية. وفي هذه المدرسة ظهرت تدريجيا مؤهلاته القيادية.

استطاع أن يحصل على رتبة ماجور بعد خضوعه أثناء الدراسة للخدمة العسكرية الإلزامية في وحدة المدرعات. لكنه كاد يفقد هذه الرتبة على أثر توقيعه (نداء استوكهولم للسلام) وهو نداء صاغه ونظمه الحزب الشيوعي الفرنسي. لكن شيراك الذي شعر بأن مستقبله السياسي مهدد برمته كافح بكل الوسائل كي لا يجرد من رتبته العسكرية وتوسل لدى رؤسائه من أجل إرساله إلى الجزائر للمشاركة في الحرب. وكان في تلك الفترة يرغب في أن يكون ضابطا نظاميا. لكن القيادة العسكرية كانت ترى أنه من غير الضروري تعريض شاب يتمتع بمؤهلات مرموقة للخطر.

استفاد شيراك بسرعة من تجربته وأقلع عن بيع وقراءة صحيفة الحزب الشيوعي (لومانيته). ورفع شعار الجزائر فرنسية. وفي نهاية عشرياته اندفع نحو السلطة والتحق بمكتب رئيس الوزراء جورج بومبيدو ١٩٦٢م فأختار منذ تلك اللحظة معسكره اليميني الديغولي بوضوح. وما كانت سنة ١٩٦٨م حتى انتخب شيراك نائبا عن منطقة كوريز (منطقة زراعية في وسط فرنسا) تحت راية حزب (اتحاد الدفاع عن الجمهورية)، وكان يتولى في تلك الفترة منصب سكرتير دولة في وزارة الشؤون الاجتماعية مكلفا بقضايا العمل. وهو ما قيض

له المشاركة في التفاوض مع النقابات العمالية إبان أحداث أيار ١٩٦٨م الطلابية والاجتماعية. وكان من القلة الذين وقفوا ضد هذه الأحداث، فكافأه بومبيدو وعينه وزير دولة لشؤون الموازنة، ثم وزيرا للزراعة والتنمية الريفية.

وفي عام ١٩٧٤م تفاقمت حالة جورج بومبيدو الصحية وصار جاك شيراك وزيرا للداخلية، وكان عمره ٤٢ عاما. ومع أنه كان يقدم بوصفه خليفة لبومبيدو إلا أن حداثة عمره (بالنسبة إلى منصب الرئاسة الأولى) كانت تعتبر أيضا حائلا دون هذا الأمر.

لكن وزارته كانت معنية بالتحضير للانتخابات الرئاسية التي شهدت تنافسا حادا بين الزعيم الديغولي المعروف وبطل مقاومة النازية جاك شابان دلماس ووزير الاقتصاد فاليري جيسكار ديستان. وانحاز شيراك لديستان مبتعدا عن الديغوليين القدامى. وفسر موقفه برغبته في إزاحة من يمكنه أن يكون منافسا له في المستقبل وبعد فوز ديستان تقرب شيراك من تياره، وأصبح رئيسا للوزراء لكنه لم يدم طويلا مع الرئيس الجديد فاستقال في عام ١٩٧٦م. وعمد لتوه إلى تأسيس التجمع من أجل الجمهورية الذي تحول بسرعة إلى واحد من أكبر الأحزاب السياسية الفرنسية (أصبح في أوائل التسعينات يجمع في صفوفه ١٥٠ ألف عضو و٢٦٠ نائبا في البرلمان و٩٢ عضوا في مجلس الشيوخ. كما تولى إدارة ٤٣ مدينة يزيد تعداد سكانها عن ٣٠ مليون نسمة، وعلى رأسها العاصمة باريس التي تولى شيراك رئاسة بلديتها بصورة متوالية منذ ١٩٧٧م).

واندفع يعارض ديستان بقوة واتهمه بتمثيل المصالح الأجنبية في فرنسا. وصادف أن أصيب في تلك الفترة بجروح خلال حادث سير ودخل إلى مستشفى كوشان للمعالجة. ومنها وقع نداء شهير عرف فيما بعد بـ (نداء كوشان) اتهم فيه الرئيس ديستان بتمثيل حزب (الأجانب) في فرنسا. وكان ديستان يومها معروفا بتقربه من الولايات المتحدة ومعجبا بسياستها الليبرالية. الأمر الذي كان يتعارض

مع النزعة الديغولية القومية وترشح شيراك لانتخابات ١٩٨١م الرئاسية، غير أن نسبة ما حصل عليه من أصوات ١٨% لم تمكنه من اجتياز الدورة الثانية. فساعد بذلك على فوز المرشح الاشتراكي فرنسوا ميتران.

ثم كانت انتخابات ١٩٨٦م التشريعية التي شهدت فوزا ساحقا لليمين. فتولى شيراك رئاسة الحكومة في ظل ميتران، ودخلت بذلك البلاد تجربة ما عرف ب (التعايش).

سياسي ورجل دولة جمهوري ايرلندي من أصل إنكليزي وأول بروتستانتي ينتخب لمنصب رئيس جمهورية ايرلندا. كان والده مناضلا من أجل وحدة ايرلندا فاعتقلته حكومة ايرلندا الحرة ١٩٢٣م بسبب معارضته لاتفاقية تقسيم ايرلندا التي كانت قد وقعت في عام ١٩٢١م، وحاكمته محاكمة صورية وأعدمته. فكان ابنه إرسكين لم يتجاوز بعد السابعة عشرة من عمره عندما التقى والده قبيل تنفيذ حكم الإعدام فيه الذي أوصاه بأن يكرس حياته لتحقيق المصالحة بين البروتستانت والكاثوليك في ايرلندا.

ارتبط مصير شيلدرز منذ ذلك الحين بوطنه الجديد ايرلندا، وظل مرتبطا وفيا لرفاق والده من أنصار أيامون دي فاليرا فانضم إلى حزب فيانافيل منذ تأسيسه. وانتخب عضوا في مجلس النواب لأول مرة عام ١٩٣٨م عن دائرة موناغهان الواقعة على الحدود بين الايرلنديتين، ما أتاح له أن يلعب باستمرار دور الموفق بين الطائفتين الايرلنديتين.

شغل أربع مرات منصب وزير خلال ٢٨ عاما من العمل السياسي، انتخب عام ١٩٧٣م بأغلبية ٥٢% من الأصوات الجمهورية الايرلندية، علما أن البروتستانت لا يشكلون أكثر من ٥% من سكان الجمهورية، فعمل على إيجاد حل للمشكلة الطائفية والسياسية التي تفرق بين دبلن وبلفاست، لكنه توفي بعد عام ونصف ١٩٧٤م.

الصادق المهدي

زعيم سياسي وديني سوداني ولد الصادق المهدي يوم ٢٥ كانون الأول ١٩٣٦م. وكن مولده بشيرا بمرحلة جديدة في تاريخ السودان إذ تزايد الوعي الوطني عند طلائع الخريجين وشرعوا في اتصالات تبلورت في ١٩٣٨م في إنشاء مؤتمر الخريجين وأسس جده عبد الرحمن المهدي حزب الأمة في عام ١٩٤٥م حينما كان الصادق في التاسعة من عمره. وكان عبد الرحمن رجلا بعيد النظر واسع الحيلة إذ أدرك أن لا قبل له بمناطحة الاستعمار. وآثر أن يصانعه (فنسج ثوبا من الحرير) حول آرائه كما تقول إحدى وثائق الحزب وركز على تنمية الدعائم المالية للأسرة.

رفع حزب الأمة شعار (السودان للسودانيين) في مواجهة شعار (وحدة وادي النيل) وكان الصادق المهدي في الثامنة عشرة من عمره حين أصيب حزب الأمة بنكسة كبرى إذ فاز الاتحاديون في أول انتخابات أجريت في السودان في عام ١٩٤٥م بأغلبية ٥١ دائرة من مجموع ٩٧ دائرة. ولم يستقر حزب الأمة إلا بـ ٢٣ دائرة. بيد أن الخريطة السياسية كانت تتبدل بسرعة مذهلة، فالثورة المصرية التي ساعدت على أن ينال السودان حقه في تقرير المصير أنشأت في مصر ـ نظاما قوض التعددية الحزبية وقهر المعارضين. وصدم السودانيون بأنباء سطوة أجهزة الأمن وممارستها كما أن التجار والموظفين والعمال والمزارعين (عماد جماهير الاتحاديين في المدن ومراكز الإنتاج) تهيبوا في اللحظة الحاسمة إثر المنافسة المصرية العالية الكفاءة على أرزاقهم ومواقعهم. فشهد السودان تحولا غريبا ومدهشا، إذ تولى الاتحاديون المفوضون من قبل الشعب تنفيذ برنامج منافسيهم في حزب الأمة. أي أن حزب الأمة

خسر الانتخابات بينما كان كسب برنامجه الجولة، وأعلن الاستقلال دون وشائج عضوية مصر.

لم يكن الصادق في سن تسمح له بالمشاركة في تلك المرحلة إذ تركز جهده على طلب العلم في كلية كمبوني في الخرطوم. ثم كلية فكتوريا في الإسكندرية. فكلية العلوم (جامعة الخرطوم حاليا) حيث كان يرغب في دراسة الزراعة، وسافر بعد ذلك إلى بريطانيا فدرس العلوم السياسية والاقتصادية في جامعة أوكسفورد. وتخرج بامتياز ثم رجع إلى الوطن حيث صار رئيسا للوزراء بمجرد بلوغه سن الثلاثين ١٩٦٦م.

وكما هو متوقع فإن تطورات الأحداث فتحت أعين الصادق المهدي بقسوة بالغة على حقائق دنيا السياسة العملية. إذ أدرك أن دعوة التحديث التي حملها معه من أوكسفورد ستجر إلى صدام مرير يشرخ القاعدة الحزبية التي أتت به إلى سدة الحكم.

كان والده الصديق قد توفي في عام ١٩٦١م وخلفه إماما على الأنصار شقيقه أي عم الصادق الهادي المهدي. وشهدت الفترة ما بين عامي ١٩٦٣م وانقلاب النميري في عام ١٩٦٩م شدا وجذبا وانقساما مروعا في الحزب وفي أسرة المهدي. كان نتائج ذلك سقوط حكومة السيد الصادق بعد تسعة أشهر فقط. ثم حدثت مصالحة لكن التوحيد الحقيقي للقوى خلف الصادق لم يكتمل إلا بعد أن اصطدم الإمام المهدي بنظام النميري عسكريا فقتل في عام ١٩٧٠م ولم يعد هناك منافس مقنع يتصدى لآراء الصادق الجديدة.

ولعل المكايدة الحزبية (داخل حزب الأمة وخارجه) هي المسؤولة عن إنكار إنجازات الصادق المهدي عبر السنين. وأهم إنجازاته هي عقد مؤتمر الحزب في عام ١٩٨٦م ورضي أن يصير رئيسا بالانتخابات وليس بالوراثة. وقام بإصدار بيانا تأسيسيا للحزب اعترف فيه لأول مرة (أن لشعبنا بشعب مصر

الشقيقة علاقة خاصة نرجو أن تتجسد في شكل اتفاقات تحقق مصالح الشعبين). وهـذا تحول كبير في حزب نشأ على أساس التوجس من مصر ومعاداتها والرعب مـن الهجرة المصرية. وكـما وضع حدا لتنظيم الملبيشيات شبه العسكرية التابعة للأنصار (والتي طالما أرعبـت منافسيهم) وأعـاد تنظيم الحزب على أساس وحدات تمثل مختلف الفئات والقطاعات. ووضع لـوائح داخليـة للحـزب وحافظ على وحدته حتى صار في انتخابات ١٩٨٦م أكبر الأحزاب السودانية (إذ فـاز بـ١٠٠ دائـرة مـن مجموع ٢٦٢م بينما فاز الاتحاديون الذين خاضوا الانتخابات منقسمين ودون أن يعقـدوا مـؤتمر بـ٦٣ دائرة فقط). وكذلك استمال أعدادا هائلة من سكان المدن والمثقفين. ودفـع الحـزب نحـو موقـع الوسـط الذي كان الحزب الاتحادي يحتله منفردا. وأسس مركز للأبحاث والدراسات خاصة بالحزب.

يأخذ البعض على الصادق أنه مفكر وباحث أولا وثانيا وسياسي ثالثا. وينتقده البعض لأنه لم يتوصل إلى اتفاق مع الحركة الشعبية بعد انهيار حكم النميري. في حين أن اللوم يقع عـلى جـون قرنـق قائد الحركة الشعبية كما شهد محللون محايدون لأنه لم يبد اليقظة اللازمة لإجهاض انقلاب ٣٠ حزيران ١٩٨٩م قبل وقوعه رغم التقارير والتحذيرات التي وصلته.

اعتقل الصادق خمس مرات بـين عـامي ١٩٨٩م وآخر ١٩٩٦م وبين اعتقـال واعتقـال كانـت السلطات تضعه تحت المراقبة الشديدة وهو في منزله، لكنه نجح في كانون الأول ١٩٩٦م مـن الخـروج من البلاد قاصدا اسمرة وفق خطة سرية دبرها وقادها ابنه عبد الـرحمن الصـادق المهـدي الـذي كـان ضابطا ملازما قبل تسريحه.

رئيس جمهورية العراق الحالي منذ ١٩٧٩م، لقـد ولـد في بيئـة فلاحيـة في ٢٨ نيسان ١٩٣٧م. ولد في عائلة معروفة بمواقفها الوطنية والقومية فنهل مـن وسـط هـذه العائلـة مبادئ حـب الـوطن والاعتزاز بالأمة والتضحية في سبيلها. ولكنه وهو اليتيم الذي عـود نفسه الاعـتماد عـلى نفسـه واتخـاذ قراراته الخاصة التي تتعلق بمستقبله ومصيره.وكان من أبرز تلك القرارات وأهمها قرار التعليم. حيـث انتقل في سن العاشرة إلى تكريت لغرض الدراسـة حيـث يقيم خالـه الحـاج خـير اللـه طلفـاح الـذي احتضنه وأدخله المدرسة.

انضم إلى حزب الطليعة العربية المناضلة، حزب البعث العربي الاشتراكي عـام ١٩٥٦م صحيح أنه تلقى أول المبادئ الوطنية والقومية من بيئته العائلية. ومن الوسط الاجتماعي والدراسي الـذي نشـأ فيه وعيه لم يتخذ سياقا عميقا ومنظما إلا من خلال انتمائه إلى الحزب منعطفا أساسيا جديدا في مجرى حياته فقد نقله هذا القرار مـن ميـدان الاهـتمام الشخصيـ العـام بالقضايا الوطنيـة والقوميـة والعمل الفردي المشتت، إلى ميدان الاهتمام اليـومي الموجـه بهـذه القضايا والعمل الجماعـي المنظم والمسؤول في سبيلها.

لقد انحرفت ثورة ١٤ تموز ١٩٥٨م عـن الطريـق الـذي رسـم لهـا لتحقـق التحـرر السياسي والاقتصادي ولبناء القطر بشكل يخدم المصلحة الوطنية والقومية. فقد اتجه حكـم عـبد الكـريم قاسـم الذي انفرد بالسلطة إلى التضييق على الشعب واضطهاده. كما عمل على إبعاد جميـع القـوى القوميـة عن السلطة والتنكيل بها وشجع بشكل واضح هذا الصراع بين القوى الوطنيـة في القطر لكي يضعفها ليبقى هو في الحكم دون منازع.

ونظرا لمشاركة صدام حسين في عملية تصفية عبد الكريم قاسم ١٩٥٩م، هرب إلى مصر. وعاد إلى العراق بعد انتصار الثورة في ٨ شباط عام ١٩٦٣م، وسقط نظام عبد الكريم قاسم وتسلم عبد الرحمن عارف الحكم.

ولكن صدام حسين لم يستسلم للقيادة الجديدة وأدخل السجن عدة مرات وظل ملاحقا من المخابرات العراقية، وفي ١٧ تموز ١٩٦٨م دخل صدام حسين على ظهر دبابة عسكرية وشارك في إسقاط حكم عبد الرحمن عارف، وتم تعيين أحمد حسن البكر أمين سر القيادة القطرية للحزب ورئيسا للجمهورية ورئيسا للوزراء وقائدا عاما للقوات المسلحة.

وبعد الاجتماع الأول للقيادة الجديدة تقرر اختيار صدام حسين نائبا لرئيس مجلس قيادة الثورة، كما تولى أمن الثورة والمهام الحساسة في الدولة.

وفي ١٦ تموز ١٩٧٩م أعلن أحمد حسن البكر تنحيه عن السلطة لصالح لنائبه صدام حسين.

دخل الرئيس العراقي بعد توليه السلطة حربا شرسة مع إيران حرب دامت نحو ثماني سنوات، كما دخل بجيشه أرض دولة الكويت، وخاض حربا مع الدول المتحالفة لتحرير الكويت. ونظرا لذلك تم إصدار قرار من الأمم المتحدة بتطبيق حصار اقتصادي على العراق.

مؤسـس الجمهوريـة الصـينية بعـد إطاحتـه للنظـام الإمبراطـوري في عـام ١٩١١م القوميـون الصينيون يكرمون ذكراه ويعتبرونه (أب الجمهورية) والشيوعيون يجلونه على أساس أنه (رائد الثورة).

ولد صن يات صن في قرية واقعة في مقاطعة غوانفدونغ الجنوبية ١٨٦٦م. غادر مزرعة أبيه وهو في الثالثة عشرة من عمره وهاجر إلى هـاواي حيـث التحـق بشـقيقه الأكبـر الـذي كـان يعمل في التجارة. دخل في مدرسة للإرساليات في هونولولو فتعلم الإنكليزية وأطلع على العلـوم الغربية.واعتنـق المسيحية، أنهى دراسته في معهد للطب في هونغ كونغ بين ١٨٨٧و ١٨٩٢م. وأثنـاء وجـوده في مقاطعة كانتون ١٨٨٤-١٨٨٦م. أقام علاقات وثيقة مع الجمعيات السرية المناوئة لحكم أسرة مانشو.

في عام ١٨٩٤م أسس جمعية سرية باسم (رابطة إصلاح الصين) التي عملـت علـى تجميـع كـل المعارضين الصينيين للحكم الإمبراطوري في حزب واحد. وفي عـام ١٨٩٥م قـام بانتفاضه فاشلة اضطر علـى أثرها إلى الهرب خارج الصين، فعاش في المنفى مدة عشر ـ سنوات (اليابـان، الولايات المتحـدة، أوروبـا) تعرض خلالها لحادثة اختطاف فاشلة على يد الشرطة الإمبراطورية وهـو في لنـدن عـام ١٨٩٧م فـزادت هذه الحادثة من شهرته ونفوذه خاصة في أوساط مثقفي الجاليات الصينية المنتشرة في الخارج.

قبيل عودته إلى الصين من طوكيو ١٩٠٥م كان صن يات صـن قـد توصـل إلى صياغة مبادئ حركته الأساسية الثلاثة (بمساعدة من مثقفين صينيين) التي يبدو فيها متأثرا جدا بالفلسـفة الليبراليـة الغربية، أول هذه المبادئ القومية التي نادى بها ووجهها ضد أسرة ماتشو الإمبراطورية التي تسببت

بضعفها في التغلغل الإمبريالي في الصين، وثانيهما الديموقراطيـة التـي تتطلـب وضع دستور جمهوري يضمن المساواة في الحقوق بين المواطنين وفصل السلطات والمبدأ الثالث متصل بمجموعة من أفكار استوحاها من المبادئ الاشتراكية وترتكز على عدالة توزيع الثروات وإيجاد فرص العمل.

بعد عودته ١٩٠٥م شارك في عدة تحركات ومؤتمرات ضد الحكم الإمبراطوري، إلا أنها جميعها باءت بالفشل. وفي عام ١٩١١م كان أنصاره قد بلغوا من القوة ما مكنهم من القيام أخيرا بثورة ناجحة بإطاحة حكم الأباطرة. وأعلنوا قيام (جمهورية الصين) وعينوا صـن يـات صـن أول رئيس لهـا بعـد أن استدعوه مـن الولايات المتحدة حيث كان يقوم بجولة إعلامية. وبعد بضعة أشـهر مـن تسلمه الرئاسـة أعلن صن يات صن رسميا وفي آب ١٩١٢م تأسيس حزب الكومنتانغ (أي حزب الشعب).

واجهت الجمهورية الصينية برئاسة صن منذ تأسيسها العديد مـن الصعوبات كـان أبرزهـا خروج عدد من المقاطعات الشمالية عن سلطتها. وكان صـن يـات صـن يحظى بتأييد ١٣مقاطعة من أصل ثماني عشرة، فحاول إرجاع المقاطعات الخمس الباقية إلى حظيرته مع زعيمها يـوان شيه كاي نائب الإمبراطور الأسبق. وقد توصل الرجلان إلى اتفاق لإعادة توحيد البلاد. مؤداه أنه إذا ما نجح يوان في إقناع الإمبراطور بالتنازل عن العش فإن صن سيتخلى عن الرئاسة لمصلحة يـوان. وفي ١٢ شباط ١٩١٢م تنازل آخر الأباطرة الصينيين عن العرش وتخلى صن يات صن عن منصبه ليوان.

إلا أن يوان سرعان ما انقلب علـى الجمهوريـة فوجـه كـل جهـوده لمحاربـة صـن يـات صـن وحزبه، وذلك بالرغم من فوز الكومنتانغ بأغلبية ساحقة في الانتخابات النيابية التـي جـرت في عـام ١٩١٣م. وفي عام ١٩١٤م عمد يوان إلى حل مجلس النواب بالقوة. مسـتندا بـذلك إلى قواتـه العسكرية وتأييد الأوساط المالية

الصينية له، إضافة إلى التأييد الأوروبي والأمريكي، عند ذلك اضطر صن إلى مغادرة البلاد ثانية واللجوء إلى اليابان في حين استمر يوان في جهوده لتنصيب نفسه إمبراطورا ممّا أدى إلى قيام حرب أهلية طاحنة في مناطق الصين الجنوبية الغربية.

وفي عام ١٩١٦م توفي يوان معزولا بعد أن فشل في تحقيق مطامحه ولم تؤد وفاته إلى إعادة وحدة الصين بل ازدادت الحرب الأهلية فيها ضراوة ممّا أسفر عن تقسيم البلاد إلى دويلات صغيرة متقاتلة ضعيفة يسير على مقاليدها (أسياد الحرب) خاصة في الشمال.

في ظل الظروف رأى صن يات صن أن من الضروري لكي يعيد وحدة الصين أن يبني قوة عسكرية ضاربة ومنظمة انطلاقا من الجنوب وبالتحديد من كانتون، وهكذا أعلن صن يات صن عام ١٩١٧م عن تشكيل الحكومة العسكرية لجنوبي الصين ومركزها كانتون، وأخذ انطلاقا منها يعد العدة لإعادة توحيد الصين، واختبار أفكاره السياسية من خلال إدارته لهذه المدينة وابتداء من عام ١٩١٧م وبالتحديد بعد نجاح ثورة أكتوبر الروسية، بدأ صن يتلقى الدعم العسكري من الحكم السوفيتي الجديد في مواجهة أسياد الحرب الذين هددوا كانتون مرارا وأرغموا حكومتها العسكرية على الخروج من المدينة أكثر من مرة.

وابتداء من عام ١٩٢٣م بدأت علاقة صن مع الاتحاد السوفيتي السابق تتعمق خاصة بعد أن دخل الشيوعيون الصينيون بشكل فردي إلى الكومتنانغ، ولعبوا دورا متزايدا في قيادة النضال ضد أسياد الحرب الشماليين، وفي عام ١٩٢٤م قام الجنرال فينغ بو-هسيانغ بالانقلاب على رئيسية على بكين والانضمام إلى صن يات صن مما فتح الباب واسعا أمام إعادة توحيد البلاد.

وبالفعل فقد ذهب صن إلى بكين ليجتمع بزعماء الصين الشماليين وإقناعهم سلميا بأهمية هذا التوحيد. إلا أن المنية وافته في عام ١٩٢٥م وهو على وشك تحقيق حلمه القومي، فخلفه تشيانغ كاي نشيك الذي وحد الصين مؤقتا لكنه انقلب على الشيوعيين وطردهم من الكومنتانغ وتحالف مع الولايات المتحدة.

أحيط صن يات صن بعد وفاته بتكريم واحترام عظيمين من جميع الصينيين، وعندما انتصرـ الشيوعيون في عام ١٩٤٩م وأعلنوا قيام جمهورية الصين الشعبية عينوا شينغ لينغ سونغ أرملة صن وشقيقة زوجة تشيانغ كاي تشيك نائبة لرئيس الجمهورية تكريما لذكرى زوجها.

عسكري ورجل دولة باكستاني، ضابط في سلاح الخيالة ١٩٤٥م في الهند. تخرج في كلية الأركان ١٩٥٥م شارك في الحرب الهندية الباكستانية ١٩٦٥م عمل مستشارا للجيش الأردني ١٩٦٩-١٩٧١م ونـال أكثر من وسام أردني.

شارك في الحرب الثانية بين الهند وباكستان ١٩٧١م وفي ٥ تموز ١٩٧٧م قاد حركة انقلابيـة عسكرية ضد حكم ذو الفقـار علـي بوتـو. وأصبح الحـاكم العرفي العـام، وفي ١٤ آب ١٩٧٨م رئيسـا لجمهورية باكستان. حاول اعتماد سياسة إسلامية في القضايا الداخلية والاجتماعية.

وشارك في المؤتمرات الإسلامية الدولية، قامت حالة من التوتر الداخلي إثر إعدامه الرئيس ذو الفقار علي بوتو. كما واجه مشاكل خطيرة بسبب الحرب الأفغانية والثورة الإسلامية في إيران ١٩٧٩م. وبسبب الضغوط الغربية حول امتلاك باكستان للتكنولوجيا النووية أجرى علاقات متوازنة مع الهند وبنغلادش.

عامل المعارضة الداخلية بحزم لكن مـن دون قسـوة وتطرف في استخدام القـوة. قضيـ في حادث طائرة في ١٧ آب ١٩٨٨م وقد وصفه مستشار الأمن القـومي الأميركي بريجنسـكي بأنه (مهنـدس تفتيت الإمبراطورية الروسية). لوقوف باكستان إلى جانب المجاهدين الأفغان طيلة سنوات الجهاد ضد الوجود السوفيتي في أفغانستان.

الرئيس ضياء الرحمن، ماجين (١٩٣٥-١٩٨١م)

عسكري ورجل دولة بنغالي، ولد في باكستان الشرقية (بنغلادش في ما بعد) تطوع في الجيش الباكستاني ١٩٥٣م شارك عام ١٩٦٥م في الحرب الهندية الباكستانية، ثم في الحرب الهندية الباكستانية الثانية ١٩٧١م التي أسفرت عن انفصال باكستان الشرقية فغيرت اسمها إلى بنغلادش عن باكستان. وتشكيل جمهورية بنغلادش بزعامة مجيب الرحمن. وكان ضياء الرحمن الرجل الأول في هذه الحركة الاستقلالية أثناء اعتقال مجيب الرحمن في السجون الباكستانية.

في ١٥ آب ١٩٧٥م اغتيل مجيب الرحمن وحل مشتاق أحمد محله على رأس الدولة. وبعد نحو شهرين وقع انقلاب عسكري مضاد أطاح حكم مشتاق أحمد وأتى بنظام جديد موال لخط مجيب الرحمن السياسي. إذ أن هذا النظام لم يعمر طويلا أيضا ذلك أن حرب شوارع نشبت بينه وبين قيادة الجيش وعلى رأسها ضياء الرحمن. انتهت بانتصار العسكريين واستقالة مشتاق أحمد لمصلحة أبو السادات محمد صاليم رئيس المحكمة العليا الذي عين رئيسا للجمهورية.

أما واقع الأمر أن السلطة انحصرت في قيادة ثلاثية مشكلة من قادة الأسلحة الثلاثة في الجيش. ومن ضمنهم ضياء الرحمن الذي قام بدور حاسم في القضاء على الانقلاب الموالي لمجيب الرحمن. رئيس أركان الجيش ١٩٧٥م إضافة إلى منصبي وزير التجارية الداخلية والمالية.

عمل على إضعاف نفوذ حزب عوامي واعتقال معظم معارضيه، وفي عام ١٩٧٦م أعلن نفسه حاكما عرفيا على البلاد. ثم رئيسا للجمهورية نيسان

١٩٩٧م عمل دائماً على إظهار حكمـه بمظهـر الديموقراطيـة عـلى الطريقـة الغربيـة. فـأجرى انتخابات واستفتاء وكانت النتيجة ٩٩% لمصلحته.

في حين أن السلطة ظلت في أيدي المؤسسة العسكرية. أما سياسته الخارجية فكانت تميـل إلى الغرب والصين. وجرت عدة محاولات فاشلة لاغتياله أو إطاحته إلى أن تمكنت مجموعة من العسكريين من اغتياله في عام ١٩٨١م.

رئيس جمهورية السنغال، وأحد أعمدة السياسة السنغورية ونظامها الحزبي والسياسي في البلاد، وخليفة سنغور على رأس الجمهورية السنغالية منذ عام ١٩٨٠م.

ولد عبدو ضيوف في لوغا (السنغال)، وتلقى دراسته الثانوية في داكار، والجامعة في داكار وباريس. انضم في عام ١٩٦١م إلى حزب الاتحاد التقدمي السنغالي (الذي أنشأه سنغور) عين مديرا للتعاون التقني ووزيرا للتخطيط في عام ١٩٦٠م، ثم أمينا عاما مساعدا لمجلس الوزراء عام ١٩٦١م، فأمينا عاما لمجلس الوزراء ١٩٦٤-١٩٦٥م وكان قبل ذلك حاكما لمقاطعة سين سالوم ١٩٦١-١٩٦٢م ثم مديرا لمكتب رئيس الجمهورية ١٩٦٣-١٩٦٥م، فوزيرا للتخطيط والصناعة ١٩٦٨-١٩٧٠م، ورئيس وزراء "منطقة حوض السنغال"، عين في ١٩٧٠م رئيسا للوزراء حيث عمل بدقة على إدارة شؤون البلاد وفق توجيهات الرئيس سنغور، أصبح رئيس الجمهورية منذ عام ١٩٨٠م.

في أواخر عام ١٩٨٠م قدم الرئيس سنغور استقالته من رئاسة الجمهورية. وفي ٢ كانون الثاني ١٩٨١م أقسم عبدو ضيوف رئيس الوزراء منذ سنة ١٩٧٠م اليمين القانونية خلفا لسنغور، ليشغل منصب رئاسة الجمهورية حتى نيسان ١٩٨٣م وفقا لما جاء في الإصلاح الدستوري نيسان ١٩٧٦م الذي كان ينص على أن يتولى رئيس الوزراء رئاسة الجمهورية حتى انتهاء مدة ولاية الرئيس في حالة استقالته أو خلو هذا المنصب، وبدأ ضيوف ممارسة صلاحياته بتعيين حبيب تياب رئيسا للوزراء.

في ٢٨ شباط ١٩٨٨م أعيد انتخاب ضيوف رئيسا مرة جديدة بأكثرية ٧٣,٢%. وبعد يومين في أول آذار أعلنت حال الطوارئ التي رفعت في ١٨ أيار. وفي نفس الشهر حكم على عبد اللـه واد بالسجن لعام واحد مع وقف التنفيذ.

وفي ٢١ شباط ١٩٩٣م انتخب عبدو ضيوف رئيسا لمرة جديدة بأغلبية ٥٨,٤% مـن الأصـوات، ونال منافسه عبد اللـه واد ٣٨% وتجدد العنف الانفصالي في كازافنس في النصف الثاني من السنة أكـثر من ألف قتيل، كما تجددت المخاوف من عودة المواجهة بين موريتانيـا والسـنغال عـندما عـادت الأولى تضيق على السنغاليين على أرضها وكان البلدان أعادا العلاقات الدبلوماسية بينها قبل عام.

الرئيس طرقي، نور محمد (١٩١٧-١٩٧٩م)

سياسي ورجل دولة أفغاني ومن أبرز زعماء الحزب الشيوعي الأفغاني، ملحق صحافي في السفارة الأفغانية في واشنطن ١٩٥٣م، ثم ما لبث أن استقال بعد أشهر قليلة احتجاجا على تعيين الجنرال داود رئيسا للوزراء. تفرغ للعمل الصحافي والسياسي ونشر عدة روايات تمجد الصراع الطبقي والنضال الشعبي.

أسس حزب الشعب الديموقراطي المعروف (خلق) عام ١٩٦٤م، وأصدر صحيفة تحمل الاسم نفسه وفي عام ١٩٧٢م حدث انشقاق داخل الحزب خرجت على أثره مجموعة أطلقت على نفسها اسم (الباشام) أي الراية.

وفي عام ١٩٧٧م أعيد توحيد الحزب مما سهل إمام الشيوعيين عملية الاستيلاء على السلطة ١٩٧٨م بعد تفاقم الصراع بينهم وبين نظام محمد داود. وبعد أشهر أصبح طرقي رئيسا للجمهورية والوزراء، وفي الوقت نفسه ترك صلاحيات واسعة لحفيظ الله أمين الذين أخذ يمارس سياسة قمعية البت ضده قطاعات واسعة من الشعب. كما ذهب ضحيتها العديد من القادة الحزبين، وقد تنبه طرقي لخطورة هذه السياسة فأخذ يعد العدة لإبعاده ولكن بعد فوات الأوان. إذ بادر أمين إلى تدبير انقلاب دموي قتل على أثره الرئيس نور محمد طرقي (أيلول ١٩٧٩م).

وبالرغم من أن مقتل طرقي قد أطلق يد أمين في رسم السياسة إلا أنها في الواقع مهدت الطريق أمام غزو الجيش السوفيتي للبلاد الذي أطاح بحكم أمين وفرض نظاما شيوعيا في يد السوفييت وضع على رأسه بابراك كارمال (كانون الثاني ١٩٨٠م).

الملك طلال بن عبد الله (١٩٠٩-١٩٧٢م)

ملك المملكة الأردنية الهاشمية، ولد عام ١٩٠٩م في مكة هو الابن الأكبر للملك عبد الله بن الحسين وهو والد الملك الحسين. انضم إلى الفيلق العربي عـام ١٩٢٧م وأمضى ـ سـنتين في كليـة هيرست العسكرية البريطانية. نال رتبة لواء عام ١٩٤١م وفريق عام ١٩٤٨م.

تولى عرش المملكة الأردنية الهاشمية على أثر اغتيال والده الملك عبد الله في تمـوز ١٩٥١م، واستلم سلطاته الدستورية في ١٩٥١/٩/٦م.

وفي عهد الملك طلال صدر الدستور الأردني لعام ١٩٥٢م، ولم يتمكن الملك طلال من الاستمرار في ممارسة سلطاته الدستورية بسبب عنائه مـن المـرض وفي ١٩٥٢/٨/١١م اتخـذ مجلـس الأمـة الأردني والحكومة قرارا بتشكيل مجلس وصاية على العرش، واتخذ مجلس الأمة بنفس اليوم بإنهاء ولايـة الملـك طلال والمناداة بالأمير الحسين بن طلال ملكا دستوريا على البلاد.

سلطان عثماني مارس الحكم من عام ١٨٧٦م حتى عام ١٩٠٩م تولى الخلافة بعد موت أبيه عبد المجيد الأول وإزاحة أخيه مراد الخامس المختل عقليا، وذل بتدبير من الوزراء الإصلاحيين بقيادة مدحت باشا الذي أصبح رئيسا للوزراء وكان وراء إصدار أول دستور عثماني في ٢٣ كانون الأول ١٨٧٦م.

وكان الطابع الليبرالي للدستور وسيلة من سائل وقف التدخل الأجنبي بسبب القسوة العثمانية في إخماد الانتفاضة البلغارية في ربيع ١٨٧٦م وتهدئة الصرب ومونتينيفرو (الجبل الأسود) التي هيجت مشاعر العداء لتركيا في أوروبا. إلا أن الإجراءات العثمانية لم تمنع وقوع حرب مع روسيا منيت فيها السلطنة العثمانية بخسائر كبيرة ١٨٧٧م واضطرت لتوقيع معاهدة صلح مذلة.

وقد استنتج عبد الحميد أن المساعدات التي يمكن أن يتلقاها من الدول الأوروبية سوف تكون مشروطة بحق التدخل في الشؤون العثمانية الداخلية. فأقدم على حل المجلس النيابي الذي التأم في ١٨٧٧م. وفي العام التالي علق الدستور واتجه لتقوية الرابطة الإسلامية في السلطنة العثمانية، وكان إقدامه على جمع التبرعات لبناء سكة حديد الحجاز من جميع أنحاء العالم الإسلامي لتسهل مهمة الحج إلى مكة، دلالة على قوة عاطفته الإسلامية، كما كان من شأن تعين أبي الهدى الصيادي غيره من المستشارين العرب إضافة إلى موقفه من عروض هرتزل والمخططات الصهيونية في فلسطين الإسهام في تحقق النقمة ضد الحكم العثماني في الولايات العربية.

امتاز حكم عبد الحميد بالنزعة الأوتوقراطية فحكم من خلال خلوته في قصر يلدز بواسطة نظام من المخبرين السريين والرقابة الشديدة ونظام المواصلات التلغرافية. وكان يتمتع بالذكاء ويحب العمل والسهر بنفسه على

مجمل قضايا الدولة. إلا أنه كان شكاكا بطبعه لا يثق بالآخرين ولا يطمئن لأحد. شملت إنجازاته إيجاد ١٨ مدرسة مهنية وتأسيس دار الفنون ١٩٠٠ التي تحولت في ما بعد إلى جامعة استنبول، إضافة إلى بناء شبكات من المدارس الابتدائية والثانوية والعسكرية. كما أقدم على بناء شبكة من السكك الحديدية والتلغرافية وأعاد تنظيم وزارة العدل بشكل طور المحاكم المدنية والتجارية والجنائية.

بالإضافة إلى اتوقراطية كان عبد الحميد آخر السلاطين الحقيقيين لإمبراطورية هرمه عرفت برجل أوروبا المريض لمدة طويلة من الزمن وكانت موضع أطماع الدول الأوروبية. ففي عهده تمكنت الدول الأوروبية من احتلال تونس ١٨٨١م ومصر ١٨٨٢م والروملي –بلغاريا الجنوبية- ١٨٨٥م، فضلا عن نشوب الثورة الأرمنية في عام ١٨٩٤م الأمر الذي دفع عبد الحميد إلى التماس المساندة من الألمان لقاء منحهم الامتيازات كامتياز بناء سكة حديد بغداد في ١٨٩٩م، إضافة إلى ذلك إن الدول الأوروبية الرئيسية كانت بعد الحروب الكثيرة والمغامرات التي خاضها عبد الحميد واحتياجاته الدائمة إلى الأموال قد انتهت إلى وضع يدها على المقدرات الاقتصادية للسلطنة، وعلى مرافقها الأساسية ففرنسا كانت استولت على إدارة حصر- التبغ ١٨٨٣م، وعلى أرصفة مستودعات مرفأي بيروت ١٨٩٢م وسالونيك ١٨٩٦م، وخطوط سكة الحديد بين يافا والقدس ١٨٩٠م ودمشق وحمص ١٨٩١م وغيرها. والإنكليز كانوا قد استولوا على حصة ضخمة في البنك العثماني، والروس حصلوا لأنفسهم على حقوق جمركية في أرصفة حيدر باشا ١٨٩٩م. ولم يلبثوا أن استولوا على أرصفة ومستودعات ميناء الإسكندرية لاحقا.

كانت تلك في الحقيقة الطريقة التي اختارتها أوروبا للحصول على إرث رجل أوروبا المريض، وكان ذلك هو الواقع المختبئ خلف احتفالات عبد الحميد الضخمة في الأول من أيلول ١٩٠٠م. وهذا الواقع كانت ترصده يومذاك عيون

عدد كبار من الضباط المنتمين إلى تركيا الفتاة وعلى رأسهم أنور باشا وجمال باشا وطلعت باشا وفتحي المقدوني. كان هؤلاء يعرفون أن الإمبراطورية متجهة نحو الاحتضار إن هم لم ينقذوها. وكان يكفيهم للتيقن من هذا مشهد سلطانهم وسط مدعويه الأوروبيين في ذلك اليوم، فراحوا طوال السنوات التالية يكثفون من اجتماعاتهم وخاصة في بيت يهودي إيطالي في سالونيك. تلك الاجتماعات التي كان يحضرها رفاق لهم من بينهم ضابط شاب ذو نظرية ثاقبة يدعى مصطفى كمال. والحال أن تلك الاجتماعات أسفرت عن الثورة التي قام بها الضباط في عام ١٩٠٨م انطلاقا من قصر ـ أولمبيا في سالونيك زاحفين نحو العاصمة.

لكن عبد الحميد الماكر بدلا من أن يحاربهم سارع إلى الوقوف معهم متهما بطانته القريبة بالفساد. ثم ما أن استوعب تحركهم حتى أرسل أنور باشا ملحقا عسكريا في برلين. وراح يخترق تنظيمهم غير أن لعبته سرعان ما انكشفت فعاد أنور باشا وعادت القطع العسكرية للتحرك، وهكذا ما أن حل شهر نيسان ١٩٠٩م حتى وصلت الثورة ضد عبد الحميد الثاني إلى ذروتها. فأُجبر على التنحي عن العرش واعتقل داخل قصر اللاتيني فيما عين محله أخوه سلطانا تحت اسم محمد الخامس.

رئيس جمهورية السودان، ولد في ١٩٣٤م وتخرج من الكلية الحربية عام ١٩٥٥م وحصل على شهادة الماجستير في العلوم العسكرية في الأردن عام ١٩٧٠م خلال دراسته في الأردن وقعت أحداث أيلول ١٩٧٠م بين الجيش الأردني والمقاومة الفلسطينية، وكان له دور رئيسي ـ في إنقاذ رئيس منظمة التحرير الفلسطينية ياسر عرفات من الحصار ونقله بسيارة الرئيس جعفر النميري.

بعد عودته من الأردن بقي مقربا من الرئيس النميري وتدرج في مناصبه العسكرية إلى أن رقي إلى رتبة فريق أول وعين قائدا عاما للقوات المسلحة ووزيرا للدفاع في ١٩٨٥/٣/١٠م.

وفي ١٩٨٥/٤/٦م قاد انقلابا أبيض أطاح بالرئيس جعفر النميري الذي كان خارج البلاد وترأس مجلسا عسكريا تولى الحكم، ثم سلم السلطة للمدنيين بعد أن انتخبت الجمعية التأسيسية السودانية الصادق المهدي رئيسا للوزراء في عام ١٩٨٦م.

رئيس سابق لجمهورية الصومال. ولد في هـاراديري ١٩١٩م في إقليم أوبيا شـمالي الصومال، تلقى تعليمه الأول في مدرسة لتحفيظ القرآن، ثم التحق ١٩٣٢م بمدرسة حكومية في مقاديشو، اشـتغل بعدها في وظيفة حكومية لمدة عام، ثم تركها ليتولى إدارة بعض أعماله الخاصة، في عام ١٩٤٤م اشـتغل موظفا حكوميا وكانت بريطانيا متولية إدارة الصومال. وعنـدما وضع الصومال تحت وصاية الأمم المتحدة التحـق بمدرسة الإدارة السياسية في موقاديشو وحصل عـلى دبلوم الإدارة السياسية في عام ١٩٥٢م، وفي عام ١٩٥٣م سافر إلى إيطاليا لاستكمال دراسته في معهد الاقتصاد والقانون وعاد في عـام ١٩٥٤م ثم التحق بجامعة روما حيث حصل على الشهادة العليا في العلوم السياسية.

عمل بنشاط السياسة في عصبة شبان الصومال (جامعة الشبيبة الصومالية) منذ نشأتها في عام ١٩٤٤م انتخب عضوا في الجمعية التشريعية الصومالية في ١٩٥٩م عن مقاطعة جاردو. اختـير أول رئيس لحكومـة الصومال عقب الاستقلال مبـاشرة في تمـز ١٩٦٠م حتـى ١٩٦٤م وفي حزيـران ١٩٦٧م انتخب رئيسا للجمهورية خلفا للرئيس عبد اللـه بـن عـثمان. وانتهج سياسـة حسـن الجار مـع كينيا واثيوبيا في محالة لحل مشكلات الحدود سلميا بعد فترة من الصدام المسلح. اغتيل في ١٥ تشريـن الأول ١٩٦٩م وبعد أسبوع استولى الجيش على السلطة (سيادبري).

عسكري وسياسي عراقي، ولد في بغداد ١٩٢١م التحق بالأكاديمية العسكرية ١٩٣٨-١٩٤١م. وبكلية الأركان خدم في الجيش العراقي في حرب فلسطين ١٩٤٨م انضم إلى تنظيم الضباط الأحرار ١٩٥٧م وعرف بصداقته وموالاته لعبد الكريم قاسم.

شارك في ثورة ١٤ تموز ١٩٥٨م وكان وقتها ضابط ركن وقائد الكتيبة الثالثة من اللواء العشرين التابع للفرقة الثالثة والتي كانت في طريقها إلى الأردن. عين بعد نجاح الثورة نائبا لرئيس الوزراء ووزيرا للداخلية. وعلى الرغم من صداقته لعبد الكريم قاسم الذي أصبح القائد الأعلى للقوات المسلحة ورئيسا للوزراء ووزير الدفاع فإن عدم وضوح العلاقات والنهج السياسي أديا إلى نشوء خلافا مبكر بين الاتجاهات والشخصيات الرئيسية في العهد الجديد حول عدد من القضايا. وفي المقدمة حول الموقف من الوحدة العربية مع الجمهورية العربية المتحدة والموقف من الرئيس جمال عبد الناصر.

وقد ناصر عبد السلام التيار الوحدوي الذي يحركه في العراق حزب البعث في وجه المعارضة المتزايدة للوحدة من قبل الحزب الشيوعي وبعض الفئات والتجمعات السياسية الأخرى التي بدأت تلتف تدريجيا حول عبد الكريم قاسم. وفي تشرين الثاني ١٩٥٨م اعتقل عبد السلام وحكم عليه الموت. إلا أن عبد الكريم قام لم يصدق على الحكم وأطلق سراحه في ١٩٦١م.

وعندما قامت ثورة ٨ شباط ١٩٦٣م أصبح عبد السلام عارف رئيسا للدولة وكانت ثورة ٨ شباط تجسيد حي للنضال الشعبي المنظم في فكر حزب البعث العربي الاشتراكي وعقيدته، فقد أكد البيان الأول للثورة على أن ثورة

قومية تقدمية شعبية تعمل لتحقيق الوحدة الوطنية وإشراك الجماهير في توجيه إدارة الحكم. وهي تؤمن وتسعى من أجل تحقيق الوحدة العربية.

لم تستمر الثورة طويلا فبعد ما يزيد على التسعة أشهر عملت أجهزة الاستعمار والرجعية على التآمر والالتفاف على الثورة فنفذ عبد السلام عارف مؤامرته في ١٨ تشرين الثاني وقام بتصفية البعثين في السلطة. فكانت هذه المؤامرة بداية للعهد العارفي الذي مر به العراق والذي اتسم بالفردية والضعف فشهد العراق تكالبا استعماريا في نشاط أجهزة المخابرات الأجنبية للسيطرة على البلاد. إلا أن حزب البعث العربي الاشتراكي استطاع رغم ما تعرض له من إرهاب وتعذيب أن يستعيد القيادة من جديد حين فجر ثورة ١٧-٣٠ تموز عام ١٩٦٨م.

وفي ١٣ نيسان ١٩٦٦م قضى عبد السلام بحادث طائرة أثناء تجواله فوق منطقة القرن في جنوبي العراق وسط عاصفة رملية.

عبد العزيز بن عبد الرحمن بن فيصل بن تركي بن عبد الله بن محمد بن سعود بن محمد بن مقرن بن إبراهيم بن موسى بن ربيعة بن مانع المريدي، وينتهي نسبه إلى بكر بن وائل مـن بنـي أسد بن ربيعة. ولد الملك عبد العزيز بن الرحمن آل سعود في مدينة الرياض ونشأ تحت رعايـة والـده، ولما اشتد عوده تعلم مبادئ القراءة والكتابة على يد الشيخ القاضي عبد اللـه الخرجـي مـن علمـاء الرياض، حيث عهد إليه الإمام عبد الرحمن ابن فيصل بتعليم ابنه فحفظ عبد العزيز بعضا مـن سـور القرآن الكريم ثم تقرأه كله على يـد الشيخ محمـد بـن مصيبيح، كـما درس جانبـا مـن أصول الفقـه والتوحيد على يد الشيخ عبد الله بن عبد اللطيف آل الشيخ الذي أعد لعبد العزيز كراسا دينيا جمع فيه بعض مسائل الفقه والتوحيد بالإضافة إلى المعارف الثقافية الأخرى التي اكتسبها بالخبرة والاحتكاك بالآخرين، خصوصا ببعض العلوم العصرية التي استقاها من خلال المتابعة والمذاكرة والمناقشات.

ولع الملك عبد العزيز بالفروسية ركوب الخيل منذ صباه وعرف عنه حركته الكثيرة وتنقله السريع، وكان حازما وذكيا متفوقا على أترابه، شجاعا جريئا مقداما، يجمع في طبيعته روح الحـرب ورح السلم، يعالج الأمر بحكمة وحنكة ودراية، ويتحلى ببراعة سياسية لا يرقى الشك إليها، وكان يتمتـع بخلق قوي وإرادة نافذة، بعيد المطامح طويل الرؤية. وظل يعتقـد أن الاسـتعداد للأمر ودراسـته هـما الوسيلتان المثليان للنجاح، فهو جنـدي ظافـر تقـي ورع، جـواد سخي، مهذب لطيف المعشر- ورقيـق المعاملة في المجالات الاجتماعية. مما لا شك فيه أن حياة التنقل مع والده بـين مضارب الباديـة -بعد رحيلهما عن الرياض- قد أثرت إلى حد بعيد في شخصيته، خاصـة في مجال الحروب فقـد تعـود حياة البادية

بما فيها من قساوة وشجاعة وأخلاق وتحمل للمسؤولية، كما استفاد من إقامته في الكويت التي استقرت فيها الأسرة السعودية بعض الوقت بعد الجلاء عن الرياض على أثر سيطرة آل الرشيد على كل البلاد النجدية. فكانت حياة عبد العزيز خليطا من لوعة النزوح والتنقل وصرامة الحياة وقسوتها في ظل الهجرة والبعد عن الوطن الأمن من جهة، وتجربة فقدان الملك والسيادة من جهة أخرى.

ومر الملك عبد العزيز خلال إقامته في الكويت بتجربة سياسية كبيرة من خلال مجالسة الشيوخ والأمراء والحكام ورجال الدولة، وقد ظهر أثر ذلك في فكره السياسي ومقدرته السياسية وأدائه السياسي فيما بعد، وكان يحب سماع قصص البطولات والمعارك والتعرف على سير الأبطال، وتاريخ أسرته خاصة تاريخ جده فيصل بن تركي الذي عرف بتدينه وفكره السياسي الرصين وشجاعته وحنكته السياسية وتجربته الكبيرة في مجال السياسة والحكم والإدارة. وهكذا نلاحظ أنه أخذ يهيئ نفسه لعمل كبير جدا ألا وهو استعادة ملك أجداده المسلوب.

يأتي مشروع توحيد البلاد العربية السعودية في مقدمة أعمال الملك عبد العزيز ومنجزاته، فقد حاول دخول الرياض عام ١٣١٨هـ ١٩٠١م في الوقت الذي كان فيه الشيخ مبارك الصباح شيخ الكويت ومعه الإمام عبد الرحمن بن فيصل يحاربان ابن الرشيد في وقعة الصريف في ٢٦ ذي القعدة عام ١٣١٨هـ ١٧ مارس ١٩٠١م، وقد انهزمت القوات الكويتية في تلك الوقعة وترتب على ذلك عدم تحقيق هدف الملك عبد العزيز آل سعود في استرداد الرياض من آل رشيد عاصمة آبائه وأجداده. حاول عبد العزيز استرداد الرياض مرة أخرى وذلك في عام ١٣١٩هـ ١٩٠٢م، وكانت هذه المحاولة أكثر رسوخا وأدق تخطيطا. وقد نجح الملك عبد العزيز هذه المرة واسترد الرياض من عجلان أمير آل الرشيد بعد قتله واستسلام الحامية الرشيدية في ٥ شوال ١٣١٩هـ ١٥ يناير ١٩٠٢م، ونودي بأن الملك لله ثم لعبد العزيز آل سعود. وبهذا الحديث التاريخي

بدأ ظهور الدولة السعودية الحديثة وقيامها وريثة شرعية للدولتين السعوديتين الأولى والثانية ومن ثم بدأ تاريخ الملك عبد العزيز آل سعود كمؤسس أول وحقيقي لتلك الدولة.

تسلم الملك عبد العزيز مقاليد الحكم والإمامة بعد تنازل والده الإمام عبد الرحمن بن فيصل له عن الحكم والإمامة في اجتماع كبير عقد بالمسجد الكبير بالرياض بعد صلاة الجمعة عام ١٣٢٠هـ ١٩٠٢م، وظل الأب يشرف على أعمال ابنه طوال حياته، ظل الابن يجل ويقدر آراءه ويحترمها.

شرع عبد العزيز يوحد مناطق نجد تدريجيا فبدأ بتوحيد المناطق الواقعة جنوب الرياض بعد انتصاره على ابن الرشيد في بلدة الدلم القريبة من الخرج. فدانت له كل بلدان الجنوب، الخرج والحريق والحوطة والأفلاج وبلدان وادي الدواسر. ثم توجه إلى منطقة الوشم وحارب ابن الرشيد وانتصر عليه، ودخل بلدة شقراء ثم واصل زحفه صوب بلدة تادق فدخلها أيضا ثم توجه إلى منطقة سدير ودخل بلدة المجمعة. وبهذا الجهد العسكري تمكن الملك عبد العزيز من توحيد مناطق الوشم والمحصل وسدير وضمها إلى بوتقة الدولة السعودية الحديثة.

تابع الملك عبد العزيز مشروعه لتوحيد البلاد، فتمكن من توحيد منطقة القصيم وضمها إلى الدولة السعودية الناشئة بعد أن خاض مجموعة من الوقعات الحربية ضد ابن رشيد وأنصاره العثمانيين، منها وقعة الغيضة في ١٨ ذي الحجة ١٣٢١هـ ١٠ مارس ١٩٠٤م، والبكيرية في ١ ربيع الثاني ١٣٢٢هـ ١٩٠٤م والشنانة في ١٨ رجب ١٣٢٢هـ ١٩٠٤م، وهي من المواقع الفاصلة في تاريخ البلاد، ووقعة روضه مهنا التي قتل فيها الأمير عبد العزيز آل الرشيد في صفر من عام ١٩٠٦م. ومثلث القصيم منطقة حيوية وإستراتيجية للملك عبد العزيز آل سعود، خصوصا في صراعه ضد ابن الرشيد بعد توقيع صلح

بينه وبين متعب بن عبد العزيز آل الرشيد في أعقاب وقعة روضة مهنا، حيث اعترف الملك عبد العزيز لمتعب بن الرشيد بالإمارة على حائل ومنطقة جبل شمر. استعاد الملك عبد العزيز آل سعود منطقة الأحساء بكاملها عام ١٣٣١هـ ١٩١٣م قبيل اندلاع الحرب العالمية الأولى، ورحل الحاميات العثمانية التي كانت موجودة فيها إلى البصرة، وأقر العثمانيون بالأمر الواقع وفاوضوا الملك عبد العزيز واعترفوا رسميا به واليا على نجد. ومتصرفا على الأحساء وأهدوه النيشان العثماني الأول ورتبة الوزارة في أواخر عام ١٣٣٢هـ ١٩١٤م ولقبوه بصاحب الدولة. إلا أن هذا الاتفاق وهذا التقارب العثماني تجاه الملك عبد العزيز لم يخرجا إلى حيز التنفيذ بل ظل مجرد حبر على ورق.

أفاد الملك عبد العزيز كثيرا عن عودة منطقة الأحساء إلى دولته، لأنه قد وسع بذلك حدود دولته لتمثل جزءا مهما من الجزيرة العربية يطل على ساحل الخليج العربي، وله أهميته السياسية والاقتصادية والتجارية. وغدا لدولة الناشئة منفذ بحري ممتاز أخرجها من عزلتها وانغلاقها داخل الأراضي النجدية، وأصبح الملك عبد العزيز وثيق الاتصال بالدول الكبرى، مفوضا بريطانيا ذات السلطة والشأن في منطقة الخليج. ورغبت بريطانيا في دفع الملك عبد العزيز إلى الدخول في حرب ضد الدولة العثمانية بعد اندلاع الحرب العالمية الأولى، لكنه حاول قدر استطاعته أن يظل على الحياد برغم موقفه المعادي للأتراك بسبب مساعدتهم وتشجيعهم لآل الرشيد، وبسبب المواقف العثمانية العامة المعادية للدولة السعودية في جميع أدوارها ومراحل حكمها. في أعقاب الحرب العالمية الأولى تمكن الملك عبد العزيز من استرجاع منطقة جبل شمر بعد عدة مناوشات ووقعات خاضتها القوات السعودية ضد القوات الرشيدية، استسلمت بعدها مدينة حائل عاصمة الجبل في صفر عام ١٣٤٠هـ ١٩٢١م.

وعامل ابن سعود آل الرشيد معاملة كريمة تليق بمقامهم. كما تمكّن الملك عبد العزيز من ضم منطقة عسير إلى أجزاء دولته بعد حروب طويلة مع آل عائض حكام منطقة عسير، وكان ذلك عام ١٣٣٨هـ،١٩٢٠م وعامل عبد العزيز آل عائض ومن وقف معهم من الأهالي في عسير معاملة طيبة كعادته في معاملة خصومه بعد انكسارهم واستسلامهم، وتمكن من توحيد إمارة الأدارسة وضمها إلى بوتقة دولته، وأصبحت جزءا من الدولة السعودية الحديثة عام ١٣٥١هـ ١٩٣٢م. كما وحد عبد العزيز منطقة الحجاز مع باقي مناطق الدولة السعودية الحديثة عام ١٣٥١هـ ١٩٣٢م. وانتهى بذلك حكم الإشراف في الحجاز.

اختارت الدولة السعودية في عهد الملك عبد العزيز شكل شعار الدولة وعلمها الحاليين وقام دستور الدولة على القرآن ويقوم الحكم فيها على تطبيق الشرع الإسلامي المستمد من القرآن والسنة النبوية الشريفة وما أثر عن الصحابة وتابعيهم بإحسان، وما عليه الأئمة الأربعة وصالح سلف الأمة، وتطبق الدولة في المعاملات والأحوال الشخصية المشهورة من مذهب الحنابلة.

أمر الملك عبد العزيز آل سعود بوضع التعليمات الأساسية للمملكة الحجازية بعد ضم الحجاز وتوحيدها في بوتقة الدولة السعودية الحديث وهي تعريف بالدولة وشكلها وترتيباتها الإدارية، وقد نشرت تلك التعليمات في الجريدة في ٢١ صفر ١٣٤٥هـ ٣١ أغسطس ١٩٢٦م، وبعد صدورها بثلاثة أشهر لقب الملك عبد العزيز آل سعود بلقب ملك الحجاز ونجد وملحقاته، ثم بدل هذا اللقب بلقب أعم وأشمل هو ملك المملكة العربية السعودية في ٢١ جمادى الأول ١٣٥١هـ ٢٢ سبتمبر ١٩٣٢م وعند إعلان توحيد جميع أجزاء المملكة في دولة واحدة وهو اليوم الوطني للمملكة ونظم الملك عبد العزيز دولته الحديثة على أساس من التحديث والتطور المعاصر، فوزع المسؤوليات في الدولة وأسس

حكومة منظمة في الحجاز بعد ضمها وأنشأ منصب النائب العام في الحجاز وأسند مهماته إلى ابنه الأمير فيصل في عام ١٣٤٤هـ ١٩٢٦م. وأنشأ مجلس الشورى السعودي عام ١٣٤٥هـ ١٩٢٧م وأسند رئاسته أيضا إلى الأمير فيصل ابن عبد العزيز. وأنشأ الملك عبد العزيز عددا من الوزارات في الدولة السعودية كتنظيم إداري متقدم خرج به عن نسق النظام الإداري التقليدي المتوارث من الدولتين السعوديتين الأولى والثانية، فأقامت الدولة الحديثة آنذاك علاقات دبلوماسية وفق التمثيل السياسي الدولي المتعارف عليه رسميا، وعينت السفراء والقناصل والمفوضين والوزراء لهذه الغاية. كما اهتم كثيرا بدعم الحركات التحريرية العربية والإسلامية ودعم القضية الفلسطينية وجامعة الدول العربية والإسلامية ومؤسساتها. وناصر جميع قضايا العالمين العربي والإسلامي بالدعم والمشورة والتأييد في المحافل الدولية والإقليمية. وانخرط في منظومة الدول العالمية بانضمام دولته إلى هيئة الأمم المتحدة ومؤسساتها. واهتم الملك عبد العزيز بالبناء والتنظيم وتوطيد الأمن وتأمين طرق الحج وتعمير البلاد وتشجيع الزراعة وتوطين البدو. كما اتجه الملك عبد العزيز بالعلم والتعليم وشرع في فتح المدارس واستقدام المدرسين. كما أرسل البعثات من أبناء المملكة إلى عدد من الكليات والمعاهد في الخارج لتستفيد المملكة من علمهم في النهوض بها لدى عودتهم إليه. كما قام بطباعة الكتب الدينية والعلمية وتوزيعها مجانا، وعمل على الانتفاع بالمخترعات الحديثة. وعندما تم اكتشاف البترول في المنطقة الشرقية في المملكة وبدأ الإنتاج والتصدير عام ١٩٣٨م أخذت المملكة تتقدم بسرعة في النواحي التعليمية والصحية وإنشاء الطرق والسكك الحديدية. كما أمر بسك العملة السعودية "الريال" ووضع موازنة للدولة الفتية، وبدأ في تنفيذ مشروعات توسعة الحرمين الشريفين. توفي الملك عبد العزيز آل سعود في مدينة الطائف ونقل جثمانه إلى الرياض حيث دفن مع أسلافه من آل سعود.

الرئيس الجزائري الحالي ولد في تلمسان ١٩٣٧م دخل الحياة السياسية وهو على مقاعد الدراسة الثانوية في المغرب من خلال اتصاله بحزب الاستقلال. عضو الاتحاد العام للطلاب المسلمين الجزائريين. ترك دراسته الجامعية والتحق بجبهة التحرير، قام بعدة مهمات في الداخل وبشكل خاص في الولاية الخامسة أيد الجيش (بن بله وبومدين) في صراعه ضد الحكومة المؤقتة. نائب عن تلمسان ووزير الشباب والرياضة في أول حكومة للجزائر المستقلة ١٩٦٢م.

وفي ١٩٦٣م وبعد مقتل محمد خميس اختير بوتفليقة ليحل محله في وزارة الخارجية وكان عمره آنذاك ٢٦ عاما. وقف في ١٩٦٥م ضد بن بله الذي قرر إبعاده، ما عجل في حركة ١٩ حزيران ١٩٦٥م التي أطاحت بن بله، وقد نسبه بومدين الجديد وزيرا للخارجية وظل في هذا المنصب حتى وفاة بومدين ١٩٧٩م.

عمل بنشاط في المجالس والمؤتمرات الدولية. وانتخب في عام ١٩٧٤م رئيسا للجمعية العامة للأمم المتحدة. وبالإضافة إلى مناصبه السياسية كان بوتفليقة عضوا في المكتب السياسي لجبهة التحرير ١٩٦٤-١٩٨١م وعضوا في مجلس الثورة ١٩٦٥-١٩٧٩م. وعرض عليه منصب بصفته وزير مستشار لدى المجلس الأعلى للدولة عام ١٩٩٣م، ثم بصفته ممثل دائم لدى الأمم المتحدة إلا أنه رفض وبعدها عام ١٩٩٤م اعتذر كذلك عن تعيينه رئيسا للدولة قبل اليامين زروال في عام ١٩٩٩م أصبح رئيسا للجمهورية بعد عشرين عاما من غياب البومدينية.

سياسي واقتصادي يمني، ولد في جبلة في المقاطعة الجنوبية مـن الجمهوريـة العربيـة اليمنيـة وتلقى علومه الجامعيـة العليـا في الولايـات المتحـدة الأمريكيـة، حيـث نـال عـلى شـهادة الـدكتوراه في الاقتصاد.

عين في تموز ١٩٧٣م عضوا في مجلس مدراء البنك اليمني للأعـمار والتنميـة. وفي آذار ١٩٧٤م عين وزير دولة للتنمية الاجتماعية والاقتصادية فقلد بعد ذلك عـدة مناصب وزاريـة وإداريـة أبرزهـا منصب وزير التنمية من ١٩٧٦م إلى ١٩٧٧م، ثم وزير التربية وعميد جامعة صنعاء مـن ١٩٧٦-١٩٧٨م، فرئيس قسم التخطيط في مكتب التنمية من ١٩٧٧م إلى ١٩٧٩م، فرئيس المكتب المركزي للتخطيط مـن ١٩٧٩م إلى ١٩٨٠م وأخيرا رئيس مجلس الوزراء في تشرين الأول ١٩٨٠م.

الرئيس عبد الكريم قاسم (١٩١٤-١٩٦٣م)

عسكري وسياسي عراقي، ولـد في بغـداد ١٩١٤م التحـق بالأكاديميـة العسكريـة في ١٩٣٢-
١٩٣٤م، وبكلية الأركان ١٩٤٠-١٩٤١م ومدرسة كبار الضباط في إنكلترا ١٩٥٠م. شارك في حرب فلسطين
١٩٤٨م انضم إلى تنظيم الضباط الأحرار، وفي آذار ١٩٥٧م تشكلت جبهة الاتحاد الوطني التي ضمت
القوى الوطنية ومنها حزب البعث العربي الاشتراكي حيث تمكنت بالتعاون مع الضباط الأحرار في القوات
المسلحة من تفجير ثورة ١٤ تموز عام ١٩٥٨م التي أنهت العهد الملكي وأعلنت النظام الجمهوري في
العراق.

انحرفت ثورة ١٤ تموز ١٩٥٨م عـن الطريـق الـذي رسـم لهـا لتحقيـق التحـرر السياسي
والاقتصادي ولبناء القطر بشكل يخدم المصلحة الوطنية والقومية. فقد اتجه حكم عبد الكريم قاسم
الذي انفرد بالسلطة إلى التضييق على الشعب واضطهاده. كما عمل على إبعاد جميع القوى القومية
عن السلطة والتنكيل باء وشجع بشكل واضح جدا الصراع بين القوى الوطنيـة في القطر لـكي يضعفها
ليبقى هو في الحكم بدون منازع.

لم يكتف حكم عبد الكريم قاسم بكل ذلك بل عمل على عزل العراق عـن بقية أقطار الوطن
العربي. فحارب كل الاتجاهات الوحدوية التي تؤمن بأن الحدود المصطنعة بين أقطار الوطن العربي من
صنع المستعمر لتفريق الأمة وتشتيتها لإضعافها والسيطرة عليها واستغلالها.

وهكذا عاش العراق أياما حالكة كان لابد مـن وضع حـد لهـا، وكان حزب البعث العربي
الاشتراكي باعتباره طليعة قومية مناضلة ملزما إزاء الأوضاع المنحرفة التي سادت القطر، بأن يرفع شعار
إسقاط السلطة الدكتاتورية. وقد هيأ

لذلك بالاضطرابات الطلابية الرائعة التي قادها الاتحاد الوطني لطلبة العراق متحديا سلطة عبد الكريم قاسم ومن تعاون معه من الشيوعيين.

لقد صمد الطلاب صمود الأبطال وتحدوا المعتقلات والسجون وهم يصارعون الدكتاتور الفردي وأعوانه. وقد قود الإضراب العربي الاشتراكي خطة الحزب في استلام السلطة وإنهاء الحكم الفردي صبيحة ٨ شباط ١٩٦٣م، فتمسكت الطائرات المقاتلة من دك حصن عبد الكريم قاسم ومقره في وزارة الدفاع. كما تقدمت في الوقت نفسه قطعات الجيش يساندها جموع الشعب لتكمل مهمة نجاح الثورة، وقد أوصل عبد الكريم قاسم وأعوانه إلى محكمة شكلتها حكومة الثورة التي أصدرت بعد المحاكمة قرارا بإعدامه فنفذ فيهم حكم الإعدام.

ملك المملكة الأردنية الهاشمية منذ عام ١٩٩٩م، وهو الابن الأكبر للملك الحسين بن طلال. بدأ تعليمه في الكلية العلمية الإسلامية في عمان واستمر في ذلك حتى عام ١٩٦٩م، ثم غادر إلى إنكلترا والتحق بأكاديمية ديرفليد في الولايات المتحدة الأمريكية وفيها أنهى دراسته الثانوية.

وفي عام ١٩٨٠م جرى تعيينه قائدا لفصيل كشف عن الكتيبة ١٣-١٨ من المدرعات الملكية البريطانية في ألمانيا الغربية وإنكلترا، وبدأ من تشرين الأول ١٩٨٣م، التحق بجامعة أكسفورد حيث التحق ببرنامج الدراسات الخاصة في السياسة الدولية لمدة عام واحد. وخلال الفترة من شهر آب ١٩٨٧م وأيار ١٩٨٨م تابع الملك عبد الله الثاني دراسات متقدمة في الشؤون الدولية بجامعة جورج تاون. في مدينة واشنطن حيث التحق بها كزميل CAREER FELLOW-MID. وشارك خلال تواجده في تلك الجامعة في الدراسة والبحث المتقدم للشؤون الدولية.

ومع نهاية عام ١٩٨٨م أشترك الملك عبد الله الثاني في دورة التعبئة لجميع الصفوف في مدرسة المشاة في الولايات المتحدة، ولدى عودته إلى المملكة الأردنية الهاشمية تم تعيينه قائدا لإحدى سرايا كتيبة الدبابات ١٧ في لواء الحرس الآلي الثاني، وفي صيف عام ١٩٨٩م عين الملك عبد الله مساعدا لقائد الكتيبة حيث كان آنذاك برتبة رائد. وتدرج في الخدمة العسكرية إلى أن أصبح قائدا للعمليات الخاصة عام ١٩٩٦م.

تسلم الملك عبد الله الثاني سلطاته الدستورية بعد ظهر يوم السابع من شهر شباط سنة ١٩٩٩م، بعد وفاة الملك الحسين بن طلال، وأصبح بذلك الملك الرابع للمملكة الأردنية الهاشمية.

أمير الكويت مـن ١٩٥٠م إلى ١٩٦٥م أحـد أبـرز الأمـراء الكويتيين الذيـن عملـوا مـن أجـل الاستقلال والتقدم والارتباط بقضايا العالم العربي. ولد سنة ١٨٨٥م عـين رئيسا للمجلس الاستشـاري في عهد سلفه الشيخ أحمد الجابر الصباح.

تـولى الحكـم في ١٩٥٠/٢/٢٥م في عهـده أجـرى تعـديلا في اتفاقيـة النفط مـع شركة النفط الكويتية التابعة لبريطانيا حيث صارت حصة الكويت ٥٠% مـن الأرباح الصافية. ألغى اتفاقيـة الحمايـة البريطانية المعقودة في عام ١٨٩٩م وأعلن استقلال الكويت في ١٩٦١/٦/١٩م.

ناصر نضال العرب في أقطار المغرب العربي، وساند الرئيس جمال عبد الناصر إبان العدوان الثلاثي سنة ١٩٥٦ وأصدر تعليماته بمقاطعة البواخر الإنكليزية والفرنسية، وكان لموقفه الأثر الكبير في قيـام مجموعـات كويتيـة في ١٩٥٦/١٢/١١م بتفجير أنبـوب النـفط في ميناء الأحمدي احتجاجا عـلى العدوان الثلاثي.

أيد بقوة الفلسطينيين وقضية فلسطين وأفسـح المجـال لاستقبال الآلاف مـنهم في الكويـت ومنحهم الحرية في العمل السياسي. أصدر الدستور الكويتي في ١٩٦٢/١١/١١م، وأنشـأ أول البرلمـان في تاريخ الكويت في ١٩٦٣/٥/١٤م، توفي في تشرين الثاني ١٩٦٥م.

ملك المملكة الأردنية الهاشمية (١٩٤٦-١٩٥١م) بعد أن كان أمير إمارة شرق الأردن (١٩٢١-
١٩٤٦م) الابن الثاني لشريف مكة الحسين بن علي المنحدر من قريش. تلقى علومه في استنبول التي
انتقل إليها مع والده الذي استدعاه الأتراك للإقامة عندهم تحت المراقبة لشكهم في ولائه لهم.

بعد ثورة تركيا الفتاة ١٩٠٨م، عاد إلى مكة مع والده الذي أعيد أميرا عليها، فوضه والده
التباحث مع المعتمد البريطاني في مصر. وقد أدت هذه الاتصالات إلى مراسلات حسين مكماهون
الشهيرة. شارك في الثورة العربية الكبرى التي قادها والده سنة ١٩١٦م، وفي عام ١٩١٧م عينه والده
وزيرا لخارجيته ومستشارا سياسيا له بعد أن أعلن ملكا على الحجاز. في عام ١٩٢٣م اعترفت بريطانيا
بشرق الأردن إمارة مستقلة ضمن الانتداب البريطاني على فلسطين.

شارك الأمير عبد الله في جهود تأسيس الجامعة العربية، وأصبح ملكا في أيار ١٩٤٦م عندما
منحت بريطانيا الاستقلال لشرقي الأردن. وفي عام ١٩٤٩م تمكن الملك عبد الله من عقد مؤتمر أريحا
الذي جمع فيه عددا من وجهاء فلسطين لإعلان ضم الضفة الغربية إلى المملكة الأردنية وكان إعلان
ذلك رسميا في نيسان ١٩٥٠م.

اغتيال عند باب المسجد الأقصى ـ في مدينة القدس في ٢٠ تموز ١٩٥١م، عرف عن الملك
المحافظة والتفرد وتفضيل مشاورة الوجهاء على اعتماد المؤسسات التمثيلية، وكان على جانب من
الفصاحة والبلاغة والتمرس بالأدب.

عسكري ورجل دولة يمني قاد أول انقلاب عسكري ناجح ضد حكم الإمامة وأقام النظام الجمهوري فيها بدعم من الرئيس جمال عبد الناصر.

من مواليد صنعاء عام ١٩١٧، أرسل في مطلع الثلاثينات من القرن الماضي إلى بغداد حيث تخرج من الكلية العسكرية في عام ١٩٣٨م. وفي عام ١٩٣٩م اعتقل بسبب آرائه السياسية الداعية إلى تغيير سياسة البلاد والمناهضة لسياسة العزلة التي كان يفرضها حكم الإمامة على البلاد. أفرج عنه والتحق بالجيش اليمني عام ١٩٤٠م. وفي عام ١٩٤٨م شارك في محاولة انقلابية فاشلة ضد الإمام يحيى فسجن سبعة أعوام. تم الإفراج عنه في عام ١٩٥٥م ليصبح رئيسا للحرس الخاص للإمام البدر.

وفي عام ١٩٥٩م عين محافظا للحديدة، وظل في هذا المنصب إلى أن سجن للمرة الثالثة في العام ١٩٦١م لأسباب تتعلق أيضا بنشاطه في أوساط الضباط اليمنيين ضد حكم الإمامة. وفي عام ١٩٦٢م خرج من السجن وعين رئيسا لأركان حرب الجيش اليمني، وفي ٢٦ أيلول ١٩٦٢م قام بحركة انقلابية ضد الإمام البدر واستولى على السلطة، وتم اختياره رئيسا لمجلس قيادة الثورة ثم رئيسا للجمهورية اليمنية.

وفي تموز ١٩٦٤م صدر الدستور الدائم للجمهورية اليمنية، وأعلنت الثورة إلغاء الرق والفوارق القبلية والدينية، كما أعلنت المساواة بين الطوائف وإلغاء الاستعباد والرهائن. ترك الحكم في عام ١٩٦٥م لفترة مؤقتة على أن يعود إليه في عام ١٩٦٦م. وفي عام ١٩٦٧م أطاح به انقلاب بزعامة القاضي عبد الكريم الأرياني، وأثناء الانقلاب كان عبد الله السلال في بغداد فمنحته الحكومة العراقية اللجوء السياسي، توفي في عام ١٩٩٤م.

الرئيس علي عبد الله صالح

الرئيس اليمني الحالي. ولد في منطقة سخان عام ١٩٤٢م التحق بالقوات المسلحة اليمنية عام ١٩٥٨م، ومدرسة ضباط الصف عام ١٩٦٠م وراح يتدرج في الرتب العسكرية، مدير تسليح المدرعات، قائد فصيلة قسرية، فأركان حرب كتيبة دروع، فقائد لواء مدرع.

شارك في انقلاب عام ١٩٧٤م الذي أوصل العقيد إبراهيم الحمدي إلى السلطة في صنعاء، فعين قائدا للأمن في تعز حتى حزيران ١٩٧٨م، وكان دوره قوي إثر اغتيال الحمدي في تشرين الأول ١٩٧٧م، إذ غدا أقرب مساعدي العقيد أحمد حسين الغشيمي، الرئيس الجديد وأحد أربعة يؤلفون المجلس الرئاسي المؤقت. عين قائدا عاما مساعدا للقوات المسلحة اليمنية في ٢٨ حزيران ١٩٧٨م، وانتخب في ٢٨ تموز من العام نفسه إثر اغتيال الرئيس الغشمي رئيسا للجمهورية وغدا بحكم الدستور القائد العام للقوات المسلحة في البلاد.

أجهض الرئيس الشاب في ١٥ تشرين الأول عام ١٩٧٨م محاولة لإطاحته وثبت دعائم حكمه داخليا وخارجيا، وانتخب في ٣٠ آب ١٩٨٢م أمينا عاما للمؤتمر الشعبي العام. اعتمد صالح سياسة توازن في الداخل وسعى إلى تحسين علاقاته مع الاتحاد السوفيتي السابق، واليمن الديموقراطي دون التخلي عن علاقات حسن الجوار مع المملكة العربية السعودية، وعلاقاته الطيبة مع الغرب.

وتمكن صالح بعد محاولات وحدوية عديدة مع الجنوب -وعلى الرغم من إشكالات ومواجهات عديدة تخللتها- من تحقيق حلم ملايين اليمنيين، فكانت الوحدة وقد تلت إشكالات أمنية داخلية أودت بحياة آلاف اليمنيين في الجنوب.

قام اليمن الموحد في أيار ١٩٩٠م برئاسة علي عبد الله صالح الذي سبق وجدد له في رئاسة اليمن الشمالي عام ١٩٨٢م و١٩٨٨م فغدا بالتالي رئيس الدولة الأكثر سكانا في الجزيرة العربية انتخب ثالث مرة رئيسا للجمهورية في ١٩٩٤/١٠/١م. وأعيد انتخابه رئيسا للجمهورية في أيلول ١٩٩٩م.

سياسي أذربيجاني، استلم السلطة في أذربيجان (١٨ حزيران ١٩٩٣م) إثر أحداث دموية فر
بسببها الرئيس الأذري الفضل التشي بيه.

ولد حيدر علي رضا أوغَلو علييف في ١٩٢٢م في منطقة ناخيتشيفان التابعة لأذربيجان
(وكانت ناخيتشيفان جمهورية ذات حكم ذاتي ضمت جمهورية أذربيجان الاشتراكية السوفيتية) لكنها
غير مرتبطة بها جغرافيا وتحيط بها أراضي أرمينيا وإيران. انضم إلى الحزب الشيوعي في عام ١٩٤٥م،
واحتل مركز متقدم في عام ١٩٦٥م عندما أصبح نائبا للرئيس ثم رئيسا للجنة أمن الدولة (كي. جي. بي)
في أذربيجان، وقفز من هذا المنصب إلى زعامة الحزب الشيوعي في الجمهورية عام ١٩٦٩م، وأصبح
الحاكم الفعلي لأذربيجان حتى عام ١٩٨٢م وفي عهده تولى المنحدرين من ناخيتشيفان مناصب قيادية
وأصبحوا "الوافدين الحاكمين" في باكو.

أقام علييف علاقات وثيقة مع الزعيم السوفيتي ليويند بريجنيف ومع خلفه يوريد
أندروبوف. فاستدعى في العام ١٩٨٢م إلى موسكو ليصبح عضوا في المكتب السياسي للحزب الشيوعي
السوفيتي ونائبا أول لرئيس الحكومة السوفيتية، وهو منصب بالغ الأهمية لم يسبق أن احتله أذري
باستثناء بعفر باقورف الذي أعدم في الخمسينات من القرن الماضي لاتهامه بالتآمر.

وخلافا لباقورف فإن إقصاء علييف عن السلطة في زمن البيريسترويكا لم يترافق بحرمانه من
الحياة لكن الكثير اعتبره "جثة سياسية" إذ عزل من كل مناصبه في موسكو وأذربيجان ووجهت إليه
اتهامات بالرشوة والفساد ولم يستطع أي طرف إثباتها.

وتوارى علييف فترة قصيرة ليظهر مجددا في مسقط رأسه يصبح رئيسا لها. ورغـم أن رؤوسـا كثيرة تساقطت في باكو إلا أن علييف لم يكن متسرعا في الانتقال إليها وظل ينتظر سـاعته التـي حانـت أخيرا مع تفاقم الأزمة السياسية داخل باكو وفشـل "الجبهـة الشـعبية" الحاكمـة وزعيمها الـرئيس أبـو الفضل التشي بيه في تحقيق وعوده كثيرة في إنهاء حرب قره باخ، وتحسين الأوضاع الاقتصادية في ظرف مائة يوم. وانتخب علييف رئيسا لبرلمان كان الكثيرون من أعضائه خصوما لـه فـي الأمـس ولكـنهم أدركـوا أنه "ورجل الملمات" هو الوحيد القادر على ضبط الأوضاع وخصوصا أنه يتمتع بتأييـد قـوي مـن غالبيـة المواطنين الذين يذكرون أن أذربيجان كانت قد تحولت في عهده من بلد زراعي إلى قوة صناعية.

ولم يرفع علييف أيا من الشعارات الشيوعية، بل دعـا إلى "دولـة علمانيـة متحضـرة" تربطها علاقات جيدة مع البلدان المجاورة. لكي يثبت علييف أنه الرجل المناسب عليـه أن يحل ثـلاث مشـاكل مترابطة: الأولى هي الأزمة السياسية ووقف زحف الجنرال سورت حسينوف على باكرو، والثانيـة الأزمـة الاقتصادية والثالثة إيجاد تسوية سريعة مع الأرمن في قره باخ.

الرئيس عمر البشير

سياسي وعسكري ورئيس الجمهورية السودانية الحالي. ولد في شندي معقل قبيلة الجعلين التي اشتهرت بالشجاعة والكرم. وساهمت في نشر اللغة العربية والإسلام في السودان وأفريقيا الغربية.

تعلم عمر في الخرطوم بحري، ثم انتقل إلى مدرسة الخرطوم الثانوية عبر جسر ـ النيل الأزرق من مزرعة كفوري حيث منزل الأسرة. وعلى الرغم من أن المدرسة التي احتلت بعض ثكنات الجنود البريطانيين التي احتلت عند جلائهم في عام ١٩٥٥م كانت تمر بالتيارات السياسية المتصارعة، وتشهد ندوات فكرية منتظمة بحكم جوار هالبماني في جامعة الخرطوم، إلا أن الطالب عمر البشير لم يحفل بالقضايا السياسية.

كانت الكلية الحربية حلم الآلاف بل مئات الآلاف، فقام الأب باتصالات محمومة بالاتحاديين والختمية الذي ظل على اتصال بهم طوال حياته. والراجح أنهم استخدموا نفوذهم لمساندة طلب عمر حسن أحمد البشير. فتم قبوله في الكلية الحربية بعد أن اجتاز كل معايناتها.

وكان نشاط الأصوليين في الجيش قد انتظم بعد ثورة تشرين الأول ١٩٦٤م، وهي الفترة التي قبل فيها عمر البشير في الكلية الحربية، لكنه لم يستجب لاتصالاتهم فقد كان متأثرا بوالده، وكان ميوله أقوى نحو جمال عبد الناصر والقوميين العرب، وحدثت النقلة النوعية في موقفه عندما أرسله الجيش إلى التدريب في (المركز الإسلامي الإفريقي) إبان حكم الرئيس جعفر النميري. وهذا المركز الـذي أنشئ بتمويل غير سوداني، ما لبث أن صار واجهة للأصوليين السودانيين الـذين وظفـوه لاستقطاب الضباط وغيرهم. وتخصص المركز الذي غير اسمه ليصير جامعة أفريقيا في تنظيم دورات تدريبية دينية.

وأدرك بعض قادة الجيش خطورة دورات المركز وقال أحدهم لنميري (هل تريد ضباطا أم أئمة مساجد؟) لكن الرئيس كان متواطئا مع الأصوليين راضيا عن اختراقهم القوات المسلحة.

وانضم عمر البشير إلى التنظيم الإسلامي أثناء دراسته في المركز الإسلامي، وعرف الأصوليون مقدراته فأخذوا يحيطونه بهالة من التمجيد ويبالغون في نسب المواقف القتالية المتميزة إليه، ومن ذلك أنهم أثاروا ضجة كبرى حول مساهمته في (معركة ميوم) الشهيرة في جنوبي البلاد حيث كان الضابط القائد. وواقع الأمران التخطيط لمعركة ميوم إنما وضع في العمليات العسكرية في الخرطوم.

واشترك في القيادة الفعلية وتحقيق المفاجأة التكتيكية لضبط مجهولين لم تسلط عليهم أضواء الإعلام الأصولي، واعترف عمر البشير نفسه للتلفزيون السوداني أنه وصل إلى أرض المعركة في السابعة صباحا وأشرف على الجزء الثاني من المعركة التي بدأت في الخامسة صباحا.

بيد أن البشير برز كمعارض بارع عند سقوط نظام النميري في ١٩٨٥م إذ شارك في لقاءات اللواء عثمان عبد الله بالأحزاب والنقابات. ثم تفرغ للتفاوض مع النقابات، وأفلح في تهميشها على الرغم من أنها اضطلعت بالدور الأساسي في قيادة الانتفاضة وجدير بالذكر أنه عندما استولى على السلطة في عام ١٩٨٩م استدعى بعض القادة النقابيين الذين سبق له أن فاوضهم وطلب منهم أن يؤيدوا الانقلاب.

رئيس دولة أوغندا على أثر انقلاب كانون الثاني عام ١٩٧١م وعسكري تلقى دراساته العسكرية في بريطانيا. انضم إلى فرقة حملة البنادق الملكية البريطانية في عام ١٩٤٦م. واشترك في عمليات عسكرية في بورما وفي كينيا أثناء ثورة الماوماو. أول عسكري أوغندي يرقى من صف ضابط إلى رتبة ضابط ١٩٦١م، وعين مساعدا لقائد القوات المسلحة ١٩٦٤م ثم رئيسا للأركان ١٩٦٦م فقائدا عاما للقوات المسلحة ١٩٦٧م. لعب دورا أساسيا في إطاحة ملك أوغندا فردريك موتيسا ١٩٦٦م.

قاد الانقلاب العسكري الذي أطاح الرئيس ميلتون أوبوتي، أثناء وجود هذا الأخير في الخارج لحضور مؤتمر دول الكوفيولث (٢٥ كانون الثاني ١٩٧١م) وتولى رئاسة الدولة ووزارة الدفاع وقيادة القوات المسلحة ورئاسة مجلس الدفاع ووزارة الشؤون الداخلية. بدأ عيدي المرحلة الأولى من حكمه بانتهاج سياسة معاكسة لسياسة ميلتون اوبوني التحررية، فتبنى سياسة موالية للغرب وحكومة جنوب أفريقيا البيضاء العنصرية.

وفي الداخل شن حملة قمع لا مثيل لها في تاريخ أوغندا ضد خصومه الحقيقيين أو المحتملين، فرفضت كينيا وتنزانيا وزامبيا الاعتراف بنظامه. وإزاء عدم تلقيه الدعم الغربي المأمول عنه تراجع عن سياسته الأولى منتهجا سياسة التأييد والدعم للقضايا التحررية الأفريقية والعربية. ترأس منظمة الوحدة الأفريقية ١٩٧٥-١٩٧٦م وبدأت الدوائر الغربية التشهير به مستفيدة من الطابع الدموي لنظامه. وفي تشرين الأول ١٩٧٨م اندلع نزاع حدودي مسلح بين أوغندا وتنزانيا استمر عدة أشهر، فغزت تنزانيا الأراضي الأوغندية واحتلت العاصمة كمبالا، ولجأ عيدي أمين إلى شمالي البلاد ومنها إلى ليبيا، ثم المملكة العربية السعودية، ثم زامبيا التي طرد منها في كانون الثاني ١٩٨٩م.

الأمير عيسى بن سلمان آل خليفة (١٩٣٣-١٩٩٩م)

أمير دولة البحرين ولد في الجسرة، وتلقى تعليمه أولا على يد معلمين أكفاء في دار والده ثم التحق بمدارس البحرين حيث شارك زملاءه في دور العلم للإفادة من الاحتكاك بهم. ولما أنهى مرحلة دراسته في البحرين أرسله والده إلى أوروبا لتلقي المزيد من التعليم وللانفتاح على العالم الأوروبي لصقل معارفه، وفهم أسس الحضارة الغربية حتى لا يكون في المستقبل بمعزل عـن الأحداث العالميـة المهمة التي تصدر في الأقطار الأوروبية.

قرر والده الشيخ سلمان بن حمد آل خليفة أن يعده إعدادا جيدا لتولي منصب أمير البحرين، ولذلك كان يكلفه بالعمل في مناصب ذات مسؤولية، وبالفعل فإنه لما بلغ العشرين من عمره عينه والده في مجلس الوصاية على الحكم في البحرين أثناء غيابه لحضور احتفالات تتويج الملكة اليزابيث ملكة بريطانيا.

وفي عام ١٩٥٦م عينه والده رئيسا لمجلس بلدية المنامة حيث بقي في هذا المصب حتى تولى إمارة البحرين، وفي خلال هذه الفترات نال مزيدا من الخبرات في السياسة والإدارة والحكم.

وفي ١٦ أيلول ١٩٦١م تولى مقاليد الحكم في دولة البحرين بعد وفاة والده، وكان العاشر في سلسلة الحكام الذين تولوا السلطة منذ أن فتح آل خليفة البحرين عام ١٧٨٢م.

نهضت دولة البحرين في عهد سموه وخطت خطوات واسعة في التقدم والازدهار. فأصدرت أول عملة وطنية هي الدينار البحريني في أكتوبر ١٩٦٥م.

وفي عام ١٩٦٧م افتتح ميناء سلمان وهو الميناء العميق الذي سمي باسم والد الأمير، وبدأ مشروع مدينة عيسى الإسكاني بعد أن تبرع سموه بالأرض

لتشييد المدينة. وفي عهده تشكل مجلس الدولة الذي حولت مهامه فيما بعد لأول مجلس للوزراء عام ١٩٧١م.

حرص سمو الأمير عيسى بن سلمان آل خليفة على الحفاظ على التقاليد العربية الإسلامية الأصيلة، وفتح بابه لكل من يطرقه من الزوار، تماما كما كانت الحال أيام والده ومن قبله.

أعلن استقلال البحرين في عهده في ١٤ آب ١٩٧١م وأتخذ يوم ١٦ أيلول من كل عام عيدا وطنيا للاستقلال. وفي ذلك التاريخ تسلم سموه مقاليد الحكم في البحرين. وفي عهده أيضا خطت البلاد خطوات سريعة واسعة في سبيل تحقيق ما تصبو إليه من تقدم في القرن العشرين الميلادي. وعمل الأمير على فتح مزيد من المدارس وفتح جامعة وزودها بكل ما تحتاج إليه من علم وتقنية وإدارة. ولم يتوان الأمير في إرسال أبناء البلاد من كلا الجنسين إلى الخارج للتزويد بكل أنواع التخصصات، وأصبحت دول البحرين الآن تزخر بالمؤهلين والمؤهلات في جميع فروع العلم.

وأتخذ الأمير عيسى بن سلمان سياسة خارجية واقعية ثابتة الجذور، وقوى صلاته بدول الخليج وخاصة المملكة العربية السعودية، وأسهمت سياسته هذه على رفع مستوى التعاون بين دولة البحرين وبين الدول العربية. وبلغ التعاون مع المملكة العربية السعودية ذروته عندما ربطت الدولتان بجسر الملك فهد في عام ١٩٨٦م حيث أصبح التنقل بين البلدين سهلا ميسورا عبر الجسر ـ توفي في ١٩٩٩/٣/٦م أثر نوبة قلبية.

غاندي، مهنداس (١٨٦٩-١٩٤٨م)

أحد كبار القادة السياسيين في القرن العشرين، وقد دعاه الهنود المهاتما أي الـروح العظيمـة. ساعد على تحرير الهند من الحكم البريطاني. بأسلوب فريد تمثل في المقاومة دون عنف. واعتبره الهنـود أبا لأمتهم تكريما له. سمى غاندي سيرته الذاتية (قصة تجربتي مع الحقيقـة)، واعتـبر غانـدي الاهمسـا (اللاعنف) الفضيلة المثلى. وقد طور غاندي أسلوب عمل اجتماعي مباشر ارتكـز علـى مبادئ الشجاعة واللاعنف والحقيقة. وقد سمي هذا الأسلوب ساستيا جراها (قسوة الحقيقة) وقد استخدم غانـدي ومساندوه قوة الحقيقة للكفاح من اجل استقلال الهند، ومن أجل إحداث تغيرات اجتماعية.

ولد غاندي في عام ١٨٦٩م في بوربندر في الهند. وكان في صباه خجولا وجادا، تـزوج وعمـره ثلاث عشرة سنة من كاسترباي التي كانت تماثله في العمر. وعندما بلغ عمره تسعة عشر عاما سـافر إلى إنكلترا لدراسة الحقوق، وفي عام ١٨٩١م عاد إلى الهند لممارسة مهنـة المحامـاة إلا أنـه لم يحقـق نجاحـا يذكر. وفي عام ١٨٩٣م رحل غاندي إلى جنوب أفريقيا، وأقام هناك ٢١ عاما يعمل مـدافعا عـن حقـوق الهنود. وقاد الكثير من الحملات لصالح حقوق الهنود في جنوب أفريقيا كما قام بتحرير صحيفة الـرأي الهندي، وقد ألقى البريطانيون القبض عليه عدة مرات إلا أن جهوده أثمرت إصلاحات مهمة.

وفي جنوب أفريقيا طور غاندي وبشكل كامل فلسفته في الحياة حيث اعتقد بأن الحياة كلهـا هي جزء من حقيقة روحية مطلقة، فالهدف الأسمى عنده هو تحقيق الذات.

وكان غاندي يعتقد بـأن جميع الأديـان فيهـا بعض عناصـر الحقيقـة ممـا أعتـبر دلـيلا علـى تسامحه الديني، آمن بتقليل الاحتياجات المادية إلى أقصى درجة

ممكنة للحصول على البديل، وهو الجزء الروحي وبوصفه مصلحا اجتماعيا فقد كافح لتحرير المرأة وإلغاء (طبقة المنبوذين) والقضاء على التقسيم الطبقي.

وفي عام ١٩١٥م عاد غاندي للـهند، وأصبح خـلال خمـس سـنوات قائـدا للحركة الوطنيـة الهندية. وفي عام ١٩٢٠م بدأ برنامج الغزل والنسج اليدوي لمحاربة الواردات البريطانية. وخـلال الحرب العالمية الثانية واصل كفاحه لتحريـر الهنـد مـن خـلال العصيان المـدني دون عنـف واسـتطاعت الهنـد الحصول على الاستقلال عام ١٩٤٧م، إلا أن غاندي لم يشارك في احتفالات يوم الاسـتقلال لمـا أصابه مـن حزن على تقسيم الهند، ونتيجة للاضطرابات العنيفة التي حدثت بين المسلمين والهندوس.

وفي الثالث عشر من كانون الثاني عام ١٩٤٨م عندما بلغ من العمر ٧٨ عاما بدأ صومه الأخير لإنهاء سفك الدماء بين الهندوس والمسلمين وجماعات أخرى. وبعد اثني عشر ـ يومـا مـن ذلـك التـاريخ وبينما كان في نيودلهي في طريقه لحضور إحدى المناسبات الدينية أطلق عليه الرصاص هنـدي معـارض متعصب ضد برنامج غاندي للتسامح الديني بين جميع المذاهب والأديان.

سياسي ورجل دولة إيطالي، أسس مع لويجي ستورزو (الحزب الشعبي الإيطالي) ١٩١٩م نائب وأمين عام اتحاد العمال المسيحيين، وكيل وزارة في أول حكومة شكلها موسوليني ١٩٢٢م استقال إثر اغتيال ماثيوتي ١٩٢٣م. سار على هدى فكر الكنيسة الاجتماعية ومحترفا للعمل النقابي المسيحي ومعاديا للفاشية فخسر ـ بسبب أمانته لقناعته كرسي الأستاذية لمدة عشرين سنة، عاد إلى العمل السياسي خلال الحرب العالمية الثانية وشارك في أعمال لجنة التحرر الوطني. شغل منصب وزير ١٩٤٤-١٩٤٨م ومنصب رئيس مجلس النواب ١٩٤٨-١٩٥٥م، ورئيس الجمهورية ١٩٥٥-١٩٦٢م. عمل من أجل رفع مستوى المؤسسات الجمهورية في إيطاليا، وأيد الانفتاح على اليسار.

كان غرونكي من أوائل الزعماء الديموقراطيين المسيحيين الذين يتخطون تحفظات الفاتيكان العلنية. إذ قام بزيارة رسمية إلى الاتحاد السوفيتي السابق ١٩٦٠م، ودعا إلى قيام إيطاليا بدور نشيط وفعال وإيجابي بالنسبة إلى القضايا العربية وقضايا أميركا اللاتينية، فقد حاول التوسط لحل مشكلة السويس، والتخفيف من حدة التوتر في العلاقات الدولية. واعتبر في خضم الحرب الباردة، إن الحلف الأطلسي ينبغي أن يتخلى شيئا ما عن دوره العسكري ويتحول إلى منظمة اقتصادية أكثر منها عسكرية.

أول رئيس لجمهورية جورجيا الذي انتخب في نيسان ١٩٩١م، والذي قاد مسار هذه الجمهورية السوفيتية السابقة إلى الاستقلال عن موسكو. لكنه أطيح به بعد ثمانية أشهر في انقلاب دموي قاده حلفاؤه الذين انقلبوا عليه بسبب تفرده بالسلطة. نشط باكرا في الحقل السياسي وعرف بمناوأته للشيوعية، وسجن في السبعينات من القرن الماضي، وتزعم حركة "شوتا روستا فيلي" القومية الداعية إلى الانفصال عن الاتحاد السوفيتي، وانتخب في عام ١٩٩٠م رئيسا للبرلمان الجورجي ثم أصبح أول رئيس منتخب للجمهورية بحصوله على أكثر من ٨٠% من الأصوات.

في كانون الأول ١٩٩١م نظم عدد من حلفائه السابقين عصيانا مسلحا وحاصروا قصر الرئاسة، فاضطر إلى اللجوء إلى غروزني (عاصمة الشيشان). وفي خريف عام ١٩٩٣م قاد غمساخورديا ميليشيا مواليه له في غربي تبيليس وسيطر على عدد من المناطق وأعلن نيته التوجه إلى العاصمة تبيلي لإسقاط نظام شيفاردنادزه الذي يصفه بأنه "غير شرعي". ولكن حملته باءت بالفشل بعد أن نجح شيفاردنادزه بضمان وقوفه إلى جانبه، مما اضطر غمساخورديا إلى الهرب مرة ثانية بعد استسلام عدد من كبار مساعديه. في الأسبوع الأول من كانون الأول عام ١٩٩٤م أكدت الأنباء وفاته ولكنها تضاربت حول طريقة الوفاة، فبعضها نقل عن زوجته أنه انتحر ليلة رأس السنة بعدما طوقت القوات الحكومية قواته في غربي البلاد. ولكن بيان الناطق باسم الرئيس شيفاردنادزه شكك في هذه الرواية وقال: "إن الحكومة لم تقم بأي نشاطات في المنطقة التي يفترض إن غمساخورديا انتحر فيها". وقال مسؤولون جورجيون أنه قتل على يد أنصاره إثر شجار بينهم في غروزني.

سياسيي دومينيكاني، رئيس الجمهورية من ١٩٧٨م إلى ١٩٨٢م كان مـن كبـار مـلاكي الأراضي، تولى وزارة الزراعة في حكومة خوان بوش الإصلاحية ١٩٦٣م. أصبح بعد الانقلاب العسكري الذي أطاح بوش رئيسا للحزب الثوري الـدومينيكاني. وبعـد الإنـزال الأمـيركي في الجزيـرة ١٩٦٥ اختار غوزمان أن يحافظ على علاقات جيدة مع الولايات المتحدة.

كان أحد أعضاء اللجنة التي كلفت التحضير لانتخابات ١٩٦٦م ولكنه هزم في هذه الانتخابات أمام جواكيم بالاغر، أحد وزراء الدكتاتور ترخيللو السابقين، وهزم مرة ثانية أمـام بلاغـر في الانتخابات التالية. وأخيرا فاز في انتخابات ١٩٧٨م بفضل دعم الولايات المتحدة التي حـذرت الجيـش مـن إعاقـة عملية الاقتراع. عمد غوزمان أثناء رئاسته إلى التخفيف من وطأة الإجراءات القمعية، فألغى الرقابة على الصحف وأطلق حرية الفكر رغم أنه واجه محاولة انقلابية في عام ١٩٧٩م.

وفي ٣ أيلول ١٩٧٩م ضرب البلاد إعصار شديد تسبب في مقتـل نحـو ١٢٠٠ شـخص وتشريـد أكثر من ٣٥٠ ألفا وتخريـب نحـو ٩٠٪ مـن المحاصيل الزراعـة. ورغـم المسـاعدة الأميركيـة لم يستطع غوزمان أن يخفف من حدة الأزمة الاقتصادية، وفي أيار ١٩٨٢م جرت انتخابات عامة حملت إلى الرئاسة سالفادور خورخي بلانكو مرشح الحزب الثورة الدومينيكاني الـذي حـل محـل أنطونيو غوزمان، وقبـل موعد التسلم والتسليم في ١٦ آرب، انتحر غوزمان في تموز ١٩٨٢م.

ملك السويد ولد في استوكهولم ١٨٨٢م وتوفي في ١٥ أيلول ١٩٧٣م في هلسنغبروغ. ابن الملك غوستاف الخامس والملكة فكتوريا دوباد. ينحدر من المارشال جان باتيس برنادون، ملك السويد في عام ١٨١٨م تحت اسم كارل الرابع عشر ـ جان، وأسرته الملكية هي الأسرة الوحيدة التي تعود إلى الإمبراطورية النابوليونية. زواجه الأول ١٥ حزيران ١٩٠٥ كان من مارغريت أميرة بريطانيا وايرلندا التي أنجب منها خمسة أبناء كبيرهم غوستاف أدولف دوسويد، قتل في حادث طائرة في ٢٦ كانون الثاني ١٩٤٧م، وابن هذا الأمير الحالي الملك كارل السادس عشر غوستاف الذي خلف جده... وتزوج غوستاف أدولف ثانية في ٣ تشرين الثاني ١٩٢٣م الليدي لويز مونتباتن الأميرة لويز دو باتنبرغ.

توج ملكا في ٢٩ تشرين الأول ١٩٥٠م، أتخذ له شعارا لازمه كل حياته (الواجب قبل كل شيء). دراسته الجامعية جعلته يهتم بالتاريخ وعلم الآثار والاقتصاد السياسي، كثير العمل والتجوال أظهر فعالية وذكاء نادرين في مهماته الملكية، عرف كيف يتعاون وحكوماته الاشتراكية الديموقراطية التي شكلها تاج ايرلندا وأولاف بالمي. فكان ملكا كبيرا ورجل دولة كبيرا، واستمر حتى آخر أيامه أمينا على العهد الذي قطعه على نفسه وعبر عنه بشعار (الواجب قبل كل شيء).

رئيس جمهورية البرتغال في ٢٦ نيسان ١٩٧٤م. في ٣٠ أيلول ١٩٧٤م استقال الرئيس سبينولا إثر انشقاق "مجموعة الإنقاذ الوطني" إلى جناحين يميني ويساري، تاركا السلطة في أيدي الضباط والمدنيين اليساريين، وفي اليوم نفسه عين الجنرال كوستاغوميز رئيسا لحركة القوات المسلحة وللدولة.

وفي آذار ١٩٧٥م حاولت عناصر عسكرية يمينية القيام بانقلاب لإعادة سبينولا، ولكنها فشلت فلجأ سبينولا إلى البرازيل في أعقاب ذلك خلت مجموعة الإنقاذ الوطني وأنشئ مكانها مجلس ثوري أعلى تسلم السلطات التنفيذية والتشريعية كافة، وهدفه "توجيه البرنامج الثوري في البرتغال وتنفيذه" في ٢٥ نيسان ١٩٧٥م جرت انتخابات الجمعية التأسيسية فنال الاشتراكيون مقعدا من مجموع ٢٥٠ مقعدا، ورغم ذلك أبدوا رغبتهم في عدم الاشتراك في الحكومة بسبب خلافاتهم مع الحزب الشيوعي البرتغالي. في ٢٦ تموز تشكلت ترويكا حاكمة: الجنرال كوتساغوميز، رئيس الدولة فاسكو غونزالفس، ورئيس الوزراء وأوتيلودو كارفالو رئيس "كوبكون" (الهيئة التشريعية).

وشكلت حكومة غير حزبية بعد أسبوع واحد لكن معارضة المعادين للشيوعية دعت برئيس الحكومة للاستقالة مخلفه الأميرال خوسيه أزيفيدو رئيسا لحكومة جديدة تضم ممثلين عن الاشتراكيين والديموقراطيين الشعبيين والشيوعيين وحركة القوات المسلحة.

وفي منتصف تشرين الثاني ١٩٧٥م قام الشيوعيون واليسار المتطرف باضطرابات ومظاهرات مطالبين بإسقاط حكومة أزيفيدو وتشكيل حكومة ثورية. لكن المحاولة الشيوعية فشلت، فقام المجلس الثوري الأعلى بإعادة تنظيم القوات

المسلحة، وفرض الانضباط العسكري وإبعاد الجيش عـن الأحـزاب السياسـية. كـل هـذه الأحداث والمتغيرات وغوميز رئيسا للدولة إلى أن جـاء ٢٥ نيسـان ١٩٧٦م عنـدما بـدأ العمـل بدسـتور جديد، فانتخب مجلس تشريعي من ٢٦٣ عضوا، وبعد نحو شهرين في حزيـران ١٩٧٦م انتخـب رئيس هيئة الأركان الجنرال انطونيو أيانس رئيسا للجمهورية.

غيفارا، والتير

سياسي بوليفي تولى رئاسة الجمهورية في عام ١٩٧٩م أحد مؤسسي ـ الحركة القومية الثورية ١٩٤١م ورغم أنه كتب بنفسه برنامج هذا الحزب الذي رأى فيه البعض (افضل محاولة لتطبيق الماركسية على الواقع البوليفي) فإنه ظل يعتبر من رموز الجناح المحافظ في الحركة.

تولى الخارجية في عهد فيكتور باراستنسورو ١٩٥٢-١٩٥٦م ثم وزارة الداخلية أثناء رئاسته هرنان سيلس زوازوا الولى ١٩٥٦-١٩٦٠م. وكان من المفروض بعد ذلك أن يعتلي غيقارا وهو الرجل الثالث في الحركة رئاسة الجمهورية إلا أن الحركة فضلت استنسورو مجددا. وعندما انفصل غيفارا عن الحزب (الحركة) وأسس مع بعض العناصر المعتدلة (الحزب الثوري الأصلي) ورفع شعارات ليبرالية ووجد دعما في صفوف الطبقة المتوسطة.

وقد أيد الحزب نظام الجنرال بانزر الذي عين غيفارا سفيرا فعاد غيفارا وتحالف مع بازا ستنسورو، وأنضم الحزب الثورة الأصلي إلى التحالف الذي تمحور حول الحركة القومية الثورية.

وفي عام ١٩٧٨م رشح هذا التحالف استنسورو لمنصب رئيس الجمهورية وغيفارا لنيابة الرئاسة. وفي العام التالي انتخب غيفارا رئيسا للجمهورية خلفا للجنرال بديلا. إلا أن المجلس اعتبره رئيسا مؤقتا وحدد ولايته بتسعة أشهر. ولم يدم عهده أكثر من ثلاثة اشهر، إذ أطاحه انقلاب قادة الكولونيل بوش الذي اضطر بدوره إلى التخلي عن السلطة بعد أقل من أسبوعين، وحينها انتخبت ليديا غيلر رئيسة مؤقتة لتسعة أشهر.

سياسي ورجل دولة ورئيس البرازيل الذي هيمن على الحياة السياسية البرازيلية لمدة نحو ربع قرن. بدأ فارغاس حياته السياسة حاكما لولاية ريو حيث أظهر حيوية ونشاطا جعلاه يستقطب شعبية واسعة. في فترات رئاسته الأولى ١٩٣٠-١٩٤٥م بقي فارغاس مفهومه الخاص للفاشية (الدولة الجديدة) فكان أقرب إلى سالازار منه إلى موسوليني.

قدم نظامه الجديد بعض الإصلاحات الاقتصادية والاجتماعية ولكن معارضة أساليبه القمعية تعاظمت في نهاية الحرب العالمية الثانية، فأجبر على الاستقالة إلا أنه استمر في الحياة السياسية وانتخبته عدة ولايات ليكون مندوبا عنها في الكونغرس، واختار الرئاسة على أن يمثل ولاية ريو في مجلس الشيوخ ١٩٤٥م عاد إلى سدة الرئاسة ١٩٥١-١٩٥٤م، ولم يصب هذه المرة النجاح الذي كان قد حققه في السابق لزيادة الفساد والفضائح. عزا أنصاره فشله إلى معارضة القوى التقليدية والمحافظة له وتخوفها من قوة العمال الصاعدة في المدن.

وقد قام فارغاس في عام ١٩٥٣م إنشاء شركة وطنية للبترول البرازيلي مهمتها إيقاف عمليات تسريب رؤوس الأموال الأجنبية في عام ١٩٥٤م استلم فارغاس مذكرة ففهم مغزاها، وأقدم في ٢٤ آب وهو في قصر الرئاسة على الانتحار بإطلاق رصاصه في قلبه، لكن موته لم ينه نهجه السياسي الذي استمر لفترة يعطي من المعطيات الأساسية في الحياة السياسية البرازيلية.

نقابي بولندي وأول رئيس لجمهورية بولندا عقب انهيار الحكـم الشيوعي مـن شرين الثاني
١٩٩٠م إلى تشرين الثاني ١٩٩٥م. ولد في بوبوفو ١٩٤٢م في عائلة كاثوليكية فلاحيـة معدمـة مـن سبعة
أفراد. توفي والده بعد تحريره من المعتقلات النازية وكان ليش لم يتجاوز العامين من عمره. تزوجت أمه
من عمه بعد عام من ذلك وأقامت العائلة في منطقة تقع على بعد ١٠٠ كلم من العاصمة وارسو.

كان فاليسا يذهب إلى المدرسة سيرا على الأقدام مسافة عدة كيلومترات برفقة أختـه الكبرى،
ولم يكن تلميذا لامعا وإن كان يبدي ميلا نحو مادة التاريخ، ورغم الفقر المدقع فإن فاليسا يعتبر تلـك
الفترة من أسعد فترات حياته، ولها يعود الفضل في توجيهه نحو العمل المهني كمحاولـة لحل المشكلة
الحياتية.

دخل في عام ١٩٥٨م مدرسة داخلية في ليبو، وخرج بعد أعوام ثلاثة حـاملا شـهادة ميكـانيكي
زراعي، فعمل في أحد المصانع قبل أن يطلب لخدمة العلم، حيث أمضى عامين ١٩٦٣-١٩٦٥م في كوزالين
وتخرج برتبة عريف، نزع كغيره من ملايين الفلاحين إلى المدينة، فعمل في مجمع لينين (أحواض السفن)
في غدانسك سنة ١٩٦٧م فكان متحمسا للأفكار الاشتراكية راغبا في إعادة بناء بولندا جديدة. تـزوج في
١٩٦٩ من بائعة زهور من أصل فلاحي أيضا وبدأ مسيرة طويلة مليئة بالمصاعب والعقبات. تخللتهـا
فترات من الجوع هددت مصيره ومصر عائلته المؤلفة من ستة أطفال.

كان عام ١٩٧٠م حاسما في حياته، دخل المعترك السياسي من خلال الإضرابات التـي وقعت في
غدانسك وغدينيا على أثر قرار الحكومة رفع سعر اللحوم والتي أدت إلى نهـب مقر الحـزب الشيوعي
رغم دعوة فاليسا عدم تصعيد التحرك والالتزام بالنظام.

انتخب رئيس لجنة الإضراب في وقت حاصرت فيه الآليات العسكرية الحكومية المجمع الصناعي في ١٦ كانون الأول ١٩٧٠م وأوقعت أربعة قتلى من العمال، أدت هذه الأحداث إلى إحاطة غومولكا وعينت اللجنة المركزية للحزب غيريك مكانه. فحضر ـ هذا إلى مكان الاضطرابات في ١٩٧١م لإضفاء شرعية على حكمه، فقابل فاليسا الذي كان ما زال يناضل داخل صفوف النقابات الرسمية.

اعتقد البولنديون بإمكانية إحداث تغييرات تأتي لمصلحتهم في إطار النظام السياسي والاقتصادي القائم، لكن آمالهم ما لبثت بعد ازدياد الصعوبات الاقتصادية في السبعينات من القرن العشرين الميلاد. ففي ١٩٧٦م وقعت إضرابات عمالية في ارسوس ودادوم فألف فاليسا لجنة تضامن كانت سببا في تسريحه من عمله فوجد عملا آخر في زرمب، لكن الآخرين لم يقبل برجوعهم إلى العمل فألغت (لجنة الدفاع عن العمال) ضمت بعض الشخصيات وعملت على توزيع المنشورات السرية، فطرد فاليسا من عمله في زرمب مرة أخرى في ١٩٧٧م وأصبح شخصا غير مرغوب فيه في منطقة البلطيق الصناعية. وظهر للجميع أنه مناضل نقابي مسيحي نشط وفعال.

وبدأت الأحداث تتسارع لتضع فاليسا في واجهة الأحداث ففي أول أيار ١٩٧٨م أعلن نقابي آخر يدعى غفيازدا عن إنشاء أول نقابة حرة (في بولندا ومختلف أرجاء أوروبا الشرقية) مركزها مدينة غدانسك. لكن فاليسا تريث ولم يلتحق بها إلا بعد شهر من إعلانها، وخرجت نشرتها الأولى في أيلول ١٩٧٨م وفي هذا الوقت انتخب يوحنا الثاني في ١٩٧٩م رئيسا للكنيسة الكاثوليكية. فكان أول بولندي يتسلم سدة البابوية في التاريخ، وهذا ما أدى إلى انتعاش النشاط المعادي للنظام الشيوعي في بولندا.

ملك مصر من عام ١٩٣٧م إلى ١٩٥٢م، ولد في القاهرة يوم ١٩٢٠/٢/١١م والده الملك فؤاد الأول (توفي في ١٩٣٦/٤/٢٨م). لقب بأمير الصعيد، ألم بنبذ من العلوم في القصرـ ثم أرسل إلى لندن في ١٩٣٥م لاستكمال دراسته.

في ١٩٣٦/٤/٢٨م تولى العرش من دون أن يتولى السلطة رسميا لأنه لم يبلغ سن الرشد (١٧ سنة)، تجمعت حوله فور تسلمه مقاليد الأمور عمليا في تموز ١٩٣٨م كل القوى السياسية المعادية لحزب الوفد. في كانون الأول ١٩٣٨م أقال وزارة الوفد، اتهمه الإنكليز مع نشوب الحرب العالمية الثانية بأن له اتصالات مع ألمانيا وأعدائهم، وفرضوا عليه في ٤ شباط ١٩٤٢م وزارة جميع أعضائها من حزب الوفد، ولكنه أقال هذه الوزارة في تشرين الأول ١٩٤٤م تمتع لفترة قصيرة في بداية حكمه بتأييد شعبي نسبي، شهدت مصر في عصره سلسلة من الفضائح والمفاسد الحكومية والإدارية. أبرزها فضيحة الأسلحة الفاسدة عام ١٩٤٨م وحريق القاهرة.

تنازل عن العرش لابنه أحمد فؤاد الثاني في ١٩٥٢/٧/٢٦م بعد ثورة ٢٣ تموز ١٩٥٢م التي قادها جمال عبد الناصر ورفاقه الضباط الأحرار، غادر مصر إلى منفاه في إيطاليا.

توفي في ١٩٦٥/٣/١٧م ونقل رفاته إلى القاهرة حيث دفن سرا إلى جانب جده الأعلى إبراهيم باشا.

سياسي ورجل دولة ورئيس سابق للجمهورية التشيلية (١٩٦٤-١٩٧٠م) ينتمي إلى جيل السياسيين الذين بدأوا حياتهم السياسية بصب اهتماماتهم على إيجاد حلول لإنقاذ البلاد من الأزمة الاقتصادية العالمية الكبرى (١٩٢٩م) في إطار من ديموقراطية وليدة بدأت تشق طريقها على أيديهم، فحكموا حتى الانقلاب العسكري في عام ١٩٧٣م. وهكذا تطابقت السنوات الخمسين السياسية من حياة إدوارد وفراي مع ولادة هذه الفترة التاريخية من حياة التشيلين وصعودها وتألقها، وكذلك مع موتها في عام ١٩٧٣م. وقد تم إطلاق تسمية (دولة التسوية) على هذه الفترة، وإذا ما استثنى سلفادور اللندي، فليس هناك من شخصية سياسية طبعت الحياة السياسية التشيلية طيلة هذه الفترة على قدر ما فعلت شخصية إدواردو فراي.

ولد في عام ١٩١١م والده سويسري مهاجر وأمه تشيلية، قضى طفولته في قرية ريفية واقعة في وسط البلاد تدعى لونتويه، أنهى دراسته الثانوية في سانتياغو وأتم دراسة الحقوق في الجامعة الكاثوليكية، كتب دراسة حول (نظام الأجور وشروط إلغائه) فنال على أثرها درجة محام، وكان بدأ ينشط في حركات العمل الكاثوليكي وهو طالب جامعي، فشكلت حوله نواة من الشباب كانت أساس الحزب (والتيار) الذي سيصبح فيما بعد (الحزب الديموقراطي المسيحي التشيلي).

في عام ١٩٣٤م جال في أوروبا وكان رئيسا لبعثة من الشبيبة الكاثوليكية في بلاده، وثمة آراء متناقضة حول الأفكار التي تأثر بها في جولته هذه، لكن الرأي الغالب أنه تأثر على وجه الخصوص بأفكار جيوفاني بابيتي جاك ماريتان وجيل روبل، وبين الرأسمالية والشيوعية، كان الفكر الكاثوليكي

ميالا إلى الأخذ بالحرفية، أي النظرية الاقتصادية الاجتماعية التي تقول بإيجاد مؤسسات حرفية نقابية تخول سلطات اقتصادية واجتماعية وسياسية، على أساس تجارب طبقت فعلا في إيطاليا وألمانيا، وفي ما بعد في إسبانيا وعلى أية حال، فأثناء هذه الجولة في أوروبا عزم فراي على الانخراط في العمل السياسي.

فور عودته إلى التشيلي في نهاية ١٩٣٤م قصد الإقامة شمالي البلاد في مدينة ايكويك، حيث ترأس تحرير جريدة (إل تارابكا) ثم وضع كتابه الأول (تشيلي المجهولة) مسيرته السياسية ابتدأ من ذلك الوقت، اقترن بحزب الكتائب الوطنية في مرحلة أولى ثم بالحزب الديموقراطي المسيحي التشيلي الذي ارتبط به حتى وفاته ١٩٨٢م. وقد ترأس فراي حزب الكتائب الوطنية بين ١٩٤١م، ١٩٦٤م وأصبح وزير الأشغال العامة في ١٩٤٦م وسيناتورا من ١٩٤٩م إلى ١٩٦٤م ثم من ١٩٧٣م حتى وفاته.

في عام ١٩٤٧م وقف فراي ومعه حزب الكتائب الوطنية ضد (قانون الدفاع عن الديموقراطية) الذي دعي (القانون الملعون) والذي اعتبر الحزب الشيوعي خارج الشرعية. ومع تأسيس الحزب الديموقراطي المسيحي في عام ١٩٥٧م وترشيحه لأول مرة لرئاسة الجمهورية في عام ١٩٥٨م أصبح فراي أحد رجالات السياسة الأساسين في التشيلي وجاء انتخابه رئيسا للجمهورية (في وجه منافسه سلفادور اللندي) في عام ١٩٦٤م وفي الشعار الذي طرحه (ثورة داخل الحرية) ليضع الحزب الديموقراطي المسيحي في أوج مجده. سانده اليسار في سنوات حكمه الأولى بسبب سياسة الإصلاح الزراعي التي انتهجها ولطموحاته الكبرى في علاقاته الخارجية، وبعد انشقاق الجناح اليساري في حزبه دعمه اليمين في سياسته التقشفية التي أدت إلى فشل الديموقراطي المسيحي في انتخابات ١٩٧٠م، وفي هذه الانتخابات (أيلول ١٩٧٠م) كان رادوفيروتوميك مرشح الديموقراطية المسيحي، وقد جاء في آخر لائحة المرشحين الثلاثة

سلفادور اللندي (الذي فاز) جورج الليسندري رئيس سابق للجمهورية ومرشح اليمين.

وأخذ إدوارد فراي جانب المعارضة وتزعمها وانتخب سيناتورا عن سانتياغو في عام ١٩٧٣م ثم رئيسا لمجلس الشيوخ لكـن انقـلاب أيلـول ١٩٧٣م العسـكري لم يمكـن فـراي ولا الحـزب الـديموقراطي المسيحي من جني أي مكسب على صعيد السلطة، ذلك أن هذا الانقلاب قضى على النظام برمته وعلى رجالاته السياسيين. كتب فراي رسالة لرئيس الديموقراطية المسيحية العالمية، ماريا نورومـور، يـبرر فيهـا التدخل العسكري (والانقلاب) في الحياة السياسية التشيلية. كان ذلك بعد وقت قصـير مـن الانقـلاب. لكنه ابتداء من عام ١٩٧٥م أخذ ينحو تدريجيا باتجاه معارضة النظام العسكري وكان على رأس القـوى السياسية التي رفضت الدستور الجديد المعروض على الاستفتاء في عام ١٩٨٠م.

فرنكو باهاموند، فرنشيسكو (١٨٩٢-١٩٧٥م)

عسكري ورجل دولة إسباني، تخرج في مدرسة المشاة في طليطلة ١٩١٠م وخدم في المغرب من عام ١٩١٤م إلى عام ١٩٢٧م حيث كان في الأعوام الأربعة الأخيرة قائدا للفرقة التي كانت تحارب قوات الزعيم المغربي عبد الكريم الخطابي (قائد ثورة الريف المغربي)، وقد رقي إلى رتبة جنرال في عام ١٩٢٥م. وبعد عودته إلى إسبانيا ١٩٢٧م عين رئيسا لمدرسة سرغسطة الحربية أوفد عام ١٩٣٣م إلى جزر البليار، ثم استدعي إلى مدريد في العام نفسه عقب انتصار اليمين وعين قائدا لأركان الجيش.

تولى في عام ١٩٣٤م حملة قمع عمال مناجم استورياس المضربين عن العمل، ومع مجيء حكومة الجبهة الشعبية (التي خلفت حكومة اليمين) أبعد فرنكو عـن مدريد ونقـل إلى جـزر الكاناري. وهناك هيأ لانقلاب ١٩٣٦م الذي أطلق شرارة حرب أهلية مدمرة استمرت حتى عـام ١٩٣٦م على أثر الانقلاب ١٩٣٦م عين الذي أطلق شرارة حرب أهلية مدمرة استمرت حتى عام ١٩٣٩م على أثـر الانقلاب ١٩٣٦م عين قائدا عاما للجيش ورئيسا للحكومة. وجمع في عـام ١٩٣٨م بـين رئاسة الدولـة ورئاسة الحكومة وقيادة القوات البرية والبحرية. وفي عـام ١٩٣٩م استقر في مدريد إثـر هزيمـة الجبهـة الشعبية في الحرب الأهلية وأصبح يلقب بـ الكوديو أي الزعيم والقائد الأعلى، وقد استلم مبادئ حزبـه حزب الفالانج (أي الكتائب) في بناء مؤسسات الدولة الإسبانية، وأعلن صياد بلاده في عام ١٩٣٩م ثـم امتناعها عن التدخل في الحرب ١٩٤١م وذلك رغم الضغوط التـي تعـرض لهـا مـن هتلر وموسوليني اللذين كانا قد دعماه وساعداه إبان الحرب الأهلية.

وفي عام ١٩٤٠م التقى هتلر في هنداي، وأقـدم عـلى احـتلال طنجـة (التـي أجـلى عنهـا في ١٩٤٥م) بيد أنه تنصل من تنفيذ مطلب ألمانيا بالسماح لقواتها المتوجـه إلى جبـل طـارق بـالمرور عـبر الأراضي الإسبانية. وفي عام ١٩٤٧م حمل فرنكو على التصويت على قـانون الخلافة عـلى العـرش يعيد نظام الملكية إلى إسبانيا. ولم يعمد فرنكو الذي نصب وصيا عـلى العـرش مـدى الحيـاة، إلى تعيـين خليفته إلا في ١٩٦٩م حيث وقع اختياره على الأمير خوان كارلوس ملك إسبانيا منذ عام ١٩٧٥م.

وقع فرنكو في ١٩٥٣م اتفاقيات اقتصاديات وعسكرية مـع الولايـات المتحـدة سـهلت دخـول بلاده إلى الأمم المتحدة في عام ١٩٥٥م، ذلك أن إسبانيا كانت قد استبعدت من المنظمة الدولية بسـبب تعاطف (الكوديو) فرنكو مع النظامين النازي والفاشي في ألمانيا وإيطاليا. واستمر فرنكو رافضا الاعـتراف بالكيان الصهيوني وحريصا على إقامة علاقات طيبة مع الأقطار العربية.

عاهل المملكة العربية السعودية بعد والده عبد العزيز. ولد في عام ١٩٢٢م في الرياض وكانت والدته تتمتع بشخصية فذة فكان لها الأثر العظيم في تربية أولادها مما أهل فهدا وأشقاءه الستة إلى تبوء مراكز هامة في الدولة.

التحق فهد بمدرسة الأمراء في الرياض ثم بالمعهد العلمي بمكة المكرمة، عُين وزيرا للمعارف عام ١٩٥٣م فوضع سياسة وطنية لنهضة تعليمية شاملة في البلاد، ثم وزيرا للداخلية في عام ١٩٦٣م فعزز الأمن الداخلي وكرسه.

شغل إضافة إلى منصب وزارة الداخلية منصب نائب ثاني لرئيس مجلس الوزراء إثر تولي الملك فيصل العهد، وغدا عام ١٩٧٥م نائبا أول لرئيس مجلس الوزراء في عهد الملك خالد ووليا للعهد. وقد ترأس عددا من المجالس واللجان كالمجلس الأعلى للبترول والمعادن والمجلس الأعلى للجامعات والمجلس الأعلى لرعاية الشباب، واللجنة العليا لسياسة التعليم واللجنة العليا لشؤون الحج، كما ترأس وفد المملكة في عدد من الاجتماعات والاحتفالات والمؤتمرات العربية والدولية.

بويع فهد ملكا للمملكة العربية السعودية إثر وفاة شقيقة الملك خالد بن عبد العزيز في الرابع عشر من حزيران ١٩٨٢م وغدا رئيسا لمجلس الوزراء. وقد عمل منذ ولايته على فض المنازعات الإقليمية فحسن علاقة المملكة باليمن الجنوبي وطور علاقاته مع سوريا ومنظمة التحرير الفلسطينية من ضمن سياسته الداعية إلى التضامن العربي الإسلامي.

وتمكن فهد من تجاوز من الأزمات التي عصفت بالمملكة، لا سيما عام ١٩٧٩م، وتعلقت باحتلال منطقة المسجد الحرام وبأحداث في المنطقة الشرقية

من المملكة. وكانت للملك فهد اليد الطولى في إنشاء مجلس التعاون بين دول مجلس التعاون الخليجي.

ورسخ الملك فهد سياسة الملك فيصل في ما يتعلق بالقضية الفلسطينية، وكانت له في هذا الخصوص مبادرات ومشاريع عديدة أهمها المشروع الذي عرف باسمه قبل أن يعرف رسميا باسم (مشروع قمة فاس) بعد إقرار خطوطه الأساسية في القمة العربية المنعقدة بمدينة فاس المغربية عام ١٩٨٢م.

عمل الملك فهد داخليا ويعمل على وضع المناهج الأساسية لإتمام ما بدأه الملك فيصل وذلك عبر اتجاهين بناء تجميع خليجي قوي، وقد كان له ذلك، وبناء على قاعدة صناعية بمشاركة الشعب للإفادة من عائدات النفط إلى أقصى الحدود وتهيئة مرحلة ما بعد النفط. وهذا ما تحقق في المملكة. كما عمل الملك فهد خارجيا على فض المنازعات الإقليمية العربية، لا سيما في نطاق دول مجلس التعاون وقد كان له ذلك، وعلى توطيد سياسة التضامن العربي والإسلامي، وذلك سعي يتطلب في طبيعته وقتا واستمرارية.

الملك فيصل الأول (١٨٨٥-١٩٣٣م)

أول ملك عربي يحكم العراق بعد العثمانيين، هو فيصل ابـن الشريـف حسـين بـن عـلي أمـير مكة، عاش في الفترة ما بين ١٨٨٥م و١٩٣٣م وكان الإنكليز قد وعـدوا العـرب أن يكـون لهـم الاسـتقلال التام في بلادهم بعد الحرب إذا وقفوا معهم. وبعد انتهاء الحرب العالميـة الأولى طالـب المواطنـون في سوريا بالاستقلال غير أن الفرنسيين ماطلوا وقاموا بعدة أعمال تؤخر الاستقلال منها إبعاد الأمير فيصل عن سوريا.

كان العراقيون أيضا يطالبون بالحرية وبالتخلص مـن سياسـة الانتـداب الإنكليـزي المفروضـة عليهم وقد وعدهم الإنكليز بإنهاء ذلك فور اختيارهم لملك يحكم العراق. وتـم تكـوين أول حكومـة وطنية في العراق في ١٩٢٠/١٠/٢٧م وبعد تكوينها بفترة وجيزة أصدرت القـرار التـالي (اجتمعنـا فصوننا بإجماع الرأي على تتويج سمو الأمير فيصل ملكا على القطر العراقي بحدود الطبيعة على أن يكون ملكا يرأس حكمة دستورية نيابية ديموقراطية حرة مستقلة مجردة من كل قيـد، منقطـع عـن سـلطة الغـير. وإن أول عمل تقوم به هو تشكيل وجمع المؤتمر الذي يسن القوانين والدستور في مدة ثلاثة أشهر.

تحرك الأمير فيصل نحو العراق وقد تبعه عدد من رجال الثورة العراقية الذين كانوا قد لجأوا إلى الحجاز والشام. وفي ١١ آب عام ١٩٢١م تم تنصيبه ملكا دستوريا على العراق. وكانت فترة حكمه فترة حرجة كان عليه أن يوفق بـين حمـاس المـواطنين وتسـرعهم لنيـل الاسـتقلال التـام، وبـين مماطلـة الإنكليز الراغبين في تحيين الفرص لإلغاء الاستقلال واحتلال البلاد وقد تـم في عهـده إنجـاز كثـير مـن الأعمال داخل البلاد وخارجها.

ومن إنجازاته الداخلية وضع الدستور العراقي عام ١٩٢٤م وقد أختار له أفضل المختصين من العراقيين الذين أكملوا دراساتهم العليا بالخارج، وأهتم بالتعليم وعمل على نشره وطورت كلية الحقوق في عصره، فقد كانت تشغل ثلاث غرف في مبنى المحاكم، وأصبح لها مبنى خاص وكبير لائق بها. وكذلك عمل على استتباب أمن البلاد داخليا وعين الرجال المناسبين في المناصب التي يجيدونها.

ومما سجل له حسن اختياره للجان المفاوضات فقد اختار لجنة للتفاوض لإجراء اتفاقية بترول كركوك فتوصلت اللجنة إلى اتفاقية أرضت الطرفين تماما، بل أصبحت مثالا يحتذى في كل البلاد العربية واختار خيرة الرجال لمفاوضة الإنكليز، وفي تمثل العراق في المحافل الدولية مثل عصبة الأمم المتحدة التي كانت تعرض فيها قضايا عراقية دقيقة مثل قضايا الأكراد وقضايا الحدود ونحوها.

ومن إنجازات الخارجية عمل الملك فيصل الأول على تأمين العراق، وتحقيق السلام فيه، فبادر بتوطيد العلاقات مع كل الدول المجاورة لبلاده فقابل الملك عبد العزيز مقابلة شخصية واتفقا على تسوية الأمور بينهما، ووقع مع إيران اتفاقية حسن الجوار عام ١٩٢٩م وعمل على إنشاء مفوضيه عراقية في طهران، وزار إيران بنفسه وحل كل المشكلات بين البلدين، وقد تم في عهده تأسيس المقر الدائم للوفد العراقي في عصبة الأمم بجنيف.

توفي فيصل الأول في الثامن من آب عام ١٩٣٣م في سويسرا التي ذهب إليها للعلاج من تصلب الشرايين، وقد نقل جثمانه ودفن ببغداد في المقبرة الملكية.

الملك فيصل بن عبد العزيز آل سعود (١٩٠٦-١٩٧٥م)

ملك المملكة العربية السعودية (١٩٦٤-١٩٧٥م)، ولد الملك فيصـل بـن عبد العزيـز في آذار ١٩٠٦م وتربى في بيت الشيخ آل الشيخ جده لأمه، حيث توفيت أمه بعد أن وضعته بخمسـة أشـهر، ولأن أمـه بنت الشيخ عبد اللـه بن عبد اللطيف آل الشيخ، نجد أنه نشأ نشأة دينية صالحة. وقد تلقـى تعليمـه في أصول الدين على يد جده لأمه الشيخ عبد اللـه بن عبد اللطيف. ولما شب وكبر أخـذ يتـدرب عـلى فن الفروسية والإدارة والسياسة، فكان يحضر مجلس أبيه دوما، ويستمع بإصغاء إلى أقواله ومحادثاتـه ومناقشاته وكان يستفيد كثيرا من آراء من يفد على مجلس أبيـه، ويسـتمع إلى مقترحاتهم وتصـوراتهم حول كثير من المسائل السياسية والاقتصادية والاجتماعية فصقلت مواهبه مبكرا.

أمضى الملك فيصل أربعين عاما يعمل في السياسة، ويمـارس مهام مسؤوليات الإدارة والحكـم خلال حكم أبيه الملك عبد العزيز وكذلك أثناء حكم أخيه الملك سعود، فاكتسب بذلك خـبرة طويلـة في الممارسة والتجربة السياسية أهلته لقيادة الدولة السعودية يوم أن تسلم مقاليد الحكـم القيـادة فيهـا، وقد نودي به ملكا في جمادى الآخرة من عام ١٣٨٤هـ ١٩٦٤م وعين أخـوه خالـد بـن عبد العزيـز وليـا للعهد.

درب الملك عبد العزيز ابنه فيصلا على الشؤون السياسية منذ صغره، فانتدبه لزيارة بريطانيا وفرنسا نيابة عنه في أعقاب الحرب العالمية الأولى (١٩١٤-١٩١٨م)، وأرسله لزيارة عدد مـن دول أوروبـا الغربية عام ١٩٢٦م شرح التطورات السياسية في الجزيرة العربية عبد توحيد الحجاز، وضمه إلى بوتقـة الدولة السعودية الحديثة، وليقدم لهذه الدول الشكر والامتنان لاعترافها بالدولة السعودية الحديثة. وقد منحته بريطانيا وساما رفيعا منحه إياه ملكها

جورج السادس، وهو وسام القديسين جورج وميخائيل. وأردف هذه الزيارة بزيارة أخرى إلى الغرب عام ١٩٣٢م إثر تغيير اسم الدولة السعودية من مملكة الحجاز ونجد وملحقاته إلى المملكة العربية السعودية.

ترأس الملك فيصل وفد المملكة العربية السعودية في مؤتمر لندن عام ١٩٣٩م لمناقشة القضية الفلسطينية والمعروف باسم مؤتمر المائدة المستديرة. كما ترأس وفد بلاده ومثلها في التوقيع على ميثاق هيئة الأمم المتحدة عام ١٩٤٥م وكان قبل ذلك قد شارك في كثير من المؤتمرات الأخرى.

تقلد الملك فيصل عدة مناصب قيادية في عهد أبيه الملك عبد العزيز وأثناء عهد أخيه الملك سعود، فقد عينه أبوه نائبا له على الحجاز عام ١٩٢٦م، ثم عينه رئيسا لمجلس الشورى عام ١٩٢٧م، ثم أول وزير للخارجية السعودية عام ١٩٣٠م ويعد بذلك أول وزير للخارجية في الدول السعودية الحديثة. وتولى فيصل ولاية العهد في عهد أخيه الملك سعود ثم أصبح رئيسا لمجلس الوزراء.

اعتنى الملك فيصل عناية فائقة بمجال الاقتصاد والمال وشؤون الصناعة والزراعة، وخاصة المشروعات الزراعية مثل مشروع الري والصرف، ومشروع الرمال في الأحساء، ومشروع سد أبها، ومشروع تنمية الثروة الحيوانية وغيرها من المشروعات ذات الطابع الاقتصادي.

ونال العلم والتعليم في عهد الملك فيصل عناية خاصة، لأنه كان يقدر فائدة العلم ودور العلماء في خدمة المجتمع وتقدمه وازدهاره، فتشجع بشكل خاص تعليم الفتاة السعودية. ووسع دائرة التعليم العام والتعليم الجامعي، وحدث أجهزة التعليم ومرافقه ومناهجه وزاد ميزانيته وقدمت الدولة المنح المالية والكتب المدرسية للطلاب تشجيعا لهم على تحصيل العلم والاهتمام به والمواظبة عليه.

تركز نهج الملك فيصل السياسي على مجموعة من الثوابت من أهمها حماية البلاد والمحافظة على استقلالها وعلى هويتها العربية والإسلامية في مجال

التعاون والتنسيق بين الدول العربية والإسلامية، متمسكا بميثاق جامعة الدول العربية ومحافظا عليه وعلى جميع الاتفاقات والمعاهدات المبرمة بين المملكة وغيرها من الدول. ومن خلال الواجب الإسلامي الملقى على كاهل المملكة العربية السعودية، فقط نشط الملك فيصل في الدعوة إلى التضامن الإسلامي، وإلى التعاون العربي الإسلامي من أجل خير الأمة الإسلامية ومصالحها الدولية ومستقبلها العام، لذا فقد تبنى مشروع حركة التضامن الإسلامي الرامية إلى إقامة تعاون وثيق بين دول العالم الإسلامي قاطبة، ولتقف الأمة الإسلامية في وجه الأقطار التي تهددها وتقتحم ديارها. فدعا إلى عقد مؤتمر إسلامي يكون على مستوى القمة يرجو من انعقاده نفعا جليلا للإسلام والمسلمين في شتى بقاعهم. وقد أنشئت رابطة العالم الإسلامي التي كانت له الريادة في تنظيم عقد مؤتمر القمة الإسلامي الأول يوم الأحد ١٨ آذار ١٩٦٥م. ولترسيخ مفهوم دعوة التضامن الإسلامي قام الملك فيصل بعدة زيارات لبلدان العالم الإسلامي.

كما وقدم الملك فيصل بن عبد العزيز كل عون ودعم لقضايا العالم الإسلامي وعلى رأسها القضية الفلسطينية، وتحرير المسجد الأقصى في يد الصهاينة اليهود. وقدم للمسلمين خدمة جليلة يوم أمر بتوسيع الحرمين الشريفين، وظل اسم الملك فيصل وأعماله في سبيل الإسلام والمسلمين ماثلة في أذهان المسلمين وعقولهم.

استشهد الملك فيصل بن عبد العزيز يوم الثلاثاء الثالث عشر ـ من شهر ربيع الأول عام ١٣٩٥هـ ٢٥ مارس ١٩٧٥م وخلفه في الحكم ولي عهده الملك خالد بن عبد العزيز.

الملك فيصل الثاني (١٩٣٥-١٩٥٨م)

هو فيصل بن غازي وقد آل إليه ملك العراق بعد وفاة والده الملك غازي الذي لم يدم حكمه إلا لمدة عامين فقط، وعندما مات والده ذكرت الأنباء الرسمية أنه مات إثر تصادم سيارته في العصر غير أن الصحف الأوروبية ذكرت أنه اغتيل بيد الإنكليز لمخالفته سياستهم.

كان فيصل في الثالثة من عمره عندما أصبح ملكا على العراق وقد عين خاله الأمير عبد الله وصيا فأدار دفة الحكم، وفي تلك الفترة التي كان فيها الملك فيصل صغيرا في السن كان العراق يعيش فترة عصيبة من تاريخه، وقد اتسمت تلك الفترة بالتقلبات المثيرة، والأحداث المتلاصقة المتغيرة على المستوى الداخلي بالعراق إضافة إلى المستويين العربي والعالمي.

كانت الحرب العالمية الثانية قد بدأت عام ١٩٣٩م وتنافست دول المحور والحلفاء على كسب الدول إلى جانبها وحرص الإنكليز على أن تكون البلاد العربية في جانبهم وفرضوا وصاية كاملة وتدخلا واضحا في تحديد اتجاه السياسة العراقية.

وقام الشعب العراقي بانتفاضات عديدة للتخلص من السيطرة الاستعمارية مثل ثورة العشرين وثورة مايس التحررية لعام ١٩٤١م التي أراد بها الثوار إنقاذ العراق من السيطرة البريطانية وعملائها في الحكم. وانتفاضة كانون الثاني ١٩٤٨م على معاهدة بورتسموث الجائرة التي حاول النظام الملكي فرضها على الشعب لكنه فشل في ذلك وألغيت المعاهدة بعد أن أعلنت الجماهير رفضها التام لها حيث سيطرت على الشوارع في أكثر مدن العراق ومنها العاصمة بغداد مما أجبر الوزارة التي وقعت المعاهدة على الاستقالة.

وفي الثاني من شهر أيار عام ١٩٥٣م توج فيصل الثاني ملكا على العراق وتولى سلطاته الرسمية من دون أن يتمكن من الخروج من هيمنة خاله عبد الإله على الحكم حينا، أو نوري السعيد أحيانا الذي شغل في الفترة ما بين ٤ آب ١٩٥٤م و ٨ حزيران ١٩٥٧م حكومتين متعاقبتين. وقام بإلغاء جميع الأحزاب السياسية وتعطيل نشاطها كما أصدرت حكومته مراسيم قاسية وصارمة شملت فرض الرقابة على الصحف والعمل النقابي والتظاهرات وغيرها.

لقي فيصل الثاني حتفه مع أركان النظام الملكي إبان ثورة ١٤ تموز عام ١٩٥٨م تلك الثورة التي جاءت تتويجا لكل الانتفاضات الشعبية في العراق لأنها أنهت الحكم الملكي وأقامت النظام الجمهوري المستقل.

سلطان دولة عمان ولد السلطان قابوس بـن سعيد في مدينـة صلالة بجنوب عـمان ١٩٤٠م وعندما بلغ السادسة من عمره بدأ سيرته التعليمية في مدارس عـمان، وظل بها إلى أن أكمـل تعليمـه الأساسي وسافر بعد ذلك للدراسة في المملكة المتحدة، والتحق هناك بكلية سانت هيرست العسكرية وأكمل دراسته هناك بتفوق وعاد بعد ذلك إلى بلده عمان ليسهم في بنائها ورفعتها.

وكان والده قد حرص على أن تسير كل الأمور بالطريقة التي سار بها الآباء والأجداد من قبل. وعندما عاد السلطان قابوس من إنكلترا بدأ باقتراح الوسائل والمشاريع التي يمكن أن تحقق تقدم البلاد ورفاهية الشعب العماني. ولكن والده لم يوافق على هذه المشاريع وعكف بعد ذلك على دراسة الفقه والشريعة الإسلامية على أيدي نخبة ممتازة من العلماء والفقهـاء. كما درس الـتراث العربي والإسلامي بتمعن إضافة إلى التراث الغربي والعالمي ككل.

رأى السلطان قابوس أن أحوال البلاد سيئة ومعيشة الناس ضيقة وفقـيرة فناقش أبـاه كثيرا حول تغير الوضع والنهضة بمستوى القطر ودفعه نحو التقدم والمعاصرة، فتخوف أبـوه مـن ذلك وآثر الوضع القائم، فلم يجد السلطان قابوس بدا من تسلم مقاليد الحكم بنفسه، وكان ذلك في يوم ٢٣ تموز عام ١٩٧٠م ووقف الشعب العماني خلف هذه الحركة وأيدها وساندها.

تتلخص أهم إنجازات السلطان قابوس في أنه استطاع تأسيس دولة بالمفهوم الحديث فبـدأ بتكوين سلطة تنفيذية مؤلفة من جهاز إداري يشمل مجلس الـوزراء والوزارات المختلفـة إضافة إلى الدوائر الإدارية والفنية والمجالس المتخصصة.

ومن أولى الوزارات التي أسسها السلطان قابوس بعد توليه مقاليد الحكم مباشرة وزارة الخارجية فقد أسسها بعد فترة قصيرة من توليه الحكم عام ١٩٧٠م محققا بذلك روابط وصلات بالعالم الخارجي مبنية على أسس مدروسة وبعد عام واحد من توليه (عام ١٩٧١م) انضمت عمان إلى جامعة الدول العربية.

وقد أوضح السلطان قابوس الخطوط الرئيسية لسياسته الخارجية وذكر أنها مبنية عل حسن الجوار مع جيرانه وأشقائه، وعدم التدخل في شؤونهم الداخلية وتدعيم علاقات عمان معهم جميعا. وإقامة علاقات ودية مع سائر دول العالم والوقوف مع القضايا العربية والإسلامية ومناصرتها في كل المجالات، وأوضح بأنه يؤمن بالحياد الإيجابي ويناصره، وقام بإرسال بعثات دبلوماسية تمثل عمان في أغلب أقطار العالم، كما فتح أبواب عمان أمام البعثات الأجنبية وأنشئت فيها القنصليات والسفارات والهيئات الدولية والإقليمية. وحققت سياسة السلطان قابوس الاستقرار والأمن وهما الدعامتان الأساسيتان لبناء الدولة، ولتحقيق تنميتها الاقتصادية والاجتماعية.

بعد أن أمن السلطان قابوس سياسته الخارجية وأقام علاقات ودية مع كل أقطار العالم اتجه إلى الجبهة الداخلية وعمل على رفعتها وقد شهدت عمان خلال عهده نهضة سريعة في سائر المجالات ففي مجال التعليم أنشأ المدارس في كل أرجاء البلاد، وجعلها للجنسين البنين والبنات.

وفي المجال الصحي أمر بإنشاء أعداد كبيرة من المستشفيات والعيادات والمراكز الطبية في كل أرجاء عمان، وأمدها بكل احتياجاتها من أطباء ومعدات وأدوات وأدوية وأمن بذلك صحة العمانيين في المدن والقرى والأرياف على حد سواء. أما في المجال الصناعي فقد وسع إنتاج البترول وطوره فانتشرت مصانع تكرير النفط في البلاد إضافة إلى مصانع الإسمنت، ومصانع تعليب الأسماك والتمور وغير ذلك من المنتجات.

وشجع السلطان قابوس المزارعين وعمل على تطوير طرق الزراعة ونقلها من الطرق التقليدية القديمة إلى الطرق الحديثة التي تعتمد على الآلات والمعدات الحديثة، لا على المجهود الإنساني فقط. وقد قدم -ولا يزال يقدم- المساعدات السخية للمزارعين ليتمكنوا من استغلال الأرض واستثمارها ليتحقق لعمان الاستقلال الغذائي، فأصبحت البلاد تنتج كل ما تحتاجه من غذاء، ويصدر ما يفيض عن حاجتها طازجا أو بعد تعليبه إلى البلدان المجاورة.

وازدهرت التجارة في عهد السلطان قابوس في المجالين الداخلي والخارجي، وارتبط ازدهار التجارة بتطور المواصلات التي تنقل المنتجات الزراعية من مناطق الإنتاج إلى سائر أرجاء عمان وإلى الخارج. كما تقوم وسائل المواصلات بنقل المنتجات الصناعية من وإلى الدول المجاورة وبقية الأقطار الآسيوية والأفريقية والغربية خاصة إنكلترا وفرنسا وأمريكا.

وارتبطت عمان بشبكة من المواصلات البرية والبحرية كما تم إنشاء موانئ بحرية وجوية للاتصالات الداخلية والخارجية، وتم افتتاح ميناءين كبيرين هما ميناء قابوس في مطرح وميناء ريسوت في المنطقة الجنوبية. وفي عام ١٩٨١م انضمت عمان إلى مجلس التعاون لدول الخليج العربي وحقق السلطان قابوس بذلك تعاون بلاده مع بقية دول الخليج في المجال الدفاعي المشترك. وفي تحقيق المشاريع الاقتصادية المختلفة، وتعيش عمان اليوم فترة ازدهار وأمان وبناء متصل تحت قيادة السلطان قابوس، وتعد عمان من أكثر الدول استقرار وأمنا في العالم.

ملك أوغندا و(موكاما) الملك الثالث والعشرين والحاكم الأخير لمملكة (بونيوروكيتارا) المستقلة التي قاومت الغزو البريطاني الذي أدى إلى استعمار أوغندا، خلف أباه على العرش ولم يستلمه إلا بعد حرب وراثية طاحنة استعان فيها بـ (عبيد الخرطوم) فهزم أخاه في ١٨٦٩م أعاد بناء ما هدمته الحرب. وصد عدوان جيران البلاد، وأوقف التسلل المصري البريطاني.

منذ ١٨٩٦م بدأ بتوحيد بلاده وإعادة أراضي بونيورو التي اغتصبت أيام أسلافه الضعفاء، فجهز أول جيش منظم في تاريخ بلاده وإن كان يعتمد على قبائل (بونيورو) و(ماري) و(لانغي) و(أشولي) واستعان بعدد من السودانيين لتدريب جيشه. لكن مخاوفه من هذا الأمر سرعان ما تحققت إذا أعلن السير صاموئيل بايكر (في ١٨٧٢م) بونيورو محمية مصرية وقام كاباريجا البعثة المصرية (ومصر كانت تحت الاحتلال البريطاني) فسحبت مصر اعترافها به لصالح زعيم متمرد يدعى رويونغا.

نجح كاباريجا في صد الدخلاء وقمع العناصر المتمردة في الداخل مستبدلا الزعماء السابقين بأفراد من الشعب، فزادت ثقة الشعب به. وفي ١٨٨٠م. استولى جيشه على بوغندا بعدما قضى على الثورات الداخلية، وبعدما زال خطر الاجتياح المصري وخروج مصر من شمالي أوغندا. حارب البريطانيين بين ١٨٩١م و١٨٩٨م وكان هؤلاء قد فازوا باحتلال الممالك المجاورة بما فيها مملكة (تورو) التي كان كاباريجا يطالب بها، وحين نقل البريطانيون مراكزهم من تورو ١٨٩٣م أسرع كاباريجا إلى احتلالها. فهجم البريطانيون عندها من جديد تساعدهم بوغندا. وفي الأخير تغلب البريطانيون على بونيورو بعد حرب عصابات طويلة الأمد، فاعتقل كاباريجا في ١٨٩٩م وخلع عن عرشه ونفي إلى جزر سيشيل حتى ١٩٢٣م ثم سمح له بالعودة في شباط ١٩٢٣م ولكنه توفي بعد شهرين وهو في طريق عودته من المنفى.

الرئيس التاسع والثلاثون للولايات المتحدة الأمريكية. تولى مهامه في ٢٠ كانون الثاني ١٩٧٧م ولد في ولاية جورجيا وتخرج من الأكاديمية البحرية وعمل في سلاح البحرية حتى عام ١٩٥٣م ثم امتهن الزراعة وانتخب عضوا في مجلس الشيوخ للفترة ١٩٦٢-١٩٦٦م. وأصبح حاكما لولاية جورجيا منذ عام ١٩٧٠م. رشح نفسه للرئاسة عن الحزب الديموقراطي رغم أنه كان شخصية مغمورة على الصعيد القومي الأمريكي واستطاع أن يحصل على تأييد قاعدة هذا الحزب ففاز بالترشيح عن الحزب.

وعندما خاض معركة الرئاسة أواخر عام ١٩٧٦م ضد فورد مرشح الحزب الجمهوري استطاع أن يجتذب تأييد نقابات العمال والأقليات، وقد تمكن من اجتذاب نسبة ملحوظة من أصوات اليهود نتيجة لموقفه المتطرف في تأييد إسرائيل بعد أن عمل الصهاينة على استغلال اتجاهه التوراني الراديكالي من جهة وإقناعه بأن الصهيونية امتداد للنفوذ الأمريكي في منطقة الشرق الأوسط الهامة.

نجح كارتر في تقديم نفسه على أنه نصير المواطن الأمريكي العادي وأنه يهدف الزعامة من خارج إطار المؤسسات التقليدية، وقد استفاد من اتجاه الجمهور الأمريكي نحو الابتعاد عن الأنماط المؤسسية التي اختارت نكسون على أثر فضيحة ووتر غيت، وبالتالي فقد اتجه إلى التأكيد على هذه الناحية وخاض عدة صدامات اقتصادية وسياسية مع شركات النفط وسواها من المؤسسات. أما بالنسبة للقضايا العربية فإن كارتر تابع السياسة الأمريكية الصهيونية ودفع التسوية السياسية وفرض الهيمنة الأمريكية من خلالها إلى أمام، وبسبب هذه السياسة فقد تعهد كارتر لإسرائيل بعدم الدخول في مفاوضات مع منظمة التحرير

الفلسطينية وعدم الاعتراف بها في أي حال من الأحوال. ولكنه بعد فشله في تجديد رئاسته وتحرره من الضغط الصهيوني عاد فطالب إدارة ريغان بالتفاوض مع منظمة التحرير الفلسطينية والالتقاء بياسر عرفات ٢٦/ ٣/ ٨٥م.

توسط بين مصر وإسرائيل، وشارك في توقيع اتفاق صلح بين مصر وإسرائيل بحضور الرئيسين أنور السادات وبيغن في كامب ديفيد.

حاول كارتر طيلة مدة رئاسته إظهار سياسته الخارجية بمظهر "أخلاقي ديموقراطي" فسعى إلى حث الأنظمة الموالية للولايات المتحدة على اتباع سياسة احترام حقوق الإنسان، خاصة في أمريكا اللاتينية وإيران، ولكنه أمام الهزائم المتعددة التي جابهه (السلفادور، نيكاراغوا، إيران...) عاد إلى اتباع سياسة استعمارية متشددة ولكن بعد فوات الأوان، ولقد أدى هذا التشنج إلى تجميد عملية الوفاق بين الدولتين العظميتين (خاصة بعد دخول القوات السوفيتية أفغانستان) وإلى هزيمته أمام رونالد ريغان بسبب عجزه عن تحرير الرهائن الأمريكيين المحتجزين في طهران عام ١٩٨٠م.

ملك السويد منذ عام ١٩٧٣م وهو من سلالة المارشال الفرنسي برنادوت الـذي نصـب نفسـه ملكا على السويد في عام ١٨١٨م أصغر ملك تربع على العرش السويدي (مولـود في عام ١٩٤٦م) يـدفع الضرائب كغيره من المواطنين ويجـري الاتصـال المبـاشر بالمواطنين، أحـدث بعـض التجديد في التقاليد الملكية، يتعرف الجمهور على أفراد الأسرة الملكية من خلال احتفال سنوي وبرامج تبث ليلة رأس السنة الأميرة فكتوريا الأمير فيليب والملكة سيلفيا وهي من أصل ألماني.

لا يمنحه دستور ١٩٧٥م أية سلطة فهو لا يرأس مجلس الوزراء ولم يعد القائد الأعلى للجيوش ولم يعد يلقي خطابه التقليدي في مناسبة افتتاح الدورات النيابية، فتتلخص مهماتـه بتمثيل بـلاده في الخارج ويخضع للقرارات الصادرة عن مجلس النواب. فحين قرر المجلس النيابي تغيـير قـوانين الوراثـة ومنح المرأة حق اعتلاء العرش رضخ الملك بـدون مناقشة وهـذا يعـني أن الأمـيرة فكتوريا هي التي ستعتلي عرش السويد بعد أبيها.

كانت دراسة الملك كارل السادس عشر غوستاف متنوعـة فبعـد تخرجـه في جامعـة اوبسالا أجرى عددا من الدورات التدريبية في الشركات والمصارف وفي مدرسة الشؤون الخارجيـة، وظل شهرا يحضر أعمال الوفد السويدي إلي الأمم المتحدة في نيويورك. يهوى الرياضة والصيد وربما كان تعلقه بالطبيعة وراء قراره بالانتقال من قصر استوكهولم التقليدي إلى قصر ـ دورتينغـولم عـلى مسافة عشرات الكيلومترات من العاصمة.

وفي أيار ١٩٩٧م كشف عن مرض (عمى الكلمات) يعاني منه الملك وابنه كارل فيليب بفعل الوراثة، وكانت شائعات حول هذا الموضوع بدأت تسري منذ ١٩٧٣م ويسبب هذا المرض صعوبات في القراءة والكتابة.

تعكس طريقة حياة هذا الملك مع أسرته ومستوى معيشتهم المستوى الراقي جدا الذي بلغته السويد ديموقراطيا، فالملك كارل السادس عشر- غوستاف يعيش مما يتبقى له من الموازنة المخصصة للملك، عيشة المواطن السويدي العادي فالمخصصات التي تمنحه إياها الموازنة الحكومية (لا تزيد عل ٧٠ مليون كواون (أقل من ١٠ ملايين دولار) تنفق على موظفي القصر- الذين يزيد عددهم على مائتين وعلى ثمانية قصور. ونفقات رحلات جميع أفراد الأسرة والحاشية وكذلك استقبال الضيوف والمآدب والولائم الرسمية، وتعليم الأبناء وتدريب ولي العهد على مهمات الملك.

وشكا الملك قبل سنوات من أن المخصصات لم تعد تناسب ظروفه الشخصية والعائلية إذ تقررت في عام ١٩٧٤م حين كانت قيمة الكراون ضعف ما هي عليه اليوم. وكان الملك عازبا لكن أعضاء البرلمان والوزراء يرفضون مجرد مناقشة هذه القضية ويطالبون الملك بأن يعاني مثل المواطنين حسب تعبير وزيره الشؤون الاجتماعية وكان عدد من كبار موظفي القصر الملك شرحوا للصحافة مرات جوانب من معاناتهم. وقالوا إن القصر يعاني أكثر من المواطنين فقرا، وذكر هؤلاء أن الملك كارل لجأ في السنوات الأخيرة إلى بيع عقارات وأراض من ممتلكات الأسرة لتغطية العجز في موازنة القصر- علما أن الدستور يحظر على الملك قبول الهدايا والاقتراض ومزاولة أي عمل.

رئيس دولة أفغانستان من عام ١٩٧٩م إلى عام ١٩٨٦م منحدر من أسرة أرستقراطية تربطها علاقة قرابة بالأسرة الملكية الأفغانية السابقة. درس الحقوق والتحق بوزارة التخطيط، اعتنق الماركسية في سن مبكرة ونشط في سبيل إقامة حكم اشتراكي في بلاده. عضو البرلمان عن الحزب الشعبي الديموقراطي ١٩٦٥م بعد عامين وفي أعقاب الأزمة الداخلية التي عصفت بهذا الحزب أسس كارمال حزب برشام وهو الحزب الماركسي الوحيد الذي أيد في عام ١٩٧٣م إطاحة الملك ظاهر شاه.

وكان نور طرقي قد أسس في المرحلة عينها حزب (خلق) المنافس لحزب برشم، وفي عام ١٩٧٧م وبعد أن منع الرئيس داود الأحزاب السياسية في أفغانستان أندمج الحزبان ونقلا نشاطهما من العلنية إلى السرية وعندما بادر داود إلى اعتقال قادة الحزب الجديد الموحد أي طرقي وكارمال وحفيظ الله أمين وقع انقلاب ١٩٧٨م الذي أطاح بحكمه. بعد الانقلاب عين بابراك كارمال من قبل طرقي نائبا لرئيس مجلس الثورة ونائبا لرئيس الحكومة. لكن حملات التصفية التي ميزت عهد الرئيس طرقي قضت على التحالف بين حزبي برشام وخلق، وهكذا أبعد كارمال عن أفغانستان وعين في بادئ الأمر سفيرا لبلاده في براغ. وبعد ثلاثة أشهر استدعي إلى كابول حيث اعتقل وحوكم بتهمة (خيانة ثورة نيسان) غير أنه حصل على حق اللجوء السياسي إلى تشيكو سلوفاكيا نتيجة تدخل المسؤولين السوفييت الذي راهنوا على اعتداله لإعادة الأمن والسلام إلى أفغانستان.

خلف كارمال الرئيس حفيظ الله أمين عل رأس الدولة الأفغانية في كانون الأول ١٩٧٩م بفضل التدخل العسكري السوفيتي الذي حدث بعد أن كان أمين قد أطاح طرقي قبل أشهر معدودة، عمل الزعيم السوفيتي (السابق) جورباتشوف على إزاحته من سدة الرئاسة في عام ١٩٨٦م وجيء بنجيب الله مكانه.

الرئيس كارمونا، أوسكار انطونيو (١٨٦٩-١٩٥١)

عسكري ورجل دولة برتغالي تخرج من المدرسة الحربية في البرتغال وهو في التاسعة عشرة من عمره، أصبح جنرالا في عام ١٩٢٢م ثم حاكما لمقاطعة ايفورا بعد إعلان الجمهورية ١٩١٠م.

مرت البرتغال بأزمة اقتصادية وسياسية تميزت بتكاثر الأحزاب السياسية وعدم ثبات الحكومات. واضطرابات دموية ١٩٢١م وانهيار العملة والاقتصاد. فقامت مجموعة من العسكريين بانقلاب في ٢٨ أيار ١٩٢٦م وسلمت على أثره السلطة لقيادة ثلاثية ترويكا من ضمنها الجنرال كارمونا الذي تسلم مهام الشؤون الخارجية، وسرعان ما انفجر الصراع بينهم فعمد كارمونا إلى إزاحة رفيقيه (كابيكادس وداكوستا) ونصب نفسه رئيسا للوزراء. ورئيسا للدولة مؤقتا في تموز ١٩٢٦م وبعد أشهر من الاضطرابات قضى كارمونا على معارضيه (خاصة في بورتو وليشبونه) بدعم من التيار الملكي.

وفي آذار ١٩٢٨م انتخب كارمونا رئيسا للجمهورية واستعان لإصلاح أوضاع البرتغال المالية بالدكتور سالازار الذي نجح بسرعة وبصورة مدهشة في إصلاح الاقتصاد وإنعاشه بفضل إجراءاته الحازمة فأصبح رئيسا للوزراء في عام ١٩٣٢م واستمر في منصبه ٤٠ عاما وأعيد انتخاب كارمونا رئيسا للجمهورية في عام ١٩٣٥م و١٩٤٢م و١٩٤٩م.

الرئيس كاسترو فيدل

حكم كوبا منذ عام ١٩٥٩م حين أطاح بالطاغية العسكري فولهينسيو باتيستا، حكم كاسترو كوبا حكما استبداديا وجعل منها أول دولة شيوعية في النصف الغربي من الكرة الأرضية. اشتهر كاسترو بخطبه الملتهبة المعادية للأمريكيين.

ولد كاسترو في بيران بالقرب من ماباري في كوبا ١٩٢٦م واسمه الكامل فيدل كاسترو روز. كان والده مهاجرا إسبانيا يمتلك مزرعة صغيرة تخرج كاسترو في جامعة هافانا منذ عام ١٩٥٠م وحصل على درجة علمية في القانون. افتتح كاسترو بعد ذلك مع اثنين من زملائه مكتبا قانونيا في هافانا ترشح في عام ١٩٥٢م لانتخابات مجلس النواب الكوبي، إلا أن القوات العسكرية بقيادة باتيستا عطلت الانتخابات وضعت على الديموقراطية في كوبا.

نتيجة لأعمال باتيسا حاول كاسترو بدء ثورة ضد الاستبدادية في ٢٦ تموز ١٩٥٣م، هاجمت قوات كاسترو ثكنات الجيش في مونكاوا في مدينة سانتياجودي كوبا. وألقي القبض على كاسترو وحكم عليه بالسجن ١٥ عاما، إلا أن باتيستا أطلق سراحه في عام ١٩٥٥م قام كاسترو بتشكيل حركة ٢٦ تموز وهي مجموعة من الثوريين اشتقت اسمها من تاريخ انتفاضته الأولى. ذهب كاسترو إلى المنفى في المكسيك غزت قوات كاسترو كوبا في عام ١٩٥٦م ولقي العديد من الثوار مصرعهم، هرب كاسترو والناجون معه إلى سيرا مايسترا سلسلة جبلية في جنوب شرقي كوبا.

انضم السكان من المناطق القريبة إلى ثورة كاسترو، وهرب باتيستا من كوبا في الأول من كانون الثاني ١٩٥٩م وسيطر كاسترو على الحكم، واستولى كاسترو على ممتلكات الأمريكيين وبعض الأجانب الآخرين والكوبيين الأثرياء.

واستولت حكومته في عام ١٩٦٠م على مصفاة النقط الأمريكية في كوبا أعلنت أمريكا بعدها وفق شراء السكر الكوبي ورد كاسترو بالاستيلاء على جميع الأعمال التجارية الأمريكية في كوبا.

ساند كاسترو عددا من الحركات الثورية في أمريكا الجنوبية وأمريكا الوسطى وأفريقيا، حاولت الولايات المتحدة عزل كوبا عن باقي دول أمريكا اللاتينية إلا أنها فشلت، طورت كوبا تحت قيادة كاسترو علاقات وثيقة مع الاتحاد السوفيتي السابق والدول الشيوعية الأخرى. وفرت حكومة كاسترو الخدمات التعليمية والعلاجية†والإسكان للعديد من الكوبيين إلا أن الاقتصاد ظل دائما في وضع مضطرب، على الرغم من الدعم الذي وجدته كوبا من حلفائها الشيوعيين، لقي كاسترو مساعدة حميمة من أخيه راوول الذي أعلنه خليفة له.

سياسي وأول رئيس جمهورية زامبيا المستقلة منذ ٢٤ تشرين الأول ١٩٦٤م، وقد استمر رئيسا دون انقطاع لأكثر من ربع قرن.

ولد كينيث كاوندا في مقاطعة شنسالي الشمالية ١٩٢٤م وتعلم في مدارس الإرساليات التبشيرية، ثم التحق بمدرسة مونالي الثانوية. وعمل معلما في الفترة ١٩٤٣-١٩٤٧م وبعدها عمل موظفا في منجم نحاس شنجولا، بدأ نشاطه السياسي بالانضمام إلى حزب المؤتمر الوطني الأفريقي في عام ١٩٤٨م وانتخب سكرتيرا عاما للحزب في عام ١٩٥٣م ثم انفصل عنه ليؤسس حزب (مؤتمر زامبيا الأفريقي الوطني) في ١٩٥٨م ثم ترأس حزب الاتحاد القومي المستقل في عام ١٩٦٠م عين وزيرا للحكم المحلي والشؤون الاجتماعية لروديسيا الشمالية بين ١٩٦٢م و١٩٦٤م.

كان أول رئيس وزراء لروديسيا الشمالية من كانون الثاني حتى تشرين الأول ١٩٦٤م أي حتى استلامه مهام رئاسة جمهورية زامبيا وإضافة إلى رئاسته الجمهورية تولى وزارة الدفاع ١٩٦٤-١٩٧٠م ووزارة الخارجية ١٩٦٩-١٩٧٠م، ووزارة التجارة والصناعة والمناجم منذ ١٩٦٩م ومدير شركة تنمية الصناعة والمناجم في زامبيا منذ ١٩٧٠م لم يستطع وهو على رأس إحدى الدول الأفريقية الأكثر تمدنا (السكن في المدن) والمعروف بأنه من أكثر القادة الأفريقيين حكمة ودراية وثقافة سد الطريق أمام استفحال الفساد والتدهور الاجتماعي ومعارضة الحزب الحاكم له وهو الذي كان أسسه في ١٩٧٢م. في عام ١٩٩٠م وجد نفسه مضطرا على الإقرار بالتعددية الحزبية التي كان يطالب بها خصمه فريدريك شيلوبا الذي فاز في انتخابات ١٩٩٢م.

سياسي ورجل دولة رواندي، وأول رئيس لجمهورية رواند تسلم رئاسة الجمهورية في تشرين الأول ١٩٦١م أي بعد أشهر قليلة من ولادة الجمهورية ٢٨ كانون الثاني ١٩٦١م. أقام في العاصمة كيغالي، وبقي على رأس الجمهورية حتى عام ١٩٧٣م حين أحاطه فريق من الضباط والرتباء المغمورون الذين ألفوا حكومة ثورية، وكان على رأسهم جوفينال هابياريمانا (وكانوا من قبيلة الهوتو) حكم على كايبندا بالإعدام ثم خفضت العقوبة بعد أن أظهر شعب رواندا تعاطفه مع أب الاستقلال ومؤسس الجمهورية (قبله كان النظام ملكيا يحكمه (موامي) أي الملك).

ترتبط شخصية كايبندا كقائد وكملهم للحركة الاجتماعية للتحرير بشخصية صديق له هو أحد المبشرين الكاثوليك الذي أصبح مطرانا في ما بعد وهو بيرودان. وكان هذا المبشر قد شارك شعب رواندا (وخاصة من قبيلة الهوتو) في نضاله ضد إقطاع قبيلة التوتسي، وفي الوقت نفسه ضد الاستعمار البلجيكي. انطلقت الحركة الاجتماعية للتحرير في عام ١٩٥٣م عندما أسس بيرودان وكايبندا (وكان يعمل مدرسا) جريدة رعوية تنطق باللغة الكينياروانديـة وفي ٩ تشرين الأول ١٩٥٩م أعاد كايبندا تنظيم هذا الحزب وأسماه حركة تحرير الهوتو لمواجهة التوتسي- وأعلنت هذه الحركة عن سعيها لتحقيق التحرر الاقتصادي والسياسي والإعداد لقلب النظام الأوتوقراطي القائم. وأحرزت الحركة نجاحا كبيرا بسبب دعم بلجيكا لها بينما راح نظام التوتسي ينغلق أكثر فأكثر على نفسه ويمارس القمع، وبعد عامين من الانتفاضات والصدامات الدموية اعتزل الملك (موامي) كيغيلي الخامس واختار المنفى في أوغندا. نادى كايبندا بأفكار بسيطة تدور جميعها حول العدل والمساواة وبسبب هذه الأفكار ولخصاله الشخصية فقد حافظ على صورة لا تنسى في ذاكرة شعب رواندا ولكنه في المقابل فشل في نـزع فتيل الحرب الأهلية بين الهوتو والتوتسي.

الرئيس كلينتون، بل

انتخب رئيسا للولايات المتحدة في عام ١٩٩٢م وكسب كلينتون وهو ديموقراطي الانتخابات حينما كان يعمل حاكما لولاية اركنساس للفترة الخامسة، وفي الانتخابات الرئاسية هزم هو ورفيقه السناتور الجور من ولاية تينسي الرئيس جورج بوش المرشح الجمهوري ونائب الرئيس دان كويل.

تولى كلينتون منصبه في الوقت الذي تحولت فيه اهتمامات الولايات المتحدة بشدة من الشؤون الخارجية إلى القضايا الداخلية، ووضع انهيار الاتحاد السوفيتي في عام ١٩٩١م نهاية للحرب الباردة وبحلول عام ١٩٩٢م كان الأمريكيون قلقين بسبب انخفاض إنتاجية الولايات المتحدة وظاهرة تنامي الاضطرابات العرقية، والجريمة والفقر في المدن الأمريكية. وكان كلينتون يعد في حملته الانتخابية بتخفيض الاتجاه إلى الإنفاق الذي يؤدي إلى العجز في الميزانية، والتوسع في فرص التعليم والاقتصاد من أجل الأمريكيين من الطبقة المتوسطة والفقراء.

وقد ولد جيفرسون كلينتون في هوب بولاية اركنساس ١٩٤٦م، قتل والده وليم جيفرسون في حادث سيارة قبل ثلاثة أشهر من ولادته وحمل اسم زوج أمه كلينتون. حينما كان في الخامسة عشرة من عمره وتعلم كلينتون في جامعة جورج تاون في عام ١٩٧٢م تخرج من مدرسة القانون بجامعة بيل، وأنتخب مدعيا عاما لولاية اركنساس في عام ١٩٧٦م ثم انتخب حاكما لأول مرة في عام ١٩٧٨م ولكنه فشل في إعادة انتخابه في عام ١٩٨٠م. ومع ذلك عاد إلى المنصب أربع دورات متتالية وكان كلينتون الذي بلغ ٤٦ عاما عند توليه رئاسة أمريكا ثاني أصغر أمريكي ينتخب رئيسا للولايات المتحدة الأمريكية.

كمال جنبلاط (١٩١٧-١٩٧٧م)

سياسي عربي بارز وزعيم وطني لبناني، ولد في المختارة في جبل لبنان من عائلة سياسية، درس الحقوق وعلم الاجتماع والفلسفة في جامعة القديس يوسف في بيروت وفي جامعة السوريون في باريس. أسس الحزب التقدمي الاشتراكي عام ١٩٤٩م، قادة الثورة الشعبية سنة ١٩٥٢م التي أدت إلى استقالة بشارة الخوري وانتخاب كميل شمعون ثم انقلب على سياسة شمعون الموالية للقرب وللأحلاف العسكرية وشارك في الثورة المسلحة ضده عام ١٩٥٨م.

أيد السياسة الناصرية في لبنان والمنطقة العربية، كان من الزعماء المنادين بالصداقة مع الاتحاد السوفيتي، منح سنة ١٩٧٢م جائزة لينين للسلام، كان يعتبر واحدا من أهم أقطاب السياسة في لبنان، وكان يتزايد دوره باستمرار من خلال مناصرته وتأييده للتيار القومي العربي، ومساندته للمقاومة الفلسطينية في لبنان.

أدى كمال جنبلاط دورا هاما في الحرب الأهلية اللبنانية، وتزعم القوى الوطنية والتقدمية في الساحة اللبنانية، اغتيل على طريق الشوف في ١٦ مايس ١٩٧٧م، له مذكرات وعدة مؤلفات سياسية وفلسفية.

الرئيس كميل شمعون

سياسي ورجل دولة لبناني، ولد في دير القمر تلقى علومه في لبنان وفرنسا، درس الحقوق الفرنسية في بيروت حيث نال منها شهادة الليسانس في عام ١٩٢٣م. بدأ حياته محاميا وشارك في تحرير صحيفة "لو ريفاري" اللبنانية الصادرة بالفرنسية.

انتخب نائبا عن جبل لبنان في عام ١٩٢٩م ثم في عام ١٩٣٤م. عين وزيرا للمالية في عام ١٩٣٨م انتخب نائبا عن منطقة الشوف لأول مرة عام ١٩٤٣م، وعين وزيرا للداخلية ١٩٤٣-١٩٤٤م ثم وزيرا للمالية فوزيرا للداخلية عام ١٩٤٧م. أعيد انتخابه نائبا عن الشوف في دورتي ١٩٤٧م و١٩٥١م بعد أن تحالف مع كمال جنبلاط ضد بشارة الخوري، وبفضل هذا التحالف نجح في الفوز بمنصب رئاسة الجمهورية اللبنانية ١٩٥٢-١٩٥٨م. انتهى حكمه برفض شعبي ضد محاولته تجديد مدة رئاسته للجمهورية، وجر البلاد إلى أحلاف عسكرية وسياسية غربية ومعادية لحركة التحرر العربي، طلب تدخل القوات الأمريكية لحماية حكمه فنزلت في بيروت سنة ١٩٥٨م.

عاد إلى البرلمان اللبناني سنة ١٩٦٤م، دخل الحكومة وزيرا رئيسيا بعد بداية انفجار الحرب الأهلية اللبنانية ولعب حزبه حزب (الأحرار) دورا تصاعديا ومتطرفا طيلة الحرب الأهلية. ومن مؤلفاته "أزمة في الشرق الأوسط" عام ١٩٦٣م و"مذكراتي" عام ١٩٦٩م.

سياسي أمريكي كان رئيسا للولايات المتحدة من عام ١٩٦١م إلى عام ١٩٦٣م. وكان أصغر رئيس يتم انتخابه وأصغر رئيس يموت أثناء رئاسته وقد أطلقت عليه النار فقتل في عام ١٩٦٣م.

ولد كنيدي في بروكلين بولاية ماساشوسيتس في الولايات المتحدة الأمريكية ١٩١٧م. وقد اعتمد والده جوزيف كنيدي على نفسه حتى أصبح مليونيرا، تخرج جون كنيدي في جامعة هارفارد عام ١٩٤٠م وبعد تطوعه في الأسطول الأمريكي قاد عام ١٩٤٢م سرية من قوارب الطوربيد. وفي ٢ آب عام ١٩٤٣م شطرت مدمرة يابانية قاربه إلى نصفين، ونجا كنيدي وعشرة آخرون معه وسبحوا بأمان إلى جزيرة قريبة، وقد منح كنيدي وسام الأسطول والبحرية لبطولته وقيادته الفذة.

بدأ كنيدي تاريخه السياسي عام ١٩٤٦م حيث انتخب عضوا بمجلس النواب، وفي عام ١٩٥٢م انتخب عضوا بمجلس الشيوخ. وفي عام ١٩٥٨م أعيد انتخابه بمجلس الشيوخ، وفي المؤتمر القومي للحزب الديموقراطي عام ١٩٦٠م فاز كنيدي بترشيح الحزب في الاقتراع الأول، وشهد عام ١٩٦٠م سباقا قويا فاز فيه كنيدي على نيكسون وأصبح أصغر مرشح في تاريخ الولايات المتحدة يتم انتخابه رئيسا.

أطلق كنيدي اسم (الحدود الجديدة) على برنامجه التشريعي وكان برنامج الفيلق الأمريكي للسلام الذي نفذ في آذار عام ١٩٦١م أحد أنجح برامج الرئيس كنيدي وفي الشؤون الداخلية أصبحت المطالبة بمساواة السود بالبيض في أمريكا أهم المشكلات في عهد كنيدي، أما في الشؤون الخارجية فقد قام المعارضون الكوبيون بمساعدة أمريكية بغزو بلادهم في نيسان ١٩٦١م للإطاحة بفيدل

كاسترو، وقد أدى ذلك إلى كارثة واعترف كنيدي بمسئوليته عن الغزو الفاشل لخليج الخنازير. كما انفجرت مشكلة كوبية أخرى في عام ١٩٦٢م عندما علمت الولايات المتحدة أن الاتحاد السوفيتي السابق قد نصب في كوبا بعض الصواريخ القادرة على ضرب المدن الأمريكية. وقد أمرت سفن الأسطول بإرجاع أي سفن تنقل الصواريخ السوفيتية إلى كوبا، وعلى أثر ذلك أمر الرئيس السوفيتي خروتشوف بإزالة جميع الصواريخ الهجومية السوفيتية.

وفي عام ١٩٦١م هدد الاتحاد السوفيتي السابق بإعطاء ألمانيا الشرقية الشيوعية السيطرة على جميع طرق التموين الجوية والبرية القادمة من الغرب إلى برلين. وفي حزيران من عام ١٩٦١م بحث كنيدي مشكلة برلين مع خروتشوف في اجتماع دام يومين في فيينا بالنمسا، وفي آب من ذلك العام بنى الألمان الشرقيون سورا بين برلين الشرقية والغربية لمنع الناس من الهرب باتجاه الغرب. وفي تموز ١٩٦٣م وقع الاتحاد السوفيتي السابق والولايات المتحدة والمملكة المتحدة (معاهدة لمنع تجارب الأسلحة الذرية) في الغلاف الجوي، وفي الفضاء الخارجي وكذلك تحت الماء، والسماح بذلك تحت الأرض فقط.

اغتيل كنيدي بإطلاق النار في عام ١٩٦٣م عندما كان في موكب في أحد شوارع دالاس بولاية تكساس، وقد اعتقل لي هارفي اوزوالد واتهم بارتكاب هذه الجريمة، وأثناء نقله إلى سيارة مصفحة اقترب منه صاحب ناد ليلي أسمه جاك روبي وأرداه تقيلا، وفي التحقيقات التي جرت عام ١٩٦٤م أوضح تقرير لجنة أن اوزوالد تصرف بمفرده، لكن لجنة متخصصة في مجلس النواب استنتجت في عام ١٩٧٨م أن اغتيال جون كنيدي ربما كان ناتجا عن مؤامرة.

سياسي ورجل دولة ورئيس برازيلي، ولد في ميناس جيريس من عائلة فقيرة، واستطاع إكمال دراسته في الطب والتخصص في فرنسا في حقل الجراحة بعد عودته إلى البرازيل. انتخب نائبا عن منطقته ١٩٣٤-١٩٣٧م ورئيس بلدية بيلو اوريزني. شارك في عام ١٩٤٥م في إنشاء حزب جديد هو الحزب الاشتراكي الديموقراطي وانتخب من جديد نائبا، وانتخب في عام ١٩٥٠م عضوا في مجلس الشيوخ.

عندما توفي فارغاس ١٩٥٤م ترشح كوبينشيك لرئاسة الجمهورية فانتخب رئيسا في تشرين الأول ١٩٥٥م. انتهت ولايته الرئاسية في عام ١٩٦١م فأيد وصول نائب الرئيس غولار إلى رئاسة الجمهورية. واستمر هو في المعترك السياسي وانتخب عضوا في مجلس الشيوخ عن ولاية غوياس، انتقد حركة ٨ حزيران ١٩٦٤م الانقلابية التي حرمته من حقوقه السياسية لمدة عشر سنوات فسافر إلى الولايات المتحدة وعاد سنة ١٩٦٩م ليدير أحد البنوك الخاصة.

أطلق خلال توليه رئاسة الجمهورية برنامجا عمرانيا وتصنيعا ضخما وبنى العاصمة الجديدة برازيليا،لكن ذلك أدى إلى تضخم مالي متزايد وإلى تضاعف غلاء المعيشة. توفي في حادث سيارة بين ريودوجنيرو وساوبالو في ٢٢ آب ١٩٧٦م.

الرئيس كيكونن، اورهو كاليف (١٩٠٠-١٩٨٦م)

رئيس الجمهورية في فنلندا مـن عـام ١٩٥٦م إلى عـام ١٩٨٢م بـدون انقطاع، ولـد في قريـة صغيرة من مقاطعة سافر شرقي فنلندا ١٩٠٠م حيث كان والده يعمل حطابا، بـرز منـذ شبابه ولفـت الأنظار إليه لمواهبه الذهنية والرياضية. اضطر في عام ١٩١٧م إلى الانقطاع عن دراسته الثانوية فتطوع في كتيبة الأنصار وشارك في الحرب ضد الفنلنديين الحمـر (الشيوعيين). وقد أثرت هـذه المرحلة في شخصيته تأثيرا كبيرا وأعلن فيما بعد. في مقابلة صحفية أنه كان يعتقد أن المسألة كانت مسـألة حـرب تحرير وطنية تهدف إلى تحقيق استقلال فنلندا، ولكنه عندما صار يتـذكر المـآسي والفظائـع التـي كان شاهدا عليها أصبح ينظر إليها على أنها كانت حربا أهلية. انتقل بعد ذلك إلى هلسنكي لدراسة الحقوق، وانضم في الوقت نفسه إلى تنظيم قومي متطرف كان يرفع شعار (فنلندا للفنلنديين) ولكنه ما لبث أن انسحب منه بعد فترة قصيرة لانزعاجه من توجهاته الفاشية ونزعتـه القوميـة المتطرفة. تـرأس تحريـر صحيفة طلابية ١٩٢٧-١٩٢٨م فتجلت من خلال عمله هذا مواهبه الصحافية ثم قام برحلة إلى ألمانيا عاد بعدها ليصدر كراسا بعنوان (الدفاع الذاتي عـن الديموقراطيـة) عبر فيه عن مخاوفه مـن بعض التيارات المتنامية المتأثرة بالنازية في فنلندا ١٩٣٤م.

انضم إلى الحزب الزراعي (حزب المزارعين) وخاض باسمه انتخابات عام ١٩٣٦م فانتخب نائبا عن منطقة كاريليا ثم عين في عام ١٩٣٩م، وزيرا للداخلية فتميز بحظره نشاط إحدى الحركات الفاشية، وعند اندلاع الحرب العالمية الثانية فضل كيوكونن الابتعاد جزئيا عن المسرح السياسي وعـدم التـورط في الحرب الروسية الفنلندية ما جعل البعض يتهمه بالانتهازية وبعد انتهاء الحرب شارك في المفاوضات مع الاتحاد السوفيتي السابق وخاض الانتخابات الرئاسية عام ١٩٥٠م وفشل فيها، وشغل مـا بيـن ١٩٥٠م و١٩٥٦م خمس مرات

منصب رئيس الوزراء قبل أن يتمكن من الفوز بصعوبة برئاسة الجمهورية عام ١٩٥٦م.

بدأ عهده بإضراب عام وبعدم استقرار داخلي بسبب كثرة الأحزاب وتقلبها، لكنه عرف كيف يحافظ على الاستمرارية في السياسة الخارجية، خاصة تجاه الاتحاد السوفيتي السابق، وفي تلك الفترة التي كانت فيها الحرب الباردة تسمم العلاقات الدولية ارتفعت أصوات بعض الفنلنديين مطالبة بالتقارب مع الغرب. فكان رد كيكونن على هذه الأصوات قاطعا ومتهكما في (إن ما يحتاجه المرء عندما يواجه الحقائق السياسية هو بالدرجة الأولى رأس بارد لا أكتاف عريضة). وعلى الرغم من حرصه على إقامة علاقات مميزة وحيدة مع الاتحاد السوفيتي السابق فقد كان أحرص أيضا على حياد بلاده، ولم يمنعه هذا من نسج شبكة من العلاقات والارتباطات الخارجية جعلت من فنلندا بلدا غربيا أكثر منه شرقيا، دون أن يثير هذا حساسية الاتحاد السوفيتي السابق.

وهكذا فقد انضمت فنلندا إلى المجلس الشمالي وإلى الأمم المتحدة ١٩٥٥م وكان وقتها كيكونن رئيسا للوزراء ثم أصبحت فنلندا عضوا مشاركا في الرابطة الأوروبية للتبادل الحر، وفي عام ١٩٦٩م أصبحت عضوا في منظمة التعاون والتنمية الاقتصادية، وأخيرا ارتبطت باتفاقية مع السوق الأوروبية المشتركة ١٩٧٣م. تحول كيوكونن إلى مؤسسة قائمة بذاتها في الحياة السياسية الفنلندية، فهو لم يكتف باحتكار توجيه السياسة الخارجية بل لعب دور الحكم في كل النزاعات الداخلية سواء الشخصية أو الحكومية أو النقابية، وفرض نفسه، فوق كل هذا مرجعا أخيرا لأحزاب الأقلية معبرا عن احتقاره المتعالي للتقلبات البرلمانية في بلد مجزأ أساسيا وممارسا كل صلاحيات الرئاسة متصرفا كملك غير متوج، استقال في نهاية عام ١٩٨١م بعد إصابته بمرض عضال، توفي في عام ١٩٨٦م.

رئيس جمهورية الصين الوطنية (تايوان) ورئيس الحزب الوطني عـام ١٩٨٨م، ولـد في سانشي ـ بالقرب من مدينة تايبيه عام ١٩٢٣م، درس في جامعات باليابان وتايوان والولايات المتحدة، وحصل عـلى درجة الدكتوراه في الاقتصاد الزراعي مـن جامعـة كورنـول بالولايـات المتحـدة عـام ١٩٦٨م، ثـم عمـل بالتدريس بجامعة تايوان الوطنية قبل أن يصبح خبيرا زراعيا للحكومة التايوانية.

في عام ١٩٧٢م أصبح وزير دولة، وفي عام ١٩٧٨م تم تعيينه محافظـا لتايبـه، ثـم حاكمـا إقليميـا في تايوان عـام ١٩٨١م وفي عـام ١٩٨٤م اختـاره الـرئيس تشـيانج تشـنج كـوو نائبـا لـه، وفي عـام ١٩٩٠م انتخب لي رئيسا للجمهورية، اتبـع لي سياسـة تشيانج في الإصلاح الديموقراطي وزاد من صلات تايوان مـع الأقطار الأخرى، وقـام بتعيـين شـباب متعلمـين ذوي عقـول إصـلاحية في المناصـب العليـا الحكوميـة والحزبية.

قائد الثورة البلشفية الشيوعية السوفيتية (ثورة أكتوبر) النظري والعملي ومؤسس دولة الاتحاد السوفيتي السابق، أضاف إلى النظرية الماركسية دراسات حول الاحتكار والاستعمار والحزب والقومية. والتحالف بين العمال والفلاحين، والثورة الثقافية والديمقراطية المباشرة، حتى أصبحت النظرية الماركسية من بعده تسمى (النظرية الماركسية اللينينية).

ولد فلاديمير اليتش أوليانوف لينين بمدينة سيميرسك ١٨٧٠م في روسيا لأب كان يعمل مفتشا على المدارس الابتدائية، وأمضى طفولة عادية بالنسبة إلى طفل من الطبقة المتوسطة، وكان مسلكه في ما يبدو مسلك تلميذ دؤوب مجتهد، ومن العام ١٨٨٧م التحق بجامعة قازان لدراسة القانون، ولقد قيل أنه تحول إلى ثوري بعد إعدام شقيقه الأكبر البالغ من العمر ١٩ عاما بتهمة الاشتراك في مؤامرة لاغتيال القيصر، ولا يشك في أنه اعتنق بعض أفكار شقيقه قبل ذلك. وقد طرد من جامعة قازان بسبب نشاطه الثوري بين الطلاب. ولكنه تمكن من إكمال دراسته في جامعة أخرى انتسب إليها في عام ١٨٩١م هي جامعة بطرسبورغ (لينيفراد).

انضم إلى منتدى ماركسي ودرس كتاب (رأس المال) لماركس وعندما نقل إلى جماعة سامارا ووضع تحت المراقبة. نظم هناك جماعة للدراسات الماركسية، وفي النهاية حصل على دراسته الجامعية بالمراسلة من جامعة سانت بطرسبورغ التي عاد وانتقل إليها ليعمل ضمن صفوف حركة بروليتارية ثورية وليؤلف أول كتبه (من هم أصدقاء الشعب؟) في عام ١٨٩٤م والذي فند فيه الأفكار الاقتصادية والفلسفية للجماعات الثورة التي كانت سائدة آنذاك، تمكن في عام ١٨٩٥م من توحيد عدة مجموعات ماركسية تحت لواء (عصبة النضال

من أجل تحرير الطبقة العاملة)، وهي التنظيم الذي يعتبر البداية الحقيقية للحزب الشيوعي الروسي، وتكرر اعتقاله والإفراج عنه، ثم نفي إلى سيبريا ١٨٩٧م حيث استمر في التخطيط للثورة وكتب كتابه (تطور الرأسمالية في روسيا ١٨٩٩م) ونظرا لوجوده تحت رقابة البوليس لم يستطع أن يحضر الاجتماع التأسيسي للحزب الاشتراكي الديموقراطي الروسي في مدينة منسك ١٨٩٩م.

بعد الإفراج عنه ١٩٠٠م ذهب إلى سويسرا حيث التقى بلنجانوف وغيره من الثوريين المنفيين وعمل معهم، ثم إلى إنكلترا حيث كان يقضي معظم وقته في مكتبة المتحف البريطاني يقرأ ويكتب.

وقام بزيارات للثوريين المنفيين في ألمانيا وفرنسا، وكان أحد مؤسسي جريدة اسكرا (الشرارة) التي رأس تحريرها وأتخذها هو و غيره من المهاجرين الماركسيين مفسرـ أفكارهم عن الثورة. وكانت الجريدة تهرب بصفة منتظمة إلى داخل روسيا، وكان أهم أعماله في هذه الفترة الكتيب الذي نشره في عام ١٩٠٢م بعنوان (ما العمل؟) والذي وضع فيه الأسس النظرية والتطبيقية لحزب ماركسيـ ثوري والتي ظل متمسكا بها إلى أن تحققت الثورة.

في عام ١٩٠٣م، انعقد المؤتمر الثاني للحزب الاشتراكي الديموقراطي الروسي، وحدث انقسام في المؤتمر حول موضوع تنظيم الحزب وفاز لينين بأغلبية الأصوات، وأصبح زعيما للأغلبية أي (البلشفيك) وبعد عام نشر كتابه "خطوة إلى الأمام وخطوتان إلى الوراء" الذي وجه فيه انتقادات قاسية إلى الأقلية (المنشفيك).

عاد لينين إلى روسيا ليشترك في ثورة ١٩٠٥م لكنه اضطر عقب فشلها للعودة إلى المنفى في سويسرا والنمسا وفرنسا. وظل يعمل في نشر مجموعة من الكتب الماركسية الثورية، ناقش فيها دور البروليتاريا في ثورة بورجوازية

برلمانية، وأوضح كيف يمكن عن طريق اجتذاب الفلاحين الفقراء وغيرهم من الطبقات، الاستيلاء على الثورة البورجوازية وتحويلها إلى ديكتاتورية للبروليتاريا، في عام ١٩١٢م نجح في استبعاد المنشفيك من الاشتراك في مؤتمر الحزب الاشتراكي الديموقراطي الروسي الذي انعقد في براغ.

وأنشأ حزبا منفصلا للبلشفيك وقد ساعد في إنشاء جريدة برافدا التي كانت في طريقها إلى الصدور في سانت بطرسبورغ، وكان ما زال غير قادر على دخول روسيا فأقام عند حدودها في مدينة كاراكاو إلى أن اعتقله البوليس النمساوي ١٩١٤م وأمره بمغادرة البلاد. فعاد إلى سويسرا وظل بعض الوقت مركزا جهده على الكتابة مهاجما الأممية الاشتراكية الثانية التي وصفها بـ (الانتهازية). وفي عام ١٩١٥م عقد اجتماعا دعا إليه كل من استطاع حشده من الاشتراكيين الأوروبيين لاستنكار الحرب التي رأى فيها صراعا بين قوى بورجوازية رأسمالية متخاصمة لا يمكن للطبقة العاملة أن تجني منها أي كسب، وكانت نظريته تحتوي على المخطط اللازم لتحويل مثل هذه الحرب إلى حرب طبقية ثورية. إلا أنه لم ير أن الظروف المهيأة للثورة قد توافرت ولم يستكشف آنذاك، في ما يبدو أن هذه الحرب سوف تخلق الفرصة التي كان في انتظارها.

وبعد اندلاع ثورة شباط ١٩١٧م عاد إلى بتروغراد بمقارنة القيادة العليا الألمانية التي كانت ترجو أن تسفر عودته إلى روسيا عن عرقلة المجهود الحربي الروسي. وفي بتروغراد أثناء انشغاله بالعمل على تحويل الثورة البورجوازية إلى ثورة بروليتارية. وكان الشعار الذي طرحه هو وأنصاره البلشفيك على العمال والجنود المتمردين هو (كل السلطة للسوفيات).

وقد صبرت الحكومة المؤقتة على هذا النشاط إلى شهر تموز عندما أصدرت الأوامر باعتقاله ففر إلى فنلندا، ثم تسلل عائدا إلى بتروغراد يوم ٧ تشرين الأول حيث أقنع اللجنة المركزية للحزب بالدعوة إلى انتفاضة مسلحة،

وقد أدار الثورة من مركز قيادته بمعهد سمولن، وبعد الانتصار على المعتدلين وغيرهم من الجماعات الاشتراكية أصبح رئيسا لمجلس مفوضي الشعب (التسمية الجديدة لمجلس الـوزراء)، وقامـت سياسته المبدئية على السلام والأرض والخبز.

أمنت حكومة السلام بمعاهدة بريسـت- ليتوفسك التـي تـولى تروتسكي المفاوضة بشأنها ببراعة، وأعيد توزيع الأرض على الفلاحين ولكن الخبز كان قضية أخرى، إذ ما لبث أن المجاعة أن انتشرت في روسيا. وقد أمم لينين البنوك وكل وسائل الإنتاج الصناعي ولكن محاولته بناء اقتصاد اشـتراكي كامـل وهو يخوض حربا أهلية على أكثر من عشر جبهات، ويواجه استيلاء البريطانيين واليابانيين عـلى أراض روسية لمساعدة الثورة المضادة، ومحاولته إنشاء جهازي دولة مدني وعسكري معا، من حطـام الدولة البائدة كل ذلك أدى إلى انهيار كامل للاقتصاد الروسي في عام ١٩٢٠م وأظهر لينين مرونته عندما قدم السياسة الاقتصادية الجديدة التي سمحت بهامش تحرك للنشاط الاقتصادي الخاص، وقام بنقل كـل جهاز حكومته الثورية إلى الكرملين في موسكو.

لم يواجه الحرب ضد اليمين بل واجه أيضا المعارضة العنيفة من جانب الجماعـات الاشـتراكية الأخرى. وخاصة الحزب الاشتراكي الثوري الذي بدأ في عام ١٩١٨م يشن حملة اغتيالات للقادة البلشفيك الذين سقط منهم بعض الضحايا بينهم لينين نفسه، فالرصاصـة التـي أطلقتهـا عليـه دورا كابلان عضو الحزب الاشتراكي الديموقراطي. وإن لم تقتله سببت تدهورا مستمرا في صحته، وخلال عامه الأخير أصابه انزعاج شديد من نمو البيروقراطية الحزبية وكان ستالين من بين الذين وبخهم في (وصية سياسية) لأنهم تركوا البيروقراطية تشوه الديموقراطية الاشتراكية وفي ٢١ كانون الثاني ١٩٢٤م تـوفي لينين والسبب الأساسي بحسب أكثر الاحتمالات ترجيحا الإجهاد الشديد.

ضريح لينين في الساحة الحمراء في موسكو لم تنقطع عنه صفوف الزائرين من شيوعيي الاتحاد السوفيتي والعالم، إذ أصبح لينين بالنسبة إليهم معبودا حقيقيا، لكن هذه الصورة بدأت تتغير مع إطلاق الزعيم السوفيتي الأخير جورباتشوف لحركة البيريسترويكا، إلى أن انقلبت هذه الصورة تماما إلى عكسها، فما أن شارف الاتحاد السوفيتي على الزوال عام ١٩٩١م حتى بدأت نصب لينين وصوره تتعرض للتحطيم على أيدي المتظاهرين في روسيا وباقي الجمهوريات السوفيتية.

ملك بلجيكا (١٩٣٤-١٩٥١م)، وهو ابن ألبير الأول، اعتلى العرش بعد وفاة والده المفاجئة وهو يمارس رياضة تسلق الجبال. درس فترة في إحدى مدارس إنكلترا وقام بعدة رحلات إلى أميركا وأفريقيا وآسيا.

تزوج في عام ١٩٢٦م فأنجب ثلاثة أطفال أحدهم بودوان الذي اعتلى العرش ١٩٥١-١٩٩٣م وآخر اليبردو ليج الذي اعتلى العرش بعد وفاة شقيقة بودوان ١٩٩٣م.

كان هم ليوبولد الثالث الأساسي الإبقاء على حياد بلجيكا فعارض إيصال خط ماجينو (العسكري) حتى دنكرك، حاول مقاومة الغزو الألماني ١٩٤٠م ولم يفلح، فوقع وثيقة الاستسلام بلا قيد ولا شرط بصفته القائد الأعلى للجيش البلجيكي دون إشعار الحلفاء بذلك ورغم معارضته رئيس الوزراء في المنفى.

اجتمع بهتلر في تشرين الثاني ١٩٤٠م بهدف تحرير المساجين، تزوج من جديد في عام ١٩٤١م وأدى هذا الزواج إلى مشاكل دستورية وضعت المشاكل الملكية على بساط البحث ذلك أن زوجته الأولى (وكانت تتمتع بشعبية أسطورية) حيث توفيت بحادث سيارة كان يقودها شخصيا في سويسرا في عام ١٩٣٥م.

نفي وعائلته إلى ألمانيا في ٧ حزيران ١٩٤٤م ورفضت الحكومة السماح له بالرجوع بعد انتهاء الحرب فالرأي العام البلجيكي كان ما يزال غاضبا من استسلامه وما اعتبره (الرأي العام) تعاونا من الملك مع النازيين. فبدأ الصراع بين الأحزاب حول ما سمي (المسألة الملكية) عودة الملك، تنصيب سواه، أو استبدال الملكية الجمهورية.

فـالحزب الكـاثوليكي أيـد رجوعـه وفي انتخابـات حزيـران ١٩٥٠م نجـح الحـزب الاجتماعـي المسيحي في الحصول على الأغلبيـة المطلقـة. وأيـد رئيس الـوزراء عـودة الملك، وقـد أدى هـذا القرار الحكومي إلى ردود فعل عنيفة من اليسار الذي هدد بتنظيم مسيرة إلى بروكسل.

وإزاء خطر نشوب حرب أهلية نجح الملك في أول آب ١٩٥٠م في الحصول عـلى قـرار يسـمح بموجبه التخلي عن صلاحياته الملكية لابنه بودوان الذي اعتلى العرش في ١٦ تمـوز ١٩٥١م والـذي بقـي بعيدا عن الأحداث السياسية حتى عام ١٩٥٩م.

ملك بلجيكا من عـام ١٨٦٥م حتى وفاتـه في عـام ١٩٠٩م ابـن ليوبولـد الأول ١٧٩٠-١٨٦٥م الذي هو من أصل ألماني وأصبح ملك بلجيكا في عام ١٨٣١م ومؤسس السلالة الملكيـة التي لا تـزال تحكم حتى اليوم.

وجه ليوبولد الثاني اهتمامـه لتعزيـز استقلال بلجيكا، فتصدى بمسـاعدة إنكلـترا لمناورات نابليون الثالث وتحرشاته ضد بلجيكا، وعمل منذ عام ١٨٩٠م عـلى تقويـة بـلاده عسكريا لاعتقاده أن سياسة الحياد أن لا تعني عدم الاهـتمام بالجيش وتسليمه، ووقع نفسـه قانون الخدمـة العسكرية وساهم بقسط وافر بتعزيز القدرة الاقتصادية مـن خـلال تجديد المرافئ وتوسيع شبكة المواصلات (الحديدية والنهرية والبرية) فأصبحت بلجيكا في عهده قوة اقتصادية كبيرة.

استطاع بصفة شخصيته استعمار الكونغو من خلال شركات أسسها وأشرف عليها بنفسـه، وفي مؤتمر برلين سنة ١٨٨٤م نجح في إعلان الكونغو (دولة مستقلة) وانتزع إقـرار المـؤتمرين بسيادتـه عـلى هذه الدولة بصفة شخصية. فحاول تنظيمها سياسيا وإداريا. ورسم حدودها ومنع الرق، وسـمح بحرية التجارة عارضة الاشتراكيون والليبراليون، لكن هذا لم يمنعه مـن أن يورث الكونغـو إلى بلجيكا بوصيته كتبها في عام ١٨٩٩م ولم يقبل البرلمان والهيئات الدستورية البلجيكية بهذه الوصية إلا قبل سنة واحدة من وفاته.

الرئيس ماركوس، فرديناند (١٩١٧-١٩٨٩م)

رئيس جمهورية الفيلبين للفترة من عام ١٩٦٥م إلى عام ١٩٨٦م حكم البلاد حكما دكتاتوريا. واضطر تحت ضغط الشارع وتخلي الولايات المتحدة عن نصرته إلى الاستقالة في مطلع ١٩٨٦م.

ولد في بلدة سارات في جزيرة لوسون ١٩١٧م استهل حياته محاميا، ثم بدأ حياته السياسية بالعمل الحزبي فأصبح رئيسا للحزب القومي. وبعد الاضطرابات العنيفة التي شهدتها البلاد في مطلع السبعينات من القرن العشرين الميلاد. أعلن الأحكام العرفية ١٩٧٣ لكن حملات القمع التي شنتها أجهزته لم تحل دون تعاظم مد المعارضة لنظامه، ولم تعد هذه المعارضة وقفا على اليسار، بل شملت أيضا أحزابا تقليدية كما باتت تحظى بتأييد كنيسة الفيليبين القوية النفوذ.

ففي انتخابات ١٩٨٤م النيابية سجل حزب ماركوس (الحركة من أجل مجتمع جديد) تراجعا ملحوظا، في حين ارتفع عدد المقاعد التي احتلتها المعارضة من ١٣ إلى ٦٨. وبدأت الولايات المتحدة التي كانت تدعمه بقوة، تمهد لخلافته خاصة وأن الحزب الشيوعي الفلبيني الموالي للصين. وجناحه المسلح (جيش الشعب الجديد) كانا يوسعان سيطرتهما التي باتت تشمل نحو ٣٥٠٠ قرية، ولم يرضخ ماركوس لنصيحة الولايات المتحدة بالتخلي عن منصبه وأعلن رغبته في خوض معركة الانتخابات الرئاسية، وقد خاض هذه الانتخابات فعلا في ١٩٨٦م ضد منافسته كوري أكوينو. وأعلن فوزه فيها إلا أن تزوير الانتخابات أدى إلى قيام انتفاضة شعبية عارمة أودت بحكمه فلجأ إلى هاواي، وهناك توفي ١٩٨٩م وأعيد جثمانه ليدفن في مسقط رأسه في ٧ أيلول ١٩٩٣م.

زوجته إميلدا (مولوجة ١٩٣٠م) اختيرت ملكة جمال مانيلا في عـام ١٩٥٣م، وتـزوج مـاركوس بها في عام ١٩٥٤م. كان لها تـأثير قـوي عـلى زوجهـا وفي سياسـة البـلاد عامـة، وعينـت وزيـرة للـثروات البشرية. عادت إلى مانيلا في ٤ تشرين الثاني ١٩٩١م. وأصدرت المحكمة في مانيلا حكما عليها بالفساد ٢٤ أيلول ١٩٩٣م. انتخبت نائبه في أيار ١٩٩٥م. في ٣٠ نيسان ١٩٩٨م. سحبت طلب ترشيحها في الانتخابات الرئاسية.

فرديناند ماركوس الصغير (مولود ١٩٥٨م) حاكم مقاطعة لوكوس ١٩٨٤م وشقيقة فرديناند وصهره بنيامين روميالديز وأمراء آخرون في عائلة فرديناند ماركوس الرئيس تجري ملاحقتهم قضائيا في الولايات المتحدة الأميركية (تحويل ١٠٣ ملايين دولار تعـود للدولـة. واختلاس ١٦٥ مليـون دولار في هيئات مالية لشراء أربع بنايات في نيويورك). كما حكم عليهم في سويسرا (٢٧ كانون الأول ١٩٩٠م) برد ٣٣٠ مليون دولار (مودعة في فريبورغ وزوريخ) للفليبين، وقدرت ثروة أسرة مـاركوس بـ(١٠) مليـارات دولار منها ٣ مليارات في الولايات المتحدة و١,٥ مليار في الفليبين.

الرئيس مانديلا، نلسون

رئيس سابق لجمهورية جنوب أفريقيا، وزعيم حركة مقاومة السود ضد التمييز العنصري الذي كانت تمارسه حكومة الأقلية البيضاء، حكم عليه بالسجن المؤبد عام ١٩٦٢م لنشاطه في حركة التحرر، وأثناء وجوده في السجن أصبح مانديلا رمزا للنضال التحرري في جميع أنحاء العالم الأمر الذي أدى إلى مطالبة العديد من الجماعات بإطلاق سراحه.

ولد نلسون مانديلا في اوماتا بمقاطعة ترانسكي في جنوب أفريقيا ١٩١٨م، وكان أبوه زعيما قبليا. تدرب مانديلا على المحاماة وفي عام ١٩٤٤م انضم إلى المؤتمر الوطني الأفريقي وهو منظمة مناهضة لسياسة التمييز العنصري، وبرز زعيما من خلال عدة أحداث وقعت عام ١٩٥٠م وفي العام نفسه أصبح رئيسا لجمعية الشباب المؤتمر الأفريقي ثم نائبا لرئيس المؤتمر الأفريقي وكان مانديلا أول مواطن أسود يفتح مكتبا قانونيا في جنوب أفريقيا بالاشتراك مع اوليفر تامبو عام ١٩٥٢م.

أدين مانديلا بتهمة الخيانة العظمى من قبل نظام الأقلية البيضاء، وجرائم أخرى خطيرة عام ١٩٦٥م، وبعد ان قامت حكومة جنوب أفريقيا العنصرية بحظر نشاط المؤتمر الأفريقي عام ١٩٦٠م. نجح مانديلا في تكوين تنظيم عسكري أطلق عليه (رمح الشعب) لمناهضة التميز العنصري. وبدأ مانديلا بتجديد نضاله السري ضد حكومة الأقلية البيضاء، حتى قبض عليه سنة ١٩٦٢م وحكم عليه بالسجن المؤبد.

وعقب سجنه وضعت عدة جماعات من السود إطلاق سراح مانديلا شرطا لأي مفاوضات جادة تتعلق بمستقبل البلاد، وفي عام ١٩٨٥م وافقت الحكومة على إطلاق سراحه شريطة أن يلتزم بنبذ العنف كوسيلة سياسية. وفي

١١ حزيران عام ١٩٨٨م تجمع الآلاف من المواطنين في ومبلي بلندن احتفالا بعيد مانديلا السبعين. وتم خلال الاحتفال عرض يوضح للعالم مساوئ التمييز العنصري. وفي عام ١٩٨٩م التقى مانديلا بصورة غير رسمية باسيد بوتا رئيس وزراء جنوب أفريقيا ثم بالرئيس الذي تلاه دي كليرك.

أطلق سراح نيلسون مانديلا في ١١ شباط عام ١٩٩٠م وانتخب في الشهر التالي لرئيس المؤتمر الوطني الأفريقي. واعترفت الحكومة بحزب المؤتمر رسميا وفي أوائل عام ١٩٩٠م قاد مانديلا مجموعة من المفاوضين في محادثات رسمية مع دي كليرك ومسؤولين آخرين عن الحكومة. وقد هدفت المفاوضات إلى وضع دستور خاص بجنوب أفريقيا يمنح السود الذين يمثلون أغلبية السكان حق المواطنة والانتخاب.

زار مانديلا دول مثل كندا وبريطانيا والولايات المتحدة لحشد التأييد الدولي للمؤتمر الوطني، وفي آب عام ١٩٩٠م أصدر مانديلا أمرا بإيقاف الكفاح المسلح ضد الحكومة والذي ظل مستمرا منذ عام ١٩٦٠م. وانتخب مانديلا رئيسا للمؤتمر الوطني الأفريقي عام ١٩٩١م.

وفي العاشر من أيار عام ١٩٩٤م أجريت أول انتخابات حره يشترك فيها البيض والسود فاز فيها مانديلا ليصبح أول رئيس أسود لجنوب أفريقيا بصورة رسمية، حيث انتهت بتنصيبه هذا ثلاثة قرون أو أكثر من التميز العنصري في تلك البلاد.

أبرز الزعماء الشيوعيين الصينيين وأحد أبرز القادة العالميين في القرن العشرين، ولد في شاوشان (مدينة صغيرة في مقاطعة هونان الصينية) ١٨٩٣م كان والده فلاحا ميسورا. وفق ماو بين عمله في الزراعة منذ نعومة أظافره وبين دراسته التي استفاد منها دراسة تاريخ الثورات الفلاحية، ثم دراسته الثانوية في معهد سيانغ-هيانغ. وفي عام ١٩١١م التحق بالجيش الثوري وأبدى حماسا لقضية الجمهورية ورئيسها صن يات سن وأمضى عام ١٩١٢م (بعد تسريحه من الجيش) في مطالعات مؤلفة روسو ومونتسكيو وآدم سميث وستيورات ميل، وفي عام ١٩١٣م التحق بدار المعلمين ومكث فيها حتى عام ١٩١٨م مشاركا في النشاطات الطلابية. وفي عام ١٩١٧م نشر ـ إعلانا في إحدى الصحف دعا فيه الشباب الذين يشاطرونه آراءه إلى تأسيس جمعية ثقافية واجتماعية أطلق عليها في ما بعد اسم (جمعية المواطنين الجدد). وقد لبى الدعوة في البداية ثلاثة أشخاص بينهم لي ليسان. وكان ماو يؤمن في هذه الفترة بالديمقراطية الليبرالية ويهاجر بعدائه للنزعة العسكرية واللامبريالية.

في عام ١٩١٩م سافر إلى بكين حيث عمل فترة موظفا في إحدى المكتبات، ثم رحل إلى شانغهاي حيث تعرف إلى بعض الماركسين، فاعتنق الماركسية وشارك في حركة الشبيبة المناهضة للإمبريالية وهي المعروفة باسم (حركة ٤ أيار). ومن المؤلفات التي أثرت فيه تأثيرا قويا في تلك الفترة (البيان الشيوعي) الكارل ماركس و(الصراع الطبقي) لكارل كاوتسكي. وفي عام ١٩٢٠م تبنى ماو الماركسية نهائيا متحررا بذلك من الآراء الفوضوية التي اجتذبته مدة من الزمن فبدأت سيرته الذاتية تقترن بتاريخ الحركة الثورية الصينية.

انتخب ماو أمينا للمؤتمر الأول للحزب الشيوعي الصيني (تموز ١٩٢١م) وركز الحزب نضاله في سنواته الأولى على التنظيم النقابي، ولم يطل العام ١٩٢٢م حتى كان عمال المناجم قد أنشأوا ما يقارب ٢٠ نقابة عمالية. وتولى ماو شخصيا إدارة إضراب في مناجم تغان-يوان واعتمد الحزب سياسة انفتاح وتحالف مع القوى الثورية في الصين. وفي المؤتمر الثالث ١٩٢٣م قرر الحزب الاتحاد مع الكوفنتانغ، وكان ماو عضوا في اللجنة المركزية للحزب، وعضوا في المكتب التنفيذي لكومنتانغ شانغهاي.

وخلافا للمبادئ الماركسية التي ترتكز على تثوير الطبقة العاملة في المدن بادر ماو إلى إطلاق شرارة الثورة على نظام تشيانغ كاي تشيك من الريف. فقد تحرك من هونان حيث أرسى قاعدة أول نواة ثورية وحرك مسيرة قوامها الاتحادات الفلاحية ١٩٥م وفي ما اتفق على تسميته بـ (الحرب الأهلية الثورية الأولى) ١٩٢٥-١٩٢٧م وضع ماو كتابه تحليل طبقات المجتمع الصيني مؤكدا فيه على الطاقات الثورية للطبقة الفلاحية، وكان هذا النص يتعارض مع الماركسية التقليدية إلى حد رفض معه شن دوكسيو (زعيم الحزب يوفداك) نشره ومناقشته في اللجنة المركزية.

وفي آذار ١٩٢٧م عارض ماو للمرة الثانية التيار السائد في الحزب الشيوعي الصيني، ودافع عن الحركة الفلاحية في هونان، ورفض المؤتمر الخامس للحزب ربيع ١٩٢٧م وعادى ماوتسي- تونغ. غير أن معارضة قوية ضد نهج الحزب شن دوكسيو بدأت تتبلور وأخذت عليه مهادنته تشيانغ كاي تشيك وسوء تقديره لدور الفلاحين في الثورة. وبضغط هذه المعارضة عين ماو على رأس اتحاد الفلاحين لعموم الصين وحمل دوكسيو على الاستقالة.

بادر ماو إلى بناء جيش ثوري وإقامة نظام سوفيتات في مناطق يصعب على الكوفنتانغ وقوات تشيانغ كاي-تشيك الوصول إليها. فشكل الفرقة الأولى من

الجيش الفلاحي والعمالي الأول. وفشل في بادئ الأمر وتكبدت قواته خسائر فادحة وألقي القبض عليه وتمكن من الفرار لكنه أقصي من اللجنة المركزية والمكتب السياسي فاضطر إلى اللجوء إلى جبال جيغانغ.

هناك أسس ماو في تشرين الثاني ١٩٢٧م (قاعدة سوفيتية) وفي أيار ١٩٢٨م أنضم إليه شوته ورجاله فبادر عندما كان في المنطقة التي باتت تسمى المنطقة الحرة إلى تنظيم عملية توزيع الأراضي والأسلحة على الفلاحين، وقد قوبلت سياسته هذه بنقد عنيف من قيادة الحزب، لكن في المؤتمر الرابع للحزب الشيوعي الصيني الذي انعقد في موسكو حزيران ١٩٢٨م حصلت مصالحة بين ماو والقيادات الحزبية التي وافقت على تبني سياسة ما ومؤقتا.

وتعرضت القواعد الحمراء التي أنشأها ماو في المنطقة الحرة التي يسيطر عليها لضغط شديد من قوات تشيانغ كاي-تشيك بيني ١٩٣٠م و١٩٣٤م فاضطر ماو إلى الانسحاب في اتجاه الشمال الغربي والقيام بتلك المسيرة الكبرى التي استغرقت عاما كاملا، وأثناء هذه المسيرة ١٩٣٥م تسلم ماو زمام قيادة الحزب وترأس المكتب السياسي. وفي عام ١٩٣٧م تحالف مع تشيانغ كاي-تشيك لصد العدوان الياباني بيد أن ماو رفض ترجمة هذا التحالف انصهارا على صعيدي القوات والقيادات. واستمر تحالفهما إلى عام ١٩٤٥م وأثناء حرب المقاومة هذه وضع ماو أهم أعماله ففي عام ١٩٣٦م كتب المشكلات الاستراتيجية للحرب الثورية في الصين. وفي عام ١٩٣٨م في الحرب الطويلة الأمد والمشكلات الاستراتيجية لحرب الأنصار ضد اليابان.

وعندما أعلنت اليابان استسلامها في آب ١٩٤٥م واجه الشيوعيون الصينيون السؤال الملح التالي: هل يتعين عليهم أن يبادروا فورا إلى تشكيل حكومة اتحاد وطني مع الكوفتنانغ وتنظيم انتخابات عامة وتوحيد القوات المسلحة؟ أم ينبغي أن يتأهبوا لمواجهه مسلحة مع القوات الوطنية؟

ورغم أن موسكو ضغطت لاختيار الاتجاه الأول، إلا أن ماوتسي۔ تونغ رفضه بعناد لصيانة الوجود المتميز للقوات الشيوعية، ومع ذلك وافق على إجراء مفاوضات مع الكومنتانغ أسفرت عن توقيعه مع تشيانغ كاي-تشيك على اتفاقات حل وسط (تشرين الأول ١٩٤٥م) تعهد فيه الشيوعيون بالتخلي عن جزء كبير من المناطق الواقعة تحت سيطرتهم لصالح الكومنتانغ. لكن بعد أن قاطع الشيوعيون الانتخابات التي نظمها تشيانغ كاي-تشيك انفجرت الحرب الأهلية (١٩٤٦-١٩٤٩م) بين الشيوعيين وأنصار تشيانغ.

في البدء اضطرت القوات الشيوعية التي بات يطلق عليها اسم (جيش التحرير الشعبي) إلى الانسحاب حتى يينان، غير أنها عادت فشنت هجوما ساحقا خلال ١٩٤٨م و١٩٤٩م. ونجحت في استرداد بكين وشانغهاي وكانتون. وفي الأول من تشرين الأول ١٩٤٩ أعلن ماو من ساحة تيانامن في بكين قيام جمهورية الصين الشعبية فيما كان تشيانغ كاي-تشيك ينسحب مع أنصاره إلى جزيرة فورموزا (تايوان) وغدا رئيسا للحكومة ورئيسا للجمهورية من ١٩٥٤-١٩٥٩م ورئيسا للحزب.

وسرعان ما دخل ماو في صراع مكشوف مع موسكو أعلن فيه عن رفضه تبني المثال السوفيتي في الصين مفجرا بذلك ما اتفق على تسميته بـ (النزاع الصيني السوفيتي) هذا النزاع الذي تمحور على الصعيد النظري حول ٢٥ نقطة أساسية أدى على الصعيد العملي إلى إحداث انشقاق جديد في الحركة الشيوعية العالمية وإلى إضعافها.

في عام ١٩٦٦م أطلق ماو شرارة الثورة الثقافية في الصين وأطاح الرئيس ليوتشاو-شي وعددا كبيرا من القياديين والزعماء التقليديين والتاريخيين للحزب الشيوعي الصيني معتمدا في ذلك على الجيش والحرس الأحمر. أما الكتاب الأحمر الذي جمع أهم آراء ماو ومواقفه فقد غدا في تلك السنوات

المضطربة من تاريخ الصين بمثابة كتاب مقدس ليس بالنسبة إلى الشباب الصيني فحسب وإنما أيضا بالنسبة إلى شرائح عريضة من الشباب الثوري في العالم.

توفي ماوتسي تونغ في بكين في أيلول ١٩٧٦م وقد أعيد النظر في سياسته بعد وفاته. وانحسر ـ نفوذ المقربين منه، كما أدينت زوجته شيانغ شين وأدخلت السجن بتهمة التآمر على أمن الدولة.

مع الثورة الثقافية راج استخدام كلمة "الماوية" وازدهرت التيارات الماوية في العالم. لكن المفارقة التاريخية شاءت أن تكون الثورة الثقافية خاتمة حزينة لماو، وقبل أن ينقضي ـ عقد واحد على وفاة ماو، كان مد الماوية قد انحسر على نحو ملحوظ داخل الصين وخارجا. بعد أن كانت قد عرفت توسعا كبيرا في أوساط الحركات التحررية في العالم الثالث. وفي أوساط المثقفين في الغرب.

أول رئيس لجمهورية الغابون في عهد الاستقلال، ينتمي إلى قبائل الغانغ، بعد دراسته الحقوق دخل سلك الإدارة الاستعماري الفرنسية، كان خلال هذه الفترة يكتب في صحيفة (صدى الغابون) في عام ١٩٣٣م نفي إلى اوبانغي شاري (جمهورية وسط أفريقيا حاليا)، وبقي فيها ١٣ سنة، عاد إلى الغابون ١٩٤٦م وعمل في شركة تجارية بريطانية. أسس الحركة المختلفة الغابونية المرتبطة بالتجمع الديموقراطي الأفريقي المنادي الحكم الذاتي على نطاق أفريقيا الفرنسية كلها، واصبح عضوا في قيادة التجمع ومسؤولا عن الصحافة فيها.

دخل المجلس الإقليمي الغابوني إثر انتخابات ١٩٥٢م ثم حول حركته إلى التكتل الديموقراطي الغابوني، وانتخب عمدة لمدينة ليرفيل عام ١٩٥٦م وفي عام ١٩٥٧م انتصر حزبه على منافسه الاتحاد الديموقراطي والاجتماعي الغابوني، واصبح مبا نائب رئيس المجلس التنفيذي الذي كان يرأسه الحاكم الفرنسي.

بعد انتخابات ١٩٥٨م أصبح مبا رئيس المجلس التنفيذي فرئيسا للحكومة وعندما أعلن استقلال الغابون في عام ١٩٦٠م ارتقى مبا إلى رئاسة الدولة، ولما واجه معارضه شديدة بسبب سياسته المحافظة والموالية لفرنسا، فرض حالة الطوارئ لستة اشهر واستطاع تجاوز الأزمة بحيث انتخب رئيسا للجمهورية بأكثرية كاسحة عام ١٩٦١م لكنه عاد ليلا في صعوبات جديدة عام ١٩٦٤م فتدخل الجيش واستولى على العاصمة مجبرا مبا على الاستقالة، غير أنه أعيد إلى السلطة بعدما تدخل القوات الفرنسية، وأظهر حنكة سياسية بانفتاحه على المعارضة ومحاورة قادتها في البرلمان، بقي في منصبه حتى وفاته في عام ١٩٦٧م.

ملك ليبيا، حفيد محمد علي السنوسي (مؤسس الأسرة السنوسية)، ولد في برقة ١٢ آذار ١٨٩٢م في واحة الجغبوب في الصحراء الليبية جنوب طرق، درس في السودان وتولى زعامة السنوسية في عام ١٩١٥م إثر اعتداء إيطاليا على برقة وطرابلس وأعترف به أميرا في عام ١٩٢٠م.

تزعم الكفاح ضد إيطاليا من سنة ١٩٢١م حتى سنة ١٩٢٤م، غادر ليبيا إلى مصر عندما تولى موسوليني في إيطاليا ووقعت أكثر مقاطعات ليبيا تحت السيطرة الإيطالية. ومن هناك قاد المعركة ضد الاحتلال، ساهم في مجهود الحلفاء الحربي أثناء الحرب العالمية الثانية واعترفت به بريطانيا أميرا على برقة ١٩٤٩م، نصب ملكا على ليبيا في ٢٤ كانون الأول ١٩٥١م، بعد انتهاء وصاية الأمم المتحدة وإعلان ليبيا دولة مستقلة في ٢٥ آذار ١٩٥١ أفتتح أول برلمان ليبي في بنغازي، عين ابن عمه محمد الحسن رضا المهدي وليا للعهد في ٢٦ تشرين الأول ١٩٥٦م. في عام ١٩٦٣م أنشأ حكومة دستورية انتهجت سياسة موالية للاستعمار واستخدمت في عهده القواعد الأمريكية في ليبيا للعدوان على مصر ــ ساد الفساد في عهده بعد تدفق البترول في الستينات من القرن الماضي، أطيح به في ١٩٦٩/٩/١م بقيادة العقيد معمر القذافي، وهو في تركيا. انتقل إلى مصر بناء لدعوة من أنور السادات توفي سنة ١٩٨٣م.

ناضل في سبيل تحرير بلاده فكان جزاؤه النفي بسبب الصراع على السلطة، ولما طلب منه العودة لإنقاذ البلاد لم يتأخر، فكان جزاؤه الاغتيال، أنه محمد بوضياف رئيس المجلس الأعلى للدولة في الجزائر. ولد محمد بوضياف عام ١٩١٩م في بلدة مسيلية الواقعة على مسافة ٣٠٠كم تقريبا جنوبي شرقي الجزائر العاصمة، انضم إلى المنظمة الخاصة بصفته عضوا في حزب الشعب الجزائري، وكان معاون ضابط في الجيش الفرنسي فحوكم غيابيا عام ١٩٥٠م لكنه عاد إلى فرنسا بعد أعوام ثلاثة.

انتقل إلى الجزائر عام ١٩٥٤م وغدا أحد أبرز أعضاء اللجنة الثورية للوحدة والعمل، وقبض عليه في تشرين الأول ١٩٥٦م مع أحمد بن بله فيما كانا على متن طائرة (إراتلس) التي كان من المفترض أن تنقلهما إلى تونس، فسجن مع بن بله وأطلق معه، سمي في أيلول ١٩٥٨م وزير دولة في الحكومة الجزائرية الثورية المؤقتة، وغدا نائب رئيس الحكومة المذكورة في آب ١٩٦١م برزت خلافات سياسية بينه وبين زعماء جبهة التحرير الوطني بعد استقلال الجزائر وكانت الجبهة قد تسلمت السلطة، فاعتقل في حزيران ١٩٦٣م، واتهم رسميا بالتآمر على أمن الدولة، أفرج عنه في تشرين الثاني من العام نفسه، فانتقل إلى المنفى في المغرب، وقاد أمانة التجمع الوطني لحزب الثورة الاشتراكي وهي حركة معارضه جزائرية سرية. واقنع بوضياف بعد ٢٨ عاما من المنفى في المغرب بالعودة إلى الجزائر لرئاسة المجلس الأعلى للدولة الذي أقامه الجيش الجزائري لوقف صعود الأصوليين إلى السلطة في البلاد. وكان بوضياف قد احتفظ مع قلة من الزعماء الجزائريين، بسمعه لم تطالها موجة الفساد التي طبعت ثلاثين عاما من حكم جبهة التحرير الوطني، فيما أجبر الرئيس الشاذلي بن جديد على التنحي في الحادي عشر من كانون الثاني ١٩٩٢

لاعتباره متساهلا مع الأصوليين. اهتم أولا بما سماه إعادة صدقية الدولة، ولم يكن يرى سبيلا آخر إلى ذلك إلا بالقضاء على الفساد والرشوة المتفشيين في دولة يهيمن عليها المعسكر. صحيح أنه تحدث بالعموميات إلا انه كان يقول ما يعني ما ينوي التصدي لرموز الفساد، هؤلاء كانوا عموما في جهاز الحكم وكانوا من العسكر.

إذا وجد هؤلاء مصالحهم معرضة للتهديد من جانب الرئيس لذلك فإن احتمال الاغتيال سيرد عاجلا أم آجلا، فالفساد هنا ليس حالات خاصة ومعزولة وإنما بات أشبه بمؤسسة تضم مجموعات تتبادل الخدمات والمنافع. وقد درج الجزائريون على تسميتها المافيات للدلالة على تنظيمها وتداخل أطرافها، هذه المافيات شبه الرسمية تحولت مع بوضياف إلى جمعيات المتضررين من حربه ضد الفساد. ثم إنه سعى إلى بناء قاعدة سياسية وشعبية موالية له وبمقدار ما كان يدرك أهمية مكافحة الفساد دعى إلى أي حد تراجع الحس الوطني، وإلى أي حد تعمقت الهوة بين الشباب ٧٥٪ من الشعب والحكم، لأجل ذلك طرح التجمع الوطني كبديل سياسي التفت حوله بعض الشرائح. وما لبث أن شكل بداية لإستراتيجية استشعرت الأحزاب الأخرى -خصوصا جبهة التحرير الوطني- خطرها. كان واضحا أنه يحاول التخلص من المجموعات الحزبية التي تصرفت كأنها وصية بتشكيل حزبه الخاص استنادا إلى تيار شعبي يبحث عن منفذ جديد يغنيه عن التنظيمات الموجودة والمبنية على انقسامات وخلافات قديمة، في الوقت نفسه كان بوضياف يخوض معركة لاهوادة فيها مع جبهة الإنقاذ الإسلامية وسائر الإسلاميين. وهكذا استدعى هؤلاء وأولئك قبل أن يدعم مواقعه، وبذلك اتسعت دائرة الخطر التي كان يتحرك فيها. بقي محمد بوضياف في السلطة رئيسا للمجلس الأعلى للدولة ١٦٦ يوما فقط، إذ أردته رصاصات الملازم مبارك بومعرافي المكلف مع فرقة بحراسة الرئيس في بيت الفنون والثقافة لمدينة عنابة ظهر يوم ٢٩ حزيران ١٩٩٢م.

الملك محمد الخامس (١٩٠٩-١٩٦١م)

من ملوك المغرب، ولد في فاس بتاريخ العاشر من آب عام ١٩٠٩م تولى السلطة وهو ابن ثماني عشرة سنة في عام ١٩٢٧م بعد وفاة والده السلطان يوسف بن الحسن، وكان المغرب آنذاك تحت الحماية الفرنسية اختارته فرنسا ليخلف والده المتوفى مقدمة إياه على شقيقه فبويع وانتقل إلى الرباط العاصمة.

وكان الفرنسيون يدركون الاحترام الذي يكنه أبناء المغرب لسلطانهم، فاستغل السلطان الشاب حاجة الفرنسيين إليه لكسب حرية تحرك مكنته من التعاطف مع الحركة الوطنية الناشئة، لا سيما بعد تعاظم فاعليتها بعد الحرب العالمية الثانية بزعامة علال الفاسي وأيد محمد بن يوسف الاستقلاليين وألقى في العاشر من نيسان ١٩٤٧م خطابه الشهير في طنجة، معلنا عن حق الشعب المغربي في الحرية والسيادة على أرضه، مطالبا باستقلال المغرب مؤكدا على انتهاء بلاده إلى العالم العربي متجاهلا عن قصد الفرنسيين. أظهرت فرنسا في ردها على الخطاب بعض القوة كما قدمت بعض التنازلات ودعت محمد لزيارة باريس عام ١٩٥٠م في محاولة لكسب تعاطفه، غير أن المباحثات لم تضر ـ عن شيء يذكر وكان السلطان قد رفض التصديق على أحد مراسيم الحاكم الفرنسي ـ مما تطور إلى مواجهة بينه وبين السلطات الفرنسية.

قرر الفرنسيون الضغط على السلطان بواسطة البربر فانتزعوا منه إدانة لحزب الاستقلال، لكنه ما لبث أن طالبهم عام ١٩٥٢م باستقلال المغرب الكامل فراحوا يعدون لإطاحته، وكان لهم ذلك بمساعدة بعض البربر المتمركزين في جبال الأطلس يقودهم الغلاوي. وهكذا خلعت السلطات الفرنسية في العشرين من آب عام ١٩٥٣م السلطان محمد بن يوسف ونفته في آب ١٩٥٣م مع أعضاء أسرته إلى كورسيكا فإلى مدغشقر وقد نودي بأحد أفراد العائلة المالكة محمد بن

عرفه سلطانا على المغرب، لكن المغاربة لم يذعنوا لهذه الخطوة كما أمل الفرنسيون واجتاحت المدن والريف معا موجة عنف ومقاومة مسلمة. واجتمع عليها الجميع بمن فيهم حكام الريف ورجال القبائل والغلاوي نفسه، فلم يعد للفرنسيين من يأملون في دعمهم السلطان الجديد. واضطرت الحكومة الفرنسية في مواجهة هذا المأزق إلى التفاوض مع الزعماء المغاربة، وقد تم ذلك في آب ١٩٥٥م وانتهى بتوقيع اتفاقية تقضي بخلع محمد بن عرفة وتأسيس مجلس العرش وتأليف حكومة جديدة.

تنازل محمد بن عرفة عن العرش في الثلاثين من تشرين الأول ١٩٥٥م وعاد محمد بن يوسف إلى بلاده في السادس عشر من تشرين الثاني من العام نفسه واعترفت فرنسا بالمغرب دولة مستقلة في الثاني من آذار ١٩٥٦م وتبعتها إسبانيا في السابع من نيسان معترفة باستقلال المنطقة التي كانت تسيطر عليها. وأعلن محمد نفسه ملكا على المغرب عام ١٩٥٧م متخليا عن لقب السلطان الذي اعتبره بائدا، وقد ربط المغرب بعلاقات سياسية واقتصادية مع أكثر دول العالم بعدما أدخله في منظمة الأمم المتحدة وجامعة الدول العربية. واستطاع أن يجمع بين علاقاته الجيدة مع فرنسا ودعمه جبهة التحرير الوطني التي كانت تطالب باستقلال الجزائر عن الفرنسيين. كما جمعته علاقات جيدة مع الرئيس المصري جمال عبد الناصر وزعماء الاتحاد السوفيتي السابق. وواجهت الزعيم الوطني المغربي أزمة داخلية شديدة عام ١٩٦٠م فأقصى اليساري عبد الله إبراهيم من رئاسة الحكومة وتولى رئاستها بنفسه جاعلا من ابنه الحسن نائبا لرئيس الوزراء ووزيرا للدفاع. وقد قام محمد الخامس بزيارة مكة معتمرا سنة ١٩٦٠م وكان يعاني آلاما تحت أذنه اليسرى، فأجريت له جراحة في قصره بالرباط توقفت على أثرها حركة قلبه وكان ذلك في السادس والعشرين من شهر شباط عام ١٩٦١م.

رئيس دولة موريتانيا السابق أطاح به انقلاب عسكري في عـام ١٩٨٤م أثناء وجوده في بوروندي حيث كان يشارك في أعمال مؤتمر القمة الأفريقية الفرنسية. ولد محمد خونه ولد هيداله في عام ١٩٤٠م في نواديبو في أسرة تنتمي إلى قبائل العروسين الموجودة في الصحراء الغربية تخرج من كلية سان سير العسكرية الفرنسية، عين رئيسا للأركان في ١٠ تموز ١٩٧٨م واضطلع بـدور أسـاسي في إطاحـة حكم الرئيس مختار ولد داده. في عام ١٩٧٨م أصبح قائـدا للأركان ثم أصبح وزيرا للـدفاع عـن عـام ١٩٧٩م ثم رئيسا للحكومة، ثم رئيسا للدولة في ٤ كانون الأول ١٩٨٠م.

في أوائل ١٩٨٠م أجرى الرئيس خونه ولدهيداله تغيرات في المجلس العسكري الحـاكم فعين العقيد معاوية ولد طايع رئيسا للأركان، لكن ما هي إلا شهور قليلة حتى تكونت حركة معارضة مـن العسكريين والمدنيين باسم (التحالف من أجل موريتانا ديموقراطيـة) صرحت بأنها تهدف إلى إطاحـة نظام انقلابي ١٠ تموز ١٩٧٨م وإرجاع الحكم إلى المدنيين ووضع حد لسلسلة الانقلابات التي توالـت على البلاد بشكل مذهل وإقامة نظام سيـاسي مبني عـلى الحرية البرلمانيـة وتعـدد الأحـزاب. واتبـاع نظـام الاقتصاد الحر، وحماية حدود الوطن والوحدة الترابية، وقد تأسست تلك الحركة في ٢٢ أيار ١٩٨٠م في باريس وفي عواصم أفريقية عدة، وتأثر بهذه الحركة بعض الضباط داخل المجلس العسكري الحـاكم، فطالبوا بعودة العسكريين إلى ثكناتهم.

أسرع الرئيس خونه ولدهيداله في محاولة لقطع الطريق على خصومه إلى عقد اجتماع طارئ للمجلس في ١١ كانون الأول ١٩٨٠م أعلن فيه تشكيل حكومة مدنية برئاسة أحد الاقتصاديين الشبان سيد أحمد ولد ينيره ولم تضم سوى

عسكري واحد. كما روعيت في تشكيلها الاختلافات العرقية ٩ عرب بيض و٦ زنوج أفارقة، كما أعلن عن دستور يطرح على الاستفتاء الشعبي وينص على انتخاب رئيس الجمهورية بالاقتراع العام المباشر لمدة ٦ سنوات قابلة للتجديد مرة واحدة، وانتخاب جمعية وطنية لمدة ٤ سنوات.

لكن في غمرة تلك التغيرات أعلنت الحكومة عن اكتشافها محاولة انقلابية مناصرة لليبيا، ثم عن محاولة أخرى اتهم فيها رسميا المغرب ٦ آذار ١٩٨١م وقطعت العلاقات الدبلوماسية مع البلدين. في حين تدعمت علاقات موريتانيا بالصحراويين، واستغل العقيد معمر القذافي هذا التطور. وأطلق في ١٠ نيسان ١٩٨١م مبادرة لإقامة دولة موحدة بين موريتانيا والجمهورية العربية الصحراوية الديموقراطية ترتبط بحلف وثيق مع ليبيا والجزائر، ولم ينجح مشروع القذافي لعدم حماسة الجزائر من ناحية ولعدم موافقة أغلبية الضباط في المجلس العسكري للإنقاذ الوطني في موريتانيا وعلى رأسهم معاوية ولد طايع رئيس الأركان من ناحية ثانية.

وذهبت الأمور إلى حد ابعد في رفض المشروع الليبي فدعا الضباط الرافضون إلى اجتماع عاجل للمجلس العسكري ٢٤ نيسان ١٩٨١م أقيل على أثره رئيس الحكومة ولدبنيره (المتهم بتعاطفه مع ليبيا) وعين محله معاوية ولد طايع، كما أقيل ضباط آخرون وكانت تلك الإجراءات بمثابة (انقلاب أبيض) كاد يودي بالرئيس خونه ولد هيداله. وظلت البلاد تعيش حالة من التوازن السياسي الهش. الذي كان يعكس ما يجري خارج موريتانيا وبالأخص الصراع المغربي الجزائري حول الصحراء حتى ١٢ كانون الأول ١٩٨٤م حين وقع انقلاب أبيض أثناء غياب الرئيس هيداله لحضور القمة الأفريقية- الفرنسية في بوروندي. أطاح نظامه بتهمة الفساد وسوء الإدارة. وتسلم السلطة ولد طايع الذي أسرع إلى انتهاج سياسة إعادة التوازن لعلاقات موريتانيا مع المغرب والجزائر. وقرر الانسحاب من الصراع على الصحراء.

عسكري وسياسي صومالي، ولد في محافظة لـوغ في منطقـة جوبـا العليـا ١٩١٩م وينتمـي إلى قبيلة داروت (اودارود) وعشيرة مارهان، حصل تعليمـه الابتدائي في لـوغ وانخرط في صفوف الشركة عندما حل البريطانيون محل الإيطاليين في البلاد ١٩٤١م، حاول أن يعتمـد عـلى نفسـه وينمـي معارفـه أثناء تعيينه معاون ضابط في مقاديشو، وعندما غادر البريطانيون البلاد في عام ١٩٥٠م كان قد وصل إلى أعلى رتبة منحت إلى صومالي وهي مفتش في الشرطة. في عام ١٩٥٢م اختاره الإيطاليون ليتابع دروسا في الأكاديمية العسكرية في روما، ولـدى عودتـه إلى الصومال رفـع إلى رتبـة ملازم واستمر في تحصيله الشخصي وتعلم اللغات الإيطالية والإنكليزية والعربية ثم أصبح عقيدا وقائدا للشرطة حتى عام ١٩٦٠م وهو العام الذي أعلن فيه استقلال الصومال وإنشاء جيشه فأصبح نائب قائد الجيش بعد وفاة الجنرال داود في موسكو ١٩٦٤م. وفي عام ١٩٦٥م رفع إلى رتبة عميد وفي عام ١٩٦٦م أصبح رئيس الأركان.

استولى سياد بـري عـلى السـلطة في انقـلاب عسكري قـاده في تشرين الأول ١٩٦٩م، تبنى الاشتراكية العلمية كمنهج للحكم في أيلول ١٩٧٠م وأنشأ الحزب الاشـتراكي الثوري الصومالي في عـام ١٩٧٦م برئاسته كما رأس مجلس قيادة الثورة المؤلف من ٢٥ عضوا أعدم ثلاثة منهم وطرد ١١ آخرين. ألغى جميع الأحزاب وحل الجمعية الوطنية (البرلمان) والمحكمة العليـا، ووعـد بـإجراء انتخابـات لكن وعده لم ينفذ رغم أنه أمضى ٢٢ عاما على رأس السلطة.

بدأ سياد بري ماركسيا يحـاول تطبيـق الاشـتراكية العلميـة في مجتمـع قبلي مسلم، فـأعطى السوفيات في عام ١٩٧٤م قاعدة عسكرية بحرية في ميناء

بربـرة الاستراتيجية على البحر الأحمر. كانت أهم وأكبر قاعدة عسكرية في المنطقـة، ووقع مع الاتحاد السوفيتي وقتذاك معاهدة صداقة وتعاون ودفاع. وأمم كل المؤسسات الخاصة وجـرت أول محاولة لتغيير نظامه عبر رجال الدين في عام ١٩٧٥م فأعدم عشرة علماء واعتقل ١٣ آخرين. في عـام ١٩٧٧م خاض شيادبري حربا ضد أثيوبيا لاستعادة إقليم أوغادين فاحتل ٩٠% مـن أراضي الإقليم قبل أن يتخلى عنه السوفيات لمصلحة حليفهم الجديد في المنطقة الكولونيل منغيستوهابلي مريام الذي كان يحكم أثيوبيا فرد سياد بري بقطع علاقات بلاده مع الاتحاد السوفيتي وتحول إلى الولايات المتحدة التي وقع مع حكومتها اتفاقا سياسيا وعسكريا واقتصاديا عـام ١٩٨٩م. وحصـلت واشـنطن بموجب الاتفـاق على تسهيلات عسكرية في بربرة ومقاديشو. لكن الولايات المتحدة تخلت عنه بدورها في العام نفسـه. كذلك فعلت دول غربية عدة بسبب انتهاكه حقـوق الإنسـان وممارسـة القتـل والتعذيب ضـد شعبه ظاهرا، ولعل السبب الحقيقي هو أن بلاده فقدت أهميتها الاستراتيجية مع انهيار الاتحاد السوفيتي.

وعندما كانت قوات المعارضة الصومالية تحاصر مقر سياد بري في قصره الرئاسي (فيلا صوماليا) منتصف كانون الثاني ١٩٩١م نقل عنه قوله إلى مقاديشو كان فيها طريق واحد مهده الإيطاليون وإذا أرغموني على التنحي، فسأترك لهم المدينة كـما تسـلمتها، لقـد وصلت بواسطة السلاح ولن أتركها إلا بقوة السلاح، وغادر سياد بري مقاديشو في ٢٦ كانون الثاني ١٩٩١م في دبابة مثلما دخل إليها قبل ٢١ عاما.

وفي كانون الثاني ١٩٩٥م أعلنت السلطات النيجرية وفاة محمد سـياد بري إثر أزمـة قلبيـة تعرض لها قبل أسبوعين في منفاه في العاصمة النيجرية آبوجا. وكان لجأ إلى نيجيريا في عام ١٩٩٢م وأقام في أبوجا، وقد نقل إلى لاغوس إثر إصابته بالنوبة القلبية وفارق الحياة فيها.

سياسي مصري وضابط، رئيس جمهورية مصر ـ من ١٩٥٣-١٩٥٤م، ولد في الخرطوم ونشأ في السودان، تخرج من الكلية بمصر وتدرج بالجيش حتى رتبة لواء في عام ١٩٥٠م، قدم استقالته من الجيش في ٤ شباط احتجاجا على التدخل البريطاني لفرض حكومة الوفد على الملك، ثم نصح بسحبها، شارك في حرب فلسطين ١٩٤٨م حيث أصيب بثلاث إصابات، وكان مشهودا له بالشجاعة. أكسبه هذا مع غيره من السجايا سمعة طيبة بين الضباط الشباب، اختاره الضباط الأحرار ليكون على رأس حركتهم في ٢٣ تموز ١٩٥٢م، وباسمه أذيع بيان الثورة الأول.

رأس الوزارة من ٧ أيلول ١٩٥٢م حتى ١٨ حزيران ١٩٥٣م حيث أعلنت الجمهورية واختاره مجلس قيادة الثورة رئيسا له، اختلف مع أعضاء مجلس القيادة فقدم استقالته في ٥ آذار ١٩٥٤م ولكن القوى الديموقراطية والإخوان المسلمين ظاهروه ضد مجلس القيادة وساندته قطاعات من الجيش بقيادة خالد محي الدين فعاد، لكن ما لبث جمال عبد الناصر ومجلس قيادة الثورة أن استردوا سيطرتهم في ٢٥ آذار ١٩٥٤م فجرد محمد نجيب من سلطته ومنصبه رسميا في تشرين الثاني ١٩٥٤، واعتقل بناحية المرج شمالي القاهرة وأفرج عنه الرئيس أنور السادات، توفي عام ١٩٨٤م.

أول رئيس لجمهورية موريتانيا بعد الاستقلال، ولد في ٢٧ كانون الأول ١٩٢٤م في بوتيليميت جنوب موريتانيا. أتم دراسته الثانوية في موريتانيا، وأكمل دراسته الجامعية في فرنسا متخرجا من كلية السوربون في الحقوق. وفي عام ١٩٥٥م حصل على شهادة في اللغات الشرقية (لغة عربية). انضم بعد عودته إلى بلاده إلى حزب الاتحاد الموريتاني التقدمي، وفي عام ١٩٥٧م عمل مستشارا إقليميا عن محافظة (ادراسد) في موريتانيا. ثم نائبا لرئيس مجلس حكومة موريتانيا إضافة إلى عمله كوزير للشباب، وفي ٢٦ تموز ١٩٥٨م أصبح رئيسا للحكومة الموريتانية المؤقتة حتى منتصف عام ١٩٥٩م وفي العام نفسه انتخب نائبا في الجمعية الوطنية الموريتانية التي أقرت دستور البلاد في ٢٣ حزيران ١٩٥٩م.

تصدى مختار ولد داده لقضايا شائكة جدا وانبرى يوطد أركان دولة وليدة وهزيلة، فأنشأ الجمعية الوطنية ١٩٦٠م ووضع أول دستور شباط ١٩٦١م. وجرت أول انتخابات لرئاسة الجمهورية كان فيها المرشح الوحيد كما كان زعيما للحزب الحاكم (الاتحاد التقدمي الموريتاني)، ثم انعقد مؤتمر عام ١٩٦١م للأحزاب والتيارات التي توحدت باسم حزب الشعب الموريتاني، وعدل الدستور في ١٩٦٥م بحيث أصبح ينص على أن حزب الشعب الحزب الوحيد في البلاد. والخلافات الداخلية كانت بين العرب (البيضان المور) والأفارقة السود الموريتانيين، وكانت فرنسا انطلاقا من إدارتها الاستعمارية في داكار تجهد في محاربة البيضان والثقافة العربية لمصلحة (الفرنسية) أو الثقافة الفرنسية. فعندما أصدرت الحكومة الاستقلالية مرسوما بتطبيق القانون الذي يجعل اللغة العربية إجبارية قام الطلاب الزنوج بإضراب (كانون الثاني ١٩٦٦م). رد عليه الطلاب

العرب في شباط ١٩٦٦م. وجرى اصطدام عنيف في نواكشوط، وكذلك على الصعيد الاقتصادي فقد كان هناك إصرار شعبي خاصة من قبل العمال على تصفية آثار الاستعمار الاقتصادية.

تمكن مختار ولد داده من الحفاظ على استقلال موريتانيا رغم مطالبة المغرب بضمها إليه ونجح في الحصول على اعتراف عربي باستقلالها، وتميز عهده بالانسحاب من منطقة الفرنك الفرنسي، والانضمام إلى الجامعة العربية والمناداة بوحدة المغرب الكبير، وعقد اتفاقا مع الغرب تقاسم بموجبه الصحراء معها الأمر الذي دفع الجزائر إلى معارضته، وفي ١٠ تموز ١٩٧٨م أطاح به انقلاب عسكري فرفضت عليه بعده الإقامة الجبرية وفي آب ١٩٧٩م أفرج عنه وسمح له بالإقامة في فرنسا.

الرئيس معاوية سيد أحمد

رئيس جمهورية موريتانيا الحالي (منذ عام ١٩٨٤م) ولد معاوية سيد أحمد ولد طايع في عـام ١٩٤٣م في مدينة اتار شمالي نواكشوط من بين الضباط الأوائل الذين درسوا في فرنسا بغية الأشراف على تأخير الجيش الموريتاني الناشئ. وفي عام ١٩٧٦م أصبح نائب قائد الأركان المكلف بالعمليات، عين قائدا للمنطقة الشمالية حيث خاض معارك ضد ثوار جبهة بوليساريو، وبعد انقلاب تموز ١٩٧٨م أصبح وزيرا للدفاع المكلف بالوزير المكلف بالأمانة الدائمة للجنة العسكرية، وفي حزيـران ١٩٧٩م عـين قائـدا للـدرك، وفي نيسان ١٩٨٠م عين قائدا للأركان العامة. اعتقل في مقر قيادة الأركان بعد المحاولة الانقلابية الفاشـلة في ١٦ آذار ١٩٨١م، ولكنه تمكن من الهرب وإعادة الأمور إلى نصابها في موريتانيا. وفي نيسان ١٩٨١م عـين رئيسا للوزراء ووزيرا للدفاع واستمر في هذين المنصبين لغاية آذار ١٩٨٤م. عزله الرئيس محمد خونه من منصبه وأعاده قائدا للأركان العامة. قام بانقلاب أبيض أطاح بالرئيس محمد خونه الذي كان يحضر مؤتمر القمة الأفريقي الفرنسي في بوروندي. وأصبح عمليا رئيسا للدولة في ١٢ كانون الأول ١٩٨٤م.

تمكن معاوية ولد طايع في ٢٢ تشرين الثاني ١٩٨٧م من إفشـال محاولة انقلابية ضـده، وزج في السجون عددا مـن معارضيه، وحكـم عـلى بعضهم بالإعدام. وفي نيسان ١٩٨٩م جرت اشتباكات مسلحة مع السنغال، أسفرت عن طرد عشرات الآلاف من رعايا الطرفين، وقطعت العلاقات الدبلوماسية بينهما. ولم تستأنف إلا في كانون الثاني ١٩٩٢م وفي ١٢ تموز ١٩٩١م أجـرى استفتاء عـلى دسـتور جديـد نال ٩٧٬٩% من المستفتين وبعد نحو أسبوعين أصدر قانون يسمح بتعدد الأحزاب وبحرية الصحافة.

وفي ٢٤ كانون الثاني ١٩٩٢م جرت انتخابات رئاسية (بحسب الدستور الجديد) فاز فيها الرئيس معاوية ولد طايع بنسبة ٦٢٫٦٥% من أصوات المقترعين، مقابل ٣٢٫٧٥% نالها خصمه أحمد ولد داده. وفي ١٣ آذار ١٩٩٢م جرت انتخابات تشريعية قاطعتها أحزاب المعارضة، وفي مطلع ١٩٩٥م وقعت اضطرابات في نواكشوط احتجاجا على غلاء المعيشة. ودخلت امرأتان لأول مرة الجمعية الوطنية في انتخابات تشرين الأول ١٩٩٦م. وعادت الاضطرابات في المدارس والجامعة في ربيع ١٩٩٧م، وفي ١٢ كانون الأول ١٩٩٧م أعيد انتخاب ولد طايع رئيسا للجمهورية مرة أخرى. وعارضت المعارضة هذه الانتخابات.

وعلى الصعيد الاقتصادي لا تزال موريتانيا ترزح تحت عبء عجزها عن حماية شواطئها حيث مصائد السمك فيها هي من الأهم في العالم، ما يجعل موريتانيا عاجزة عن الاستفادة المرجوة من ثروتها السمكية. ومع ذلك تشكل هذه الثروة ٥٦% من إجمالي صادراتها، أما إنتاج الحديد فلا يزال ينخفض ويتابع هبوطه الذي بدأه منذ سنوات طويلة. فضلا عن أن الدين الخارجي لا يزال يرهق الدول، وإجمالي قيمته يصل إلى ٢٫٣٦ مليار دولار، أي ما يعادل ٢٠٠% من إجمالي ناتجها الصافي، وقد حصلت من البنك الدولي على قرض بقيمة ٤٣٠ مليون دولار لأجل يمتد من عام ١٩٩٨م إلى عام ٢٠٠١م أما معدل النمو الاقتصادي فقد سجل ارتفاعا بسيطا بانتقاله من ٤٫٤% في عام ١٩٩٧م إلى ٤٫٥% في عام ١٩٩٨م.

رئيس الجماهيرية العربية الليبية الحالي، قائد ثورة الفـاتح مـن أيلـول ١٩٦٩م التـي أطاحـت بالنظام الملكي في ليبيا، ولد القذافي في بلدة سرت ١٩٤٢م وكانت أسرته تعمل في الزراعة وتربية المواشي فترعرع في ظل ظروف قاسية، تخرج في الكلية الحربية عام ١٩٦٥م برتبة ملازم ثـم أوفـد في بعثـة إلى بريطانيا حيث تخرج من الأكاديمية الملكية العسكرية في سانت هيرست.

كان معمر محمد القذافي على رأس تنظيم الضباط الوحدويين الأحرار الـذي أنهـى الملكيـة في ليبيا وأعلن عن قيام الجمهورية العربية الليبية. رقي القذافي إلى رتبة عقيد ثم عين رئيسا لمجلس الثورة ورئيسا للوزراء وقائدا عاما للقوات المسلحة حتى آذار ١٩٧٧م حين عينه مجلس الشعب العـام المنعقـد في سبها أمينا عاما لمؤتمر الشعب العام، وأعلـن عـن تغيـير اسـم الجمهوريـة العربيـة الليبيـة إلى (الجماهيرية العربية الليبية الشعبية الاشتراكية)، وطرح القذافي ما أطلق عليه النظريـة العالميـة الثالثـة التـي أورد شرحهـا في الكتـاب الأخضر ـ وأعلـن أن الهـدف مـن الكتـاب الأخضر ـ هـو تقـديم الحلـول للمشكلات السياسية والاقتصادية والاجتماعية التي يواجهها المجتمع الليبي.

عمل القذافي على تنمية ليبيا في قطاعات الزراعة والإصلاح الزراعي واستغل عائدات النفط في إنشاء كثير من المدارس والمستشفيات وتقديم الخدمات المجانية لكل المواطنين.

وعمل القذافي منـذ بدايـة الثورة عـلى إزالـة القواعـد الأجنبيـة، ففـي آذار ١٩٧٠م دخـل في مفاوضات مع المسؤولين الأمريكيين والبريطانيين كانت نتيجتها إزالـة القواعـد البريطانيـة في بنغـازي وقاعدة العظم وطبرق كما سلم الأمريكيون قاعدة هويلس بعد ثلاثة أشهر.

وفي المجلس العربي أعلن عن قيام القذافي بمحاولات وحدوية مع العديد من الدول العربية ولكن تلك المحاولات لم تلق النجاح المطلوب، ومن تلك المحاولات وحده مع مصر ـ ١٩٧٢-١٩٧٣م وتونس ١٩٧٤م وسوريا ١٩٨١م والمغرب آب ١٩٨٤م. لكنه نجح أخيرا في تأسيس الاتحاد المغاربي عام ١٩٨٩م الذي جمع دول المغرب العربي من ليبيا إلى موريتانيا.

وفي المجال الدولي وقفت ليبيا عام ١٩٨٠م إلى جانب حكومة جيكونو عويدي في تشاد وأرسلت جيشها لتقديم الدعم له، إلا أن هذه القوات انسحبت من تشاد عام ١٩٨١م بطلب من الرئيس التشادي، أما علاقات ليبيا مع الولايات المتحدة فقد زادت توترا عام ١٩٨٠م عندما قامت القوات الأمريكية باستفزازات في خليج سرت فقامت القوات الليبية بإطلاق قذائفها عليها، وردت الولايات المتحدة على هذا الحادث وعلى حادث انفجار في أحد النوادي الليلية في برلين ادعت تورط ليبيا فيها وتجدد النزاع في أوائل ١٩٨٩م حين اتهمت الولايات المتحدة ليبيا بالتورط في إسقاط طائرتين أمريكيتين فوق البحر المتوسط. وبلغ التوتر بين الدولتين أوجه إثر اتهامات الولايات المتحدة لليبيا بتفجير الطائرة الأمريكية التي سقطت عام ١٩٨٨م فوق لوكربي، ونتج عن ذلك فرض عقوبات دولية على ليبيا، ومحاصرتها اقتصاديا مما ترك أثرا سيئا على الوضع الاقتصادي الليبي.

نادى القذافي بالوحدة العربية وأعلن عن تمسكه بالدين الإسلامي وانتقد الشيوعية والرأسمالية على حد سواء وساند بعض الحركات الثورية في العالم وخاصة منظمة التحرير الفلسطينية. وسعى إلى تحسين علاقته مع الاتحاد السوفيتي سابقا بعد فترة فتور، وفي آذار ١٩٨٦م حاول إقامة تحالف استراتيجي معه بعد الهجمات الأمريكية المتكررة على بلاده.

رجل دولة أسترالي تميز بدفاعه عـن الاستعمار ومصالحه وبعدائه للشيوعية، ولـد في ولايـة فكتوريا ١٨٩٤م تخرج من كلية الحقوق وامتهن المحاماة وأصبح نائبا في البرلمان الاتحادي الأسترالي ١٩٣٤م. عين وزيرا للعدل في العام التالي ثم انتخب زعيما للحزب الموحد ورئيسا للوزراء في عام ١٩٣٩م، وعلى الرغم من ولائه الشديد لبريطانيا التي كان يجل مؤسساتها الدستورية إلى حد التقديس تعاطف منتزيس مع النازية ودعا إلى قيام نوع من التحالف بين لندن وبـرلين لـدرء الخطرين الأحمـر والأصفـر الشيوعيين اللذين يهددان الغرب.

وبعد انتصار حزب العمال في ١٩٤١م انتقل إلى صفوف المعارضة الأسترالية وفي عـام ١٩٤٤م أسس حزب الأحرار وبدأ يمهد لعودته إلى الحكم، وفي عام ١٩٤٩م ترأس من جديد الحكومـة واحتفظ بهذا المنصب حتى اعتزاله العمل السياسي في عام ١٩٦٦م، وقبل أن يتنحى عـن مسـرح الأحـداث الـذي كاد أن ينفرد في احتلاله على مدى ١٧ عاما، ورط بلاده في الحرب الفيتنامية إلى جانب الولايات المتحدة، ففي عام ١٩٦٢م كان منتزيس قد أوفد معلمين أستراليين إلى فيتنام.

وفي عـام ١٩٦٥م بعـث بـ ٨٠٠٠ مقاتل مـن بـلاده ليسـاندوا الجيـش الأمـريكي ضـد الثـوار الفيتناميين، وقد فعل ذلك بدافع عدائه الراسخ لمبدأ تحرر شعوب العالم الثالث التي -في رأيه- لم تبلغ في غالبيتها سن الرشد السياسي الذي يخولها حق تقرير مصيرها. ومـن هـذه الزاويـة كان سـبق لـه أن عارض استقلال الهند.

الرئيس موبوتو، سيسي سيكو (١٩٣٠- م)

رئيس زائير منذ ١٩٦٦م، اسمه الكامل الذي اتخذه لنفسه في حملته الداعية إلى الأصالة والعودة إلى الأسماء والأزياء والتقاليد الأفريقية كتعبير عن الشخصية الأفريقية المستقلة عن آثار الشخصية الأوروبية الاستعمارية، هو! "موبوتو سيسي سيكو كوكو نعبندو وازا بنغا" الذي يعني "الديك الذي يصيح النصر، المحارب الذي ينتقل من غزو إلى غزو دون أن يتمكن أحد من إيقافه عند حد".

ولد موبوتو في لبالا شمال غربي زائير، تلقى تعليمه الابتدائي والثانوي في مدارس البعثات التبشيرية، التحق بالجيش الكونغولي، كما عمل في الصحافة في الفترة ١٩٤٩-١٩٦٥م. تولى رئاسة أركان الجيش الكونغولي في ١٩٦٠م ثم قيادة الجيش ١٩٦١م، استولى على السلطة في تشرين الثاني ١٩٦٦م.

عمل موبوتو على تصفية خصومه ومنحته سنوات حكمه الطويلة حنكة سياسية وظفها لتحييد الكثيرين منهم، وصفه أحد خصومه بأنه السياسي الوحيد الذي يستطيع أن يقود عجلة السيارة إلى الخلف من دون الوقوع.

لعب بذكاء على الحبل المشدود بين واشنطن وموسكو في أيام الحرب الباردة، موظفا فزاعة الشيوعية وخطرها في أفريقيا لاستدرار عطف أمريكا، فكان حليفها الأصيل. ساعدته فرنسا وبلجيكا والمغرب في قمع حركة انفصال كاتنغا (شابا لاحقا). ورفدته الولايات المتحدة بالسلاح، وبينما انبرت إسرائيل لتدريب جهازه الأمني.

ينص دستور البلاد في المادة ٣٣ على أن الموبوتية هي أيديولوجيا الحزب الحاكم (حزب الحركة الشعبية للثورة)، ويجعل منها مادة للدرس في الجامعات، ويحظر فئات قرارات الرئيس موبوتو أو المساس بشخصه، ويحرم

الدستور كذلك التعددية باعتبارها تناقضاً مع دواعي الوحدة، إلا أنه في نيسان ١٩٩٠م، وبعد الضغوط التي أفرزتها تظاهرات الطلاب والمعارضة الديموقراطية (والدول القريبة الداعمة نظامه) والتردي الاقتصادي المريع، حل موبوتو الحزب الوحيد معلنا "الجمهورية الثالثة" وقوامها التعددية الحزبية، وتكوين لجنة لصياغة دستور جديد وإجازته في اقتراع عام، وتم الاتفاق على نظام حكم انتقالي من داخل أروقة المؤتمر الوطني الدستوري الذي يقوده رئيس أساقفه كيسنقاني المونسنيور موسينقي الذي استقال من منصبه احتجاجا على تلكؤ موبوتو في إجازة قرارات المؤتمر وإجادته للعبة التسويق السياسي حتى دخلت مرحلة الحكم الانتقالي عامها السادس ١٩٩٦م، وعلى الرغم من استقالة موبوتو من رئاسة حزبه وتركه العاصمة وانتقاله إلى مسقط رأسه في المقاطعة الاستوائية في مدينة بادوليت، إلا أنه ظل مسيطرا على شؤون الدفاع والأمن والسياسة الخارجية.

آخر ملـوك بوغنـدا وأول رئيس جمهوريـة أوغنـدا في عهـد الاسـتقلال واسـمه الملـك ادوارد فردريك، تولى العرش في عام ١٩٣٩م واصل دراسته في جامعة كامبريدج في إنكلترا ١٩٤٥م، كانت بوغندا أكبر مملكة بين الأربع التي تتكون منها أوغندا فضمت حوالي مليوني نسمة، وكانت تتمتع بشبه حكم ذاتي في ظل نظام الحماية البريطانية. وعندما اقترحت الحكومة البريطانية عام ١٩٥٣م توحيد أوغنـدا في إطار دولة مركزية، تصدى لها موتيسا الثاني وطالب بأن توضع في مملكته تحت إشراف وزارة الخارجيـة البريطانية، إلا أن الحاكم البريطاني ورد بإقالته ونفيـه إلى لندن، فقامـت حمـلات احتجـاج واسـعة في بوغندا.

وفي عام ١٩٥٥م سمح له بالعود إلى بلاده بعد قبوله باتفاق ينص على تمتع بوغندا بحكم ذاتي محدود في إطار الدولة الأوغندية، ولما تأكد أن أوغندا سائرة نحو الاستقلال لعب موتيسا الثاني دورا مهما في الترتيبات الدستورية التحضيرية، فشجع الحزب الملكي على التحالف مع حـزب (مؤتمر الشعب الأوغندي) الذي كان ميلتون أبوتي زعيمه، وقد استطاع عبر هذا التحالف أن يصبح أول رئيس لأوغندا من دون صلاحيات رئاسية فعلية بعد رحيل البريطانيين عـام ١٩٦٣م. غـير أن موقعـه المـزدوج كرئيس للدولة وملك على إحدى مقاطعاتها بوغندا تسبب في إشكاليات عديدة لاسيما وأن العديد مـن الوطنين كانوا يرون في بقائه حاجزا أمام إدخال أوغندا إلى اتحاد شرقي أفريقيا.

وفي عام ١٩٦٦م وضعت حكومة أبوتي دستورا جديدا جعل من رئيس الدولة الحاكم الفعلي، وتولى أبوتي الرئاسة مونيا بأن طلب من أبوتي الانسحاب من بوغندا، عندها أقدمت الحكومـة المركزيـة على اعتقاله. لكنه تمكن من الفرار واللجوء إلى لندن حيث توفي بعد ثلاثة أعوام ١٩٦٩م.

رئيس أوغندا منذ ٢٩ كانون الثاني ١٩٨٦م وجاء رئسا في فترة اضطرابات مرت بها أوغندا وشكل السلطة فيها لم يستقر منذ عام ١٩٧٩م والنزاع حولها لم يهدأ.

تخرج موسيفني من كلية العلوم السياسية عام ١٩٦٩م في دار السلام عاصمة تنزانيا وعمل في العام نفسه كباحث سياسي في مكتب أبوتي لأوغندا، في عام ١٩٧١م وعندما قام عيدي أمين بانقلاب استولى به على السلطة هرب موسيفني إلى تنزانيا، وبدأ العمل مع رئيسه السابق في تنظيم حرب عصابات ضد عيدي أمين، لكنه سرعان ما اختلف مع أبوتي حول شكل المقاومة، وبدأ بتشكيل قوات خاصة به، ومع سقوط عيدي أمين عام ١٩٧٩م دخل موسيفني العاصمة الأوغندية مع قواته، وفي الفترة من نيسان إلى تشرين الأول ١٩٧٩م عين وزيرا للدفاع في حكومة يوسف لولي، لكن انقلاب سلميا أطاح هذا الأخير وجاء غودفري بن عيسى رئيسا للبلاد فعين موسيفني وزيرا للتعاون الإقليمي فاعتبر أن هذا التعيين بمثابة إبعاد له عن قلب الحركة السياسية. فساهم في أيلول ١٩٨٠م بإبعاد بن عيسى- وتولى باولو موانجا رئاسة البلاد، وعين موسيفني نائبا له، وأعلن موانجا عن عودة الحياة الديموقراطية ودعا إلى انتخابات عامة في أيلول عام ١٩٨٠ ففاز بالانتخابات حزب الشعب الأوغندي الذي يرأسه أبوتي. وفشل حزب موسيفني في الحصول على أكثر من مقعد واحد، فرفض موسيفني الانتخابات وقال إنها مزورة وأن موانجا زور الانتخابات لصالح أبوتي، وهرب موسيفني إلى الأدغال في غربي البلاد وشكل حركة المقاومة الوطنية، وبدأ حرب عصابات ضد أبوتي فسقط فيها القتلى بالآلاف، وقد استمر موسيفني أربع سنوات يقود حرب عصابات ضد أبوتي حتى يوم ٢٧ حزيران ١٩٨٥م وفي

أثناء عرض عسكري اقتحم قائد العرض العسكري بتيو اوكليو مقر الرئاسة الذي لم يكن فيه سوى بضعة جنود حراسه لم يقاوموا طويلا مما أدى إلى هرب أبوتي إلى كينيا، ومنها إلى زامبيا.

أعلن أوكيلو فور توليه السلطة أن الحكومة ستعقد اتفاقات مصالحة مع الجبهات المعارضة لأبوتي ، وبالفعل نفذ أوكيلو وعده إلا مع موسيفني، فلم يتصل به أو يفاوضه، وأعلن عدم اعترافه بمقاومته ولكن استيلاء موسيفني على الغرب الغني زراعيا وسيطرته عليه، وتحكمه في الطريق البري الدولي الذي يربط لمباسا وزائير ورواندا وبروندي، جعل أوكيلو يعيد النظر ويبدأ مفاوضات مع موسيفني انتهت إلى منح هذا الأخير سبعة مقاعد في الحكومة ونصف مقاعد المجلس العسكري، لكن هذا الاتفاق كان مجرد خطوة تكتيكية فبعد شهر واحد اقتحمت قوات موسيفني في ٢٥ كانون الثاني ١٩٨٦م العاصمة كمبالا وسيطرت عليها وجعلت السلطة لأبناء قبائل "الباتو" لأول مرة منذ عهد الاستقلال.

سياسي إيطالي أسس الحركة الفاشية وحكم إيطاليا ٢١ عاما تقريبا حاول حاول أن يجعل من إيطاليا إمبراطورية كبرى ولكنه، بدلا من ذلك، ترك جيوش الدول الأخرى تحتلها. اتخذ موسوليني اسم الدوتشي القائد. وخفض من نسبة البطالة في إيطاليا وحسن من خدمات السكك الحديدية.

ولد موسوليني في دوفيا بمقاطعة فورلي في شمالي إيطاليا، وتخرج من مدرسة تدريب المعلمين في فورلي، وعمل لفترة قصيرة في التدريس بمدرسة ابتدائية. وفي عام ١٩٠٢ ، أصبح عاملا في سويسرا. وعاد إلى إيطاليا عام ١٩٠٤ م لأداء فترة الخدمة العسكرية المطلوبة منه، وأصبح مدرسا بين عامي ١٩٠٧-١٩٠٨ م. وعندما نشبت الحرب العالمية الأولى أثار موسوليني غضب قادة الحزب الاشتراكي لحثه إيطاليا على دخول الحرب ضد ألمانيا، ونتيجة لذلك طرد من الحزب الاشتراكي عام ١٩١٤ م. وعلى الفور أنشأ صحيفته الخاصة الشعب الإيطالي. وكتب افتتاحيات عنيفة محاولا دفع إيطاليا إلى الحرب.

وعندما   دخلت إيطاليا الحرب بالفعل انخرط في الجيش وقدم به عام ١٩١٥م الى أن جرح عام ١٩١٧م وفي عام ١٩١٩م أنشأ موسوليني في ميلانو أول جماعة سياسية سميت الفاشية. وكان برنامجها في البدء وطنيا متشددا قصد منه الاستنجاد بالمحاربين القدامى.

وحث موسوليني الشعب الإيطالي على إعادة بناء أمجاد روما القديمة.وفيما بعد صاغ برنامجا لكسب ملاك العقارات الإيطاليين إلى جانبه. وفي عام ١٩٢٢م تسلم رئاسة الحكومة. سرعان ما بدأ وأحكم قبضته على الصناعات والصحف والشرطة والمدارس في إيطاليا.

وفي عـام ١٩٣٥ -١٩٣٦م غزت جيوش موسـوليني أثيوبيا وهزمتها. وعنـدما نشبت الحـرب الأهليـة الإسبانيـة عـام ١٩٤٠م قـرر موسـوليني وأدولـف هتلـر حـاكم ألمانيا أن يسـاندا معـا القائـد ترانسيسكو فرانكو. فأرسلا جيوشهما لتحارب في إسبانيا.

بعد هزيمة فرنسا من قبل ألمانيا ١٩٤٠م دخل موسوليني الحرب العالمية الثانية غزا جنـوبي فرنسا. إلا أن الهزائم ظلت تتوالى على الجيوش الإيطالية في إفريقيا واليونان وفي إيطاليا نفسها. وانقلب عليه مجلس الفاشست الأعـلى عـام ١٩٤٣م فـأطيح بـه وأودع السـجن، إلا أن الجنـود المظليـين الألمـان أنقذوه، وأصبح موسوليني حينئذ رئيسا لحكومة اسمية في شمال إيطاليـا. وفي ١٩٤٥م انهزمـت القـوات الألمانية في شمال إيطاليا. وهرب موسوليني مع أنصاره واكتشفتهم القوات الإيطالية عند بحيرة كومو . وأعدم موسوليني مع عشيقته تاسي بعد ذلك بقليل رميا بالرصاص. وعلق جسـديهما مـن الكعبين في ميلانو.

رئيس جمهورية زيمبابوي الحالي استمر في الحكم منذ ترؤسه أول حكومة شكلها السود بعد الاستقلال في عام ١٩٨٠م ولد في إرسالية كوتاما التبشيرية ١٩٢٤م، كان والده عاملا وراعيا وقد نشأ على غرار سواه من قادة الحركة الوطنية الأفريقية في روديسيا في ظل التعليم الديني المسيحي ورجال الدين، أصبح مدرسا في الأربعينات من القرن العشرين. ثم التحق بجامعة فورتير في جنوب أفريقيا وقد انضم أثناء وجوده في هذه الجامعة إلى رابطة الشبيبة التابعة للمؤتمر الوطني الأفريقي، أشهر حزب وطني يومذاك.

وبعد تخرجه في عام ١٩٥١م رحل إلى زامبيا سعيا وراء العمل وتابع دراسته بالمراسلة مع إحدى جامعات لندن وحاز على دبلوم جديد في عام ١٩٥٦م ذهب إلى غانا وعمل في حقل التعليم، وكان لإقامته في غانا أثرها الكبير في بلورة شخصيته السياسية، فقد أعجب بالزعيم كوامي نكروما، وتزوج من معلمة غانية ماركسية حملته على اعتناق الماركسية.

في عام ١٩٦٠م انضم إلى الحزب الديموقراطي القومي الذي أسسه جوشوا نكومو، وأسند إليه فيه منصب أمين الإعلام، اعتقلته سلطات النظام العنصري لكنه تمكن من الفرار إلى تنزانيا وفي آب ١٩٦٣ انفصل عن نكومو مع مجموعة من العناصر الراديكالية وأسس مع سيتولي الاتحاد الوطني الأفريقي لزيمبابوي (زانو). اعتقل في عام ١٩٦٤م ومكث في السجن زهاء عشرة أعوام تمكن خلالها من متابعة تحصيله العلمي والحصول على عدد من الشهادات العالية، وقد انتخب وهو في السجن رئيسا لحزب زانو خلفا للقس سيتولي.

وعندما أطلق سراحه في عام ١٩٧٤م وافق نزولا عند رغبة الرئيس الزامبي كينيث كاوندا والتنزاني جوليوس نيريري على وضع نفسه في إمرة

سيتولي من جديد، رحل إلى موزمبيق ومن هناك أخذ يكثف اتصالاته مع قادة حركات الأنصار الذين كانوا يشنون هجماتهم ضد النظام الروديسي انطلاقا من أراضي موزمبيق، اختاره الثوار في عام ١٩٧٦م ليكون الناطق بلسانهم فرفض الاقتراحات التي كان قد تقدم بها وزير الخارجية الأمريكي هنري كسينجر لحل الأزمة الروديسية، ثم شكل مع جوشوا نكومو الجبهة الوطنية التي دعت إلى مواصلة الكفاح المسلح ضد النصر النهائي.

وعندما شكل الأسقف موزوريوا أول حكومة مختلطة في روديسيا ١٩٧٩م رفض موغابي هذا الحل لأن يخدم مصالح المستعمرين البيض، وقد دافع عن وجهة نظره بقوة وإصرار في مؤتمر لانكسترهاوس لندن الذي دعت إليه الحكومة البريطانية، ووافق على الاشتراك في انتخابات حرة تحدد هوية النظام الجديد في البلاد، انفصل عن جوشوا نكومو من جديد لدى خوضه هذه الانتخابات التي حقق فيها حزبه (زانو) انتصارا ساحقا والتي اعترفت الأسرة الدولية بنزاهتها وشرعيتها شكل الحكومة في عام ١٩٨٠م وأعلن استقلال زيمبابوي.

وفي الأعوام الأخيرة بدءا من ١٩٩٤م برز منافسون لموغابي على رئاسة الدولة يرون أنه لن يكون قادرا على قيادة البلاد حتى العام ٢٠٠٢م (موعد نهاية ولايته الرئاسية الأخيرة)، وفي طليعة هؤلاء المنافسين:

- نائبه الأول سيمون موزنده الذي ينتمي مثله إلى قبيلة زيزورو الكبيرة والذي يعتمد على نفوذه الواسع في الاستخبارات المركزية.

- نائبه الثاني جوشوا نكومو الذين ينتمي إلى الأقلية الديبلية، ويعتمد على قدرته السياسية وتجربته الفنية وشخصيته التاريخية.

- دوميزو ونغاوا وزير الداخلية وينتمي إلى الأقلية الديبلية لكنه يتمتع بثقة الحزب وبدعم قبائل الشونا.

رئيس فرنسا للفترة من عام ١٩٨١م إلى عام ١٩٩٥م ولد في مدينة جارناك (جنوب غربي فرنسا) في ٢٦ تشرين الأول ١٩١٦م. وتوفي في ٨ كانون الثاني ١٩٩٦م قدم إلى باريس وهو في السابعة عشرة من عمره، والتحق بجامعتين في آن واحد، كلية الحقوق في جامعة السوربون، ومعهد العلوم السياسية الحر. حاز على إجازة في الحقوق وفي الآداب وعلى دبلوم في الدراسات العليا للحقوق العامة ودبلوم في العلوم السياسية، امتهن العلم الصحافي ثم دخل حقل المحاماة اشترك في الحرب العالمية الثانية فخرج وأسره الألمان في عام ١٩٤٠م حاول الفرار من معتقله ونجح في المرة الثانية فالتحق بالمنظمة الحرة وانضم إلى المقاومة الفرنسية ونظم في إطارها (الحركة الوطنية للأسرى).

أسندت إليه وزارة أسرى الحرب في الحكومة التي شكلها ديغول في آب ١٩٤٤م، أنضم إلى اتحاد المقاومة الديمقراطية والاشتراكي، وانتخب في عام ١٩٤٦م نائبا عن دائرة نييغر وأعيد انتخابه في عام ١٩٥١م و١٩٥٦م وفي الفترة بين ١٩٤٧م و١٩٥٧م. شارك في إحدى عشرة حكومة وتولى من الوزارات وزارة المحاربين القدامى ١٩٤٧م،ووزارة الإعلام ١٩٤٨م، وزارة شؤون رئاسة مجلس الوزراء ١٩٤٨-١٩٤٩م، وزارة أقاليم ما وراء البحار ١٩٥٠-١٩٥١م، وزارة الدولة ١٩٥٢م، وزارة الداخلية في حكومة منديس فرانس ١٩٥٤-١٩٥٥م، وزارة العدل في حكومة مولينه ١٩٥٦-١٩٥٧م. عندما كان وزير الداخلية في حكومة فرنسا عارض بشدة استقلال الجزائر، وتبنى موقفا مناهضا من الفرنسيين الذين تعاطفوا مع جبهة التحرير الوطني الجزائرية، وقد رد يومذاك على الفرنسيين الذين دعوا حكومتهم إلى الدخول في مفاوضات

مع الثوار الجزائريين بقوله "المفاوضات الوحيدة هي الحرب، فالجزائر فرنسية"، وفي حزيران ١٩٥٨م صوت ضد تسليم السلطة للجنرال ديغول، وانتقل بعد ذلك إلى صفوف المعارضة.

بدأ نجمه يتألق في عام ١٩٥٣م وتحديدا أثر استقالته من وزارة لانيال، شبه الائتلافية التي كان يشغل فيها منصب الوزير المفوض لدى مجلس أوروبا. وجاءت استقالته وسط ضجة جعلته في الأيام التالية محط أنظار واهتمام رجال الإعلام، وكانت الضجة بسبب الدور الفرنسي ـ في إسقاط الملك المغربي محمد الخامس أما بالنسبة إلى ميتران فلم تكن المسألة مسألة الوقوف إلى جانب حق المغرب في الاستقلال، فهو كان لا يزال يرى أن وجود فرنسا في شمالي أفريقيا يجب ألا يكون موضع سجال (المطلوب هو البقاء هناك مهما كلف الأمر). كما قال: لكنه في الوقت نفسه كان لا يوافق على خلع السلطان محمد الخامس عن عرشه، عبر مؤامرة تواطأ فيها يومذاك اثنان من وزراء الحكومة من دون أن يبلغا بذلك بقية الأعضاء.

لقد كانت مناسبة تلك الاستقالة أول ظهور صاخب لفرنسوا ميتران على مسرح السياسية الفرنسية، بعدها أصبح وزيرا للداخلية وكانت أولى مواقفه تأييد الحكومة في إرسال فرق عسكرية إضافية إلى الجزائر لتواجه ثورة أهلها بالعنف، وبعد ذلك كان من أوائل مؤيدي العدوان الثلاثي على مصر. في عام ١٩٦٥م رشح نفسه للانتخابات الرئاسية ضد الجنرال ديغول باسم الجمهوريين الفرنسيين، ونجح في الحصول على ٤٠% من أصوات الناخبين. وفي أيلول من العام نفسه أسس (اتحاد اليسار الديمقراطي والاشتراكي) ثم تزعم الحزب الاشتراكي الفرنسي في أعقاب مؤتمر ابيناي-سور-سين الذي شهد تحولا جذريا في بنية هذا الحزب.

وفي عام ١٩٧٢م وقع مع الحزب الشيوعي الفرنسي وحركة الراديكاليين اليساريين على برنامج الحكم المشترك لليسار، وخاض الانتخابات الرئاسية في عام ١٩٧٤م بصفته مرشح اليسار الأوحد. هـزم أمام فاليري جيسكار ديستان، وإنما بفارق بسيط إذ حصل في الدورة الثانية على ٤٩،١٩% من الأصوات، وفي أيار ١٩٨١م خاض المعركة الرئاسية للمرة الثالثة وفاز بها بنيله ٥١،٧٥% من الأصوات وأعيد انتخابه لولاية ثانية في أيار ١٩٨٨م بأكثرية ٥٤،٠١% من الأصوات.

وتميزت ولايتاه المتعاقبتان بتسريع البناء الأوروبي، ميثاق أوروبا الموحدة ١٩٨٦م ومعاهدة ماستريخت ١٩٩١م، ومشاركة فرنسا في حرب الخليج ١٩٩١م، وبإصلاحات داخلية مهمة (إلغاء عقوبة الإعدام اللامركزية) وبالتعايش في الحكم مع الأغلبية اليمينية في حكومتين (١٩٨٦-١٩٨٨م، ١٩٩٣- ١٩٩٥م) وباستمرار الأزمة الاقتصادية التي ولدت تصاعدا في نسب البطالة.

في سياسته العربية كان ميتران أول زعيم غربي يستقبل ياسر عرفات رئيس السلطة الفلسطينية في قصر الأليزية، وكما استهل ولايته الأولى عام ١٩٨١م بزيارة للمملكة العربية السعودية.

وعقد صداقات عديدة مع قادة عرب خصوصا مع الملك حسين (الأردن) والرئيس حسني مبارك (مصر) الذي كان بعد المستشار الألماني هلموت كول أكثر من عقد قمما مع ميتران.

وكان ميتران قد زار دمشق في أوائل عهده الأول في عام ١٩٨٤م للقاء الرئيس حافظ الأسد والعمل على تحسين العلاقات بين البلدين، ولعل الإحراج العربي الكبير الذي واجهه ميتران في ولايته الثانية لم يقتصر على تخليه عن لبنان وإنما طاول أيضا علاقته مع العراق.

إذ وقفت فرنسا مع الولايات المتحدة في الهجوم على العراق في حرب الخليج الثانية ١٩٩١م، وكان ميتران في نهاية عهده الثاني من أنشط مؤيدي وحدة اليمن خلال الحرب اليمنية، وكانت علاقته وثيقة بالرئيس اليمني علي عبد الله صالح وتميزت سياسته إزاء الجزائر بموقف أعلن فيه في ١٩٩١م عندما قطعت الحكومة الجزائرية المسار الانتخابي فقد عبر عن أسفه العميق لهذا القرار الجزائري، وبقي رغم حذره تجاه المسألة الجزائرية على قناعة بأن الانتخابات التشريعية هي الحل الوحيد للأزمة في الجزائر.

حرص ميتران على تمضية أعياد الميلاد ورأس السنة في أسوان في أقصى ـ جنوبي مصرـ وخلال إقامته الأخيرة لم يبرح ميتران غرفته في فندق (أولد كاتاركت) المطل على النيل إلا للقيام بجولة في قارب وكانت ترافقه ابنته مازارين (التي أنجبها دون زواج)، مع بعض القريبين منه، وكان ميتران يعكف كل عام على العودة إلى ضفاف النيل للراحة والاستجمام وتأمل الصروح الفرعونية التي ترمز إلى الخلود.

وفي ٢٩ كانون الأول ١٩٩٥م عاد إلى فرنسا بعد أن أمضى زهاء أسبوع في أسوان، وبعد عشرة أيام (أي في ٨ كانون الثاني ١٩٩٦م) توفي متأثرا بمرض السرطان.

الإمبراطور مينليك الثاني (١٩١٣-١٨٤٤م)

إمبراطور الحبشة أحد بناة أثيوبيا الحديثة ومؤسس مدينة أديس أبابا، كانت أثيوبيا مجزأة إلى ممالك شبه مستقلة لا تدين للإمبراطور إلا بولاء شكلي عندما ولد الأمير سهلية مريام في عام ١٨٤٤م. جده سهليه سيلاسي الأمير الصغير الذي اختار في ما بعد اسم مينليك ولي العهد، وعندما صعد إلى العرش الإمبراطوري كاساها يلو وأتخذ اسم تيودوروس الثاني ١٨٥٥م أراد أن يعيد إلى السلطة المركزية هيبتها وأن يحجم بالتالي الممالك شبه المستقلة فاصطدم بملك شوا الذي قتل في المعركة، وأقتاد ولي العهد إلى عاصمته (مغدلة) حيث بقي أكثر من تسع سنوات رهينة بين يديه، وفي عام ١٨٦٥م تمكن مينليك من الفرار فعاد إلى شوا حيث تمت مبايعته ملكا وتمكن من فرض سلطته على أنحاء المملكة وإنشاء جيشا قادرا على صد أي هجوم ينطلق من عاصمة الإمبراطورية، كما شجع التجارة مع الأوروبيين وسعى إلى صداقة فرنسا وبريطانيا وإيطاليا.

أقلق هذا النشاط الإمبراطور يوحنا الرابع (الذي كان تيودوروس الثاني)، ويوحنا كان يسعى مثل سلفه إلى توحيد الإمبراطورية فاجتاح شوا ١٨٧٨م فاضطر مينليك تحت ضغط جيش الإمبراطور إلى توقيع معاهدة سلام في ليتشي، وقد أظهر فيها ولاء ليوحنا الذي اعترف به في المقابل ملكا على شوا، ولما نشبت خلافات جديدة بينهما اضطر الطرفان إلى توقيع معاهدة ثانية ١٨٨٢م وقد عنيت هذه المعاهدة بقضية خلافة الإمبراطور الذي وافق على الاعتراف بها لمينليك، لكن يوحنا عاد وعين ابن أخيه وليا للعهد قبل وفاته ١٨٨٩م، عندها حسم السلاح الموقف واستولى مينليك على العرش فأصبح (ملك الملوك).

ما أن تولى مينليك السلطة حتى أبدى نيته في تحديث البلاد فبنى جهازا إداريا بما في ذلك حكومة من سبعة وزراء، وأسس جيشا وطنيا وفرض نظام ضرائب وجعل أديس ابابا (وأسمها يعني الزهرة الجديدة) التي كان بناها في عام ١٨٦٦م عاصمة للإمبراطورية، وعمل على تجهيزها بالطرقات والمباني الجديدة، بنى فيها أول مستشفى وأول مدرسة ثانوية كما أحدث عملة أثيوبية موحدة وأنشأ جهاز بريد في العاصمة.

كان على مينليك أن يحترس من طموحات الدول الأوروبية المتمركزة في جوار أثيوبيا، وفي محاولة لإيقاف التغلغل الإيطالي إلى الإقليم الشمالي، أقدم على توقيع معاهدة مع الحكومة الإيطالية وقد تحدث بها أثيوبيا عن جزء من الإقليم الشمالي مقابل تعهد إيطاليا بتدريب الجيش الوطني، لكن الإيطاليين واصلوا احتلال لارتيريا (أي القسم الشمالي المذكور) وذهبوا إلى حد اعتبار المعاهدة وكأنها تجعل أثيوبيا محمية إيطالية. وإزاء هذا الاجتهاد قام مينليك بنقض المعاهدة ١٨٩٣م، فاجتاح الجيش الإيطالي الحبشة لكنه مني بهزيمة نكراء في موقعة أدووا حيث قتل ٤ آلاف إيطالي، وعلى أثر هذه الهزيمة اعترفت إيطاليا وتبعتها الدول الأوروبية الكبرى باستقلال أثيوبيا، وأقامت علاقات دبلوماسية معها.

واصل مينليك بعد ذلك سياسة تعزيز الحدود، فعقد معاهدة مع فرنسا وأخرى مع بريطانيا وعندما أصيب بالشلل ١٩٠٨م عين حفيده ليج أياسو وليا للعهد، وبعد خمس سنوات توفي أواخر ١٩١٣م.

ثاني رئيس جمهورية مدني عرفته السلفادور منذ عام ١٩٣١م، ودرس الهندسة ودخل المعترك السياسي، فأسس عام ١٩٦٠م الحزب الديموقراطي المسيحي، وانتخب عام ١٩٦٤م عمدة العاصمة سان سلفادور، كان في مستهل حياته السياسية يشاطر زعيم جبهة "فارابوندو مارتي للتحرير الوطني" الذي قاد ثورة الثمانينات من القرن الماضي، غويير مو أونغو، كان حلمه القضاء على سيطرة العسكرين على الحياة السياسية في البلاد من خلال الحزب الجمهوري القومي (أرينا) وعلى هيمنة الأوليغارشية على مقدرات البلاد الاقتصادية.

خاض نابليون في عام ١٩٧٢م معركة الانتخابات الرئاسية بدعم من الشيوعيين ومن غويير مو أو نغو الذي كان نائبه على لائحة الترشيح، وأعلن في حينه من مصادر الرجلين والقوى الداعمة لهما في السلفادور وفي الخارج، أنهما فازا في هذه الانتخابات لكن العسكرين حاولوا دون هذه النتيجة بإعلان فوز خصمهما الكولونيل مولينا، وقد أدرك نابليون يومها أن طريقه إلى الحكم لابد أن يمر عبر الطريق العسكري لذلك دعم حركة انقلابية نظمها بعض "الضباط الأحرار" وفشلت هذه المحاولة فاعتقل نابليون ثم نفي إلى فنزويلا.

في تشرين الأول ١٩٧٩م حصلت محاولة انقلابية أخرى في السلفادور كللت بالنجاح، وقد أيدها غويير مو أنغو إلا أنه عاد بعد ثلاثة أشهر وأعلن معارضته لها لأن برنامجها الإصلاحي لم يكن بالجذرية التي اشترطها، وأيدها كذلك نابليون فانتخب في عام ١٩٨٠م رئيسا للجمهورية، واستمر في هذا المنصب إلى ١٩٨٢م وأعيد انتخابه رئيسا للجمهورية مرة أخرى في أيار ١٩٨٤م.

سياسي وعسكري فيتنامي درس في المدارس الكاثوليكية وتخرج في الأكاديمية العسكرية،
وخدم في الجيش الفيتنامي الجنوبي في ١٩٥٤م إلى ١٩٧٥م. شغل منصب نائب رئيس الوزراء، ووزير
الحربية ١٩٦٤-١٩٦٥م، ثم منصب رئيس الدولة ١٩٦٥-١٩٦٧م.

ثم أصبح رئيسا للجمهورية ١٩٦٧-١٩٧٥م. وأسس في أواخر عهده حزب وان تشو، انهزم
بهزيمة جيوشه وجيوش الولايات المتحدة الحليفة له، استقال في ٢١ نيسان ١٩٧٥م وفر إلى تايوان.

الجدير بالذكر أن عائلة نغوين من أكبر العائلات الفيتنامية وأكثرها أرستقراطية، تعود
بأصولها إلى منطقة هوي والمنطقة الجنوبية حيث تمكنت أن تستقل بهما في القرن السادس عشر ـ
والقرن السابع عشر، انتصرت عليها أسرة (لي) لكن عائلة نغوين عادت إلى السلطة وتمكنت من توحيد
البلاد في عام ١٨٠٢م وأعطتها اسم فيتنام وكان جيا لونغ أول أباطرتها وآخرهم كان باو داي.

ولد في سيلو (بوشكين حاليا) عام ١٨٦٨م ولقي حتفه في يكاترينبورغ (سفردلوفسك حاليا) عام ١٩١٨م، آخر قياصرة روسيا فحكم من عام ١٨٩٤م إلى عام ١٩١٧م ابن القيصر الإسكندر (الكسندر) الثالث، خلفه في أول تشرين الثاني ١٨٩٤م وتوج في موسكو في أيار ١٨٩٥م وفي ٢٦ تشرين الثاني ١٨٩٤م تزوج من الأميرة أليس، ابنه غراندوق هس دار مشتعث لويس الرابع (اتخذت اسم الكسندرا فيدوروفنا في روسيا).

ارتكزت سياسته داخليا على ضمان حقوقه الأوتوقراطية معتبرا ذلك بمثابة واجب أخلاقي وديني، وخارجيا تابع السياسة الأوروبية التي كان ينتهجها والده، فعمل على تثبيت الوفاق الفرنسي- الروسي وزار فرنسا في عام ١٨٩٦م، واستقبل الرئيس الفرنسي- فيليكس فور في روسيا في عام ١٨٩٧م، بعث بمذكرة إلى الدول يقترح فيها عليها حدا في التسليح. وإقامة محكمة دولية مهمتها النظر بالنزاعات بين الدول (أول مؤتمر عالمي للسلام عقد في لاهاي في ١٨٩٩م). ورغم سياسته السلمية هذه زج بلاده في الحرب الروسية-اليابانية ١٩٠٤-١٩٠٥م فكانت هزيمة روسيا التي شكلت سببا أساسيا في ثور ١٩٠٥م وإبان الثورة أطلق نقولا الثاني وعدا بدعوة البرلما (دوما) التشريعي للانعقاد (١٧ تشرين الأول ١٩٠٥م) وأثناء أحداث ١٩٠٦-١٩٠٧م، قمع المتمردين بعنف بالغ، ولقب القيصر- على أثره بـ (نقولا الدموي). وأعيد هذا اللقب في نيسان ١٩١٢م على أثره مجزرة طالت حياة ٢٧٠ مضربا من عمال المناجم في مدينة لينا في سيبريا.

جاء ضم الإمبراطورية النمساوية الهنغارية للبوسنة والهرسك في عام ١٩٠٨م ليخلق تململا شعبيا كبيرا لدى الروس خاصة وأن نقولا الثاني تراجع

أمام التهديد الألماني وتخلى عن صربيا. بعد إعلان النمسا الحرب على صربيا، أعلن نقولا الثاني الاستنفار العام ٣٠ آب ١٩١٤م، وفي أول آب بدأت الحرب العالمية الأولى.

وقع القيصر تحت تأثير القيصرة وراسبوتين، وأجبر على التنازل عن العرش بعد ثورة شباط ١٩١٧م وقررت الحكومة المؤقتة اعتقال جميع أفراد العائلة المالكة، فنقل نقولا الثاني إلى توبولسك، ثم إلى يكاترينبورغ حيث تم إعدامه وأفراد أسرته وابنتيه وولي العهد والطبيب الشخصي وعدد من الخدم في ١٧ تموز ١٩١٨م. بعض المراجع تقول أن هذا الإعدام جاء بناء على أمر أصدره لينين نفسه. وبعضها يذكر أنه تم بناء على أمر صدره مجلس السوفييت الإقليمي في الأورال وبدأت حرب أهلية استمرت أربع سنوات في روسيا.

كانت قوات الجيش الأبيض الملكية دخلت مدينة يكاترينبورغ بعد أيام من الإعدام وشكلت لجنة تحقيق كشفت أن البلاشفة نقلوا جثث القيصر وأفراد أسرته إلى غابة في ضواحي المدينة لكنهم عادوا فنبشوا مقابرهم ونقلوا الجثث إلى منجم بعد سكب الحامض على الجثث لإخفاء معالمها، وتوقف التحقيق بعد استعادة الجيش الأحمر السيطرة على المدينة، ومنذ ذلك الحين منعت السلطات السوفيتية نشر أي خبر عن الموضوع.

في السبعينات من القرن العشرين الميلاد قرر المكتب السياسي للحزب الشيوعي هدم دار ابياتيف الذي نفذت الاعدامات في سراديبه، وتولى الإشراف على تنفيذ القرار الرئيسي الروسي السابق بورس يلتسن الذي كان المسؤول الحزبي في المدينة آنذاك، ومع البير يسترويكا التي أطلعتها جوربا تشوف أعيد فتح الملف وأجريت عمليات تنقيب في ضواحي يكاترينبورغ حيث عثر على عظام اعتبر كثيرون من الخبراء الروس والأجانب أنها عائدة إلى أفراد العائلة الحاكمة، لكن التأكيد الرسمي لم يصدر إلا في ١٥ آذار ١٩٩٤م،

وكانت الكنيسة الأرثوذكسية صنفت القيصر نقولا الثاني بين القديسين وشكلت لجنة لتخليد اسمه وإقامة تمثال له، ويحمل الكثيرون في روسيا الحكومة البريطانية (آنذاك) جزءا من المسؤولية عـن مقتل القيصر بسبب رفضها استقباله بعد تخليه عـن العرش رغـم أنه كـان ابـن خالـة الملك جـورج الخامس، وكانت العائلة المالكة البريطانية ترفض زيارة موسكو بسبب إعدام القيصر.

أول رئيس لدولة غانا المستقلة، وأبرز دعاة الوحدة الأفريقية، ومن مؤسسي منظمة الوحدة الأفريقية، وشريك نهرو وعبد الناصر وتيتو في حركة عدم الانحياز، ومن أكثر الزعماء شعبية في العالم الثالث ولدى الأفارقة.

تخرج نكروما في دار المعلمين في أكرا، وعمل أستاذا إلى أن التحق بجامعة لنكولن في الولايات المتحدة في عام ١٩٣٥م، ودرس نكروما الاقتصاد وعلم الاجتماع، وحصل أيضا على شهادات في اللاهوت والتربية والفلسفة من جامعة بنسيلفانيا، وأثناء وجوده في الولايات المتحدة انتخب رئيسا لمنظمة الطلاب الأفارقة في أميركا، وفي عام ١٩٤٥م توجه إلى بريطانيا ليلتحق بمدرسة الاقتصاد في لندن، وانتخب كرئيس اتحاد طلبة غربي أفريقيا، وفي خريف ١٩٤٥م أصبح أحد أمناء المؤتمر الأفريقي الخامس المنعقد في مانشستر.

عند عودته إلى شاطئ الذهب أو ساحل الذهب (اسم غانا في ذلك الحين) في أواخر ١٩٤٧م، أصبح أمين (مؤتمر شاطئ الذهب الموحد) وبدأ تطبيق المبادئ التي كان اكتسبها في الخارج، وفي مقدمتها مبدأ (العمل الإيجابي) في النضال من أجل الاستقلال، لكنه اعتقل في عام ١٩٤٨م بعد التظاهرات التي شهدتها ساحل الذهب، وكان من نتيجة هذه التطورات نشوب خلاف بين نكروما وقادة الحزب الآخرين، وأخذت الفجوة تتسع بعد خروج نكروما من السجن، فأسس صحيفة (إيفنينغ نيور) لتنشر أراءه، أما المؤتمر فقد وافق من جهة على المشاركة في لجنة كلفت البحث في الاقتراحات الدستورية المقدمة من قبل السلطة الاستعمارية وقد أكد المؤتمر بذلك اعتداله في وقت كانت فيه التعبئة ضد الاستعمار في أوجها.

وفي أواسط ١٩٤٩م أسس نكروما (حزب المؤتمر الشعبي) وحدد له هدفا هو الوصول بـالبلاد إلى الحكم الذاتي، وفي أوائل ١٩٥٠م اعتقل نكروما مجددا بعد سلسلة مـن الإضرابات وحكم عليه بالسجن ثلاث سنوات، لكن حزبه تمكن من الاستمرار رغـم قرار السلطة بحظره، وانتصرـ الحزب في انتخابات ١٩٥١م البلدية والعامة، حتى أن نكروما فاز وهو في السجن بدائرة أكر وبأكثريـة كاسحة، وأصبحت السلطة الاستعمارية مجبرة على الاعتراف بدوره، فأطلق سراحه وتولى رئاسة الـوزراء في آذار ١٩٥٢م.

وفي انتخابات ١٩٥٤م حاز حزب المؤتمر عـلى ٧٢ مقعدا مـن أصل ١٠٤. وقد عـاد وحقق النتيجة إياها عندما نظمت السلطة انتخابات جديدة في عـام ١٩٥٦م بسبب اشـتداد المعارضة، وفي ٦ آذار ١٩٥٧م أعلن استقلال شاطئ الذهب تحت اسم غانا، ودعا نكروما إلى الانضباط والعمل الـدؤوب لبناء غانا، كما دعا أعضاء حزبه إلى الاضطلاع بمسؤولية ريادة المجتمع، وخطط نكروما لأن يجعل مـن غانا دولة أفريقية نموذجية، فحققت مشاريع إنمائية عديدة وعلى جميع الأصعدة وكان مشروع سد أكوسومبو أهمها.

وكان نكروما منذ أوائل الستينات في القرن العشرـين، قد سبق معظم الزعماء الأفريقيين الآخرين إلى معالجة مشكلات التنمية، فكشف القوى الخفيـة للاحتكارات الغربيـة التي اتهمها بأنها تقف عائقا أمام التقدم الاقتصادي في أفريقيا، ولرفع العقبات أمام التنمية الأفريقية فإنه لابد من كسرـ قبضة هذه الشركات على الأسواق الدولية من خلال عمل حكومي منسق، وعندما طرح نكروما هـذه الموضوعات كان معظم الزعماء الأفريقيين يجهلونها أو يقللون من شأنها، وكانت الحكومـات الأفريقيـة الناطقة بالفرنسية معادية لهذا الاتحاد، إلا أنه بحلول منتصف السبعينات من القرن العشرين الميلادي كان كل من أصحاب النهج الرأسمالي وأصحاب النهج الاشتراكي قد بدأوا يلتفون حول أراء نكروما.

استطاع نكروما في سياسته الخارجية أن يحصل على دعم انتلجنسيا اليسار الأفريقية والأنظمة التقدمية. فمنذ عام ١٩٥٨م دعا إلى أكرا أول مؤتمر للشعوب الأفريقية، ووقع ميثاق اتحاد مع غينيا (كان يرأسها أحمد سيكوتوري) ثم مع مالي وأيد بقوة الزعيم الكونغولي باتريس لومومبا، وكانت غانا من أنشط أعضاء (مجموعة الدار البيضاء) التي تضم البلدان التقدمية المعارضة لمجموعة مونروفيا المحافظة (اختفت المجموعتان مع إنشاء منظمة الوحدة الأفريقية في ١٩٦٣م).

وكان العالم الاشتراكي يأمل في ان يعتنق نكروما (منظر الاشتراكية الأفريقية) أفكار الاشتراكية العلمية وفي ان يحسن علاقات غانا مع العالم الاشتراكي، غير أنه على الرغم من المعونات التي حصلت عليها غانا من الكتلة السوفيتية. اضطر نكروما إلى الانتظار لوقت ما قبل أن يعترف بألمانيا الشرقية خوفا من إثارة ألمانيا الاتحادية التي تعهدت بتزويده (وسط مصاعبه الاقتصادية) بمعونات اقتصادية ضخمة، وبسبب التوجه اليساري للنظام الغاني ودعمه لحركات المعارضة كافة، وأغلبها شيوعية الاتجاه، في البلدان الأفريقية الناطقة بالفرنسية، فقد ناصبه العداء بلدان (مجلس الوفاق) وعلى رأسها كوت ديفوار (ساحل العاج) التي اتهمت الزعيم الغاني بالعمالة للشيوعية العالمية.

وفي عام ١٩٦٦م انخفضت شعبية الرئيس نكروما إلى أدنى حدودها بسبب ما اعترضت نظامه من مصاعب اقتصادية وخارجية، إضافة إلى (المؤتمر الشعبي) الحزب الوحيد في البلاد، وسحق المعارضة وحاول القضاء على سلطات الزعيم التقليديين الذين كانوا أقوياء خاصة في مناطق الاشنتي (وسط البلاد) وفي الشمال (كان كروما قد اصدر في عامي ١٩٥٨ و١٩٥٩م قوانين تسمح للسلطات باعتقال كل شخص يشتبه به دون محاكمة لمدة خمس سنوات).

وفي ٢٤ شباط ١٩٦٦م وأثناء وجود نكروما في زيارة للصين الشعبية، قام العسكريون في غانا بانقلاب اشترك فيه الجيش والشرطة، وكان الرجل القوي الذي قاد النظام الجديد هو الميجور جنرال جوزف انكرا، الرئيس السابق لهيئة الأركان الذي كان نكروما قد سرحه في الخدمة في عام ١٩٦٥م وقد حصرت السلطات في (مجلس التحرير الوطني) الذي بادر إلى وضع نهاية مفاجئة لنفوذ الكتلة السوفيتية فغادر المستشارون والخبراء الروس والصينيون في البلاد، واصبح الوضع الاقتصادي صعبا للغاية، وكانت قضية إعادة العلاقات الدبلوماسية مع بريطانيا (قطع نكروما هذه العلاقات -مع غيره من زعماء بعض الدول الأفريقية- بسبب موقف لندن من روديسيا) على رأس اهتمام الجنرال انكرا، والجدير بالذكر أن مختلف النظم المتعاقبة في انكرا بعد ذلك لم تعمل على استرجاع العلاقات الودية التي كانت قائمة بين العالم الاشتراكي وغانا في عهد نكروما.

رجل دولة أنغولي ومؤسس أنغولا الحديثة، دخل الإدارة الاستعمارية البرتغالية بعد دراسته الثانوية، فعمل بين عامي ١٩٤٤م و١٩٤٧م في دائرة الصحة العامة، شارك في هذه الفترة بالنشاط الثقافي المتزايد ولما كانت الأحزاب السياسية ممنوعة فقد كانت هذه النهضة الثقافية بمثابة حافز للوعي الوطني في وجه الاستعمار، وقد تمخض هذا الوعي بدوره في تأسيس الحركة الشعبية لتحرير أنغولا (MPLA) عام ١٩٥٦م.

إلا أن طموح اغسطينو نيتو العلمي وشخصيته القوية دفعاه إلى الالتحاق بجامعة كويمرا في البرتغال لدراسة الطب، وقد مكنه من ذلك تكاتف أهالي قريته معه، وفي عام ١٩٥٨م تخرج طبيبا فعاد إلى أنغولا وقد تخللت تحصيله الجامعي فترات أمضاها في السجن بسبب نشاطه السياسي وشعاراته الوطنية. اعتقل أول مرة عام ١٩٥١م وافرج عنه بعد ثلاثة اشهر ثم اعتقل مرة ثانية ولفترة وجيزة عام ١٩٥٢م وفي عام ١٩٥٥م أودع السجن للمرة الثالثة وبقي فيه حتى أواسط ١٩٥٧م حين أطلق سراحه بعد ضغوط شديدة مارسها مثقفون أوروبيون.

كان نيتو قد تعرف أثناء وجوده في البرتغال إلى العديد من الناشطين القادمين من مستعمرات برتغالية أخرى، فأسس بالاشتراك مع اميلكار كابرال زعيم غينيا بيساو لاحقا (الحركة المناهضة للاستعمار) التي كان لها أثر كبير ظهر في العلاقات المتميزة التي باتت تربط بين كل من (الحركة الشعبية لتحرير أنغولا) و(جبهة تحرير موزامبيق) و(الحزب الأفريقي من أجل استقلال غينيا- بيساو والرأس الأخضر).

وبعد عودته إلى أنغولا فتح الدكتور نيتو عيادة خاصة كان يستقبل فيها مرضى أوربيين وأفارقته على حد سواء، وقد تشكل هذا النشاط المهني غطاء لعمله السياسي مع الجبهة الشعبية. لكن الشرطة السياسية البرتغالية اعتقلته مجددا عام ١٩٦٠م. وسجن في معسكر في جزر الرأس الأخضر ـ ثم نقل إلى سجن آخر في ليشبونه عاصمة البرتغال، بعد انطلاقة الكفاح المسلح في شباط ١٩٦١م، وفي السنة التالية أُخرجته السلطات من السجن لتضعه في الإقامة الجبرية، غير أنه تمكن من الفرار وقصد ليوبولد فيل في الكونغو (البلجيكي سابقا) حيث كان مركز الحركة الشعبية التي سرعان ما أصبح نيتو رئيسا لها، وكانت الحركة تعاني في ذلك الوقت من مصاعب جمة، لا سيما أن أمينها العام قاد انشقاقا والتحق بالتنظيم المنافس لها، أي (الجبهة الوطنية لتحرير أنغولا) وهذه الجبهة كانت قد شكلت حكومة في المنفى تتمتع بدعم دول أفريقية عديدة، لكن الحركة الشعبية استطاعت أن تتفوق فتتحول بسرعة إلى حركة جماهيرية ذات قاعدة متعددة الأتنيات تنادي ببناء مجتمع اشتراكي.

وقد اضطلع نيتو في قيادته الحرب بمسؤوليات سياسية وعسكرية معا، وجال في أوروبا الغربية والشرقية وفي أنحاء أفريقيا والأمريكيتين لحث الرأي العام والحكومات على دعم القضية الأنغولية، وقد توصل عام ١٩٦٥م إلى أن ينتزع من منظمة الوحدة الأفريقية اعترافا بحركته، وقد أكدت المنظمة دعمها للحركة عام ١٩٦٨م حين سحبت الاعتراف الذي كانت منحته في السابق لحكومة المنفى التابعة للجبهة الوطنية، إلا أنها عادت وسعت إلى عقد اتفاق بين المنظمتين عام ١٩٧٢م، وقد نص هذا الاتفاق على إقامة مجلس أعلى لتحرير أنغولا وقيادة عسكرية موحدة. لكن هذا الاتفاق لم يكن قد دخل بعد خير التنفيذ حين حصلت (ثورة القرنفل) في البرتغال، فانقلب الوضع رأسا على عقب وفي شباط ١٩٧٥م عاد أغسطينو نيتو إلى لواند حيث جرى استقبال جماهيري له

شاركت في المدينة بأسرها واستطاعت الحركة الشعبية أن تفرض نفسها على منافسيها المدعوين من جنوب أفريقيا، وذلك بمساعدة القوات الكوبية، وعندما أعلن الاستقلال في ١١ تشرين الثاني ١٩٧٥م أصبح أغسطينو نيتو رئيسا لجمهوري أنغولا الشعبية، وبقي في منصبه هذا حتى وفاته في عام ١٩٧٩م.

الرئيس السابع والثلاثين للولايات المتحدة ١٩٦٩-١٩٧٤م وكان الرئيس الوحيد على الإطلاق الذي استقال من منصبه، وقد ترك الرئاسة في ٩ آب عام ١٩٧٤م، بينما كان معرضا ليوجه إليه اتهام مؤكد تقريبا لتورطه في فضيحة ووترجيت السياسة.

ولد نيكسون في يوربا لندا، بولاية كاليفورنيا بالولايات المتحدة الأمريكية ١٩١٣م وتخرج من كلية ويتير بكاليفورنيا في عام ١٩٣٤م ومن مدرسة حقوق جامعة ديوك بولاية كارولينا الشمالية عام ١٩٣٧م، ثم أصبح شريكا في مؤسسة ويتير القانونية تم استدعاء نيكسون إلى الخدمة العسكرية في عام ١٩٤٢م. خلال الحرب العالمية الثانية وقد عمل في وحدة نقل جوي بحري في المحيط الهادي حتى نهاية الحرب عام ١٩٤٥م وترقى إلى رائد بحري.

دخل نيكسون إلى السياسة عام ١٩٤٦م عندما فاز بمقعد في مجلس النواب الأمريكي بعد حملة ضارية وطدت سمعته بوصفه معاديا جريئا للشيوعية. وأعيد انتخاب نيكسون عن الحزب الجمهوري إلى المجلس مرة أخرى في عام ١٩٤٨م وانتخب في مجلس الشيوخ الأمريكي عام ١٩٥٠م وأصبح نائبا للرئيس أيزنهاور بين عامي ١٩٥٣-١٩٦١م.

وفي إدارته الأولى ١٩٦٩-١٩٧٣م كان الهدف الرئيسي لنيكسون تسوية الحرب الفيتنامية وفي عام ١٩٦٩م بدأ انسحابا تدريجيا للقوات القتالية الأمريكية من فيتنام، وأصبحت هذه السياسة تعرف بالفتنمة، وأيدها عديد من الأمريكيين، لكن عددا آخر أرادوا إنهاء التورط الأمريكي فورا، واكتسحت الاحتجاجات والمظاهرات البلاد بسبب استمرار الحرب.

خفف نيكسون من التوتر الذي ظل قائما عدة سنوات بين الولايات المتحدة وكـل مـن الصـين والاتحاد السوفيتي السابق، وفي عام ١٩٧٢م أصبح أول رئيس أمريكي يزور الصـين أثناء تولية السـلطة، كما زار الاتحاد السوفيتي سابقا عـام ١٩٧٢م وحـل عـلى موافقـة الكـونجرس عـلى الاتفاقيـة الأمريكيـة السوفيتية للحد من إنتاج الأسلحة النووية.

وفي الإدارة الثانية ١٩٧٣-١٩٧٤م في ٢٧ كانون الثاني ١٩٧٣م وقعت الولايات المتحدة والشركاء الآخرون في حرب فيتنام اتفاقيات الحرب فـورا والشروع في تـبادل الأسرى، وأكملـت الولايات المتحدة سحب قواتها في آذار أصابت فضيحة ووترجيت إدارة نيكسون خلال عام ١٩٧٣م، وقد نشأت من سطو على المركز الرئيسي القومي للحزب الديموقراطي بجمع مبنى ووترجيـب بواشـنطن مقاطعـة كولومبيـا، وأفعال غير مشروعه أخرى ارتكبها موظفو لجنة ١٩٧٢م لإعادة انتخاب نيكسون وقد أصبحت محاولات نيكسون للتستر على هذه الجرائم المحور الرئيسي للفضيحة، ومن ثم إلى خطوة توجيه الاتهام له.

استقال نائب الرئيس اجنيو في ١٠ تشرين الأول ١٩٧٣م بينما كان تحت التحقيق لكسب غـير مشروع لا علاقة له بفضيحة ووترجيت، وعليه فقد عين نيكسون جيرالـد فورد زعيم الأقليـة بالمجلس خلفا لاجنيو، وأصبح فورا نائبا للرئيس في ٣ تشرين الثاني ١٩٧٣م بدأت جلسات الاستماع لشهادات توجيه الاتهام أمام لجنة المجلس القضائية في تشرين الأول ١٩٧٣م، وتجاهل نيكسون استدعاءات (طلبات قضائية) لتسليم أشرطة تسجيله السرية الخاصة بأحاديثه في مكتبة في البيت الأبيض، وفي تموز ١٩٧٤م أوصت اللجنة بثلاثة بنود توجيه اتهام ضد نيكسون هـي: إعاقة العدالة وإساءة استخدام سلطاته الرئاسية، وعدم الامتثال للاستدعاءات القضائية وأخيرا تنـازل نيكسون عـن تسجيلاته في ٥ آب ١٩٧٤م وقد أثبتت المحادثات المسجلة أن نيكسون وافق على التستر بعد ستة أيام

من وقوع سطو ووترجيت ونتيجة لهذا الدليل أصبح معرضا لتوجيه اتهام مؤكد تقريبا من مجلس النواب، ومن ثم تنحيته من منصبه بوساطة مجلس الشيوخ، فاستقال نيكسون في ٩ آب، وأدى فورد قسم تولي منصب الرئيسين وفي ٨ أيلول منح فورد نيكسون عفوا عن كل الجرائم الفيدرالية التي ارتكبها أثناء خدمته رئيسا، نشر نيكسون مذكراته عام ١٩٧٨م وكتب عدة كتب أخرى في مواضيع تتعلق بالسياسة الداخلية والخارجية خلال الثمانينات من القرن العشرين.

رجل دولة سوري وأحد رؤساء الجمهورية السورية، ولد هاشم بـن خالـد الأتاسي في مدينـة حمص ١٨٧٥م في أسرة كبيرة اشتهرت بالعلم والوجاهة، وساعدته نشأته على تلقي العلم صغيرا، كانـت دراسته الأولى في مدينة حمص ثم انتقل إلى بيروت ليتابع تحصيله الثانوي في الكلية الإسلامية، وانتقل بعدها إلى الأستانة (استنبول) ليدرس في المدرسة السلطانية العليا. وتخرج فيها عام ١٨٩٣م ليعين بمعية والي بيروت، ومكث في عمله هذا ثلاث سنوات عين بعدها بمنصب قائمقام، وظل في هـذا المنصب سنوات متنقلا بين مدن كثيرة كبانياس وصفد وصور والسلط والكرك وعجلون وجبله وبعلبك ويافا، ثـم غدا متصرفا في حماة فعكا فجبل بركات.

ومع بداية الحرب العالمية الأولى عين هاشم الأتاسي متصرفا لمدينة بوردور في الأناضول بقصد إبعاده عن البلاد. وعاد بعد الحرب والثورة العربية الكبرى إلى مدينـة حمـص وعـين محافظا لهـا مـدة قصيرة، وعندما دعت الظروف في بداية عهد الاستقلال الفيصلي في سوريا إلى عقد مؤتمر وطني في عـام ١٩١٩م انتخب هاشم الأتاسي ممثل حمص رئيسا للمؤتمر.

أعلن المؤتمر مقرراته في السابع مـن شـهر آذار عـام ١٩٢٠م وفي مقدمتها اسـتقلال سـورية الكامل بحدودها الطبيعية، وانتخب الأمير فيصل بن الحسين ملكا على سورية، وكانت رئاسـة المؤتمر هذه بداية حياة هاشم الأتاسي السياسية التي كـان لهـا أثرهـا في الحركة الوطنية والنضال مـن أجـل استقلال سورية واستقرارها السياسي.

عهد الملك فيصل إلى هاشم الأتاسي في تأليف الوزارة الوطنيـة التـي خلفـت وزارة رضا باشا الثانية وفي شهر أيار ١٩٢٠م، ضمت الوزارة الثانية

كلا من يوسف العظمة وساطع الحصري وعبد الرحمن الشهيندد ورياض الصلح وفارس الخوري ويوسف الحكيم، وفي عهد هذه الوزارة جرت معركة ميسلون في ٢٤ تموز ١٩٢٠م واتل الفرنسيون دمشق فاستقالت حكومة الأتاسي وغادر الملك فيصل البلاد وبدأ عهد الانتداب.

لم تخضع البلاد للاحتلال فقامت الثورات في جميع أنحائها، وكانت الثورة السورية الكبرى ١٩٢٥-١٩٢٧م أشهرها وأبعدها أثرا، وكان هاشم الأتاسي من أنصارها المتعاونين معها، فكان نصيبه النفي إلى جزيرة أرواد مع مجموعة كبيرة من الوطنيين، ومكث في منفاه شهرين. وبعد انتهاء الثورة عقد الزعماء الوطنيون مؤتمرا لهم في بيروت في تشرين الو عام ١٩٢٧ ترأسه هاشم الأتاسي حددوا فيه موقفهم من الانتداب الفرنسي وأذاعوا بيانا تضمن مطالبهم.

وعندما أعلن الفرنسيون في مطلع عام ١٩٢٨م مواقفهم على إجراء انتخابات لمجلس تأسيسي ـ يضع دستورا للبلاد خاض الوطنيون هذه الانتخابات متحدين باسم الكتلة الوطنية التي ترأسها هاشم الأتاسي ونجحوا في دخول المجلس التأسيسي وانتخاب هاشم الأتاسي رئيسا له. تقدم المجلس بمشروع دستور لسورية لم ترض عنه حكومة الانتداب لإصراره على استقلال البلاد، وأمرت بتعليق أعمال المجلس وفي ١٤ أيار عام ١٩٣٠م نشر المفوض السامي الفرنسي الدستور المقترح بعد أن أضاف إليه مادة تشل ما جاء في مواده الست موضوع الخلاف كما أصدر المفوض السامي في ١٩ تشرين الثاني ١٩٣١م أمرا بإقالة الحكومة المؤقتة وقرارا بتأليف مجلس استشاري كان من أعضائه هاشم الأتاسي الذي رفض هذه العنصرية. ولم يجتمع المجلس الإمرة واحدة قرر المفوض السامي في الوقت نفسه إجراء انتخابات لمجلس نيابي جديد بموجب

الدستور في مطلع عام ١٩٣٢م، وتدخلت السلطات الفرنسية في هذه الانتخابات وزيفتها وفرضت مرشحيها في الكثير من المناطق.

ومع ذلك فقد نجح هاشم التاسي وقائمته الوطنية في حمص بدخول المجلس، وغدا مرشح الوطنيين لرئاسة الجمهورية، ولما كان الوطنيون أقلية فقد قنعوا بحل وسط وانتخب محمد علي العابد لمنصب الرئاسة، وعقد أعضاء الكتلة الوطنية مؤتمرا لهم في حمص في ٤ تشرين الثاني ١٩٣٢م، وضعوا فيه نظاما أساسيا للكتلة الوطنية وانتخب هاشم الأتاسي رئيسا لها، وعقب الحرب التي نشبت بين السعودية واليمن تنادى الزعماء الوطنيون في الأقطار العربية لتأليف وفد يسعى إلى إجراء مصالحة بين الملك عبد العزيز آل سعود والإمام يحيى، واختير هاشم الأتاسي عضوا في الوفد الذي ضم شكيب أرسلان والحاج أمين الحسيني ومحمد علي علوية باشا، ونجح الوفد في مسعاه وتحت المصالحة، واستقبل هاشم الأتاسي إثر عودته إلى البلاد استقبالا حافلا مع أنه لم يكن يشغل أي منصب رسمي في الدولة آنذاك.

وفي مطلع عام ١٩٣٦م عمت البلاد إضرابات عنيفة دامت ٦٠ يوما احتجاجا على بقاء الانتداب، واضطرت الحكومة الفرنسية إلى تبني سياسة التفاوض، فاتصل المندوب السامي بالكتلة الوطنية وزعيمها هاشم الأتاسي وطلب تأليف وفد يتولى المفاوضات في باريس، وسافر الوفد برئاسة الأتاسي إلى فرنسا حيث نجح في عقد معاهدة عدت خطوة في طريق الاستقلال، وتم إجراء انتخابات في دمشق لمجلس تشريعي بعد عودة الوفد، ونجح الوطنيون فيها وانتخب هاشم الأتاسي رئيسا للجمهورية في ٢١ كانون الأول ١٩٣٦م، وتألفت وزارة وطنية تعهدت بالسير في تنفيذ المعاهدة إلا أن الفرنسيين نكصوا عن الالتزام بها واضطرت الوزارات الوطنية إلى الاستقالة واحدة بعد أخرى إلى أن

استقال رئيس الجمهورية نفسه في ٧ تموز ١٩٣٩م وعادت فرنسا إلى فرض سياسة الانتداب من جديد.

نالت سوريا استقلالها بعد العدوان الفرنسي عام ١٩٤٥م وتم إجلاء آخر جندي من جنود الاحتلال في ١٧ نيسان ١٩٤٦م وقام في البلاد حكم وطني دستوري، وفي ٣٠ آذار عام ١٩٤٩م تزعم قائد الجيش حسني الزعيم انقلابا عسكريا أطاح بالحكومة وتسلم الجيش السلطة، ولكن جماعة من الضباط برئاسة سامي الحناوي قامت في ١٤ آب من العام نفسه بانقلاب آخر أطاح بحكومة حسني الزعيم وعهد بالحكم إلى وزارة ائتلافية ضمت ممثلين عن جميع الأحزاب وترأسها هاشم الأتاسي، وتولت هذه الوزارة إجراء انتخابات لمجلس تأسيسي يضع دستورا جديدا للبلاد، وانتخب هاشم الأتاسي رئيسا للدولة في ١٤ كانون الأول ١٩٤٩م. وأعيد انتخابه رئيسا للجمهورية في ٧ أيلول ١٩٥٠م بعد إقرار الدستور الجديد.

وفي ٢ كانون الأول ١٩٥١م قام العقيد أديب الشيشكلي بانقلاب عسكري واعتقل رئيس الوزارة معروف الدواليبي وأعضاءها فانسحب هاشم الأتاسي إلى منزله في حمص، وتوقفت رئاسته إلى أن انهار حكم الشيشكلي إثر انقلاب عسكري في ٢٥ شباط ١٩٥٤م وعاد هاشم الأتاسي إلى سدة الرئاسة لاستكمال مدة رئاسته القانونية، وفي ٦ أيلول ١٩٥٥م جرى أول احتفال بتسليم الرئاسة دستوريا إلى الرئيس المنتخب الجديد شكري القوتلي، وبعد قيام الجمهورية العربية المتحدة ٢٢ شباط ١٩٥٨م اعتزل هاشم الأتاسي الحياة السياسية حتى وفاته ١٩٦٠م ودفن في مدينة حمص.

إمبراطور أثيوبيا حكم لأكثر من أربعين عاما، وقام بدور قيادي في تحريرها من الاحتلال الإيطالي، كما قام بدور سياسي نشيط في العمل من أجل الوحدة الأفريقية، وبرز على الصعيد العالمي كواحد من أكبر القادة ورجال الدولة الإفريقيين.

يعني اسمه باللغة الأثيوبية القديم (سلطة الثالوث)، أما اسمه الذي أطلق عليه يوم مولده فهو تافاري ماكونين، وذلك في بلدة أوجيرسو في إقليم حرر ١٨٩٢م، وكان والده ماكونين حاكما للإقليم ويزعم أنه من سلالة الملك شوا جو الإمبراطور مينيليك الثاني الذي كان يحكم الحبشة وقت مولد هايلي سيلاسي.

وفي سن الرابعة عشرة أصبح حاكما لإقليم سلالة، ثم عين في الثامنة عشرة حاكما لإقليم هرر، وقد عرفت اثيوبيا في حالة من الفوضى والاضطراب في فترة حكم الإمبراطور ليج اياسو الذي خلف مينليك عندما أنحاز اياسو إلى صف المسلمين في النزاعات الطائفية مع السكان المسيحيين، وسرعان ما أصبح تافاري (هايلي سيلاسي في ما بعد) محور التفاف المعارضة المسيحية للإمبراطور اياسو الذي عزلته الكنيسة القبطية الأثيوبية في عام ١٩١٦م، عندئذ أعلنت زوادينتو ابنه الإمبراطور مينليك إمبراطورة وعين تافاري وصيا للعرش ووريثا له ودامت فترة وصايته ١٤ عاما مهد أثناءها لإصلاحات نفذها بعد أن أصبح إمبراطورا، وكان أهمها تحديث النظام التعليمي وإرسال البعثات الدراسية إلى الخارج.

في عام ١٩٢٨م توجهت الإمبراطورة ملكا على شوا وهي خطوة قللت كثيرا من سلطات الإمبراطورة نفسها، وبعد عامين تمكن تافاري من إلحاق الهزيمة بتمرد مسلح نظمه ضده مستشار الإمبراطورة واسمه راس غوسكا، وقد

قتل هذا الأخير في المعركة وبعدها بوقف قصير توفي الإمبراطورة وتوج تافاري في تشرين الثاني ١٩٣٠م إمبراطورا وأتخذ من وقتها اسمه هايلي سيلاسي الأول.

حاول الإمبراطور الجديد أن يصهر القبائل الأثيوبية المتعددة في مملكة حديثة، وأتبع أسلوب الاعتماد على الخبراء الأجانب في الحقول الإدارية والمالية والقضائية، ثم توقفت محاولاته الإصلاحية بوقوع الغزو الإيطالي المفاجئ على أثيوبيا في تشرين الأول ١٩٣٥م، وفي عام ١٩٣٩م كان معظم الدول الكبرى -ومنها بريطانيا وفرنسا- قد اعترفت بالملك عمانوئيل الثالث ملك إيطاليا إمبراطورا على أثيوبيا، فعاش هايلي سيلاسي في المنفى في مدينة بات جنوب إنكلترا متتبعا التطورات المتلاحقة.

وعندما دخلت إيطاليا الحرب العالمية الثانية إلى جانب ألمانيا النازية سارعت بريطانيا إلى الاعتراف بالإمبراطورة المنفي، ونقله في غضون أيام إلى الإسكندرية (مصر) ثم انتقل إلى الخرطوم (السودان) حيث جمع حوله الأنصار الأثيوبيين وشق بينهم وبين القوات البريطانية في شرق أفريقيا، ووجه في ذلك القوت نداء إلى عصبة الأمم طالبها فيه بعمل مشترك لفرض تأييد أثيوبيا.

عاد هايلي سيلاسي إلى أثيوبيا في كانون الثاني ١٩٤١م حيث نزل في قاعدة جوية سرية، ودعا الشعب إلى حمل السلاح لطرد الإيطاليين من البلاد وتمكنت القوات البريطانية والهندية والأثيوبية من طرد القوات الإيطالية التي لم يكن بإمكانها الحصول على دعم من إيطاليا، وفي أيار ١٩٤١م عاد هايلي سيلاسي إلى أديس ابابا، واستسلمت القوات الإيطالية رسميا في شهر تشرين الثاني من العام نفسه، وقد أعلن تشرشل (رئيس الوزراء البريطاني) آنئذ أن هايلي سيلاسي كان أول حاكم يقصى عن عرشه بواسطة (المجرمين الفاشيين والنازيين) وأول من يعود إلى عرشه.

بادر هايلي سيلاسي إلى ضم ارتيريا إلى المناطق الخاضعة لسيطرته ١٩٦٢م وهذا الإقليم كانت الأمم المتحدة قد قررت جعله إقليما متمتعا بالحكم الذاتي في إطار اتحاد فدرالي مع أثيوبيا في عام ١٩٥٢م، وكان في ضم ارتيريا تحقيقا لأمنية الإمبراطور في أن يصبح لدولته منفذا إلى البحر الأحمر، وعلى مستوى السياسة الداخلية والخارجية، احتفظ الإمبراطور لنفسه بسلطة شبه مطلقة.

في عام ١٩٦٠م تعرض لتمرد داخل القصر بينما كان في زيارة رسمية للبرازيل استخدم فيه ولي عهده الأمير أصغا ووصن من قبل رجال الحرس الإمبراطوري الذي أجبروه على توجيه خطاب من خلاله الإذاعة إلى الشعب أعلن فيه نفسه إمبراطورا، وكان التمردون يفتقرون إلى تأييد الجيش فتمكن هايليس سيلاسي فور عودته إلى أثيوبيا من سحق التمرد خلال ثلاثة أيام وعفا عن ابنه.

وفي السنوات التالية بذل الإمبراطور جهدا كبيرا ليجعل لعاصمته مكانة دولية كمقر لمنظمة الوحدة الإفريقية، ولعدد من فروع الوكالات والمنظمات الدولية، لكن ذلك كله كان مظهرا خارجيا يغطي التردي المأساوي لمستوى معيشة الشعب، خاصة بسبب الجفاف وفاقم الثورة الاريترية، الأمر الذي أدى إلى حركة الجيش في شباط ١٩٧٤م، التي أسفرت عن اعتقال الإمبراطور ومصادرة أمواله الطائلة وقصوره، والبدء بحركة إصلاحية لم تلبث أن أعلنت اتجاهها نحو إقامة عدالة اجتماعية على أسس من الإصلاح الزراعي والإصلاح الإداري والتأميم في المدن، وقد توفي الإمبراطور هايلي سيلاسي حيث كان محتجزا في أحد قصوره في أوائل عام ١٩٧٦م بعد أن كانت حركة الجيش قد أعلنت إلغاء النظام الإمبراطوري والأخذ بالنظام الجمهوري.

زعيم ألمانيا النازية حكم ألمانيا حكما استبداديا من عام ١٩٣٣م إلى عام ١٩٤٥م، حول ألمانيا إلى آلة حرب قوية وأشعل نار الحرب العالمية الثانية عـام ١٩٣٩م. هزمت قواتـه معظم أوروبـا قبـل هزيمتها هي عام ١٩٤٥م وأشاع هتلر الرعب بشكل لم يفعله أوروبا قبل هزيمتها هـي عـام ١٩٤٥م وأشاع هتلر الرعب بشكل لم يفعله أحد في التاريخ الحديث. ولد هتلر في براونو في النمسا ١٨٨٩م وهي مدينة صغيرة على نهر إن من جهة ألمانيا، وكان رابع طفل من ثالث زواج لأبيه الويس هتلر الذي كان يعمل موظف جمارك، وكانت كلارا والدة هتلر أدولف ابنة أحد المـزارعين، حصل أدولف عـلى درجات جيدة في المرحلة الابتدائية لكنه كان طالبا ضعيفا في المدرسة الثانوية، وفي عـام ١٩٠٧م سـافر هتلر إلى فينا لدراسة الفن لكنه فشل في اختبار القول بأكاديمية الفنون الجميلة مرتين وعاش حيـاة راحة وكسل أغلب فترات إقامته هناك.

وفي عام ١٩١٣م انتقل هتلر إلى ميونخ في ألمانيا حيث بدأت الحرب العالمية الأولى في آب عام ١٩١٤م عند ذلك تطوع هتلر في الخدمة بالجيش الألماني ولكنه ترقى إلى رتبـة عريف فقـط. سببت هزيمة ألمانيا في الحرب العالمية الأولى صدمة للشعب الألماني، وأجبرت ألمانيا بعد الحرب عـلى توقيع معاهدة فرساي وهاجم القوميون والشيوعيون وآخرون غيرهم الحكومة حيث طالب القوميون بمعاقبة المجرمين الذين وقعوا المعاهدة. وفي خريف عام ١٩١٩م بدأ هتلر بعقد اجتماعات حزب العمال الألماني ثم التحق بالحزب وغير اسمه إلى حزب العمال الألماني الاشتراكي القومي .

وأصبحت هذه الجماعات تعرف باسم الحزب النازي. دعا النـازيون إلى اتحاد جميع الألمان في أمـة واحدة، كما دعوا إلى إلغاء معاهدة فرساي وكان هتلر

سياسيا ومنظما ماهرا، ولذلك أصبح قائدا للنازيين، كما قام أيضا بتنظيم جيش خاص سماه جنود العاصفة، وقد حارب هؤلاء الجنود جيوش الشيوعيين والحزب الديمقراطي الاشتراكي والأحزاب الأخرى التي عارضت الأفكار النازية أو حاولت تفريق اجتماعات الحزب النازي. في عام ١٩٢٣م وقعت ألمانيا في ورطة كبيرة بسبب الغزو الفرنسي البلجيكي للسيطرة على إقليم السرور الصناعي وما تبعه من أحزاب العمال هناك، وأعلن هتلر في ٨ تشرين الثاني عام ١٩٢٣م في اجتماع في قاعة البيرة في ميونيخ عن قيام الثورة النازية والتي عرفت بثورة قاعة البيرة، وحاول في اليوم التالي القبض على الحكومة البافارية، لكن المؤامرة فشلت وألغي القبض عليه وحكم عليه بالسجن لمدة خمس سنوات.

أطلق سراح هتلر بعد تسعة اشهر من محاكمته وقد حدثت تغييرات كبيرة في ألمانيا خلال عام ١٩٢٤م فقد فرضت الحكومة الحظر على النازيين بعد ثورة قاعة البيرة، وبعد خروج هتلر من السجن بدا بإعادة بناء حزبه وتمكن من إقناع الحكومة تدريجيا برفع حظرها عن النازيين.

وفي عام ١٩٣٠م وافقت ألمانيا على مشروع يونغ لعام ١٩٢٩م لإعادة جدولة تسديد التعويضات وشن هتلر عام ١٩٢٩م حملة ضد ذلك المشروع وهذه الحملة جعلته قوة سياسية في البلاد، وفي عام ١٩٣٢م جرت خمسة انتخابات رئيسية في ألمانيا، وفي انتخابات تموز للرايخستاج (البرلمان) أصبح النازيون أقوى حزب في ألمانيا.

ولم تقبل أغلبية الشعب الألماني والسياسيون الكبار أن يصبح هتلر مستشارا لألمانيا، وفي ٣٠ كانون الثاني ١٩٣٣م عين الرئيس الألماني هندنبرغ هتلر مستشارا، وكان هناك عضوان نازيان فقط إلى جانب هتلر في مجلس الوزراء، ولكنه مع ذلك استطاع التحرك بثبات نحو الحكم الاستبدادي حيث لم يكن هناك أي مكان للحرية في حكومته التي سماها هتلر الرايخ الثالث.

وفي ٢٣ آذار عام ١٩٣٣م كانت الحكومة قد حظرت حرية الصحافة وجميع نقابات العمال وجميع الأحزاب السياسية ما عدا الحزب النازي وكان الجستابو (الشرطة السرية) يطارد الأعداء والمعارضين للحكومة ولدى وفاة هندنبرغ في آب عام ١٩٣٤م حكم هتلر ألمانيا جميعها وأطلق على نفسه لقب فوهرر-أند- رايخسكانزلر، أي زعيم ومستشار ألمانيا.

ومنذ عام ١٩٣٣م وصاعدا كان هتلر عام ١٩٣٦م قواته إلى منطقة الراين، وكان هذا أول انتصار له دون حرب وفي آذار عام ١٩٣٨م اجتاحت قوات هتلر النمسا فأصبحت جزءا من ألمانيا، وفي أيلول من العام نفسه قبلت فرنسا وبريطانيا احتلال هتلر للمناطق التي تتحدث الألمانية في تشيكو سلوفاكيا السابقة، ثم أكمل سيطرته على تشيكو سلوفاكيا في آذار عام ١٩٣٩م. ثم جاءت بولندا بعد ذلك على القائمة ففي الأول من أيلول عام ١٩٣٩م اجتاحت ألمانيا بولندا، فأعلنت كل من بريطانيا وفرنسا الحرب على ألمانيا بعد ذلك بيومين ثم اكتسحت جيوش هتلر بولندا خلال أسابيع قليلة، وفي ربيع عام ١٩٤٠م هزمت هذه الجيوش بسهولة الدانمارك والنرويج وهولندا وبلجيكا ولوكسمبرغ وفرنسا واستمرت بريطانيا في الحرب منفردة، ولم ينجح هجوم جوي ألماني في إضعاف المقاومة البريطانية.

وفي حزيران من عام ١٩٤١م بدأ الهجوم على الاتحاد السوفيتي وخلال معركة ستالينغراد التي استمرت خمسة شهور خلال عامي ١٩٤٢م و١٩٤٣م تمكن السوفييت من سحق جيش ألمانيا قوامه ٣٠٠٠٠٠ رجل وكانت هزيمة ألمانيا نقطة تحول رئيسية في الحرب، فقد تقدم الحلفاء في أوائل عام ١٩٤٥م إلى قلب ألمانيا في مواجهة مقاومة كانت تضعف بسرعة. وفي نيسان من عام ١٩٤٥م أصبح هتلر رجلا محطما ثم تزوج إيفا براون في ٢٩ نيسان وفي اليوم التالي انتحر الاثنان وبعد سبعة أيام من ذلك استسلمت ألمانيا.

عسكري وسياسي ألماني أحـد مشاهير الحـرب العالميـة الأولى الـذي تـولى مـن بدايتها قيـادة الجبهة الشرقية وحاز على انتصار حاسم على الروس، دفعه إلى تولي القيادة العامة حتى نهايـة الحـرب، بعدها عاش في عزلة في مدينة نوفر، انتخب رئيسا للجمهورية عام ١٩٢٥م فعمل عـلى رعايـة الدسـتور الألماني الجديد.

ولم تلبـث أن طغت موجـة الأزمـة الاقتصادية العالميـة التـي هـزت الاقتصـاد الألمـاني في عـام ١٩٣٠م فتمكن هتلر من استغلالها بوعود قطعها لرجال الصناعة الألمانية تضمنت حمايتهم مـن الحـد الشيوعي، فكان من نتائج هـذه السياسـية أن ارتفع عـدد أعضـاء حزبه في المجلس إلى ١٠٦، وبـرزت شخصية هتلر والتفت حولـه جماهير الشعب الألماني حتى دفعتـه لأن يشـترك في انتخابـات رئاسـة الجمهورية أمام هندنبرغ الذي كان رمز الإمبراطورية الألمانية المنهارة، نال هتلر ١٣ مليون صوت مقابل ١٧ مليونا حصل عليها هندنبرغ ومع ذلك رفض هذا الأخير تعيين هتلر مستشارا للرايخ عام ١٩٣٢م.

ثم عاد هندنبرغ وقبل أن يشكل هتلر وزارة ائتلافية في ٣٠ كانون الثاني ١٩٣٣م، وباستيلاء هتلر على الحكم أخذ في تدعيم النظام النازي بالقضاء على الشيوعيين والاشتراكيين مستخدما وسائل مبتكرة في الدعاية تولاها الدكتور غوبلز ولا سيما ضد معاهدات الصلح وقوانين عـدم التسـلح، وبوفاة هندنبرغ في ٣٠ تموز ١٩٣٤م جمع هتلر بين منصب المستشارية (رئاسـة الحكومـة) ورئاسـة الجمهورية وعرف بلقب الفوهرر (الزعيم).

ثاني رئيس للجمهورية الجزائرية ترك أعمق البصمات على تاريخ الجزائر المستقلة، فقد كان عهده عهد بناء مؤسسات الدولة، وبروز الجزائر على الساحة الدولية كرائدة من رواد حركة عدم الانحياز.

اسمه الحقيقي محمد إبراهيم بوخروب، ولد في بلدة هيلوبوليس القريبة من مدينة قالمة ١٩٢٥م كانت عائلته فقيرة بالكاد يستطيع والده إطعام أولاه السبعة، دخل في السادسة من عمره المدرسة الابتدائية الفرنسية وبقي فيها ٨ سنوات ١٩٣٨-١٩٤٦م، ولكنه تابع في الوقت نفسه دراسة الدين واللغة في مدرسة قرآنية ما جعله في الرابعة عشرة من عمره يملك ناصية العربية امتلاكا جيدا، فينتقل بعد ذلك بعد مدرسة الكنانية في قسنطينة ١٩٤٩م إلى جامعة الزيتونة في تونس ١٩٥١م لينتهي به الأمر في الأزهر الشريف بعد أشهر قليلة من مجيء جمال عبد الناصر على رأس الضباط الأحرار إلى السلطة في مصر، وسرعان ما بدأ بومدين نشاطه النضالي في القاهرة في إطار (مكتبة المغرب العربي) وكان واحدا من ١٥ طالبا جزائريا تابعوا دراسة عسكرية في المدرسة الحربية في الإسكندرية لبعض الوقت.

كان دوره رئيسيا إبان الثورة وتميز بالنضال على أرض المعركة، فقد جاء في شباط ١٩٥٥م على ظهر مركب صغيرة يحمل أول شحنة سلاح مصرية، ورسى على شواطئ منطقة وهران غربي الجزائر حيث بدا في تنظيم حرب العصابات متخذا من بلدة وجدة المغربية الحدودية مقرا لقيادته، وعرفت المجموعة العسكرية التي أذرته بـ (مجموعة وجدة) وفي هذه الأثناء أخذ اسما جديدا هو الاسم الذي عرف به في ما بعد (هواري بومدين) تيمنا بأحد الأولياء

الصالحين في القرون الوسطى، وهو مدفون في جامع (سيدي بومدين) الذي حمل اسمه والموجود في تلمسان.

أصبح في عام ١٩٥٧م قائد الولاية الخامسة قبل أن يتم تعيينه على رأس أركان (جيش المؤتمر) في تونس وكان (جيش الحدود) القوة الوحيدة المنظمة في البلاد عندما حصلت على استقلالها فدخل بومدين الجزائر العاصمة يوم ٣ آب ١٩٦٢م مقدما دعمه لبن بله وهو على رأس قواته، وفي ١٩ حزيران ١٩٦٥م تزعم هواري بومدين انقلابا عسكريا ضد بن بله، فنحاه عن رئاسة الجمهورية بعد اعتقاله وأبعد أنصاره عن المناصب الكبرى، وكان العقيد بومدين في حينه يشغل منصب قائد جيش التحرير، وقد جاءت العملية الانقلابية نتيجة صراعات سياسية أدت لإقالة المدغري ووزير الداخلية ونتيجة خلاف على النهج العام للسياسة الداخلية.

من صفات بومدين الشخصية- التقوى والورع والميل الطبيعي إلى جانب المظلومين وكان إسلامه إسلاما منفتحا متسامحا، وكانت له مواقف ملفتة تجاه المسيحيين العرب، ففي إحدى المرات دعا بطريرك طائفة الروم الكاثوليك في لبنان لزيارة الجزائر وإلغاء محاضرة عن الإسلام والمسيحية ودور المسيحيين العرب، وقدم بومدين مساعدة مالية إلى طائفة الروم الكاثوليك في لبنان، وبنيت قاعة تحمل اسمه في دار المطرانية في بيروت.

أصيب هواري بومدين بمرض عضال أجبره إلى التوقف عن ممارسة مهام الرئاسية، وهو مرض نادر يصيب خلايا الدم، وكان مكتشفه كما هو معروف الطبيب السويدي فالدنشتروم والمرض نفسه كان قضى قبل سنوات على الرئيس الفرنسي جورج بومبيدو والغريب أن الرئيس بومدين كان يلقب باسم (السويدي) بسبب لون بشرته وشعره الفاتح، توفي في ١٩٧٨/١٢/٢٩م.

بطل قومي مؤسس ورئيس حزب العمال الفيتنامي ورئيس جمهورية فيتنام الديموقراطية.

اسمه الأصلي نغوين ثات ثان، أطلق على نفسه اسمه الحركي (هوشي منه) عندما شكل حركة مقاومة مكونة من القوى الشيوعية والوطنية اسماها (فيت منه) ضد الاحتلال الياباني واسم هوشي من معناه (الذي يثير).

ولد هوشي منه في قرية كيم لين في أنام (فيتنام الوسطى) ١٨٩٥م لأب وطني فقد وظيفته بسبب مواقفه وينتمي إلى الطبقة الوسطى وعرف هوشي منه منذ صغره بنزعته الوطنية وعدائه للاستعمار فكان رفقاؤه وأصدقاؤه ينادونه بـ(نغوين الوطني).

في عام ١٩١١م سافر إلى الخارج وعمل في لندن التي ما لبث أن غادرها إلى فرنسا حيث ناضل ضمن إطار الحركة الاشتراكية وبعدها توجه إلى أفريقيا الغربية قبل أن يسافر إلى الولايات المتحدة ليعود منها في عام ١٩١٧م إلى فرنسا حيث أقام هذه المرة سبعة أعوام متواصلة أنخرط خلالها في الصراعات الحزبية الداخلية، فبعد ما كان عضوا في الحزب الاشتراكي ويشارك على هذا الأساس في مؤتمر مدينة تور الذي شهد انقسام الحركة الاشتراكية إلى حزب اشتراكي وحزب شيوعي، أنضم إلى الحزب الشيوعي وكان من المساهمين في تأسيسه على رغم حداثة سنه، وقد تسبب له نشاطه هذا في طرده من فرنسا، فتوجه إلى الاتحاد السوفيتي السابق حيث تلقى تدريبا عقائديا لمدة ثلاث سنوات.

أرسل على أثرها في عم ١٩٢٥م إلى جنوب شرقي آسيا مكلفا بنشر الأفكار الشيوعية هناك وكانت مهمته الأولى الاتصال بـ(بورودين) مندوب الأممية الشيوعية في كانتون (الصين).

في عام ١٩٣٠م أسس هوشي منه (الحزب الشيوعي للـهند الصينية) وهـو في الصـين وأخـذ هناك ينظم أبناء وطنه ويدربهم تمهيدا لخوض حرب ثورية ضد الاحتلال الأجنبي في المسـتقبل وكـان هذا الحزب أول حزب شيوعي في جنوب شرق آسيا لكنـه عاش مخاضـا وصـراعات وانشـقاقات قـادت هوشي منه، وبعدما دافع طويلا عن وحدة الحزب والمنطقة نادى إلى الاعتراف بخصوصية كل إقليم من أقاليم شرقي جنوب آسيا (والهند الصينية) وإلى تأسيس (جبهة استقلال فيتنام) المعروفة باسـم (فيـت منه) التي راحت تخوض معركة الاستقلال وخاض هوشي منه نضالا ضد الاحتلال اليابـاني، وكـان عـلى رأس قواته عند استسلام القوات اليابانية له في تونكين وأنام.

وفي ٢ أيلول ١٩٤٥م أعلن استقلال فيتنام كجمهورية هـو رئيسـها متحديـا بريطانيـا وفرنسـا والزعيم الصيني شيانغ كاي تشيك، وأعلن عن نيتـه بالسـيطرة عـلى مجمـل القسـم الشرـقي مـن شـبه جزيرة الهند الصينية من أنوي إلى سايون، لكن فرنسا بعدما دعمته في البداية حاولت الحفـاظ عـلى وضعها كقوة مستمرة في المفاوضات معه ١٩٤٥-١٩٤٦م، إلا أن هوشي منه تمسك بحق شعبه وبلاده بالاستقلال ففشلت المفاوضات.

وهاجمت القوات الفرنسية هانوي وعينت باوداي رئيسا شكليا لفيتنام الشـمالية واعترفت بـه الدول الغربية إلا أن جبهة (فيت منه) تابعت نضالها بقيـادة هـوشي منـه، وأخـذت تحـرز الانتصـارات فاعترفت به (هو شي منه) رئيسا عـلى فيتنـام الديمقراطيـة عـام ١٩٥٠م كـل مـن الاتحـاد السـوفيتي والصين، كما اعترفت به كل دول العالم بعد انتصار ديان بيان فور اتفاقيات جنيف ١٩٥٤م. أعيد انتخابه رئيسا عام ١٩٦٠م وقاد الحرب ضد العدوان الأميركي على بلاده حتى وفاته ٢ أيلول ١٩٦٩م.

سياسي أسترالي اصبح رئيسا لوزراء أستراليا في الفترة من ١٩٨٢-١٩٩١م، بعد تاريخ طويل في الحركة النقابية باستراليا وقد أسفرت الانتخابات التي جرت في آذار ١٩٩٠م عن فوزه بمنصب رئيس الوزراء عن حزب العمال للمرة الرابعة على التوالي.

ولد روبرت جيمس لي هوك في مدينة بوردرتان ١٩٢٩م بجنوب أستراليا، وهو ابن لأحد القساوسة البروتستانت ثم انضم لحزب العمل الاسترالي وعمره ١٧ سنة، وقد حصل على درجات علمية في القانون والاقتصاد من جامعة أستراليا الغربية ودرس بجامعة أكسفورد الإنكليزية، بعد أن نال منحة رودس الدراسية في الفترة الواقعة بين عامي ١٩٥٣م و١٩٥٥م وأصبح محاميا قضائيا وضابطا باحثا، ممثلا لمجلس النقابات العمالية في عام ١٩٨م وأخيرا أصبح رئيسا لهذا المجلس في الفترة من الأول من كانون الثاني ١٩٧٠م إلى ٣٠ أيلول ١٩٨٠م. وخلال فترة رئاسته لهذا المجلس ذاع صيته لقدراته على إنهاء النزاعات الصناعية وحلها.

بعد ذلك تم انتخاب هوك رئيسا لحزب العمل الأسترالي في تموز ١٩٧٣م واستمر في هذا المنصب طوال خمس سنوات ثم انتخب نائبا في مجلس النواب الأسترالي عام ١٩٨٠م ممثلا للفئة العاملة بملبورن، والدائرة الانتخابية بويلز، بعد ذلك أصبح هوك الزعيم البرلماني لحزب العمال الأسترالي، في الثامن من شباط ١٩٨٣م وفي اليوم نفسه دعا رئيس الوزراء السابق مالكوم فريزر إلى إجراء الانتخابات العامة وخسر فريزر الانتخابات وأصبح هوك رئيسا لوزراء أستراليا.

وقد بدأ هوك عمله رئيسا للوزراء بمحاولة التوصل لمصالحة وطنية بمعنى الوصول لإجماع بين رجال الأعمال والحكومة، والنقابات المهيأة حول المسار الذي يتعين على الاقتصاد الاشتراكي أن يسلكه، كذلك أقام أسلوبه في بناء الاقتصاد الأسترالي على أساس تبني سلسلة من الاتفاقيات الرسمية التي أطلق عليها اسم المعاهدات، والتي توصل إليها مع المجلس الأسترالي للنقابات، وقد مثلت هذه الاتفاقيات ضابطا حقيقيا لمطالب النقابات التي كانت ترمي للحصول على زيادة في الأجور خلال فترات الضائقة الاقتصادية.

وخلال الثمانينات من القرن العشرين واجهت حكومة هوك أزمة اقتصادية طاحنة بعد أن زادت الديون الأسترالية بسبب تراجع الصادرات وتزايد معدلات الاقتراض وكانت السمة الرئيسية للسياسة الاقتصادية لحكومة هوك، هي إزالة إجراءات الحماية للصناعة الأسترالية، وتخليص الصناعات الصغيرة من اللوائح المقيدة لحركتها.

سعى هوك لخلق تجارة عالمية أكثر حرية وفي عام ١٩٨٩م أتخذ مبادرة شخصية وذلك بدعوته زعماء العالم للالتقاء في استراليا لمناقشة تكوين منظمة اقتصادية تضم دولا آسيوية ودول المحيط الهادي، كما حث حكومته للقيام بأدوار مصالحة في مسائل الشؤون الخارجية، وخاصة في السعي لإيجاد حل لمشكلات كمبوديا، هذه المبادرات في الشؤون الخارجية حدثت في ظل مناخ من العلاقات المستمرة التي كانت تربط استراليا بالولايات المتحدة، ودول غرب أوروبا ودول جنوب شرق آسيا.

سياسي ورجل دولة ورئيس جمهورية ألمانيا الديمقراطية (الشرقية) بين الأعوام ١٩٧٦م
و١٩٨٩م. ولد في مدينة ساريد، انضم إلى الحزب الشيوعي الألماني عام ١٩٢٩م وأصبح سكرتيرا للشبيبة
الشيوعية سنة ١٩٣١م وعضوا في لجنتها المركزية عام ١٩٣٤م. في العام التالي أعتقل بسبب نشاطه ضد
النازية وحكم عليه بالسجن ١٠ سنوات، بعد خروجه من السجن عام ١٩٤٥م أخذ يتدرج في مسؤولياته
الحزبية حتى انتخب عضوا في المكتب السياسي عام ١٩٥٨م ثم سكرتيرا عاما للحزب في عام ١٩٧٦م
وفي تشرين الأول من نفس العام انتخب رئيسا للجمهورية وأعيد انتخابه في ٢٥ حزيران ١٩٨١م، حائز
على وسام لينين ولقب بطل الاتحاد السوفيتي.

تعرض هونيكر في ٣١ كانون الأول ١٩٨٢م لمحاولة اغتيال عندما أطلق عامل تدفئة النار عليه
في أحد شوارع برلين، ولما فشلت المحاولة انتحر العامل وفي ١٨ تشرين الأول ١٩٨٩م تنحى عـن جميع
مناصبه كأمين عام للحزب الشيوعي الألماني ورئيس الدولة ورئيس لمجلس الدفاع الـوطني، وبعد نحو
أسبوع انتخب إيفون كرينتس أمينا عاما جديدا، وضع هونيكر في الإقامة الجبرية في حي "فانـد ليـتس"
المخصص لإقامة المسؤولين الكبار في أوائل كانون الأول ١٩٨٩م، وفي ١٥ كانون الثاني ١٩٩٠م وجه إليه
المدعي العام الألماني الشرقي تهمة الخيانة العظمى، لكـن الجيـش الـروسي الموجـود في بـرلين نقلـه إلى
موسكو في ١١ آذار ١٩٩١م لتجنبه المحاكمة، وبعد إسقاط جدار بـرلين وإعـادة توحيـد ألمانيا في العـام
نفسه تم سقوط غوباشتوف في موسكو نفسها، فتخلت عنه السلطات الروسي، فالتجأ في ١١ كانون
الثاني ١٩٩١م إلى السفارة التشيلية في موسكو بعد أن تلقى إنذارا من حكومة روسيا الاتحادية بضرورة
مغادرة البلاد،

وبقي لاجئا في السفارة حتى جرت تسوية بين السلطات الروسية والألمانية أعيد على أثرها إلى ألمانيا في ٢٩ تموز ١٩٩٢م ليواجه تهما بالاختلاس وإعطاء الأوامر بإطلاق النار على الفارين في برلين الشرقية إلى برلين الغربية، فأودع هونيكر سجن "موابيت" وهو السجن نفسه الذي أمضى ـ فيه عشر ـ سنوات إبان حكم النازي، أطلقت المحكمة سراحه (لدواعي إنسانية بحجة مرضه بالسرطان) في ١٢ كانون الثاني ١٩٩٣ فغادر فورا إلى تشيلي، وفي منفاه التشيلي توفي في ٢٩ أيار ١٩٩٤م وكان أوصى بحرق جثمانه ونثر رماده فوق ألمانيا.

حاكم ياباني تولى الحكم الإمبراطوري في اليابان عـام ١٩٢٦م حتـى وفاتـه ١٩٨٩م وقد أتخـذ لعهده اسم شووا، وكان يعرف باسم إمبراطور الشووا.

أصبح هيروهيتو في عام ١٩٢١م وليا للعهد في ظل حكم أبيه يوشهيتو ثم صـار إمبراطورا في عام ١٩٢٦م وقد بدأ عهده في غمرة المشاعر الدموقراطيـة حيـث كـان حـق التصويـت الانتخـابي العـام للرجال قد صدرت منذ وقت قصير، وبـدأ الاحتمال متصاعدا في أن تصبح اليابان دولة دموقراطية وعالمية، غير أن الأوساط العسكرية -خصوصا في منشوريا- تريد سياسة خارجية أقوى. وقد ازداد انتقاد الأحزاب السياسية شدة في اليابان بعد حلول الأزمات الاقتصادية وسرعان مـا أدت الأحـداث العسكرية في الخارج، والاغتيالات التي وقعت في طوكيو إلى ارتداد التوجهات الدموقراطية والعالمية التي بـدت في عشرينيات القرن العشرين.

عـارض هيروهيتـو شخصيا نزعـة ثلاثينيـات القرن العشريـن العسكرية، إلا أن مستشـاريه نصحوه بإخفاء ميوله حتى لا يقدم أصحاب النزعة العسكرية المتطرفة على إجراء مبـاشر ضد النظـام الإمبراطوري، وترتب على ذلك أن ظل هيروهيتـو صامتا، ووافـق عـلى القرارات التـي أدت إلى الحـرب العالمية الثانية.

قام هيروهيتو بدور شخصي في القرار النهائي بالاستسلام عـام ١٩٤٥م، وساعدت نداءاتـه إلى الشعب الياباني في نقل السيطرة على اليابان في سلاسة إلى الجيش الأمريكي، وقد ظن البعض حينا مـن الوقت أن هيروهيتو قد يجد نفسه مضطرا للتنازل عن العرش، أو أن يحاكم بوصفه مجرم حرب، وقـد تمت محاكمة كثيرين من مستشاري الإمبراطور حيث أدينوا بجرائم الحرب إلا أن هيروهيتو لم يتعرض لذلك.

وأتخذ هيروهيتو منهجا جديدا، ففي كانون الأول عام ١٩٤٦م تبرأ من كل دعاوي القداسة التي خلعت عليه فيما سعى، وقد حول دستور عام ١٩٤٧م الذي وافق عليه من سيد مهيمن إلى مجرد رمز للدولة، ووضع السلطة في أيدي نواب منتخبين وطاف هيروهيتو أنحاء بلاده بوصفه ملكا ديموقراطيا، حيث زار المناطق التي خربتها الحرب وتفقد عمليات إعادة بناء اليابان بعد الحرب، وسمح بتصوير الأسرة الإمبراطورية وهو مسلك لم يكن مسموحا به من قبل، وأختار هيروهيتو معلما خاصا أمريكيا، لتعليم ابنه الأمير اكيتو ولي العهد.

وفي عام ١٩٥٩م حطم اكيهيتو تقليدا يابانيا استمر قرونا عندما تزوج فتاة من عامة الشعب تنتمي لأسرة يابانية نبيلة، وأصبح هيروهيتو عام ١٩٧١م أول إمبراطور ياباني يسافر خارج بلاده، فقد أمضى ١٨ يوما في جولة أوروبية وزار الولايات المتحدة عام ١٩٧٥م وفي حياته الخاصة قام هيروهيتو بأبحاث في الأحياء المائية.

الرئيس ولسون، ودرو (١٨٥٦-١٩٢٤م)

الرئيس الأمريكي الثامن والعشرون بين عامي ١٩١٣م و١٩٢١م. تخرج في جامعة برنستون عام ١٨٧٩م، وفي عام ١٩٠٢م انتخب بالإجماع رئيسا للجامعة، استقال من رئاسة الجامعة عام ١٩١٠م لخوض انتخابات منصب حاكم ولاية نيوجيرسي واستطاع وهو حاكم لولاية نيوجيرسي تحويلها إلى واحدة من أكثر الولايات تقدما، مما لفت إليه الأنظار على المستوى القومي، وهكذا كسب انتخابات الرئاسة لعام ١٩١٢م ضد الرئيس السابق روزفلت.

عندما أصبح رئيسا اهتم بأحداث برنامج تشريعي شديد الطموح، في عام ١٩١٣م يتبنى الكونغرس توصية ولسن، حيث أجاز أجاز قانون الاحتياطي الفيدرالي والذي نشأ بموجبه نظام مصرفي مركزي، كما قاد ولسون الكونغرس إلى بتني سلسلة من الإصلاحات عام ١٩١٦ شملت تحديد ساعات عمل الأطفال وتحديد يوم العمل في الخطوط الحديدية بثماني ساعات عمل الأطفال وتحديد يوم العمل في الخطوط الحديدية بثماني ساعات مع تحسين مستوى التعليم، وتعبيد الطرق في المناطق الريفية.

واستحوذت المسائل الخاصة بالشؤون الخارجية على الكثير من اهتمام الرئيس ولسون، وعند اندلاع الحرب العالمية الأولى أعلن ولسون حياد الولايات المتحدة، ولكن في ٧ أيار ١٩١٥م. أغرقت غواصة ألمانية سفينة بريطانية مما أدى إلى مقتل ١٢٨ أمريكيا، ولكن ولسون ظل محتفظا بضبط النفس، وأجرى مفاوضات مع الألمان بأن يأمروا غواصاتهم بعد الهجوم على سفن نقل الركاب أو سفن الدول المحايدة.

غطت الحرب في أوروبا على كل مظاهر الحملة الانتخابية، وقد رفع الحزب الديموقراطي الذي أعاد ترشيح ولسون شعار "لقد أبقانا ولسون بعيدا

عـن الحرب". وفاز لوسون بالرئاسة مـرة أخرى بفـارق ضـئيل عـن منافسه، حـاول ولسون إيقاف الحرب في أوروبا، ولكن عندما بدأت ألمانيا في شباط ١٩١٧م مهاجمة كل السفن التجارية بمـا في ذلك الغواصات قرر ولسون مضطرا إعلان الحرب على ألمانيا في ٦ نيسان ١٩١٧م.

وفي عام ١٩١٨م ألقى ولسون أهم خطاب له أمام الكونكرس، حيث حدد أربع عشـرة نقطـة للاسترشاد بها في حالة الوصول إلى تسوية سلمية للحرب، وقد قاد ولسون بنفسه الوفد الأمريكي لمؤتمر الصلح في باريس، إذ كان مصمما على تنفيذ نقاطه الأربع عشرة، كـما كـان مصمما عـلى خطـة لإنشاء عصبة الأمم وحصل ولسون على جزء بسيط مـن شـروط المعاهـدة التي كـان يطمـح لهـا مـما أضعف موقفه المعنوي في نظر العالم، رغم أن تنازلاته أدت إلى قيام عصبة الأمم.

ورغم نصيحة الأطباء أنخرط ولسون في حملـة خطابيـة لإقناع الشعـب الأمريكي بانضـمام حكومته إلى عصبة الأمم، وقد أرهقه هذا الجهد صحيا، إذ أصيب مـن جرائه بالشـلل في عـام ١٩١٩م، وظل مريضا بقية حياته، إلا أنه لم يبتعد عن منصب الرئاسـة، وأصر ولسون أن يكون موضـوع عصبة الأمم هـو المسألة الرئيسية في الحملـة الانتخابيـة عـام ١٩٢٠م، ونتج عـن ذلك فـوز مرشح الحـزب الجمهوري الذي كان يعارض الانضمام إلى عصبة الأمم.

وفي عـام ١٩٢٠م منح ولسون جائزة نوبل للسلام لجهوده الرامية لعقد اتفاقيـة سـلام عادلـة، ولإنشائه عصبة الأمم، ولعلها مـن سخرية التـاريخ أن لا تنضم الولايـات المتحدة للـهيئة التي كافح ولسون لإنشائها، عاش ولسون نحو ثلاث سنوات بعد نهاية فترة الرئاسة في هدوء، حيـث مـات أثناء نومه في منزله بواشنطن في ٣ شباط ١٩٢٤م.

الرئيس يلتسن، بوريس نيكولايفيتش (١٩٣١- م)

سياسي ورجل دولة روسي، ولد في قرية بوتكو في حي تاليتسكي في أقليم سفردلوفسك لعائلة فلاحية، أنضم يلتسـن إلى الحزب الشيوعي في ١٩٦١م، وفي عـام ١٩٧٦م أصبح السكرتير الأول للجنة سفردلوفسك الإقليمية. في عام ١٩٨١م أصبح عضو اللجنة المركزية، في كانون الأول ١٩٨٥م أصبح عضو لجنة الحزب في موسكو من تموز ١٩٨٥م إلى شباط ١٩٨٦م في منصب نائب وزير البناء. وفي تشرين الثاني من عام ١٩٨٥م خسر منصبه كسكرتير أول للحزب في موسكو بعد تعرضه لهجوم مـن رئيس الوزراء نيكولاي ريجكوف ووزير الخارجيـة إدوارد شيفاردنادزه، أبعـد عـن عضوية المكتب السياسي للحزب في ١٧ شباط ١٩٨٨م من وفي ٢٣ أيار ١٩٨٨م أعفى أيضا من منصبه الحكومي.

في انتخابـات ٢٦ آذار ١٩٨٩م وهـي الانتخابـات التشـريعيـة الأولى مـن نوعهـا في الاتحـاد السوفيتي من حيث الجديد الذي حملته وتمثل في وجود منافسه حقيقية بين مرشحين متنوعي المذاهب ويصرح أكثر من نصفهم بعدائه المطلق لـ"الحرية الاشتراكية" ككل وتواقه إلى تحول الاتحاد السوفيتي إلى بلد ذي اقتصاد حر وذي آفاق جديدة، في هذه الانتخابات كان يلتسن. زعيما للتيار الذي كان يسـير في إطار هذا التوجه، وتوجه السوفيتيون إلى صناديق الاقتراع بكثافة لم يسبق لها مثيل لانتخاب مجلس النواب، وكان ذلك المجلس قد جرى تأسيسه قبل شهور فقط ليكون مجلسا تأسيسيا يضع دستورا جديدا للبلاد، وكان قانون تأسيسه ينص علـى أن يكـون عـدد أعضائه ٢٢٥٠ نائبا، ينتخب ١٥٠٠ عن طريق الاقتراع المباشر في ١٥ جمهورية سوفيتية هي جمهوريات الاتحاد السوفيتي، وحقق الذين أطلق عليهم اسم "المرشحون الإصلاحيون" فوزا بـاهرا في وجـه منافسيهم الشيوعيين الـذين أطلقت عليهم الصحافة اسم "المحافظون" وكان يلتسن

الذي راح عند ذاك يتناسى ويدفع الناس إلى تناسي ماضيه كزعيم شيوعي ناشط، في طليعة المرشحين المناصرين إلى التغييرات التي وصفت بـ "الإصلاحية الديموقراطية" وكان اسمه قد بدأ يبرز قبل هذه الانتخابات بأشهر قليلة، أولا كحليف لغورباتشوف مؤيد السياسة "الشفافية" و"المكاشفة" ثم كخصم عنيد له حيث أن تصريحاته التي حملت قدرا كبيرا من المزايدة في ذلك الجو الصاخب جرت عليه وابلا من انتقادات أعضاء اللجنة المركزية للحزب الشيوعي السوفيتي. والطريف أن يلتسن كان المستفيد الأول من كل تلك الانتقادات لأنه بقدر ما كان عرضة لغضب الشيوعيين كانت شعبيته ترتفع بشكل مذهل وسريع، فنال في مدينة موسكو 85% من أصوات الناخبين في مواجهة منافسة ليف زياكوف "المحافظ" المعروف بتشدده في شيوعيته والذي كان يشغل منصب سكرتير الحزب الشيوعي في موسكو.

انتخب رئيسا لجمهورية روسيا الاتحادية في 13 حزيران 1991 بنحو 55% من أصوات المقترعين وقام بعد خمسة أيام بزيارة للولايات المتحدة، نصب رسميا في الكرملين في 10 تموز 1991 وبعد عشرة أيام فقط وقع مرسوما يحظر فيه نشاط الأحزاب السياسية والحركات الاجتماعية في الأجهزة والمؤسسات الحكومية والجيش، في إجراء يهدف إلى إلغاء سيطرة الحزب الشيوعي على الإدارات الحكومية.

رئيس دولة فلسطين، ورئيس منظمة التحرير الفلسطينية منذ عـام ١٩٦٩م، ولـد في ٢٤ آب ١٩٢٩م في القاهرة حيث أمضى معظم أيام طفولته، لكن ذلك لم يمنعه مـن أن يكون فلسطينيا أصيلا، فهو ينتمي من ناحية والده إلى عائلة آل الحسيني القوية، والتي مثلـت دورا سياسيا بارزا في القدس أيام الانتداب البريطاني.

راح عرفات في مطلع شبابه يوجه اهتماماته شطر المعضلة الفلسطينية التي بـدأت تلـوح في الأفق عشية نشوب الحرب العالمية الثانية، ولمـا أنهى دروسه الثانوية أصبح السـكرتير الخـاص لعبد القادر الحسيني قائد الفصائل الفلسطينية في حرب ١٩٤٧-١٩٤٨م فقاتل في صفوف هـذه القوات ضد المنظمات العسكرية الصهيونية كالهجان والأرغون، واضطر بعد (النكبة) إلى اللجوء إلى غزة ثم عـاد إلى القاهرة حيث تابع دراساته العليا وتخرج مهندسا في الأشغال العامة.

والتقى عرفات في العاصمة المصرية كل الذين سيصبحون معه في ما بعد من مؤسسي- حركـة (فتح) ومن مساعديه من إدارة منظمة التحرير الفلسطينية، أمثـال خليـل الـوزير (أبو جهـاد) وصـلاح خلف (أبو أياد) اللذين راح يجاهد معهما في سبيل إنشاء مـا سمي بـ (اتحاد الطلبة) وإصدار مجلة (صوت فلسطين).

وفي عام ١٩٦٩م أصبح رئيس منظمة التحرير الفلسطينية، وارتبط اسم ياسر عرفات منذ ذلك التاريخ بجميع التطورات الهامة التي طرأت عـلى القضية الفلسطينية مـن مجابهـات عـام ١٩٧٠م في الأردن إلى انتفاضة الأراضي المحتلة، مرورا بحصول منظمة التحرير الفلسطينية في تشـرين الأول ١٩٧٤م على تأييد مائة وخمس دول في منظمة الأمم المتحدة وعلى اعتراف بكونها الممثل الشرعي

للشعب الفلسطيني وبجملة تطورات شهدتها المنطقة، من مثل الاجتياح الصهيوني للبنان ١٩٨٢م وحصار بيروت. واضطرار عرفات إلى مغادرة بيروت، ثم دخوله لبنان عبر الشمال فخروجه منه مجددا، بواسطة القوات السورية عبر مرفأ طرابلس إلى انتخابه رئيسا لدولة فلسطين.

توصل إلى اتفاق مع إسرائيل عبر مفاوضات سرية في أوسلو، وعشية توقيع هـذا الاتفاق استقبله الرئيس الأمريكي بيل كلينتون في ١٩٩٣/٩/١٣م كرئيس دولة، ووقع اتفاق أوسلو في اليوم نفسه، دخل إلى غزة في ١٩٩٤/٧/١م في زيارة تاريخية، ثم غادرها وعاد إليها بشكل نهائي في ١٩٩٤/٧/١٢م منهيا بذلك ٢٧ عاما من القتال في المنفى، مـنح جـائزة نوبـل للسـلام في ١٩٩٤/١٢/١٠م انتخب رئيسا للسلطة الفلسطينية في ١٩٩٦/١/٢٠م.

ويواجه الشعب الفلسطيني اليوم الإرهاب الصهيوني بكل بسالة وشجاعة، وقد عبرت الانتفاضة عن الوجود الفاعل للشعب الفلسطيني وأحدثت تخلخلا وتصدعا في بنية الكيان الصهيوني الغاضب.

رئيس الجمهورية الجزائرية من عام ١٩٩٤م إلى عام ١٩٩٩م، ولد في باننه، عاصمة الأوراس ١٩٤١م والتحق بثورة التحرير قبل أن يكمل الدراسة في المرحلة الإعدادية ولم يكن عمره يتجاوز ١٦ عاما، أرسل إلى القاهرة في فترة تدريبية، التحق إثرها بقوات جيش التحري الوطني المرابطة على الحدود التونسية الجزائرية، واستطاع الضابط الشاب أن يثير انتباه مسؤولية في تلك المرحلة التي سبقت استقلال الجزائر. ومن هؤلاء الرائد على منجلي أحد رفاق العقيد هواري بومدين في هيئة أركان جيش التحرير الذي توسم فيه خيرا، وتنبأ له بمستقبل ناجح في صفوف الجيش.

بعد الاستقلال استفاد زروال من عدة فترات (دورات) تدريبية بعد أن تخصص في سلاح المدفعية، وتوج ذلك بالالتحاق بمدارس عليا في موسكو وباريس، وابتدأ من عام ١٩٧٥م بدأ نجمه يلمع في سماء (الجيش الوطني الشعبي) عندما عين مديرا لمدرسة الأسلحة القتالية في باننه برتبة مقدم. ومن باننه تقل المقدم زروال إلى أكاديمية شرشال في عام ١٩٨١م. وبعد أن رقي إلى رتبة عقيد في عام ١٩٨٢م، تولى على التوالي قيادة النواحي العسكرية السادسة (تامنرات) فالثالثة (بشار) ثم الخامسة (قسنطينة)، وفي عام ١٩٨٨م عين العميد زروال قائدا للقوات البرية مساعدا لرئيس الأركان العميد خالد نزار وطلب منه الرئيس السابق الشاذلي بن جديد بصفته وزير الدفاع أيضا، وضع تصور شامل لتحديث القوات البرية وتنظيمها، غير أن الرئيس بن جديد فضل تصور قائد الأركان على مقترحات زروال، ما دفع الأخير إلى تقديم استقالته في عام ١٩٨٩م.

عين سفيرا للجزائر في رومانيا عـام ١٩٩٠م لكنـه اسـتقال في عـام ١٩٩١م وابتعـد عـن الحيـاة السياسية عين وزيرا للدفاع في عام ١٩٩٣م بعد استدعائه من التقاعد، عين رئيسـا للجمهوريـة في بدايـة عام ١٩٩٤م وجدد له في عام ١٩٩٥م بعد انتخابات رئاسية، في أيلـول ١٩٩٨م أعلـن أنـه سيختصر ـ فـترة رئاسته التي ستنتهي خلال عام ٢٠٠٠م. ولن يكون مرشحا للرئاسة في انتخابات ١٩٩٩م التـي فـاز بها الرئيس الحالي عبد العزيز بو تفليقة.

المصادر والمراجع

١. أمين الريحاني، "ملوك العرب"، (د.ت).

٢. أمين سعيد، "ثورات العرب في القرن العشرين"ن (د.ت).

٣. بيار ميكال، "تاريخ العالم المعاصر ١٩٤٥-١٩٩١"، ترجمة يوسف خوط، بيروت، ١٩٩٣م.

٤. ج، ب ورذيل، "التاريخ الدبلوماسي، ترجمة نور الدين حاطوم، بيروت، ١٩٨٥م.

٥. جلال أمين، "شخصيات لها تاريخ"، لندن، ١٩٩٧م.

٦. جيان يوه تسان، "موجز تاريخ الصين"، بكين، ١٩٨٥م.

٧. حميد المطبعي، "موسوعة إعلام العراق في القرن العشرين"، بغداد، ١٩٩٦م.

٨. دانييل ر.براور، "العالم في القرن العشرين"، ترجمة مركز الكتب الأردني، ١٩٩٠م.

٩. شارل ديغول، "مذكرات شارل ديغول"، ترجمة خيري حماد، دمشق، ١٩٨٥م.

١٠. صالح زهد الدين، "موسوعة رجالات من بلاد العرب"، بيروت، ٢٠٠١م.

١١. ضرار صالح ضرار، "تاريخ السودان الحديث"، بيروت، ١٩٦٨م.

١٢. طه ياسين رمضان، "عصر صدام حسين"، بغداد، ١٩٨٨م.

١٣. عبد الوهاب الكيالي، "الموسوعة السياسية".

١٤. علي رضا، "قصة الكفاح الوطني في سورية ١٩١٨-١٩٤٦"، حلب، ١٩٧٩م.

١٥. عوري قلعجين "لينين"، عمان، ١٩٨٥م.

١٦. قاسم محمد الدروع، "صفحات مشرقة من مسيرة الأردن الحديث"، عمان، ٢٠٠١م.

١٧. كيم أيل سونغ، "مؤلفات كيم أيل سونغ"، بيونغ يانغ، ١٩٨٠م.

١٨. لطفي جعفر فرح، "الملك غازي"، بغداد، ١٩٨٧م.

١٩. ماوتستونغ، "مؤلفات ماوتستونغ المختارة"، بكين، ١٩٧٠م.

٢٠. محمد التونجي، "مشاهير العالم"، بيروت، ١٩٩٩م.

٢١. محمد عابدين صالح، "الصراع على السلطة في السودان"، مصر، ١٩٩٩م.

٢٢. محمد العديوس، "تاريخ الخليج العربي الحديث والمعاصر"، مصر، ١٩٩٨م.

٢٣. محمد النيرب، "المدخل في تاريخ الولايات المتحدة الأمريكية"، مصر، ١٩٩٧م.

٢٤. محمد محمود الحامدي، غاندي، بيروت، ١٩٨٢م.

٢٥. مصطفى الزين، "أتاتورك وخلفائه"، بيروت، ١٩٧١م.

٢٦. د. ناظم عبد الواحد الجاسور، "الجزائر"، عمان، ٢٠٠١م.

٢٧. نلسون مانديلا، "رحلتي الطويلة من اجل الحرية"، ترجمة عاشور الشامي، جنوب أفريقيا، ١٩٩٤م.

٢٨. هنري غريمال، "حركات التحرر الوطني في آسيا وأفريقيا منذ ١٩١٩م حتى وقتنا الحاضر"، ترجمة صباح كعدان، دمشق، ١٩٩٤م.

٢٩. وليام شيرر، "تاريخ ألمانيا الهتلرية"، ترجمة خيري حماد، بيروت، ١٩٨٢م.

٣٠. ونستون تشرتشل، "مذكرات ونستون تشرتشل"، (د.ت).

٣١. يوسف السالم، "قابوس بن سعيد"، عمان، ١٩٩٥م.

الفهرس

٣٦٦

الأردن – عمّان – ص. ب: ١٤١٧٨١

تلفاكس: ٤٦٤٧٤٤٧ – تلفون: ٤٦٢٣٣٠٤

فرع الخليل – تلفاكس: ٢٣١٥٧٠٥

Printed in the United States
By Bookmasters